“一带一路”沿线国家贸易通关法律与实务

张丽英　曾　涛　毛欣铭 等／著

B&R

LAW AND PRACTICE RELATING TO TRADE CLEARANCE OF COUNTRIES ALONG THE "BELT AND ROAD"

中国政法大学出版社

2021・北京

图书在版编目（CIP）数据

“一带一路”沿线国家贸易通关法律与实务/张丽英等著. —北京：中国政法大学出版社，2021.12
ISBN 978-7-5764-0237-7

Ⅰ. ①一…　Ⅱ. ①张…　Ⅲ. ①国际贸易—贸易法—研究　Ⅳ. ①D996.1

中国版本图书馆CIP数据核字(2022)第007112号

出 版 者　中国政法大学出版社
地　　址　北京市海淀区西土城路 25 号
邮寄地址　北京 100088 信箱 8034 分箱　邮编 100088
网　　址　http://www.cuplpress.com (网络实名：中国政法大学出版社)
电　　话　010-58908289(编辑部) 58908334(邮购部)
承　　印　北京九州迅驰传媒文化有限公司
开　　本　720mm×960mm　1/16
印　　张　27.5
字　　数　425 千字
版　　次　2021 年 12 月第 1 版
印　　次　2021 年 12 月第 1 次印刷
定　　价　120.00 元

前言

随着我国“一带一路”沿线国家贸易的不断进阶与发展，各国间贸易的畅通性是促进贸易快速发展的重要因素，也是贸易便利化的集中体现。贸易通关环节的便利优化是促进贸易便利的重要环节。在国际海关实践中，世界贸易组织、世界海关组织、联合国贸易和发展会议、欧盟等多边组织在通关便利化上都有不同程度的制度与措施改进努力，包括设置先进的制度管理、联合监制、一体化通关等先进的实施方式。随着贸易发展范围不断扩大，建立电子通关制度、简化通关程序，成了贸易与投资畅通的关键。现阶段，“一带一路”贸易区域的扩大，不断吸引着他国与我国进行贸易合作，通关便利化则是目前我国在区域贸易发展中的重要改进层面。落实“信息互换、监管互认、执法互助”，推动口岸管理相关部门通关协作，形成集约高效、协调统一的一体化通关管理格局是重要的发展方向。我国应在“一带一路”国家间贸易中建立不断优化的海关制度，建立便利的一体化通关程序，提供便利的通商途径，促进商界合作，加强国际海关事务参与度，提升贸易话语权。

近来跨国式贸易发展趋势逐渐成为经济全球化的实践方式，区域合作的数量增加，贸易交流也随着互联网产业的扩张不断涌起。大数据、云计算、物联网、移动互联网等“互联网+”新技术也不断影响和改变着海关管理。其中跨境电商的迅速崛起，推动着贸易全球化的新型发展，也是通关便利化的进一步优化。目前中国跨境电商的交易量和跨境网购的人数在不断上升，跨境电商的发展为中小企业的贸易发展提供了便利的途径，在海关通关方面也减少了普通通关程序的复杂性。贸易通关便利化的直观体现便是各国在根据自身现状制定的相关通关制度及程序上，通过对全球各地区的通关实际情况的汇总及整理，清晰地掌握通关制度在不同国家、地域的不同发展，并从中发展优化通关便利的不同方式，也是我国在“一带一路”发展过程中必须了解的内容，加强对区域通关制度的了解，进而更好地解决各国间贸易发展的通关合作及规则的制定，促进便利有效的通关，达成贸易的互通。

本书将从贸易通关便利化的国际规则现状出发，分析现阶段国际海关管理的最新进展，结合我国“一带一路”通关制度的阶段性改善，从跨境电商的基本性质及各国发展近况进一步说明通关便利化的重要性，并通过分析各国通关便利制度的设置及规则，全面认识海关便利的贸易作用。结合各国现状并突出各国在实践中不同的通关便利设置，从而清晰地观察出地域性差异下的通关制度的区别，以及通关便利相关问题的不同解决措施。截至 2019 年 4 月 30 日，中国已经与 131 个国家和 30 个国际组织签署了 187 份共建“一带一路”合作文件，由于本书的篇幅有限，编委会特依“与中国的贸易额”、“一带一路”国别合作度、“地理位置”等因素综合考虑，选择了对 43 个国家的贸易通关法律制度进行撰写，后期将逐步形成及时的、全面的贸易通关法律制度信息提供机制，更好地服务于企业向“一带一路”沿线国家“走出去”的需要。

本书的编写由中国政法大学国际教育学院、“一带一路”人才培养与法律研究院组织撰写并资助出版。本书完稿于 2019 年 8 月，相关内容不涉及最新规定。

本书撰写安排如下：

张丽英：前言、第二章“跨境电商通关的法制”

庞冬梅：第一章“通关便利化的国际规则”

朱美能：第三章第一节・柬埔寨、第三章第二节・马尔代夫、第三章第二节・斯里兰卡

李雨桐：第三章第一节・印度尼西亚、第三章第二节・孟加拉国、第三章第二节・尼泊尔

董　悦：第三章第一节・老挝、第三章第一节・缅甸

戴林昕：第三章第一节・马来西亚、第三章第一节・越南

刘夏婷：第三章第一节·菲律宾、第三章第一节·新加坡

于济铜：第三章第二节·巴基斯坦、第四章第三节·奥地利、第四章第四节·卢森堡、第五章·南非

拉姆斯·亚历山大（Ramus Alexander）：第三章第三节·哈萨克斯坦、第三章第三节·吉尔吉斯斯坦

毛欣铭：第三章第三节·蒙古、第三章第四节·格鲁吉亚

杨钧博：第三章第三节·塔吉克斯坦、第三章第三节·乌兹别克斯坦、第三章第四节·阿塞拜疆

郭嘉强：第三章第四节·沙特阿拉伯、第五章·埃及

史雅文：第三章第四节·卡塔尔、第三章第四节·阿拉伯联合酋长国

杨雪琳：第三章第四节·土耳其、第五章·安哥拉

曾　涛：第四章第一节·白俄罗斯、第四章第一节·俄罗斯

郭艳萍：第四章第一节·爱沙尼亚、第四章第二节·保加利亚、第四章第三节·波兰

肖钧文：第四章第一节·乌克兰、第四章第三节·斯洛伐克

李晶晶：第四章第二节·克罗地亚、第四章第二节·罗马尼亚、第四章第二节·塞尔维亚、第四章第三节·捷克、第四章第三节·匈牙利

胡亚虹：第四章第二节·希腊、第四章第二节·意大利

统稿人为张丽英、毛欣铭。

国际教育学院
“一带一路”人才培养与法律研究院
2020 年 11 月 2 日

目 录

第一章

通关便利化的国际规则

庞冬梅

第一节　国际组织通关便利化法律规则

一、世界贸易组织（WTO）通关便利化制度

WTO 规则框架内的贸易便利化谈判其实质是一次全球性的国际海关法重构。[1] WTO 不仅制定全球贸易制度规则，也是实践中面对问题、解决问题的风向标，其规则中所承载的海关制度必然是以“贸易便利化”为导向的。作为巴厘岛部长级会议“一揽子”（Bali Package）成果的组成部分，2013 年 12 月达成的《贸易便利化协定》（TFA）的基础是 WTO《多哈部长级会议宣言》第 27 段、[2]《多哈工作计划决议附件四》和《香港部长级会议宣言》第 33 段以及决议附件五确立的原则和目标。[3] TFA 由三部分组成，[4] 共 24 条加一个附件。该协定于 2017 年 2 月 22 日正式生效，TFA 文本力图强调海关便利化的重要性，从而最大程度实现贸易自由化。海关制度便利化由此也成为贸易

[1] 胡加祥：《〈贸易便利化协定〉与海关通关规则研究》，载《海关与经贸研究》2016 年第 2 期，第 2 页。

[2] UN Documents Gathering a body of global agreements, Doha Ministerial Declaration, WT/MIN (01) /DEC/1.

[3] UN Documents Gathering a body of global agreements, Doha Ministerial Declaration, WT/MIN (05) /DEC.

[4] 其中第一部分包括第 1 ~ 12 条，第二部分包括第 13 ~ 22 条，第三部分包括第 23 ~ 24 条。

便利化议题中的核心内容。在该协定诸多条款中都体现了便利通关与边境海关互助的内容。[1]

2019 年 2 月 14 日，厄瓜多尔向 WTO 递交《贸易便利化协定》B 类措施通报，孟加拉国向 WTO 递交《贸易便利化协定》C 类措施通报，亚美尼亚向 WTO 递交《贸易便利化协定》透明度措施通报，公布其联络点。[2]2 月 18 日中国向 WTO 通报了《贸易便利化协定》透明度措施相关条款的实施情况，主要涉及咨询点、信息公布的网站链接、进出口税费种类、进出口流程、法律法规、报关代理的使用等事项。截至目前，中国的协定承诺实施比率已达 94. 5% 。[3]2 月 19 日圣文森特和格林纳丁斯向 WTO 通报了《贸易便利化协定》C 类措施，包括协助能力建设和技术援助的联络点。2 月 26 日摩尔多瓦向 WTO 通报了《贸易便利化协定》C 类措施。2 月 27 日多米尼加向 WTO 通报了《贸易便利化协定》B 类、C 类措施，巴巴多斯向 WTO 通报了《贸易便利化协定》B 类、C 类措施。3 月 1 日，俄罗斯向 WTO 通报了《贸易便利化协定》透明度措施，包括进出口流程公布、单一窗口、报关行使用等。2 月 25 日汤加向 WTO 通报协定能力建设援助，通报内容为能力建设援助联络点。3 月 1 日巴林向 WTO 通报协定能力建设援助，通报内容为能力建设援助联络点。[4]3 月 7 日乌拉圭向 WTO 通报了《贸易便利化协定》B 类措施。3 月 4 日巴林向 WTO 通报了《贸易便利化协定》透明度措施，包括进出口流程公布、单一窗口、报关行使用等。3 月 8 日中国香港地区向 WTO 通报了《贸易便利化协定》透明度措施，更正了其关于进出口流程和单一窗口的部分情况。3 月 7 日秘鲁向 WTO 通报了《贸易便利化协定》技术协助能力建设联络点。[5]目前《贸易便利化协定》共有 141 个签约方。[6]为了加强协定的利用，联合国贸易和发展会议通过下列方式协助各国执行协定：国家贸易便利化机

〔1〕 Hans – Michael Wolffgang and Edward Kafeero, “Old Wine in New Skins: Analysis of the Trade Facilitation Agreement vis – à – vis the Revised Kyoto Convention”, *World Customs Journal*, Vol. 8, No. 2, 2014, p. 27.

〔2〕 Trade Facilitation Agreement, at https://www. tfadatabase. org/, Apr. 23, 2019.

〔3〕 Trade Facilitation Agreement, at https://www. tfadatabase. org/, Apr. 23, 2019.

〔4〕 Trade Facilitation Agreement, at https://www. tfadatabase. org/, Apr. 23, 2019.

〔5〕 Trade Facilitation Agreement, at https://www. tfadatabase. org/, Apr. 23, 2019.

〔6〕 Trade Facilitation Agreement, at https://www. tfadatabase. org/, Apr. 23, 2019.

构授权方案、海关数据自动化系统（ASYCUDA）、贸易门户的开发、贸易便利化改革实施计划和路线图。[1]

（一）TFA 中的货物放行与清关

TFA 第 7 条是通关便利化制度的实质性规范之一，其中第 7 条第 1 款规定了抵达前业务办理的规则，规定海关在货物到达前应先接受进口商递交的通关材料[2]，有利于加速货物的通关放行[3]。上述程序可以通过"无纸化"的电子方式完成[4]。第 7 条第 2 款规定海关收取的包括关税、国内税、杂费在内的一切费用都可以通过电子方式支付[5]。在进口商支付了相关税费或者为此提供了担保之后，即使手续尚未办结，海关也可以先放行货物（第 3 款）[6]。作为方便货物清关的配套措施，第 7 条第 5 款[7]（后续稽查）要求加入的成员建立后续稽查制度，在公开透明的环境下，选择抽查对象及物品。如果事后还有其他行政执法或诉讼程序，抽查结果可以被用作证据。实施抽查的成员还可以将抽查结果用于风险管控之中[8]。所有这些条款的中心思想

---

〔1〕 Analysis shows positive but patchy progress in WTO pact, at https://unctad.org/en/pages/newsdetails.aspx? OriginalVersionID = 1997&Sitemap_x0020_Taxonomy = UNCTAD%20Home; #1721; #Transport; #510; #Trade, Facilitation, May 6, 2019.

〔2〕 TFA 第 7 条第 1.1 款规定：每一成员都应采用或设立程序，允许提交包括舱单在内的进口单证和其他必要信息，以便在货物抵达前开始办理业务，以期在货物抵达后加快放行。

〔3〕 TFA 第 7 条第 6.1 款中鼓励各成员定期参考世界海关组织（WCO）出版的 *Time Release Study* 上所列的清关时间。

〔4〕 胡加祥：《〈贸易便利化协定〉与海关通关规则研究》，载《海关与经贸研究》2016 年第 2 期，第 5 页。

〔5〕 TFA 第 7 条第 2 款规定：每一成员应在可行的限度内，采用或设立程序，允许选择以电子方式支付海关对进口和出口收取的关税、国内税、规费及费用。

〔6〕 TFA 第 7 条第 3.6 款规定：本条规定不得影响各成员在不违反 WTO 权利和义务的前提下，依法检查、扣押、交货、没收以及任何其他方式处理进口货物的权利。

〔7〕 TFA 第 7 条第 5 款规定：①为加快货物放行，每一成员应采用或设立后续稽查以保证海关及其他相关法律法规得以遵守。②每一成员应以风险为基础选择一当事人或货物进行后续稽查，可包括适当的选择标准。每一成员应以透明的方式进行后续稽查。如该当事人参与稽查且已得出结果，则该成员应立即将稽查结论、当事人的权利和义务以及作出结论的理由告知被稽查人。③在后续稽查中获得的信息可用于进一步的行政或司法程序。④各成员在可行的情况下，应在实施风险管理时使用后续稽查结论。

〔8〕 胡加祥：《〈贸易便利化协定〉与海关通关规则研究》，载《海关与经贸研究》2016 年第 2 期，第 5 页。

是要求世界贸易组织成员在货物到达之前应提交进口文件，以及许可这些文件应以电子形式提供，并强调了诸如风险管理和放行后稽查等现代管理方式的使用。此外，《京都公约（修订版）》也提供了一系列关于优先存放和货物申报注册的标准，这些手续在贸易商与海关管理机构的利益之间建立了平衡。[1]同时，该条鼓励世界贸易组织成员以一致的方式定期采用工具（尤其是《世界海关组织放行时间研究》）估测、发布他们的平均货物放行时间，并鼓励成员与贸易便利化委员会分享他们在评估平均放行时间方面的经验，包括所采用的方法、已发现的瓶颈和任何效率提升方面的成果。[2]

TFA 第 7 条第 7.1 ~7.3 款规定了对"经认证的经营者"（AEO）的贸易便利化措施，其中第 7.3 款列举了 7 项条件，根据第 7.1 款[3]的规定满足其中 3 项可以赋予其"经认证的经营者"地位：(a) 酌情降低单证和数据要求；(b) 酌情降低实际查验的比例；(c) 酌情加快放行时间；(d) 延迟支付关税、国内税、规费和费用；(e) 使用总担保或减少担保；(f) 在特定时间内对所有进口或出口进行一次性海关申报；(g) 在经认证的经营者的场所或经海关批准的其他地点办理货物结关。[4] AEO 是世界海关组织（WCO）《全球贸易安全和便利标准框架》的最核心内容之一。AEO 是指"通过海关或其授权的机构认证的，符合 WCO 或相关供应链安全基准的与国际货物贸易及移动相关的企事业单位"，是世界海关组织倡导的通过海关对守法程度、信用状况和安全水平较高的企业进行认证，并给予企业通关便利的一项制度。各国间互认 AEO 企业并相互给予优惠措施，各成员通过制定"经认证的经营者"计划，推动境内海关通关的便利化。

第 7 条第 8.1 款规定，加入 TFA 的成员的海关至少应给空运的货物提供

---

〔1〕 王珉：《国际海关便利通关制度最佳实践经验、发展趋势与中国因应之策》，载《太平洋学报》2017 年第 6 期，第 89 页。

〔2〕 王珉：《国际海关便利通关制度最佳实践经验、发展趋势与中国因应之策》，载《太平洋学报》2017 年第 6 期，第 89 页。

〔3〕 TFA 第 7 条第 7.1 款规定：每一成员应根据第 7.3 款给予满足特定标准的经营者，下称经认证的经营者，提供与进口、出口或过境手续相关的额外的贸易便利化措施。或者，一成员可通过所有经营者均可获得的海关程序提供此类贸易便利化措施，而无需制定单独计划。

〔4〕 TFA 第 7 条第 7.3 款。

快速通关的条件。如果成员为此设定申请快速通关条件，申请人需要履行如下义务：（a）提供与处理快运货物相关的充足基础设施并支付海关费用，如申请人满足该成员关于此类处理在一特定设施中进行的要求；（b）在快运货物抵达前，提交放行所需的信息；（c）所确定的费用限于为提供第8.2款所述待遇所提供服务的近似成本内；……（f）承担关税、国内税、手续费以及海关收取的其它费用的支付责任；（g）拥有良好的通关和守法记录；（h）满足法律规定的其他各项条件。[1]同时，根据第8.2款的规定，各成员也要做到：（a）尽可能减少审批程序申请所需材料，对于部分申请，可以实行一次性递交材料审批；（b）只要手续齐全，加快货物通关放行速度；（c）确保海关审批程序依货物性质而定，而不是价值和数量；（d）除部分明确列举的物品，对于小额通关物品海关应尽可能免征关税和国内税［符合《关税及贸易总协定》（GATT）第3条的情形不在列］。[2]

（二）TFA关于边境机构合作的规定

TFA第8条第1款规定：每一成员应保证其负责边境管制和货物进口、出口及过境程序的主管机关和机构相互合作并协调行动，以便利贸易。第8条第2款则是鼓励相邻两个成员海关之间的合作，包括：（a）协调彼此的工作日和工作时间，不要因为不同的作息时间而影响了货物通关；（b）协调彼此的审批程序和手续，不要因为不同的审批程序和手续增加申请人的负担；（c）公共设施的开发与共享，包括海关及其周边设施；（d）联合管控货物通关，包括信息交换和协调机制的建立；（e）通过双方合作，建立一站式边境

---

〔1〕 TFA第7条第8.1款规定：每一成员应采用或设立程序，在维持海关监管的同时，应申请人申请，至少允许快速放行通过航空货运设施入境的货物。如一成员采用限制申请人的标准，则该成员可在公布的标准中要求申请人作为其快运货物申请获得第8.2款所述待遇的条件，应：（a）提供与处理快运货物相关的充足基础设施并支付海关费用，如申请人满足该成员关于此类处理在一特定设施中进行的要求；（b）在快运货物抵达前，提交放行所需的信息；（c）所确定的费用限于为提供第8.2款所述待遇所提供服务的近似成本内；（d）通过使用内部安保、物流和自提取到送达的追踪技术，对快运货物保持高度控制；（e）提供自提取到送达的快速运输；（f）承担向海关支付货物全部关税、国内税、规费及费用的责任；（g）在遵守海关和其他有关法律法规方面拥有良好记录；（h）遵守与有效执行成员法律法规和程序性要求直接相关的，特别与第8.2款中所述待遇相关的其他条件。

〔2〕 TFA第7条第8.2款。

监管站。〔1〕《京都公约（修订版）》总附表第3章也包含多项面向边境管理机构之间合作与协调的条款。例如，"如果货物必须由其他管理机构检查，且海关同样安排了检测，则海关应保证协助检查，并在可能的情况下同时进行"。〔2〕

（三）TFA过境自由的规定

TFA第11条与GATT第5条的名称"过境自由"（Freedom of Transit）是一致的，但TFA第11条有17款，而GATT第5条只有7款。TFA首先要求各成员取消针对过境设置的不必要规定和手续〔3〕，并在第3款中规定："各成员不得寻求、采取或设立对过境运输的任何自愿限制或任何其他类似措施。此规定不妨碍与管理过境相关的且与WTO规则相一致的现行或未来国内法规、双边或多边安排。"第4款规定过境国给予的待遇不低于该货物在别的国家过境所享受的待遇，这相当于货物贸易中的"最惠国待遇"。〔4〕如有可能，鼓励TFA成员给过境货物在可行的情况下提供实际分开的基础设施（如通道、泊位及类似设施）。〔5〕过境手续的复杂程度也以不超过确认货物特征和满足必要条件为限。〔6〕一旦完成相关过境手续，过境货物在过境期间不应该再被征收额外费用和有不必要的滞留。〔7〕TFA成员不得将《技术性贸易壁垒协定》中的技术规范和相符性评估程序适用于过境中的货物。〔8〕

---

〔1〕 TFA第8条第2款。

〔2〕 王珉：《国际海关便利通关制度最佳实践经验、发展趋势与中国因应之策》，载《太平洋学报》2017年第6期，第90页。

〔3〕 TFA第11条第1款规定：一成员实施的与过境运输有关的任何法规或程序：（a）如导致其采用的情形或目标已不复存在或如情形或目标发生变化可使用贸易限制程度更低的其他可合理获得的方式处理，则不得维持；（b）不得以对过境运输构成变相限制的方式适用。

〔4〕 TFA第11条第4款规定：每一成员应给予自任何其他成员领土过境的产品不低于给予此类产品在不经其他成员领土而自原产地运输至目的地所应享受的待遇。

〔5〕 TFA第11条第5款规定：鼓励各成员在可行的情况下为过境运输提供实际分开的基础设施（如通道、泊位及类似设施）。

〔6〕 TFA第11条第6款规定：为实现以下目的的与过境运输相关的手续和单证要求及海关监管的复杂程度不得超过必要限度：（a）确定货物；及（b）保证符合过境要求。

〔7〕 TFA第11条第7款规定：一旦货物进入过境程序并获准自一成员领土内始发地启运，即不必支付任何海关费用或受到不必要的延迟或限制，直至其在该成员领土内的目的地结束过境过程。

〔8〕 TFA第11条第8款规定：各成员不得对过境货物适用《技术性贸易壁垒协定》范围内的技术法规和合格评定程序。胡加祥：《〈贸易便利化协定〉与海关通关规则研究》，载《海关与经贸研究》2016年第2期，第6页。

（四）海关合作

TFA 第 12 条包含多项涉及海关管理机构之间合作的条款。例如，规定了成员间的信息交换，及对信息的保密，与此同时，有效进行海关管理。该条款不仅规定了成员间可以灵活地为信息交换建立法律制度，并在组织成员内部可分享或交换海关信息和数据，包括预报信息而订立或维持双边、多边或地区协议。《京都公约（修订版）》第 1、3、6、7 章也包含多项旨在实现海关合作，并最终推进贸易便利化的条款。例如，其在第 6.7 条规定“海关应积极与其他海关管理机构合作，并寻求缔结行政互助协议以提升海关管理”[1]。

二、世界海关组织（WCO）通关便利化制度

WCO 成立于 1952 年，其前身是海关合作理事会（CCC），主要任务是改善和协调各国海关的运行、提高海关行政效率，以促进国际贸易的发展。[2] 1973 年 5 月该组织在日本京都签署了《京都公约》，该公约规定了海关业务的各项制度，规范各项实践，成为国际海关领域的基础性公约。其是当今世界唯一全面规定海关基本手续标准、阐述海关制度的国际性法律文件，对世界海关合作具有重要的意义。[3] 另一个具有重要意义的贡献是《商品名称与编码协调制度的国际公约》及其附件（HS Code，以下简称“HS 编码”），经过 13 年的努力，一部完整、系统、通用、准确的国际贸易商品分类体系公约编制成功，并于 1983 年 6 月在海关合作理事会第 61 届会议上通过。该公约应用于国际贸易各个方面，形成了国际贸易商品分类“标准语言”。

除了以上两个公约，在 WCO 制定的公约中，与促进贸易便利化相关的还有《海关商品估价公约》《关于货物实行国际转运或过境运输的海关公约》《关于在展览会、交易会、会议等事项中便利展出和需用物品进口的海关公

---

〔1〕 Hans - Michael Wolffgang and Edward Kafeero, “Old Wine in New Skins: Analysis of the Trade Facilitation Agreement vis - à - vis the Revised Kyoto Convention”, *World Customs Journal*, Vol. 8, No. 2, 2014, p. 32.

〔2〕 严波：《世界海关组织与 WTO 在贸易便利化中的角色分析》，载《世界贸易组织动态与研究》2007 年第 11 期，第 17 页。

〔3〕 严波：《世界海关组织与 WTO 在贸易便利化中的角色分析》，载《世界贸易组织动态与研究》2007 年第 11 期，第 18 页。

约》和《关于货物凭 A. T. A. 报关单证手册暂准进口的海关公约》等十余个公约。这些公约涉及的范围广，为贸易便利化提供有效的帮助，并在通关便利上提供解决措施。WCO 是世界范围内唯一专注海关事务的专门性政府间国际组织，它制定的标准和工具是国际海关法和海关制度的主要渊源。[1]为推进贸易安全和便利化，WCO 制定了多项旨在促进全球贸易和保障供应链的国际协定和法律文书，包括《京都公约（修订版）》《全球贸易安全和便利标准框架》《全球网络海关框架》《整合供应链管理海关指导方针》等。

（一）目前的实践

2018 年 10 月 22 日至 26 日，WCO 在伯利兹成功地完成了《贸易便利化协定》实施范围、方案规划和事后稽查（PCA）分析任务，伯利兹海关成为为墨卡托方案量身定制轨道的最新受益者之一。WCO 将对伯利兹的贸易便利化倡议进行全面评估，并查明目前需要优先加强能力建设和技术援助的需求和挑战，确定一个多年的墨卡托执行计划。此外，WCO 还将编写一份单独的事后稽查诊断报告，包括这方面的具体建议。2018 年 10 月 30 日，哈萨克斯坦税收委员会通过了支持哈萨克斯坦实施 WTO《贸易便利化协定》的路线图，该路线图由 WCO 提供战略支持。WCO 贸易便利化实施工作组在哈萨克斯坦与相关人员进行探讨并提出了很多建议，同时协助起草强调贸易便利化优先事项以及指南的路线图。路线图提供了详细的方法、流程以及参考。WCO 特派团还将在墨卡托方案框架下提供相关的能力建设和前沿技术的支援。

2018 年 11 月 19—23 日，根据墨卡托方案，WCO 就莱索托关于《贸易便利化协定》的实施情况，向莱索托派出了一个诊断性援助特派团。通过与不同利益攸关方的交流，该特派团确定了 WCO 最能提供支持的领域。访问期间的讨论覆盖范围包括风险管理、后续稽查、放行时间研究、边境合作，以及海关能力建设。WCO 对莱索托目前在执行《贸易便利化协定》时的需求进行了全面评估，确定了深层次能力建设和技术援助支持等方面的内容。

WCO 在波斯尼亚和黑塞哥维那举办了关于“AEO 执行——标准、要求、

[1] 何力主编：《国际海关法学：原理和制度》，立信会计出版社 2007 年版，第 93 页。

验证程序和行动计划”的全国讲习班。该国 AEO 于 2019 年 8 月 1 日实施。WCO 专家们介绍了 WCO 有关标准和 AEO 方案安全框架的各种建议和工具，并指导与会者根据利益攸关方的需要和期望制定和实施 AEO 方案，包括为每一类经济经营者确定切实的利益。此外，专家概述了 AEO 标准/要求和好处，并在案例研究和良好实践的支持下，就 AEO 验证/授权过程逐步提出建议。根据墨卡托方案，2 月 4 日，WCO 在孟加拉国完成了事后稽查诊断任务，工作组除了解其海关不同部门的情况外，还实地参观了事前、事后实际监管情况，此外还与外部利益相关者举行会议，讨论了事后稽查在《贸易便利化协定》中的重要作用，并呼吁引起重视，建议贸易方保留相关材料。工作组还介绍了 WCO 相关工具和指南。

（二）海关、边境机构的信息交换

2019 年 2 月 11 日至 15 日，WCO 和国际民用航空组织（ICAO）举行了第三次空运货物安全与便利化联合研讨会，以便确定两个组织在协调有关航空安全措施及货运便利化方面进行合作的最有效手段。WCO 部分成员介绍了其航空货物通关方面的现状，并提出了旨在处理日益增长的电子商务运输量的新倡议。与会者还确定了一些挑战和潜在问题的解决方案。与会者均强调有必要加强海关、航空和其他边境机构之间的合作和信息交流，以便更有效地促进贸易便利化并制定集体行动，以应对航空货运和邮件供应链中出现的新挑战。新加坡与中国香港合作，通过采用区块链技术开发“全球贸易联通网络”，构建跨境基础设施建设，推动两地及全球贸易和贸易融资业务数码化，项目应用分布式记账技术在中国香港贸易融资平台和新加坡贸易信息平台之间建立文件和数据交换渠道，开启新加坡和中国香港的贸易走廊，提高安全性及效率。

目前针对海关管理机构间贸易信息交换需求的回应，全球海关社区多项交换信息的机制已经开通并实践，包括情报和单独贸易信息的交换等，这一机制的开发实现通关便利化的同时促进实现贸易便利化。为改进海关合作程序，世界海关组织于 2004 年修订了一份海关事务行政互助双边协议范本，基于该范本，许多海关管理机构已缔结了互助协议，并已自发或应要求交换了执行信息和情报。[1]2013 年 12 月，世界贸易组织在巴厘岛部长级会议上宣布的《贸易便利化协定》阐明海关管理机构间应按要求交换贸易信息。[2]同时世界海关组织制定了《全球网络海关框架》，并推进该框架的实施以达到商业和执行信息的交换便利并加强标准化。随着海关合作的加强，多个海关管理机构在“经认证的经营者”的计划中成功进行数据交换与统计，实现了进口和运输等商业数据的交换。世界海关组织开发并运行了海关执行网络平台以促进执行便利，世界海关组织鼓励通过海关执行网络数据库进行毒品、烟草、假冒商品和珍稀动植物走私方面的信息交换，并通信协调执行行动和项目。[3]

（三）世界海关组织《全球贸易安全和便利标准框架》

《全球贸易安全和便利标准框架》是世界海关组织于 2005 年 6 月召开的年会上通过的，该标准框架以海关与海关间合作及海关与商界合作为基础，目标是整合供应链，改进海关运作。[4]该标准框架确定了一些原则和标准，作为世界海关组织成员必须实现的最低标准。其宗旨是制定全球范围供应链安全与便利的标准，促进稳定性和预见性；形成对所有运输方式适用的一体化供应链管理；增强海关应对 21 世纪挑战和机遇的作用、职能和能力；加强成员海关之间的合作，提高甄别高风险货物的能力；加强海关与商界的合作以及通过保护国际贸易供应链安全促进货物畅通无阻地流动。2004 年 6 月世界海关组织为解决供应链问题发布了《整合供应链管理海关指导方针》。[5]该方针的推出主要是为商品准备由出口商出口开始，到在目的地完成清关放行的全部环节发展海关控制链。各成员海关必须在双边或多边层面统一风险管

---

〔1〕 王珉：《国际海关便利通关制度最佳实践经验、发展趋势与中国因应之策》，载《太平洋学报》2017 年第 6 期，第 90 页。

〔2〕 世界贸易组织《贸易便利化协定》第 12 条关于海关合作的规定。

〔3〕 Chang - Ryung Han and Rachel McGauran, “Tracing Trails: Implications of Tax Information Exchange Programs for Customs Administrations”, *World Customs Journal*, Vol. 8, No. 2, 2014, pp. 6 - 8.

〔4〕 Kunio Mikuriya, “Supply Chain Security: the Customs Community's Response”, *World Customs Journal*, Vol. 1, No. 2, 2007, p. 53.

〔5〕 WCO, Customs Compendium No. 6 “Integrated Supply Chain Management”, Oct. 2005, WCO, Brussels.

理标准、分享情报信息以及定期交换海关数据以保障数据链的实施。这一控制系统需要协调海关程序，包括《世界海关组织数据模型》内定义的标准化数据需求、独特托运物参考号等[1]，以建立从原产地到目的地的信息和文档追踪。[2]

上述标准框架制定的目标价值共识体现在六个方面，即制定全球供应链安全与便利的标准，促进稳定性和可预见性；形成适用所有运输方式的一体化供应链管理；增强海关应对21世纪挑战和机遇的作用、职能和能力；加强成员海关之间的合作，提高甄别高风险货物的能力；加强海关与商界的合作；促进货物在安全的国际贸易供应链中无缝流动。

第二节 联合国贸发会议（UNCTAD）与贸易便利化

一、基本概况

1964年第19届联合国大会成立了联合国贸易和发展会议（以下简称“贸发会议”），世贸组织和联合国还成立了国际贸易中心（ITC）作为共同工作机构，该中心确立的“2010—2013年战略规划”是以贸易便利化促进发展中国家出口为基本内容的。贸发会议从1970年开始开展贸易便利化工作，主要是帮助发展中国家提高贸易效率并实施符合发展中国家的项目，包括海关、运输（尤其是过境运输）和电子商务项目等。贸发会议倡导海关自动化及物资清关，其目的是通过运用信息技术和简化海关单据和程序，加快清关速度；通过关税数据化，加快税收及程序上的清关速度，即开发海关数据自动系统（ASYCUDA）。在港口和货运管理的技术援助方面，贸发会议积累了长期的经验，主要是在港口定价、海运政策及运输实务方面，并在货物跟踪方面解决

---

[1] WCO, Customs Compendium No. 5 “WCO Unique Consignment Reference (UCR)”, May 2005, WCO, Brussels.

[2] Kunio Mikuriya, “Supply Chain Security: The Customs Community's Response”, *World Customs Journal*, Vol. 1, No. 2, 2007, p. 54.

了多式联运货物过境和资源管理的难题，提高了运输部门的工作效率和透明度。在电子商务方面，贸发会议还帮助发展中国家开展政策和战略研究，在法律制度建设、知识产权保护、电子商务安全等方面为这些国家提供了宝贵的政策建议。[1]

二、目前的实践

目前，UNCTAD 将与东加勒比国家组织成员国合作，帮助其缩短并降低由官僚主义导致的过长的进出口时间及过高的成本，提高跨境贸易的效率。该能力建设计划将于 2019 年 11 月启动，其目标是帮助东加勒比国家组织成员国实施《贸易便利化协定》。UNCTAD 协助这些发展中国家起草了一项国家贸易便利化实施计划。东加勒比国家组织成员国认为贸易便利化改革的一个关键因素是减少进出口过程中的通关时间。UNCTAD 也在相关文章中表明需要支持发展中国家和最不发达国家建立和加强公私伙伴关系，建议尽早批准 TFA、及时进行通报、建立日程表、启动国家贸易便利化委员会建设、进行法律清查等。[2]

第三节　欧盟促进贸易便利化的制度

一、AEO 制度[3]

《共同体现代化海关法典》首次使用了"经认证的经营者"（AEO）的概念，并自 2008 年 1 月 1 日起实行该项制度，以简化通关程序。AEO 是《全球贸易安全和便利标准框架》最核心的内容之一。不同国家海关之间可以通过 AEO 互认制度给予对方的 AEO 企业优惠便利措施。欧盟实施 AEO 制度是基

---

〔1〕 李强：《国际经济贸易中贸易投资便利化》，载《中国经贸》2005 年第 11 期，第 24 页。

〔2〕 The World Trade Organization's Trade Facilitation Agreement at Two: Where Do Members Stand? At https://unctad.org/en/pages/newsdetails.aspx? OriginalVersionID = 1998&Sitemap_x0020_Taxonomy = Transport%20Blog%20Posts; #510; #Trade Facilitation; 2139; #UNCTAD Blogs, May 12, 2019.

〔3〕 Trade Facilitation, at https://wiki.mbalib.com/wiki/%E8%B4%B8%E6%98%93%E4%BE%BF%E5%88%A9%E5%8C%96, May 12, 2019.

于对供应链安全的考虑。欧盟税务和海关同盟总司认为AEO制度不仅适用于进出口商和生产厂商，而且也适用于如物流服务商、口岸和机场、仓库保管商、运输商等其他商业实体。根据欧盟EC648/2005号条例，欧盟授权各成员国政府，可以向符合欧盟统一标准的经营者颁发“经认证的经营者”资格证书，在欧盟关境内适用。上述经营者在欧盟清关时可以获得更为便捷的海关待遇，即在通关时可以减少对货物和文件的检控。即使在受控的情况下，“经认证的经营者”也会得到优先处理，从而达到节约时间和花费的目标。

二、“统一清关”制度[1]

2007年下半年欧盟正式发布了协调规则下的进出口报关单，贸易商可使用单一行政文件即SAD－H，并采用电子方式报关。进出口办事处继而根据所得文件进行风险分析，然后将分析结果转交成员国的边境海关办事处，即货物实际进入或离开欧盟的地点。在通常情况下，“经认证的经营者”只要提交报关单，其货物便可以获得放行，并可直接在欧盟市场内自由流通。2009年，欧盟颁布了新的海关法实施细则，对实施进出境简易申报制度作出安排，并允许海关分析申报中规定的数据信息，以规避执法风险。

三、“单一窗口”及“一站式平台”制度[2]

按照“单一窗口”的规定，经营者可以采用电子方式将海关及负责边境管理事务的其他部门要求的资料递交给一个单一联络点，根据“一站式平台”相关规定和针对不同用途而进行的检验将由所有部门同时同地进行。“单一窗口”及“一站式平台”制度大大简化了货物的通关程序，极大地便利了合法经营者。

---

〔1〕 Trade Facilitation, at https://wiki.mbalib.com/wiki/%E8%B4%B8%E6%98%93%E4%BE%BF%E5%88%A9%E5%8C%96, May 12, 2019.

〔2〕 Trade Facilitation, at https://wiki.mbalib.com/wiki/%E8%B4%B8%E6%98%93%E4%BE%BF%E5%88%A9%E5%8C%96, May 12, 2019.

四、“电子海关系统”制度[1]

2007年，欧盟开始着手对电子海关系统和工程框架下的一系列法律法规进行改革，以便在各成员国海关间建立计算机互联系统，并引入统一的风险评估和控制标准。《共同体现代化海关法典》与欧盟的电子清关决议息息相关，前者为电子数据处理技术的采用提供了合法依据，后者则决定了开发哪些系统及系统投入运作的期限。新的海关法典规定了贸易商与海关部门之间在所有数据、随附文件、决议及通告上的互换均须采用电子数据处理技术。

第四节　其他多边组织贸易便利化的实践

一、联合国亚洲及太平洋经济社会委员会（ESCAP）的实践

2018年10月，ESCAP发布报告：亚太经济合作组织（APEC）经济体实施贸易便利化和无纸化贸易，指出APEC将贸易便利化定义为减少贸易交易成本。APEC成员也非常支持WTO《贸易便利化协定》的实施，目前该区域的TFA的实施率为92.6%。此外，由于实行单一窗口是APEC的关键举措之一，各经济体已开始探讨其国际互操作性问题。报告分析了联合国关于18个APEC成员贸易便利化和无纸化贸易实施的全球调查的结果。报告指出：APEC成员对这些措施的总执行率为75%，高于60%的全球平均水平；成员取得了良好进展。在2015年至2017年进行的第一次和第二次全球调查中，APEC作为一个整体，其执行率从69%提高到75%；成员在透明度和手续等方面实施了良好的贸易便利化措施，但在制度安排和合作、跨境无纸化贸易等方面实施的力度较小；成员已经实施了许多WTO《贸易便利化协定》相关的措施，特别是透明度措施，然而跨境无纸化贸易仍有很大改善空间；实施“包容性”贸易便利化措施以促进中小企业和妇女参与贸易的比例仍然较

---

〔1〕 Trade Facilitation, at https://wiki.mbalib.com/wiki/%E8%B4%B8%E6%98%93%E4%BE%BF%E5%88%A9%E5%8C%96, May 12, 2019.

低，成员可在2030年可持续发展议程的框架内进一步推动这些措施；实施TFA措施，以及实现跨境无缝电子交换贸易数据和文件，将大大降低贸易成本，对APEC整体而言，降幅超过20%。今后，APEC成员将继续推进贸易便利化和贸易程序数字化。鼓励APEC成员积极参与《亚洲及太平洋跨境无纸化贸易便利化框架协定》，通过试点项目、信息共享和协调采用国际标准和实施模式等措施，推进区域跨境无纸化贸易。

亚太地区跨境无纸化贸易便利化政府间临时指导小组法律和技术工作组于2019年3月12—13日举行第五次会议，会议主要审议了《亚洲及太平洋跨境无纸化贸易便利化框架协定》实施进展情况报告、法律和技术工作组进展情况报告以及讨论小组未来的运作。[1]

二、联合国欧洲经济委员会（UNECE）的实践

2018年11月12日，UNECE举行第五届联合国欧洲经委会单一窗口国际会议。联合国贸易便利化和电子商务中心（UN/CEFACT）对第33号建议书进行了修订，该建议书被大多数政府和国际组织作为建立单一窗口的指南。这一建议只是关于单一窗口的一系列建议中的一部分，该建议及其确定的信息交换方法和机制已经发展了十多年。自2004年以来，UNECE已经组织了四次关于单一窗口主题的国际会议，并产生了单一窗口的其他建议书（第34/35/36号建议书）。第四次会议决定修订第33号建议书。第五届会议将会评估UN/CEFACT在单一窗口方面所做的工作，以及最近的几个相关项目如数据通道、数据模型和单一提交门户等。2018年12月10—11日，欧洲经济共同体（EEC）在明斯克举行的UNECE－EEC研讨会上公布了国家单一窗口的参考模式，旨在促进在贸易数据共享和单一窗口实施方面使用相同的语义标准。会议建议在欧亚经济走廊试点实现多式联运数据自动交换，以实施单一窗口或提前提交信息和预裁定等先进的贸易便利化措施。会议还提出了交换信息的新方法，包括数据管道原理和参考数据模型。

---

〔1〕 Fifth Meeting of the Interim Intergovernmental Steering Group on Cross－Border Paperless Trade Facilitation, at https://www.unescap.org/intergovernmental－meetings/fifth－meeting－interim－intergovernmental－steering－group－cross－border, May 10, 2019.

UNECE 在《2018 年亚太贸易与投资报告》（APTIR）中指出，对商品和服务贸易的限制正在加速实施，报告显示，如果贸易紧张局势持续下去，2019 年的出口增幅可能会放缓至 2.3%，而 2018 年的出口增幅接近 4%。如果关税战在 2019 年进一步升级，投资者和消费者信心下降，全球 GDP 最终可能减少近 4000 亿美元，同时也会驱使地区 GDP 减少 1170 亿美元。《2018 年亚太贸易与投资报告》强调了区域合作的重要性，并呼吁各国利用现有的所有倡议，包括旨在实现贸易程序数字化和实现亚太跨境无纸化贸易倡议。

UNECE 发起了支持白俄罗斯执行 WTO《贸易便利化协定》计划，UNECE 将评估其准备情况，查找差距，并起草一项工作计划，以执行尚未实行的措施。白俄罗斯目前正在加速其加入 WTO 的谈判，鉴于任何想加入 WTO 的国家现在都必须实施 TFA，UNECE 将向其提供支持。同时，实施的一些贸易便利化措施取决于欧亚经济联盟层面采取的法律行动、程序和政策，白俄罗斯需要在这些法律行动上与该联盟的其他成员进行合作。

近日，联合国区域委员会启动第三次联合国数字和可持续贸易便利化全球调查。该调查有助于跟踪各国在一系列提高贸易效率和可持续性的措施方面取得的进展，并为在这一领域制定明智的政策提供关键基础。调查的结果会形成一份全球性报告与五份区域性报告，同时会为全球调查的互动数据库输入新的数据，调查的初步结果将于 2019 年 7 月 3 日至 5 日在日内瓦举行的 WTO 全球贸易援助审查会议上公布。该调查前身为“全球贸易便利化和无纸化贸易实施调查”，2015 年和 2017 年由联合国区域中心在联合国其他机构和国际及地区组织的支持下成功开展。

第五节　中国贸易便利化制度

一、自贸区通关便利化

广东自由贸易试验区挂牌成立以来，南沙对标国际、国内先进口岸最高标准，坚持创新驱动和系统集成，先行先试，大力推进贸易便利化改革，为南沙建设高水平对外开放门户枢纽提供了有力支撑。[1]该自贸区挂牌四年以来，南沙口岸持续深化国际贸易“单一窗口”标准版应用，货物、运输工具和舱单申报使用率均达100%；打造“智慧海关”货物通关样板间，深度拓展全流程“线上海关”一键通关；推出港口边检综合信息管理系统，实现出入境船舶智能化、差异化、精准化管理和服务；创新港口监督检查机制，有效降低了自贸区外籍船舶滞留率。与此同时，南沙口岸还推出全球报关服务系统项目，积极建设跨境数字贸易服务平台、人工智能转译系统和数据传输体系，提供国际贸易一站式服务。从2019年3月起，南沙海关在南沙港区试行周末及节假日货物常态化通关模式，极大节省了企业在港口产生的堆存费、滞柜费、打冷费等物流费用。在通关提速方面，“提前申报”“自主申报”“自行缴税”“进口直通”“出口直放”“审单放行”等新型通关模式在南沙口岸试点，货物通关效率进一步提升。在国际船舶的监管服务方面，2018年6月，全国自贸区首个PSC检查（即港口国监督检查）流动工作站在南沙成立，标志着海事部门创新南沙自贸区PSC服务机制走在全国前列。[2]

随着“一带一路”倡议深入实施，与南沙有经贸往来的“一带一路”国家达到64个，2018年涉及进出口金额511.6亿元，其中出口334亿元，进口177.6亿元。与此同时，南沙口岸大力培育扶持AEO企业，截至2018年底已有AEO企业112家，帮助南沙企业在全球35个互认国家（地区）享受通关便利，企业反映国外通关成本下降30%以上。随着“陆铁联运”对接“中欧班列”项目落地，由南沙出口欧洲陆运货物运输时间比海运节省1个月，成本节省50%以上；海运“安智贸”项目也得到进一步拓展，建立起安全便利物流新通道。[3]

国际航运要素集聚，也为南沙打造开放枢纽格局增添助力。2019年1月

---

〔1〕 东方财富网：《中国（广东）自由贸易试验区广州南沙新区片区打造口岸便利化改革“南沙模式”》，载 https://baijiahao.baidu.com/s?id=1631213850423963130&wfr=spider&for=pc，最后访问日期：2019年4月19日。

〔2〕 东方财富网：《中国（广东）自由贸易试验区广州南沙新区片区打造口岸便利化改革“南沙模式”》，载 https://baijiahao.baidu.com/s?id=1631213850423963130&wfr=spider&for=pc，最后访问日期：2019年4月19日。

〔3〕 中国发展网：《中国（广东）自由贸易试验区广州南沙新区片区打造口岸便利化改革“南沙模式”》，载 http://www.chinadevelopment.com.cn/news/zj/2019/04/1497243.shtml，最后访问日期：2019年4月19日。

9 日，广州南沙海事处向“南沙陆拾捌号”轮船东发放了船籍港为“广东南沙”的《船舶所有权登记证书》与《船舶国籍证书》，标志着南沙自贸区国际船舶登记中心设立以来首艘登记船舶正式落户。[1]

二、平行进口车通关便利化

海口海关受理海口综合保税区金港华宇国际贸易有限公司 35 辆平行进口汽车出区申请，企业通过汇总征税模式纳税，享受“先放后税”的通关便利，这是海口海关办理的首批平行进口汽车汇总征税业务。平行进口汽车使用汇总征税模式，是海口海关贯彻落实《中国（海南）自由贸易试验区总体方案》的一项重要举措，标志着平行进口汽车企业汇总征税通关便利化措施落地实施。平行进口汽车企业使用汇总征税模式纳税，提高了资金使用效率，将有力推动海南平行进口汽车业务加快发展。汇总征税是海关为优化营商环境、提升贸易便利化水平而开展的一种新型集约化征税模式，企业在提供有效担保下可享受“先放后税”的通关便利，当月应缴税款在下月第 5 个工作日前完成汇总支付即可。[2]

三、金融壹账通科技助推通关便利化

2019 年 4 月 17 日，天津口岸区块链验证试点项目上线试运行暨区块链跨境贸易服务网络发布会召开，在海关总署、天津市政府支持推动下，在天津海关和天津市商务局指导下，金融壹账通积极参与，经过 7 个多月的规划研究、方案论证、联盟建设、开发测试和安全评估等工作，成功实施了区块链技术在跨境贸易中的验证应用。这标志着天津口岸在全国首次实现了区块链技术与跨境贸易中的交易、金融、物流、监管等各环节的深度融合，初步建立了区块链跨境贸易生态体系。区块链跨境贸易服务网络在推动通关便利化的基础上，由于打破了传统信息不对称壁垒，对支持中小企业发展也起到了

---

〔1〕 中国发展网：《中国（广东）自由贸易试验区广州南沙新区片区打造口岸便利化改革“南沙模式”》，载 http://www.chinadevelopment.com.cn/news/zj/2019/04/1497243.shtml，最后访问日期：2019 年 4 月 19 日。

〔2〕 中新网：《平行进口汽车汇总征税通关便利化措施在海南落地》，载 http://www.hi.chinanews.com/hnnew/2019－03－28/486598.html，最后访问日期：2019 年 3 月 27 日。

非常大的助力。[1]

关于天津口岸区块链跨境试点项目，金融壹账通将领先的技术实力和丰富的实践经验相结合，应用于跨境贸易，推出了国内首个《跨境贸易区块链白皮书》《天津口岸区块链验证试点项目业务政策合规建议书》以及《跨境贸易区块链技术标准和规范建议书》，系统规范了区块链跨境贸易、法律合规、技术标准，具有开创性意义。上述白皮书为消除国内外海关跨境贸易难题、优化营商环境提供了可借鉴的区块链解决方案，并号召全球海关应用新兴技术，共同建设互联互通的区块链跨境贸易价值网络。[2]

四、优化口岸营商环境促进跨境贸易便利化

优化口岸营商环境是当前国务院的重点工作之一。2018 年 10 月 13 日，国务院印发了《优化口岸营商环境促进跨境贸易便利化工作方案》，着力深入推进“放管服”改革，营造稳定、公平、透明、可预期的口岸营商环境，促进外贸稳定健康发展。通关时间和通关成本是口岸营商环境两大重要的指标。整个方案中的举措，大部分都与压缩货物整体通关时间有关，精简进出口环节监管证件、优化通关流程、创新口岸作业方式、提高“提前申报”比例、进行关税保证保险改革、实行铁矿石等“先验放后检测”、深化“单一窗口”建设、扩大“绿色通道”、提升口岸信息化和查验智能化水平、扩大海关“经认证的经营者”国际互认范围等。[3]

海关方面提高进口货物抵达口岸前“提前申报”的比例，非查验货物抵达口岸后即可放行提离；推进关税保证保险改革，可以“先放行后缴税”；推行铁矿石等矿产品“先验放后检测”；开通农副产品、鲜活商品快速通关“绿色通道”等。港口物流作业方面，要推动信息化智能化，向科技要效率、要效益。

从国际上看，当前世界经济复苏乏力，贸易保护主义愈演愈烈，中美贸易

---

〔1〕 华夏时报：《全国首票“区块链”报关单申报　金融壹账通科技助推通关便利化》，载 http://finance. sina. com. cn/roll/2019 – 04 – 18/doc – ihvhiqax3671815. shtml，最后访问日期：2019 年 4 月 18 日。

〔2〕 华夏时报：《全国首票“区块链”报关单申报　金融壹账通科技助推通关便利化》，载 http://finance. sina. com. cn/roll/2019 – 04 – 18/doc – ihvhiqax3671815. shtml，最后访问日期：2019 年 4 月 18 日。

〔3〕 全球经济导报网：《海关总署谈优化口岸营商环境，促进跨境贸易便利化工作》，载 http://www. ceeh. com. cn/finance/2018 – 10 – 31/103116557. html，最后访问日期：2018 年 10 月 25 日。

摩擦持续升级，在这个大背景下，中国作为多边贸易的维护者，作为全球经济一体化的推动者，需要进一步做好自身的工作。对于口岸工作，进一步提高认识，切实贯彻落实党中央、国务院的决策部署，一方面为广大进出口企业松绑减负，通过实实在在的举措，帮助企业渡过难关；另一方面要以此为契机，推动我国跨境贸易转型升级，实现从“大进大出”向“优进优出”的转变。〔1〕

从国内看，经过改革开放四十年的发展，我国成为世界上第二大经济体、第一贸易大国，对外贸易成为我国经济发展的重要推动力。2018 年前三季度，中国货物贸易进出口总值为22.28 万亿元人民币，比去年同期增长9.9%。其中，出口11.86 万亿元，增长6.5%；进口10.42 万亿元，增长14.1%；贸易顺差1.44 万亿元，收窄28.3%。成绩来之不易，如果想保持下去，需要继续改进口岸工作，营造更好的口岸营商环境。〔2〕

五、“一带一路”税收征管合作机制

由中国国家税务总局主导发起并主办的首届“一带一路”税收征管合作论坛于2019 年4 月18 日在浙江省乌镇召开。论坛期间宣布正式成立“一带一路”税收征管合作机制。该机制将致力于满足“一带一路”建设的需求，围绕加强征管能力建设、加强税收法治、加快争端解决、提高税收确定性、通过征管数字化提升纳税遵从等。目前，共有34 个国家和地区的税务部门共同签署了《“一带一路”税收征管合作机制谅解备忘录》，成为机制理事会成员，理事会成员包括哈萨克斯坦、尼泊尔、印度尼西亚、苏丹等。22 个税务主管当局和国际组织签字成为机制观察员，包括意大利、伊朗、秘鲁等。此外，11 名国际知名税务专家加入专家咨询委员会，成为专家咨询委员会委员。〔3〕成立非营利性的官方税收征管合作机制，构建“一带一路”税收征管合作机制的目的，就是通过加强税收合作，促进优化营商环境，支持贸易自

〔1〕 全球经济导报网：《海关总署谈优化口岸营商环境，促进跨境贸易便利化工作》，载 http://www. ceeh. com. cn/finance/2018 - 10 - 31/103116557. html，最后访问日期：2018 年10 月25 日。

〔2〕 全球经济导报网：《海关总署谈优化口岸营商环境，促进跨境贸易便利化工作》，载 http://www. ceeh. com. cn/finance/2018 - 10 - 31/103116557. html，最后访问日期：2018 年10 月25 日。

〔3〕 中国日报网：《多国携手共建“一带一路”税收征管合作机制》，载 http://cn. chinadaily. com. cn/a/201904/18/WS5cb81e96a310e7f8b157759a. html，最后访问日期：2019 年4 月18 日。

由化和投资便利化。[1]

六、我国正式启动全境 TIR 运输

2019 年 6 月 25 日，中国海关总署正式全面实施《国际公路运输公约》(《TIR 公约》)，根据规定，对集装箱的公路运输承运人，如持有 TIR 手册，允许在海关签封下，由发运地到达目的地中途可不受检查、不支付关税、不提供押金。这种 TIR 手册是由有关国家政府批准的运输团体发行，这些团体大都是参加国际公路联合会的成员，它们必须保证监督其所属运输企业遵守海关法规和其他规则。自中国于 2018 年 5 月首次正式实施《TIR 公约》以来，中国与“一带一路”沿线国家的跨境公路运输合作达到了新的高度，成为“与现有海空铁路形成竞争的第四个物流通道”。这为中国进一步对外开放，尤其是对内陆地区深度融入“一带一路”互联互通、增强与周边和沿线国家的经贸往来注入新动力。[2]

本次中国全境实施 TIR 运输后，中国对吉、哈、俄、蒙的所有边境口岸都成为 TIR 运输口岸。塔吉克斯坦、巴基斯坦等中国周边已实施 TIR 的国家，也初次具备了与中国直接开展 TIR 跨境运输的基础，将进一步促进双多边经贸往来。并且企业可在内陆办理 TIR 运输相关海关手续，直接开启通向欧亚各国的 TIR 跨境运输，缩短在边境口岸的等待时间。企业也可依托内陆重点物流枢纽，建立辐射周边的国际公路物流集散中心，开展本地及周边地区货物的集散、拼装和 TIR 运输业务。最重要的是 TIR 系统国际担保链将覆盖从内陆启运地至境外目的地全程的 TIR 运输，为跨境运输提供更全面的安全保障。内陆开放 TIR 运输，将进一步畅通内陆城市对外贸易通道，助力其打造辐射周边、带动区域产业升级的内陆枢纽型口岸经济。内陆城市可结合当地保税区、自贸区、物流园区等政策优势，探索与 TIR 相结合的国际物流创新

〔1〕 央视财经：《“一带一路”税收征管合作机制正式建立 34 个税务主管当局首批加入》，载https://baijiahao.baidu.com/s?id=1631146248268547044&wfr=spider&for=pc，最后访问日期：2019 年 4 月 18 日。

〔2〕 搜航：《中国正式启动全境 TIR 运输！什么是 TIR 运输?》，载 https://mbd.baidu.com/newspage/data/landingshare?pageType=1&isBdboxFrom=1&context=%7B%22nid%22%3A%22news_9798359559561406944%22%2C%22sourceFrom%22%3A%22bjh%22%7D&from=singlemessage-&isappinstalled=0，最后访问日期：2019 年 5 月 26 日。

业务模式，加速实现与国际市场的互联互通。[1]

七、我国与“一带一路”沿线国家通关合作现状

目前，中国已与欧盟、新加坡、韩国、瑞士、新西兰、日本、以色列、澳大利亚等9个经济体的36个国家和地区签署了“经认证的经营者”互认安排，其中包括14个“一带一路”沿线国家，实现贸易畅通。该计划内容包括：直接享受较低的查验率、优先办理海关业务、设立联络员、非常时期优先通关等以信用管理为基础的差别化便利监管措施，大大压缩企业通关时间，最大限度地降低进出口企业贸易成本，提升企业市场竞争力。近期，海关总署全力推进与“一带一路”沿线国家和主要贸易国家的AEO互认磋商进程。在第二届“一带一路”国际合作高峰论坛期间，我国海关与白俄罗斯、哈萨克斯坦以及新加入“一带一路”倡议的乌拉圭分别签署双边《AEO互认安排》，与俄罗斯签署《中俄海关AEO互认行动计划》。[2]

目前，海关总署已与蒙古等国家海关基本完成互认磋商，有望于2019年内实现互认。此外，海关总署正在积极推进与伊朗等十余个“一带一路”沿线国家海关的AEO互认谈判。[3]

---

〔1〕搜航：《中国正式启动全境TIR运输！什么是TIR运输?》，载 https://mbd.baidu.com/news-page/data/landingshare?pageType=1&isBdboxFrom=1&context=%7B%22nid%22%3A%22news_9798359559561406944%22%2C%22sourceFrom%22%3A%22bjh%22%7D&from=singlemessage-&isappinstalled=0，最后访问日期：2019年5月26日。

〔2〕《我国已与14个“一带一路”沿线国家实现AEO互认》，载《经济日报》2019年4月24日。

〔3〕《我国已与14个“一带一路”沿线国家实现AEO互认》，载《经济日报》2019年4月24日。

第二章
跨境电商通关的法制

张丽英

近年来，互联网迅猛发展，跨境电商也处于快速发展的阶段。根据中国电子商务研究中心的统计：2013 年，中国跨境电商交易规模达到 3.1 万亿元；2014 年，其总体规模上升到 4 万亿元，增长率为 30.6%；2015 年，中国跨境电商交易规模达 5.4 万亿元，同比增长 28.6%。2018 年，中国跨境电商交易规模已达 9 万亿元。2018 年上半年中国出口跨境电商交易规模为 3.47 万亿元，同比增长 26%；中国进口跨境电商交易规模为 1.03 万亿元，同比增长 19.4%。截至 2018 年 6 月底，我国经常进行跨境网购的用户达 7500 万人，人数大幅度增长，59.6% 的跨境网购的用户为 25 ~ 35 岁的青年群体。[1]跨境电商的交易量和跨境网购的人数在不断上升。跨境电商的迅猛发展与其不同于传统贸易的特点有关，跨境电商具有交易范围全球性、信息交流即时性、贸易渠道便捷性的特点。[2]从具体交易操作角度，跨境电商的优势是：其一，成本低。跨境电商省掉了传统跨境贸易的许多中间环节，传统国际贸易主要由一国的进出口商通过另一国的进出口商集中进出口批量货物，再通过境内流通企业的多级分销，最后到达最终消费者。而跨境电商则简化了国际贸易的环节，直面最终消费者，大大节约了交易成本。其二，速度快。跨境电商

---

〔1〕 电子商务研究中心：《2018 年（上）中国跨境电商市场数据监测报告》，载 http://www.100ec.cn/zt/2018skjbg/，最后访问日期：2019 年 4 月 12 日。

〔2〕 熊福梦、张义：《“互联网 +”时代国际贸易新方向跨境电商发展研究》，载《商业经济》2016 年第 3 期，第 73 ~ 74 页。

缩短了运营周期，商品直面消费者，因此速度远远快于传统国际贸易。其三，易上手。传统国际贸易需要受到商检、海关等很多部门监管，需要办理很多相关证件，而跨境电商可以省去这方面的很多手续。因此，跨境电商发展迅速，也为广大中小企业提供了参与国际贸易的机会。

第一节　跨境电商的分类

一、跨境进口和跨境出口

跨境电商从不同的角度有不同的分类，依商品流向可将跨境电商分为跨境进口和跨境出口。跨境进口传统的模式为海淘，还有就是“直购进口”模式和“保税进口”模式，跨境进口电商企业主要面对我国终端消费者，有B2C（是Business to Customer的缩写，中文为“商对客”）和C2C（是Customer to Customer的缩写，中文为“客对客”）两种模式。根据艾瑞咨询数据显示，2017年我国进口零售电商市场规模为1113.4亿元，增长率为49.6%。[1]跨境出口是指国内电子商务企业通过电子商务平台达成出口交易、进行支付结算，并通过跨境物流送达商品，以此完成交易的一种国际商业活动，可分为跨境一般贸易和跨境零售。

二、跨境一般贸易和跨境零售

依交易主体的不同，可将跨境电商分为跨境一般贸易和跨境零售。跨境一般贸易即跨境B2B（是Business to Business的缩写，中文为“商对商”）贸易，指分属不同关境的企业对企业，通过电商平台达成交易并支付结算，通过跨境物流送达商品的一种国际商业活动，此种贸易形式已纳入海关一般贸易统计。如中国制造网[2]、环球资源[3]等。跨境零售又分为B2C和C2C。

---

〔1〕 环球华品网：《进口跨境电商四类平台模式汇总与分析》，载www.chinabrands.cn，最后访问日期：2019年4月13日。

〔2〕 中国制造网：载https://cn.made-in-china.com/.

〔3〕 环球资源：载https://www.globalsources.com/.

跨境 B2C 指不同关境的企业直接面对消费者的在线跨境销售和服务，通过跨境物流送达商品并支付结算的一种国际商业活动。如米兰网[1]、兰亭集势[2]等。跨境 C2C 指分属不同关境的个人对个人开展的在线销售和服务活动。个人卖家在跨境电商第三方的平台上发布产品或服务销售的内容，个人买家经筛选后在跨境电商网站上进行交易。

三、在线交易平台和信息服务平台

依服务平台模式的不同，可将跨境电商分为在线交易平台和信息服务平台。在线交易平台主要是提供企业、产品、服务等多方面信息展示，并可通过平台线上完成搜索、咨询、对比、下单、支付、物流、评价等全购物链环节。在线交易平台模式已逐渐成为跨境电商中的主流模式。信息服务平台主要是为境内外会员商户提供网络营销平台，传递商家的商品或服务信息，促成双方完成交易。

四、第三方开放平台和自营渠道型平台

依运营方式的不同，可将跨境电商分为第三方开放平台和自营渠道型平台。第三方开放平台指平台型电商通过搭建线上商城，整合物流、运营、支付等资源，吸引商家进驻，为其提供跨境电商交易服务。其主要利润来源是收取商家使用平台的年费、商家交易额佣金，此外还有会员费、广告费等增值服务费。如淘宝+天猫[3]、全球速卖通[4]、敦煌网[5]以及易唐网[6]等。阿里旗下的淘宝+天猫的交易总额突破1万亿元，成为中国第一家交易规模过万亿元的电商平台。[7]自营渠道型平台则是电商自己在线上搭建平台，平

---

〔1〕 米兰网：http://www.milanoo.cn/#s1.

〔2〕 兰亭全球卖家平台：https://supplierportal.litb.cn/metis.

〔3〕 淘宝：https://www.taobao.com/；天猫：https://www.tmall.com/.

〔4〕 全球速卖通：https://sell.aliexpress.com/en/_pc/4DYTFsSkV0.htm.

〔5〕 敦煌网：https://seller.dhgate.com/.

〔6〕 易唐网：http://sytang.cn.globalimporter.net/.

〔7〕 个人图书馆：《中国电子商务模式主要有三类：平台型、自营渠道型和品牌型》，载 http://www.360doc.com/content/13/0218/14/1122992_266340338.shtml，最后访问日期：2019 年 4 月 13 日。

台方整合供应商资源通过较低的进价采购商品，然后以较高的售价出售商品，自营渠道型平台实质是零售业态，主要以商品差价作为盈利模式。这一模式的电商数量多、个体规模大、竞争激烈。京东[1]、苏宁易购[2]等是自营渠道型平台电商的代表。

第二节 中国跨境电商的通关法制

中国海关依跨境电商货物进出境方式的不同，适用不同的申报与通关方式。

一、B2B 模式下的进出口货物适用一般货物的通关程序

B2B 方式将企业内部网和企业的产品及服务，通过 B2B 网站或移动客户端与客户结合起来，为客户提供服务。如上所述 B2B 方式分为跨境一般贸易和跨境零售。一般贸易是指中国境内有进出口经营权的企业，依一般贸易交易方式，从境外供应商处进口商品。采用一般贸易方式进入中国的货物，其收货人或其代理人依《中华人民共和国海关法》须向中国海关请求申报，交验规定的证件和单据，接受海关对所报货物的查验，依法缴纳海关关税和其他由海关代征的税款，然后才能由海关批准放行。除了享受特定减免税优惠和保税的商品，采用一般贸易方式进入境内，需要缴纳进口税和进口增值税。以此方式进入中国境内的商品，是为了向中国市场销售。中国境内贸易公司通过一般贸易方式将商品进口到中国后，可直接通过自己的电商平台销售，也可以交由其他电商平台销售。天猫、京东等网站上销售的进口商品，一般采用的是这种方式，先按照贸易的方式批量进口，再销售给消费者。在通关上的区别是有的网商是自己在海外直采、办理通关，有的网商则是向中国境内的贸易商、代理商采购已经通关进入境内的商品。

---

〔1〕 京东：https://www.jd.com/.

〔2〕 苏宁易购：https://www.suning.com/.

二、B2C 和 C2C 模式下的进出境货物、物品，以快件形式通关

B2C 是通常说的直接面向消费者销售产品和服务的商业零售模式。B2B 和 B2C 的区别在于：其一，两者的买方不同，B2B 的买方是商家，B2C 的买方是个人。其二，两者的平台不同，B2B 在第三方平台，B2C 则在自身运营平台。其三，交易模式不同，B2B 是企业到企业的交易模式，B2C 是企业到客户的交易模式，C2C 则是个人对个人的交易行为。

对 B2C 和 C2C 模式下的进出境货物、物品，以快件形式进出境的跨境贸易电子商务商品，根据海关确定的进出境目的，分别适用进出境快件和进出境快件个人物品申报方式；以邮件形式进出境的跨境贸易电子商务商品，根据海关确定的进出境目的，分为商业性邮件和个人邮寄物品两大类，分别适用货物和物品两种通关程序。

三、涉及增列“保税电商”海关监管方式的文件

（一）《海关总署公告 2014 年第 57 号（关于增列海关监管方式代码的公告）》[1]

2014 年第 57 号文件是专门针对增列“保税跨境贸易电子商务”的代码，以便跨境电商的商品可以通过保税监管场所进出境，形成新的物流仓储模式。保税区的商品在法律上可视为尚未通关入境，无需交税。因此，跨境电商企业可在保税区备货，依消费者的订单要求，通过海关跨境贸易电商系统快速通关。商品以此方式通关比从海外集货后运往国内，再通过缓慢的行邮通道入关，要快捷得多。保税区亦称“保税仓库区”，是一国海关设置的或经海关批准注册、受海关监督和管理的可以较长时间存储商品的区域。是经国务院批准设立的、海关实施特殊监管的经济区域。保税区在海关的特殊监管范围内，货物入区前须在海关登记，保税区货物在进出境内、境外或区内流动时有不同的税收限制。依 2014 年第 57 号文件，为促进跨境贸易电子商务进出

〔1〕 中华人民共和国海关总署：《海关总署公告 2014 年第 57 号（关于增列海关监管方式代码的公告）》，载 http://www.customs.gov.cn/，最后访问日期：2019 年 4 月 13 日。

口业务发展，方便企业通关，规范海关管理，实施海关统计，决定增列海关监管方式代码：

（1）增列海关监管方式代码“1210”，全称“保税跨境贸易电子商务”，简称“保税电商”。适用于境内个人或电子商务企业在经海关认可的电子商务平台实现跨境交易，并通过海关特殊监管区域或保税监管场所进出的电子商务零售进出境商品［海关特殊监管区域、保税监管场所与境内区外（场所外）之间通过电子商务平台交易的零售进出口商品不适用该监管方式］。“1210”监管方式用于进口时仅限经批准开展跨境贸易电子商务进口试点的海关特殊监管区域和保税物流中心（B型）。[1]

（2）以“1210”海关监管方式开展跨境贸易电子商务零售进出口业务的电子商务企业、海关特殊监管区域或保税监管场所内跨境贸易电子商务经营企业、支付企业和物流企业应当按照规定向海关备案，并通过电子商务平台实时传送交易、支付、仓储和物流等数据。

（二）《海关总署公告2016年第75号（关于增列海关监管方式代码的公告）》[2]

由于“1210”监管方式仅适用于批准跨境贸易电子商务进口试点的城市的特殊监管区域，获批的跨境贸易电子商务进口试点的只有天津、上海、杭州、宁波、福州、平潭、郑州、广州、深圳、重庆10个城市，为了使非跨境进口试点城市能在公平的政策环境里竞争，2016年海关总署又以第75号文件增列了海关监管方式代码“1239”。依2016年第75号文件，为促进跨境贸易电子商务进出口业务发展，方便企业通关，规范海关管理，实施海关统计，决定增列海关监管方式代码，现将有关事项公告如下：

（1）增列海关监管方式代码“1239”，全称“保税跨境贸易电子商务A”，简称“保税电商A”。适用于境内电子商务企业通过海关特殊监管区域

---

〔1〕 1210当时的要求开展区域必须是批准跨境贸易电子商务进口试点的城市的特殊监管区域，获批的跨境贸易电子商务进口试点的只有天津、上海、杭州、宁波、福州、平潭、郑州、广州、深圳、重庆等10个城市。

〔2〕 中华人民共和国海关总署：《海关总署公告2016年第75号（关于增列海关监管方式代码的公告）》，载http://www.customs.gov.cn/ta，2019年4月13日。

或保税物流中心（B 型）一线进境的跨境电子商务零售进口商品。

（2）天津、上海、杭州、宁波、福州、平潭、郑州、广州、深圳、重庆等 10 个城市开展跨境电子商务零售进口业务暂不适用“1239”监管方式。

2014 年第 57 号文件与 2016 年第 75 号文件的区别在于：2014 年第 57 号文件“1210”监管代码只是对 10 个试点城市目前暂时免除通关单，其他城市还需要通关单，即所有城市如果申报进口涉及进口通关单的商品都用同一代码 1210，但试点城市可以通过特殊申报通道，通关单暂缓。而 2016 年第 75 号文件“1239”监管代码没有对城市做具体要求，意味着只要“符合海关特殊监管区域或保税物流中心（B 型）”两个条件之一即可。这使跨境电商零售进口业务可以从少数试点城市扩展至全国，符合条件的城市都可以开展这项业务。

四、跨境电子商务零售进出口商品的海关监管

跨境电子商务零售进出口商品的海关监管经历了 2014 年第 56 号文件[1]、2016 年第 26 号文件[2]，目前适用的是 2018 年第 194 号文件[3]

在通关上，跨境电商的商品，按照一般贸易监管并不合适，因为跨境电商不是一般贸易，其进口人是消费者，消费者购买商品是为了自用，而不是为了贸易或转售，所以向消费者征收与一般贸易相关的关税和增值税，或者为保障市场流通安全而对消费者自用的商品进行检验，都不太合适。由于跨境电商的商品属于自用，本来是可以用行李、邮件、快件的形式通关入境，但目前中国的市场情况是，行李、邮件、快件入境的商品中有大量海淘商家用于对外销售的商品，海关难以区分。在这种情况下，《海关总署公告 2014 年第 56 号（关于跨境贸易电子商务进出境货物、物品有关监管事宜的公告）》

---

〔1〕 中华人民共和国海关总署：《海关总署公告 2014 年第 56 号（关于跨境贸易电子商务进出境货物、物品有关监管事宜的公告）》，载 http://www.customs.gov.cn/customs/302249/302266/302267/356122/index.html，最后访问日期：2019 年 4 月 13 日。

〔2〕 中华人民共和国海关总署：《海关总署公告 2016 年第 26 号（关于跨境电子商务零售进出口商品有关监管事宜的公告）》，载 http://www.customs.gov.cn/customs/302249/302419/xgfg/648291/index.html，最后访问日期：2019 年 4 月 13 日。

〔3〕 中华人民共和国海关总署：《海关总署公告 2018 年第 194 号（关于跨境电子商务零售进出口商品有关监管事宜的公告）》，载 http://www.customs.gov.cn/customs/302249/302266/302269/2140731/index.html，最后访问日期：2019 年 4 月 13 日。

提供了一种较为合适的解决方案。

海关依2014年第56号文件专门为跨境电商开辟了新的通关方式。跨境电商进口商品通过海关监管系统备案。电子商务企业或个人通过经海关认可并且与海关联网的电子商务交易平台实现跨境交易进出境货物、物品，并接受海关监管。其他货物、物品，海关仍按照原有方式，即一般贸易、邮件、快件等方式办理通关手续。依新通关方式通关的商品应当由买方自用，而不是转售。如买方转售这些商品，通过与海关监管系统备案过的商品核对，市场监管机关即可发现买方的转售行为，并进行处罚。

2016年发布的《海关总署公告2016年第26号（关于跨境电子商务零售进出口商品有关监管事宜的公告）》，取代了2014年第56号文件，2016年第26号文件明确了新形势下新跨境电商税、新行邮税、新快件系统、“正面清单”、统一版监管平台等跨境电商零售进口的监管细则。

为做好跨境电商零售进出口商品监管工作，促进跨境电商健康有序发展，2018年海关总署又发布了《海关总署公告2018年第194号（关于跨境电子商务零售进出口商品有关监管事宜的公告）》，该公告根据《中华人民共和国海关法》《中华人民共和国进出境动植物检疫法》《中华人民共和国进出口商品检验法》《中华人民共和国电子商务法》等法律法规和商务部、发展改革委、财政部等《关于完善跨境电子商务零售进口监管有关工作的通知》（商财发〔2018〕486号）等国家有关跨境电商零售进出口相关政策作出了规定。2018年第194号文件自2019年1月1日起施行，施行时间以海关接受《中华人民共和国海关跨境电子商务零售进出口商品申报清单》申报时间为准，未尽事宜按海关有关规定办理。2016年第26号文件同时废止。

该公告具体内容如下：

1. 适用范围

跨境电子商务企业〔1〕、消费者（订购人）〔2〕通过跨境电子商务交易平台

---

〔1〕 依2018年第194号文件对有关用语的定义：“跨境电子商务企业”是指自境外向境内消费者销售跨境电子商务零售进口商品的境外注册企业（不包括在海关特殊监管区域或保税物流中心内注册的企业），或者境内向境外消费者销售跨境电子商务零售出口商品的企业，为商品的货权所有人。

〔2〕 依2018年第194号文件对有关用语的定义：“消费者（订购人）”是指跨境电子商务零售进口商品的境内购买人。

实现零售进出口商品交易，并根据海关要求传输相关交易电子数据的，按照本公告接受海关监管。

2. 企业管理

（1）注册登记与许可证：跨境电子商务平台企业[1]、物流企业[2]、支付企业[3]等参与跨境电子商务零售进口业务的企业，应当依据海关报关单位注册登记管理相关规定，向所在地海关办理注册登记；境外跨境电子商务企业应委托境内代理人（以下简称“跨境电子商务企业境内代理人”）[4]向该代理人所在地海关办理注册登记。跨境电子商务企业、物流企业等参与跨境电子商务零售出口业务的企业，应当向所在地海关办理信息登记；如需办理报关业务，向所在地海关办理注册登记。物流企业应获得国家邮政管理部门颁发的《快递业务经营许可证》。直购进口模式下，物流企业应为邮政企业或者已向海关办理代理报关登记手续的进出境快件运营人。支付企业为银行机构的，应获得银保监会或者原银监会颁发的《金融许可证》；支付企业为非银行支付机构的，应获得中国人民银行颁发的《支付业务许可证》，支付业务范围应当包括“互联网支付”。

（2）差异化通关管理：参与跨境电子商务零售进出口业务并在海关注册登记的企业，纳入海关信用管理，海关根据信用等级实施差异化的通关管理措施。

3. 通关管理

（1）“网购保税进口”的商品依个人自用进境物品监管：对跨境电子商务直购进口商品及适用“网购保税进口”（监管方式代码 1210）进口政策的

---

[1] 依 2018 年第 194 号文件对有关用语的定义：“跨境电子商务平台企业”是指在境内办理工商登记，为交易双方（消费者和跨境电子商务企业）提供网页空间、虚拟经营场所、交易规则、信息发布等服务，设立供交易双方独立开展交易活动的信息网络系统的经营者。

[2] 依 2018 年第 194 号文件对有关用语的定义：“物流企业”是指在境内办理工商登记，接受跨境电子商务平台企业、跨境电子商务企业或其代理人委托为其提供跨境电子商务零售进出口物流服务的企业。

[3] 依 2018 年第 194 号文件对有关用语的定义：“支付企业”是指在境内办理工商登记，接受跨境电子商务平台企业或跨境电子商务企业境内代理人委托为其提供跨境电子商务零售进口支付服务的银行、非银行支付机构以及银联等。

[4] 依 2018 年第 194 号文件对有关用语的定义：“跨境电子商务企业境内代理人”是指开展跨境电子商务零售进口业务的境外注册企业所委托的境内代理企业，由其在海关办理注册登记，承担如实申报责任，依法接受相关部门监管，并承担民事责任。

商品，按照个人自用进境物品监管，不执行有关商品首次进口许可批件、注册或备案要求。但对相关部门明令暂停进口的疫区商品和对出现重大质量安全风险的商品启动风险应急处置时除外。适用“网购保税进口 A”（监管方式代码 1239）进口政策的商品，按《跨境电子商务零售进口商品清单（2018 版）》尾注中的监管要求执行。

（2）检疫监管：海关对跨境电子商务零售进出口商品及其装载容器、包装物按照相关法律法规实施检疫，并根据相关规定实施必要的监管措施。

（3）进口商品申报前向海关传输电子信息：跨境电子商务零售进口商品申报前，跨境电子商务平台企业或跨境电子商务企业境内代理人、支付企业、物流企业应当分别通过国际贸易“单一窗口”[1]或跨境电子商务通关服务平台[2]向海关传输交易、支付、物流等电子信息，并对数据真实性承担相应责任。直购进口模式下，邮政企业、进出境快件运营人可以接受跨境电子商务平台企业或跨境电子商务企业境内代理人、支付企业的委托，在承诺承担相应法律责任的前提下，向海关传输交易、支付等电子信息。

（4）出口商品申请前向海关传输电子信息：跨境电子商务零售出口商品申报前，跨境电子商务企业或其代理人、物流企业应当分别通过国际贸易“单一窗口”或跨境电子商务通关服务平台向海关传输交易、收款、物流等电子信息，并对数据真实性承担相应法律责任。

（5）报关手续：跨境电子商务零售商品进口时，跨境电子商务企业境内代理人或其委托的报关企业应提交《中华人民共和国海关跨境电子商务零售进出口商品申报清单》（以下简称《申报清单》），采取“清单核放”方式办理报关手续。跨境电子商务零售商品出口时，跨境电子商务企业或其代理人应提交《申报清单》，采取“清单核放、汇总申报”方式办理报关手续；跨境电子商务综合试验区内符合条件的跨境电子商务零售商品出口，可采取“清单核

---

〔1〕 依 2018 年第 194 号文件对有关用语的定义：“国际贸易‘单一窗口’”是指由国务院口岸工作部际联席会议统筹推进，依托电子口岸公共平台建设的一站式贸易服务平台。申报人（包括参与跨境电子商务的企业）通过“单一窗口”向海关等口岸管理相关部门一次性申报，口岸管理相关部门通过电子口岸平台共享信息数据、实施职能管理，将执法结果通过“单一窗口”反馈申报人。

〔2〕 依 2018 年第 194 号文件对有关用语的定义：“跨境电子商务通关服务平台”是指由电子口岸搭建，实现企业、海关以及相关管理部门之间数据交换与信息共享的平台。

放、汇总统计”的方式办理报关手续。《申报清单》与《中华人民共和国海关进（出）口货物报关单》具有同等法律效力。按照上述要求传输、提交的电子信息应施加电子签名。

（6）核实并认证进口商品消费者的身份信息：开展跨境电子商务零售进口业务的跨境电子商务平台企业、跨境电子商务企业境内代理人应对交易真实性和消费者（订购人）身份信息真实性进行审核，并承担相应责任；身份信息未经国家主管部门或其授权的机构认证的，订购人与支付人应当为同一人。

（7）商品出口后向海关申报：跨境电子商务零售商品出口后，跨境电子商务企业或其代理人应当于每月 15 日前（当月 15 日是法定节假日或者法定休息日的，顺延至其后的第一个工作日），将上月结关的《申报清单》依据清单表头同一收发货人、同一运输方式、同一生产销售单位、同一运抵国、同一出境关别，以及清单表体同一最终目的国、同一十位海关商品编码、同一币制的规则进行归并，汇总形成《中华人民共和国海关出口货物报关单》向海关申报。允许以“清单核放、汇总统计”方式办理报关手续的，不再汇总形成《中华人民共和国海关出口货物报关单》。

（8）申请清单的修改或撤销与无纸化：《申报清单》的修改或者撤销，参照海关《中华人民共和国海关进（出）口货物报关单》修改或者撤销有关规定办理。除特殊情况外，《申报清单》《中华人民共和国海关进（出）口货物报关单》应当采取通关无纸化作业方式进行申报。

4. 税收征管

（1）进口商品的完税价格为实际交易价格：对跨境电子商务零售进口商品，海关按照国家关于跨境电子商务零售进口税收政策征收关税和进口环节增值税、消费税，完税价格为实际交易价格，包括商品零售价格、运费和保险费。

（2）纳税义务人和代缴义务人：跨境电子商务零售进口商品消费者（订购人）为纳税义务人。在海关注册登记的跨境电子商务平台企业、物流企业或申报企业作为税款的代收代缴义务人，代为履行纳税义务，并承担相应的补税义务及相关法律责任。

（3）如实申报税收征管要素：代收代缴义务人应当如实、准确向海关申报跨境电子商务零售进口商品的商品名称、规格型号、税则号列、实际交易价格及相关费用等税收征管要素。跨境电子商务零售进口商品的申报币制为人民币。

（4）补充申报：为审核确定跨境电子商务零售进口商品的归类、完税价格等，海关可以要求代收代缴义务人按照有关规定进行补充申报。

（5）提交税款担保：海关对符合监管规定的跨境电子商务零售进口商品按时段汇总计征税款，代收代缴义务人应当依法向海关提交足额有效的税款担保。海关放行后30日内未发生退货或修撤单的，代收代缴义务人在放行后第31日至第45日内向海关办理纳税手续。

5. 场所管理

（1）监管作业场所和经营人：跨境电子商务零售进出口商品监管作业场所必须符合海关相关规定。跨境电子商务监管作业场所经营人、仓储企业应当建立符合海关监管要求的计算机管理系统，并按照海关要求交换电子数据。其中开展跨境电子商务直购进口或一般出口业务的监管作业场所应按照快递类或者邮递类海关监管作业场所规范设置。

（2）网购保税进口业务应在监管区域开展：跨境电子商务网购保税进口业务应当在海关特殊监管区域或保税物流中心（B型）内开展。除另有规定外，参照本公告规定监管。

6. 检疫、查验和物流管理

（1）检疫后方可运至监管作业场所：对需在进境口岸实施的检疫及检疫处理工作，应在完成后方可运至跨境电子商务监管作业场所。

（2）实货监管，网购保税进口业务：一线入区时以报关单方式进行申报，海关可以采取视频监控、联网核查、实地巡查、库存核对等方式加强对网购保税进口商品的实货监管。

（3）配合海关查验：海关实施查验时，跨境电子商务企业或其代理人、跨境电子商务监管作业场所经营人、仓储企业应当按照有关规定提供便利，配合海关查验。

（4）转关：跨境电子商务零售进出口商品可采用“跨境电商”模式进行转关。其中，跨境电子商务综合试验区所在地海关可将转关商品品名以总运单形式录入“跨境电子商务商品一批”，并需随附转关商品详细电子清单。

（5）网购保税进口商品在特殊监管区域或保税物流中心间的流转：网购保税进口商品可在海关特殊监管区域或保税物流中心（B 型）间流转，按有关规定办理流转手续。以“网购保税进口”（监管方式代码 1210）海关监管方式进境的商品，不得转入适用“网购保税进口 A”（监管方式代码 1239）的城市继续开展跨境电子商务零售进口业务[1]。网购保税进口商品可在同一区域（中心）内的企业间进行流转。

7. 退货管理

（1）退货运回原监管场所：在跨境电子商务零售进口模式下，允许跨境电子商务企业境内代理人或其委托的报关企业申请退货，退回的商品应当符合二次销售要求并在海关放行之日起 30 日内以原状运抵原监管作业场所，相应税款不予征收，并调整个人年度交易累计金额。在跨境电子商务零售出口模式下，退回的商品按照有关规定办理有关手续。

（2）退运出境或销毁：对超过保质期或有效期、商品或包装损毁、不符合我国有关监管政策等不适合境内销售的跨境电子商务零售进口商品，以及海关责令退运的跨境电子商务零售进口商品，按照有关规定退运出境或销毁。

8. 风险防控

（1）风险防控方面的信息和数据支持：从事跨境电子商务零售进出口业务的企业应向海关实时传输真实的业务相关电子数据和电子信息，并开放物流实时跟踪等信息共享接口，加强对海关风险防控方面的信息和数据支持，配合海关进行有效管理。

（2）非正常交易行为的监控：跨境电子商务企业及其代理人、跨境电子商务平台企业应建立商品质量安全等风险防控机制，加强对商品质量安全以及虚假交易、二次销售等非正常交易行为的监控，并采取相应处置措施。

（3）进出口商品安全自律监管：跨境电子商务企业不得进出口涉及危害口岸公共卫生安全、生物安全、进出口食品和商品安全、侵犯知识产权的商

---

[1] 依 2018 年第 194 号文件对有关用语的定义：用“网购保税进口”（监管方式代码 1210）进口政策的有天津、上海、重庆、大连、杭州、宁波、青岛、广州、深圳、成都、苏州、合肥、福州、郑州、平潭、北京、呼和浩特、沈阳、长春、哈尔滨、南京、南昌、武汉、长沙、南宁、海口、贵阳、昆明、西安、兰州、厦门、唐山、无锡、威海、珠海、东莞、义乌等 37 个城市（地区）。

品以及其他禁限商品，同时应当建立健全商品溯源机制并承担质量安全保障责任。鼓励跨境电子商务平台企业建立并完善进出口商品安全自律监管体系。

（4）消费者不得再次销售：消费者（订购人）对于已购买的跨境电子商务零售进口商品不得再次销售。

（5）海关质量安全风险监测：海关对跨境电子商务零售进口商品实施质量安全风险监测，责令相关企业对不合格或存在质量安全问题的商品采取风险消减措施，对尚未销售的按货物类别实施监管，并依法追究相关经营主体责任；对监测发现的质量安全高风险商品发布风险警示并采取相应管控措施。海关对跨境电子商务零售进口商品在商品销售前需按照法律法规实施必要的检疫，并视情况发布风险警示。

9. 走私

（1）发现涉嫌违规或走私应告知海关：跨境电子商务平台企业、跨境电子商务企业或其代理人、物流企业、跨境电子商务监管作业场所经营人、仓储企业发现涉嫌违规或走私行为的，应当及时主动告知海关。

（2）配合海关调查走私：涉嫌走私或违反海关监管规定的参与跨境电子商务业务的企业，应配合海关调查，开放交易生产数据或原始记录数据。

10. 违反规定的处理

海关对违反本公告，参与制造或传输虚假交易、支付、物流“三单”信息、为二次销售提供便利、未尽责审核消费者（订购人）身份信息真实性等，导致出现个人身份信息或年度购买额度被盗用、进行二次销售及其他违反海关监管规定情况的企业依法进行处罚。对涉嫌走私或违规的，由海关依法处理；构成犯罪的，依法追究刑事责任。对利用其他公民身份信息非法从事跨境电子商务零售进口业务的，海关按走私违规处理，并按违法利用公民信息的有关法律规定移交相关部门处理。对不涉嫌走私违规、首次发现的，进行约谈或暂停业务责令整改；再次发现的，一定时期内不允许其从事跨境电子商务零售进口业务，并交由其他行业主管部门按规定实施查处。

11. 接受海关稽查

在海关注册登记的跨境电子商务企业及其境内代理人、跨境电子商务平台企业、支付企业、物流企业等应当接受海关稽查。

第三节 他国跨境电子商务的通关制度比较

一、美国

电子商务是美国经济中不断增长的一部分，并且在过去几年中一直显著增长。随着互联网在线购物的发展，消费者的习惯正在发生变化。经济活动的进步导致小型即时包装的进口量增加，为美国海关与边境保护局（CBP）带来了检验挑战。电子商务的出货量与集装箱运输具有相同的健康安全和经济安全风险，但数量更多且不断增长。此外，跨国犯罪组织正在通过小包裹向美国运送非法货物，原因是拦截风险较低，如果“一揽子计划”被封锁，则后果不严重。并且，新的或不常见的进口商通常不太熟悉美国的海关法律法规，这可能导致进口不合规的商品。

因此为有效应对这些挑战，CBP 制定了电子商务战略（E - commerce Strategic Plan）。[1]该战略强调私营企业和外国政府是 CBP 持续评估电子商务环境的关键资源。其中包括努力教育公众和贸易界，以确保他们了解自己作为进口商应遵守的海关规定的责任。该战略还强调执法举措，例如简化受电子商务量增加影响的执法流程，利用与合作伙伴政府和其他外国政府的执法伙伴关系，以及改进 CBP 目标系统和现场人员的数据收集。[2]

随着电子商务出货量不断增加，CBP 仍致力于促进合法贸易，同时确保消费者安全和经济活力。该电子商务战略使 CBP 能够正确制止违规行为，并解决全球贸易转向电子商务平台所带来的各种复杂性问题。

二、欧盟

一般而言，欧盟海关规则在《联盟海关法典》[3]中有所规定，而增值税

---

[1] CBP, E - commerce Strategic Plan, at https://translate. google. com/translate? hl = zh - CN&sl = en&u = https://www. cbp. gov/trade/basic - import - export/e - commerce&prev = search, May 15, 2019.

[2] CBP, E - commerce Strategic Plan, at https://translate. google. com/translate? hl = zh - CN&sl = en&u = https://www. cbp. gov/trade/basic - import - export/e - commerce&prev = search, May 15, 2019.

[3] In general terms, EU customs law is laid down in the Union Customs Code.

是受欧盟增值税指令管辖。一套关于电子商务中增值税的具体欧盟法律规定的新方案“e－commerce package”于2017年底通过。这是第一次尝试直接在立法中解决电子商务中的增值税和关税问题。该方案由三个法律行为组成，并引入了以下变化：

（1）允许微型企业和初创企业对其电子商务供应征税根据“服务不超过10 000欧元的门槛原则”。

（2）允许电子卖家应用其成员国的发票规则确定而不是目的地成员国的现行规则，目前是这样应用的。

（3）将MOSS系统扩展到所有跨境B2C服务供应和在线B2C销售的商品，无论是来自欧盟还是非欧盟国家。

（4）对总价值不超过22欧元（或10欧元）的在线购买的并从非欧盟国家进口的物品的增值税减免。其中一些变更将于2019年1月1日起生效，其余变更自2021年1月1日起申请生效。

最相关的战略文件是关于增值税[1]的行动计划，2016年欧盟委员会旨在建立单一的欧盟增值税区。行动计划承认电子商务的繁荣需要采用新的方法来收取增值税，它包括为此目的而采取的若干紧急和中期措施，包括确定增值税、欧盟内部贸易制度，以解决“失踪的交易商欺诈”[2]。该计划是欧盟委员会数字单一市场战略的一部分。[3]

其主要目的是，使欧盟的增值税系统更简单，更具防欺诈性和更加商业友好，对于电子商务增值税有以下改进：

（1）加强欧盟内部国家的非欺诈性内部合作。

（2）引入共同的欧盟范围简化措施（增值税门槛）来给小型电子商务初创企业提供帮助。

（3）允许进行本国检查，包括单一跨境审计企业。

---

〔1〕 欧盟委员会：《关于增值税的行动计划：迈向单一欧盟增值税区，COM（2016）》，2016年7月4日。

〔2〕 “失踪的交易商欺诈”是指交易者以增值税为目的而注册的系统，可能以欺诈手段获取或声称获取商品或服务而没有缴纳增值税。

〔3〕 欧盟委员会：《欧洲数字单一市场战略，COM（2015）》，2016年6月5日。

（4）取消非欧盟进口小批量货物的增值税豁免供应商。

（5）将一站式服务机制在线扩展到欧盟和非欧盟国家，向最终消费者销售有形商品。

（6）基于目的地原则的欧盟内部贸易的最终增值税制度。

三、俄罗斯〔1〕

俄罗斯的跨境电子商务市场潜力巨大。根据俄罗斯最受欢迎的搜索引擎和最大的电子支付服务提供商 Yandex 的数据，2016 年中俄跨境电子商务贸易额超过 25 亿美元，而俄罗斯的主要跨境电子商务平台均来自中国。在交付给俄罗斯的所有外国包裹中，90% 来自中国，4% 来自欧盟，2% 来自美国。在资本比率方面，中国占 52%，欧盟占 23%，美国占 12%。每天平均有超过 500 000个包裹从中国到俄罗斯。2016 年，俄罗斯网民从中国购买的商品数量增长了 78%，支出几乎比 2015 年翻了一番。与此同时，中国的俄罗斯网上商店的客户数量增加了 38%。根据市场研究公司 eMaketer 的最新统计数据，俄罗斯拥有 8700 万互联网用户，大约 42% 的互联网用户经常在网上购物。俄罗斯的在线零售仅占其零售总额的 2%，中国和美国分别约为 6% 和 10%。根据俄罗斯电子商务协会的统计，目前互联网经济对俄罗斯国内生产总值的贡献率约为 2.8%，与互联网经济相关的市场对国内生产总值的贡献率高达 19%。不过，这些数字远远落后于发达国家。俄罗斯的电子商务市场正在形成，中俄跨境电子商务合作可能具有巨大的潜力。

2017 年，中俄电子商务合作日益频繁。俄罗斯铁路与中国铁路快运签署合作协议，共同建立两国跨境电子商务物流平台。此外，中俄电子商务促进会与中国海商网（cn. hisupplier. com）签署合作协议，共同建立中俄贸易的供应商中心。

阻碍中俄跨境电子商务的最大问题仍然是通关。由于俄罗斯的海关服务部门根据定期的进出口流量分配人员和基础设施，因此在人员、设施和现有

〔1〕 China Pictorial, [BRICS – Xiamen] Cooperation and Development of China – Russia Cross – border E – commerce, at http://china – pictorial. com. cn/brics – xiamencooperation – and – development – of – china – russia – cross – border – e – commerce, May 20, 2019.

流程方面，他们没有做好充分的准备以应对来自海外包裹的激增。因此，当包裹堆放在海关时，可以缓解清关过程中的瓶颈和扩张。

俄罗斯是世界上最大的国家，跨越多个时区，其在线购物的物流挑战比任何其他国家都要困难。多年来，俄罗斯的基础设施、物流网络、邮政服务和交付没有显著改善，该国缺乏处理能力和经验来满足电子商务爆炸的需求，这使得包装堆积频繁。对于俄罗斯电子商务企业和企业家来说，成功的关键因素在于顺畅的物流，这大大提高了俄罗斯电子商务市场的门槛。俄罗斯是一个现金驱动的经济体，一般来说，俄罗斯人不信任在线支付，虽然分析师预测，未来几年俄罗斯的信用卡使用量将迅速增加，但目前他们的渗透率相对较低，许多俄罗斯信用卡甚至不能用于在线支付。那些仍然勇于参与开设在线支付业务的人必须忍受银行复杂的安全评估流程。

中国跨境电子商务公司解决支付问题的常见做法是与俄罗斯当地的物流公司合作。俄罗斯物流公司帮助中国互联网零售商运送货物，收取付款和转账。但是整个流程存在重大问题，从买方下订单到俄罗斯物流公司向中国公司转移支付通常需要两到三个月，这延长了资金撤出的过程，给中国电子商务公司增加了操作上的困难。改变这种情况需要时间，但是随着俄罗斯政府和俄罗斯企业推动在线支付，以及该国的电商行业日趋成熟，这个问题将逐步得到解决。

四、哈萨克斯坦[1]

过去几年，哈萨克斯坦的互联网接入量大幅增长。截至2017年底，哈萨克斯坦的互联网用户略多于1400万，渗透率为76.4%，而农村地区（45%的人口居住地）的渗透率比城市地区更为有限。虽然各种公共场所提供免费网络连接，但是大多数人在家中和移动设备上访问互联网。哈萨克斯坦拥有发达的移动宽带市场，与周边其他国家相比，移动互联网普及率较高。哈萨克斯坦人民都能负担得起移动互联网和固定宽带的费用。在哈萨克斯坦的多民

---

〔1〕 Nordea：《哈萨克斯坦国际概况：电子商务板块》，载 https://www.nordeatrade.com/en/explore-new-market/kazakhstan/e-commerce，最后访问日期：2019年5月15日。

族社区中，获取的分布相对均匀。但是，哈萨克语和俄语之间的竞争对获取有影响，因为俄语中的内容比哈萨克语更多，特别是在其他新闻报道和社交媒体讨论中。值得注意的是，该国有许多法律允许政府暂停电信网络，这也正是“自由之家”在2017年将哈萨克斯坦的互联网评为“非自由”的原因之一。

哈萨克斯坦的电子商务部门仍然不发达。然而在过去几年中它显示出显著的增长，预估该行业至少在未来三年内会以每年25%的速度增长。据官方统计，2017年电子商务市场的营业额达到3.224亿美元，占零售总额的1.2%，比上年增长36.2%。2018年前五个月，电子商务营业额达到3.046亿美元，占零售总额的2.9%。客户数量也有所增加（从2017年到2018年增长5%），但其中只有不到7%的人口在线购物，而且市场上的在线商家数量很少。自2018年初以来，已有110家新的电子商务零售商在该国注册。哈萨克斯坦目前有1658家网店，雇主71家，600名工人。政府一直在投资该部门，完善立法，改善邮政服务，以及免除电子商务公司的税收。最受欢迎的电子商务类别是时尚，其次是化妆品和食品。哈萨克斯坦电子商务发展的主要障碍是在线支付和交付的基本系统，以及消费者对电子购物的低信心。出于这个原因，最流行的付款方式是货到付款和银行转账，其中60%的付款是使用现金支付的，而银行卡则占其中的20%。跨境电子商务非常受欢迎，哈萨克斯坦的外国网上商店的领导者是eBay。2017年，39%的商品来自美国，12%来自欧洲，11%来自俄罗斯。只有29%的购买是通过当地商店。[1]

所有进入哈萨克斯坦关境区的货物都必须在经批准的清关点进行报关和清关。声明必须在货物到达哈萨克斯坦后30天内提交，但货物到达后的简要声明和通知应在货物过境后24小时内提交海关机构并放置在临时仓库。除允许根据简化程序转移货物的私人外，海关申报必须由哈萨克斯坦实体提交，即根据哈萨克斯坦法律注册的商业组织，或其位于哈萨克斯坦的附属公司或

〔1〕 Nordea：《哈萨克斯坦国际概况：电子商务板块》，载 https://www.nordeatrade.com/en/explore-new-market/kazakhstan/e-commerce，最后访问日期：2019年5月15日。

公司代表，或哈萨克斯坦的永久居民。[1] 在哈萨克斯坦海关申报商业货物以便自由流通的当事方有责任提交海关申报单（每份货物1份）的纸质和电子副本以及随附文件。海关货物声明（5份）必须用哈萨克语或俄语填写，其他文件可以用外语提交。海关官员有权要求将这些文件翻译成哈萨克语或俄语，并对翻译文件进行公证。除海关货物声明外，主张收取货物的一方必须提交一套其他文件，包括发票、货物供应合同、进出口交易护照和装运单据（如提单，航空公司）账单等。交易通行证是货币控制系统框架中使用的主要工具，是由出口商/进口商填写并由海关官员和出口商/进口商银行代表审查的跨机构文件。[2]

哈萨克斯坦是连接欧洲与亚洲的陆路纽带，为了加强与中国的经贸往来，扩大对中国稀有金属、肥料、小麦等物品的出口，中哈两国早于2013年就共同投资建设了连云港物流基地。中哈货运铁路专线从连云港到哈萨克斯坦的阿拉木图仅需10～15天，货物还可以在阿拉木图转运到欧洲。[3]

五、马来西亚[4]

（一）马来西亚互联网概况

马来西亚有大约2508万的活跃互联网用户（占人口的79%），有极高的手机普及率。在3120万马来西亚人中，有2400万人是社交媒体用户，2160万人是移动用户，2200万人在他们的移动设备上使用社交媒体。马来西亚的电子商务法律包括《2006年电子商务法》和《2007年电子政府活动法》。随着《2010年个人数据保护法》的出台，马来西亚成为第一个通过隐私立法的东盟（ASEAN）成员国。《2006年电子商务法》是私营部门电子商务监管的

---

〔1〕 Nordea：《哈萨克斯坦国际概况：海关板块》，载 https://www.nordeatrade.com/en/explore-new-market/kazakhstan/e-commerce，最后访问日期：2019年5月15日。

〔2〕 Nordea：《哈萨克斯坦国际概况：海关板块》，载 https://www.nordeatrade.com/en/explore-new-market/kazakhstan/e-commerce，最后访问日期：2019年5月15日。

〔3〕 刘小军、张滨：《我国与“一带一路”沿线国家跨境电商物流的协作发展》，载《中国流通经济》2016年第5期，第115页。

〔4〕 International Trade Administration，Malaysia - Customs Regulations，at https://www.export.gov/article? id=Malaysia-Customs-Regulations，May 15，2019.

主要来源，其中包含有关电子签名的广泛（技术中立）规定。此外，马来西亚颁布了《1997 年数字签名法》，其中涵盖了数字签名。《1999 年消费者保护法》保护消费者免受一系列不公平行为的影响，并执行最低产品标准。2007 年，对《1999 年消费者保护法》进行了修订，扩大了涵盖电子商务交易的范围；2010 年，在标准格式合同中引入了关于服务的一般安全要求和保护消费者免受不公平条款的新规定。马来西亚通信和多媒体委员会（MCMC）负责管理信息和通信行业，MCMC 还发布内容和广播指南。马来西亚税务局制定了税收指南用于电子商务，该指南涵盖了收费范围，业务纳税义务，服务器和网站的处理以及商业模式的检查。2016 年，马来西亚国际贸易和工业部（MI-TI）启动了一项新的电子商务计划旨在将大约 80% 的中小型企业带入电子商务世界，并扩大市场准入，吸引超过 8700 万的东盟地区的客户。该计划的重点是加速卖方采用电子商务，增加企业采用电子采购，解除非关税壁垒（如电子履约、跨境、电子支付和消费者保护），重新调整现有经济激励措施，制定战略投资，推广国家品牌以促进跨境电子商务。

（二）目前的市场趋势

由于马来西亚的互联网和移动连接以及公共部门的鼓励，马来西亚的电子商务使用率很高。马来西亚拥有 1530 万在线购物者（占人口的 50%）和 62% 的移动用户，他们的设备可以在线购物。在线购物者的动机是价格优势、产品范围和评论的可参考性。马来西亚购物者寻找在线商店提供的免费送货，并寻求便利和独家优惠。

（三）国内电子商务（B2C）

马来西亚电子商务市场正在获得政府的关注和支持。收入增加、智能手机和互联网普及率上升都是马来西亚在线市场的增长因素，从 2014 年的零售总支出 0.5% 增加到 2020 年的 5%。e - Travel 是在线企业对消费者（B2C）市场中最大的部分。包括移动服务（如 Grab Car 和 Grab Taxi）和在线旅行预订在内的在线企业对消费者细分市场在 2016 年创造了超过 35 亿美元的收入。

（四）跨境电子商务

马来西亚人最喜欢的海外网上购物国家是新加坡、日本、美国和韩国。

热门的在线商品类别包括：日常用品（39%），时装及配饰（23%），特殊、稀有物品（20%），家用电器（7%），消费类电子产品（7%）以及食品和健康用品（4%）。

（五）B2B 电子商务

B2B 电子商务是中小型企业（SME）发展最快的部门之一。随着越来越多的中小企业利用马来西亚人口更高的可支配收入，更好的宽带服务以及该国移动设备的普及，电子商务在不断扩张。电子商务正在帮助中小企业，特别是小企业，通过降低一些成本以提升在全球范围内的竞争力，这些成本使中小企业能够专注于产品开发等其他业务领域。自从电子贸易开始以来，已有 835 家来自不同行业的中小企业，如食品和饮料、家具、生活方式、建筑材料、机械和五金行业，以及已获批准参加电子贸易经济奖励的汽车零部件行业。自 2017 年 1 月 1 日起，e－Trade 奖励金额为 RM5000。在批准的中小企业中，641 家已完成其公司在电子市场的上市。

（六）与中国的合作

马来西亚为了配合中国的海上丝绸之路建设，也计划在马六甲打造一个国际港口。近年来开通的“义新欧铁路”和“渝新欧铁路”等国际铁路，也都是响应“一带一路”倡议的成果。[1]

---

〔1〕 刘小军、张滨：《我国与“一带一路”沿线国家跨境电商物流的协作发展》，载《中国流通经济》2016 年第 5 期，第 117 页。

第三章

亚洲国家通关法制

第一节 东南亚国家

一、柬埔寨

朱美能

（一）概况

柬埔寨王国（以下简称“柬埔寨”）位于亚洲中南半岛南部，东部和东南部同越南接壤，北部与老挝交界，西部和西北部与泰国毗邻，西南濒临暹罗湾，湄公河自北向南横贯全境。

柬埔寨在东盟（ASEAN）十国中，属于经济较为落后的。虽然近年来其经济在稳步发展，但“马太效应”短期无法打破。进入21世纪以来，受对外开放和对内改革等多重利好因素影响，柬埔寨要素禀赋的“活力”得到一定程度的“激活”。但不容否认的是，由于发展阶段、历史遗留、社会制度和现实体制机制等原因制约，与新加坡等东盟发达国家相比，柬埔寨现代意义上的“高效、发达、有序”的要素市场并未形成〔1〕。

即便如此，柬埔寨稳定快速的经济增长不可否认。柬埔寨国家银行2019

---

〔1〕 杨明国、金瑞庭：《当前柬埔寨经济形势分析及推进中柬双边合作政策建议》，载《中国经贸导刊（理论版）》2017年第17期。

年1月2日公布的《2018年宏观经济和银行业进展暨2019年视野》报告中指出，2018年柬埔寨国家经济增长率为7.3%，创下近6年以来的最高纪录，高于区域国家和其他发展中国家的平均经济增长率。柬埔寨国家银行预估，2019年柬埔寨国家经济将继续保持7%的增长。

从整体来看，柬埔寨外来投资依然强劲，据统计2018年外国直接投资比2017年增长12%，尤其是银行、房地产和成衣业，使得国际收支差额（Balance of Payments）盈余4.5%，国家外汇储备金增至100亿美元，高于大多数发展中国家的水平；出口贸易继续增长，虽然成衣业出口仍占柬埔寨总出口额的三分之二，但相比10年前的96%已明显减少；旅游业方面持续发展，2018年柬埔寨共接待的外国游客人次增长11.5%〔1〕。

（二）贸易监管部门

柬埔寨政府中主要负责投资及贸易监管的部门有三个：经济财政部、商业部和发展理事会。其中经济财政部负责维持宏观经济稳定，并强制征收税金和非税收性收入，包括关税。商业部则负责管理国内外商业活动的法律、法规的实施，它参与起草和实施国际贸易政策，并负责注册所有的商业企业，而且是政府加入世界贸易组织的焦点；柬埔寨商检局参与边境控制，并设置和实施技术标准。发展理事会负责管理直接投资，还负责实施政府保护知识产权的政策、法律和法规。除了这三个部门外，政府中的工业、矿产和能源部，农林渔业部，旅游部，社会事务、劳工、职业培训和青年改造部，土地管理、城市规划和建设部，公共工程与运输部以及柬埔寨国家银行也分别担负了一定的经济管理职能。〔2〕

柬埔寨商业部为柬埔寨贸易主管部门，负责出口审批和免税进口核准手续。商业部负责指导和管理柬埔寨的国内、国际贸易政策和贸易活动，下设部长办公厅、监察总局、行政和财务总局以及技术总局。其中技术总局下辖国内贸易司、国际贸易司、法律事务司、普惠制司、知识产权司、东盟和国

〔1〕 柬埔寨国家银行于2019年1月2日公布的《2018年宏观经济和银行业进展暨2019年视野》报告。

〔2〕 董治良、赵佩丽主编：《柬埔寨王国经济贸易法律指南》，中国法制出版社2006年版，第62~63页。

际组织司、出口促进局、进出口检验与反欺诈局。柬埔寨商业部同时还管辖地方商业部门和商业部下属的国有企业。[1]

根据商务部机构与职责二级法令（第131号，于2014年3月19日实施），商务部负责以下工作：贸易政策的发展、维持商品的市场价格及进行市场干预（特别是战略物资）、监督外国贸易、根据法律法规要求颁发出口和进口贸易许可和证书、竞争政策的发展、起草贸易相关法律、管理商标及知识产权、处理不正常竞争、控制商品和服务的质量及安全、管理和推行贸易优惠政策、颁发原产地证书、管理商业注册和维持商业登记处运营、发展电子商务等。

根据商务部机构与职责二级法令，商务部通过国内贸易司、国际贸易司、进出口检验与反欺诈局履行其贸易监督职能。

（三）有关贸易的法律法规简介

从整体上来看，柬埔寨的法律体系尚不健全，在关于经济、商业、贸易等方面的法律、法规尤其欠缺，往往还需要通过内阁、各政府部门制定和宣布的法令和条例来规范。1999年6月作为东盟成员，柬埔寨国会批准了26个东盟协定。柬埔寨加入世界贸易组织后，为了履行其入世的承诺和义务，柬埔寨加快了法律体系改革的步伐，制定了不少新的法律，但仍旧较为零散。

《商业规则和商业登记法》（LCRCR）颁布于1995年，修订于1999年，是柬埔寨主要规范贸易活动的法律，也是管理所有商业行为的法律准则，规定了柬埔寨商业部为商业注册机构。这部法律对贸易活动有详细定义，包括不动产买卖，租赁企业，制造企业，佣金经纪企业，交通运输企业，出版及其他服务企业，汇兑业务银行，中介服务，机构服务，协调办公室，文化服务，与公众交易，建筑企业的运营，为陆上、水上及空中交通运输而进行的船舶/车辆购买和租赁，各类保险，渔业、林业及矿业。

1997年12月，柬埔寨商业部发布了《关于在商业部进行商业登记的指导性通知》，专门就柬埔寨的商业组织形式、登记条件和登记程序作了具体规定。

---

[1] 董治良、赵佩丽主编：《柬埔寨王国经济贸易法律指南》，中国法制出版社2006年版，第64页。

2000年1月25日，柬埔寨商业部颁布了《商业公司贸易活动条例》，强调除《柬埔寨王国投资法》管辖的投资公司外，凡是在商业部注册的柬埔寨公司和外国公司都允许自由从事贸易活动。

2005年柬埔寨颁布了第一部综合性的公司法，即《柬埔寨王国商业企业法》，该法律共有8章304条，对促进柬埔寨国内外投资、建立证券市场、进行合法集资都有十分重要的意义，主要目的是改善和巩固柬埔寨的商业投资环境，该法律同样适用于外国公司。外国公司可以通过设立代表处、分支机构或是子公司的形式在柬埔寨境内开展业务。[1]

除此以外，与贸易相关的法律法规还包括《进出口商品关税管理法》《关于颁发服装原产地证明、商业发票和出口许可证的法令》《关于实施货物装运前验货检查工作的管理条例》《加入世界贸易组织法》《关于成立海关与税收署风险管理办公室的规定》和《有关商业公司从事贸易活动的法令》等。

在对外贸易方面，需要特别关注柬埔寨与其他国家签署的双边贸易协定和双边投资协定。

柬埔寨于1999年4月30日成为东盟的会员，使柬埔寨与东盟成员之间的投资更加便利与自由。东盟内部有《东盟促进和保护投资协定》《东盟投资区域框架协定》等，柬埔寨作为成员要遵守东盟相关协定，同时也要遵守东盟与其他国家签订的协定。

（四）贸易管理

2006年3月1日，柬埔寨王国政府颁布了通过风险管理促进贸易发展的第21号《通过风险管理促进贸易发展的次法令》，成立内部机构协调组织，通过风险控制管理进出口贸易。这个组织由各机构代表组成，包括海关机构、商务部、健康部、农林渔业部、矿业和能源部、柬埔寨经济特区管理委员会。

柬埔寨商业部负责出口审批手续。在多数情况下，出口货物无需许可证，但部分产品需要获得相关政府部门特别出口授权或许可后方可出口。

出口优惠方面，世界银行于2016年7月1日发布最新人均国民总收入的划分标准，2015年柬埔寨人均国民总收入（GNI）超过1020美元，已脱离低

---

〔1〕 李轩志编著：《柬埔寨社会文化与投资环境》，世界图书出版公司2012年版，第94页。

收入国家行列，上升为中等偏下收入国家。欧盟驻柬埔寨大使乔治·艾德加表示，如果一个国家被联合国规定要退出欠发达国家（LDC）行列，那么这个国家还有3年时间享受欧盟的“除武器外全部免税”（EBA）政策。尽管柬埔寨在随后几年内脱离欠发达国家行列，但柬埔寨还有一定时间享受欧盟优惠关税政策。

目前，柬埔寨享受了欧盟“除武器外全部免税”和美国普惠制（GSP）等优惠关税政策，使符合条件的产品可以免除配额和关税进入欧盟和美国市场，这两种优惠大约占柬埔寨出口总额的60%以上。

根据柬埔寨相关投资法修正法，由柬埔寨投资委员会批准的出口型合格投资项目可免税进口生产设备、建筑材料、原材料和生产投入附件。为取得生产用原材料免税进口批件，进口公司应每年向柬埔寨投资委员会申报拟进口材料的数量和价值。

（五）进出口商品的检查和检疫

经济财政部、海关与税收署、商业部进出口检验与反欺诈局联合负责进出口商品检验。检验地点为工厂或进出口港口。目前，柬埔寨全部进出口货物均接受检验，政府正计划逐年降低检验比率。价值5000美元或以上的进口货物，在出口国进行装运前检验。检验报告和其他装船前检验文件将被递交柬埔寨海关，货物抵达柬埔寨后，货主凭检验单据到海关交纳税款并提出货物。〔1〕

根据海关违法行为风险评估，进出口商品可能会受到物理检查，以保证商品与海关公布清单上的质量、原产地和其他标准一致且不属于非法商品。〔2〕检查可以通过部分抽查和全部检查的形式进行。物理检查在报关登记后进行，但如果柬埔寨海关局局长同意的话，也可以在报关登记前完成。如果商品被认定为是限制品、违禁品、高风险或者不符合政府机构法令要求的，〔3〕则

---

〔1〕 中华人民共和国驻柬埔寨王国大使馆经济商务处：《柬埔寨对外贸易的法规和政策规定》，载 http://cb.mofcom.gov.cn/article/ddfg/201404/20140400559801.shtml，最后访问日期：2019年5月22日。

〔2〕 2010年8月19日颁布的第569号《进出口商品和运输工具检查法令》第3条。

〔3〕 2006年3月1日颁布的第21号《通过风险管理促进贸易发展的次法令》第8条。

需要在海关清关和放行前进行检查。

（六）海关管理

2006 年，柬埔寨通过《关于通过风险管理实施贸易便利化的次法令》，准备实施基于贸易商档案数据的风险管理系统，即通过利用电脑系统分析贸易商档案数据、商品和/或原产地进行海关监管。为此，柬埔寨政府还采用了计算机化海关清关综合系统——自动海关数据系统。

此外，为简化海关程序，政府决定推行使用“海关一站式服务系统”，并计划在西哈努克港安装自动海关数据系统终端。柬埔寨政府希望借此减轻贸易活动的行政负担，并减少腐败滋生的机会。

除天然橡胶、宝石、半成品或成品木材、海产品、沙石此五类产品外，一般出口货物不需缴纳关税。

所有货物在进入柬埔寨时均应缴纳进口税，投资法或其他特殊法规规定享受免税待遇的除外。进口关税主要由四种汇率组成：7%、15%、35%和 50%。

在东盟自由贸易协定的共同有效关税体制下，从东盟其他成员进口、满足原产地规则规定的产品可享受较低的关税税率。按照整体关税减让时间表规定，到 2010 年，除少数特例商品外，柬埔寨关税税率降至 0% ~5%[1]。

二、印度尼西亚

李雨桐

（一）概述

作为东盟（ASEAN）第一大国，印度尼西亚共和国（以下简称“印尼”）的面积、人口和经济总量均占其 40% 左右。[2] 首先，印尼位于亚洲东南部，陆地面积约 190 万平方公里，海洋面积约 317 万平方公里，其不

---

〔1〕 中华人民共和国驻柬埔寨王国大使馆经济商务处：《柬埔寨对外贸易的法规和政策规定》。

〔2〕 商务部国际贸易经济合作研究院、商务部投资促进事务局、中国驻印度尼西亚大使馆经济商务参赞处：《对外投资合作国别（地区）指南·印度尼西亚（2018 年版）》，“参赞的话”，载 http://www.mofcom.gov.cn/dl/gbdqzn/upload/yindunixiya.pdf，最后访问日期：2019 年 5 月 18 日。

仅是全球最大的群岛国家，更扼守了出入太平洋、印度洋之间的国际贸易航道马六甲海峡。其次，印尼人口约2.6亿，位列世界第四。〔1〕根据国际货币基金组织的数据，多年来印尼GDP增速均稳定在5%左右，2018年GDP约1.022万亿美元，是亚洲仅次于中国、日本、印度的经济大国。〔2〕

就贸易关系而言，2018年印尼货物进出口额为3681.3亿美元，比上年增长13.4%。其中，出口1802.2亿美元，增长7.5%；进口1879.2亿美元，增长19.7%；贸易逆差为77亿美元。〔3〕印尼的主要出口商品包括矿产品（26.4%）、动物油脂（11.3%）、机电产品（8.2%）、纺织品及原料（7.3%），〔4〕主要进口商品包括机电产品（25.8%）、矿产品（17.6%）、贱金属及制品（10.7%）、化工产品（10%）和塑料橡胶（6.1%）。〔5〕

中国作为印尼的最大出口市场、最大进口来源国和最大贸易伙伴，〔6〕在其对外经贸关系中占有极为重要的地位，且近年来两国高层接洽频繁，经贸合作成果丰硕，如2010年1月全面启动的中国－东盟自贸区和2016年7月正式生效的中国－东盟自贸区升级版议定书。〔7〕李克强总理于2018年5月7日访问印尼时更是与佐科政府达成了一系列新的合作共识，表示双方将共同推进贸易和投资自由化便利化。〔8〕因此，可以预见中印尼的全方

---

〔1〕 商务部国际贸易经济合作研究院、商务部投资促进事务局、中国驻印度尼西亚大使馆经济商务参赞处：《对外投资合作国别（地区）指南·印度尼西亚（2018年版）》，“参赞的话”。

〔2〕 INTERNATIONAL MONETARY FUND, IMF Data Mapper, at https://www.imf.org/external/datamapper/NGDPD@WEO/OEMDC/ADVEC/WEOWORLD, May 18, 2019.

〔3〕 商务部综合司、商务部国际贸易经济合作研究院：《2018年印尼货物贸易及中印尼双边贸易概况》，第1页，载 https://countryreport.mofcom.gov.cn/record/qikan110209.asp? id = 10975，最后访问日期：2019年5月18日。

〔4〕 商务部综合司、商务部国际贸易经济合作研究院：《2018年印尼货物贸易及中印尼双边贸易概况》，第10页。

〔5〕 商务部综合司、商务部国际贸易经济合作研究院：《2018年印尼货物贸易及中印尼双边贸易概况》，第11页。

〔6〕 商务部综合司、商务部国际贸易经济合作研究院：《2018年印尼货物贸易及中印尼双边贸易概况》，第1页。

〔7〕 商务部综合司、商务部国际贸易经济合作研究院：《2018年印尼货物贸易及中印尼双边贸易概况》，第23～25页。

〔8〕 《李克强出席中国－印尼工商峰会并发表主旨演讲》，载 http://www.xinhuanet.com/2018-05/08/c_1122797027.htm，最后访问日期：2019年5月18日。

位合作关系仍将继续推进，这也为中国企业开展中印尼贸易提供了良好助力。

需要注意的是，通过分析印尼 2017—2018 年的宏观经济表现可知，尽管印尼近两年取得了整体经济增长、物价稳定、政府收支平衡改善等成就，但也面临货币大幅贬值，贸易余额连续下降至赤字，经常账户赤字已超过 GDP 3%的水平等问题。[1]为解决这一困境，佐科政府自上台以来频繁推出经济刺激政策，且总体上采取了扩大开放的对外经贸政策，但仍存在较为严重的贸易保护主义问题。[2]

（二）贸易主管部门

印尼贸易部是主管印尼贸易事务的政府部门，其下设有国内贸易司、对外贸易司、国际贸易合作司、国家出口发展司、消费者保护和贸易秩序司、期货交易监管总局、贸易政策分析和发展局。[3]印尼贸易部的具体职能包括制定外贸政策，参与外贸法规的制定，划分进出口产品管理类别，进口许可证的申请管理，指定进口商和分派配额等事务。[4]

（三）贸易法律法规概况

2014 年第 7 号法律《贸易法》是印尼历史上第一部专门管辖贸易领域的法律，该法共 19 章 122 条，对国内贸易、对外贸易、边境贸易、标准化、电子商务、贸易保护与安全、中小企业扶持、出口发展、国际贸易合作、贸易信息系统、政府贸易事务职权、国家贸易委员会、监督、调查等事务作出了专章规定。[5]由于只要不违反 2014 年《贸易法》的规定，所有与贸易相关的

---

〔1〕 左志刚：《印尼宏观经济趋势分析》，载隋广军主编：《印度尼西亚经济社会发展报告（2018）——趋势与挑战》，社会科学文献出版社 2018 年版，第 139～155 页。

〔2〕 刘胜：《印尼贸易政策走向研究》，载隋广军主编：《印度尼西亚经济社会发展报告（2018）——趋势与挑战》，社会科学文献出版社 2018 年版，第 181～188 页。

〔3〕 Ministry of Trade, Main Duty, at http://www.kemendag.go.id/en/about-us/task-and-function, May 18, 2019.

〔4〕 商务部国际贸易经济合作研究院、商务部投资促进事务局、中国驻印度尼西亚大使馆经济商务参赞处：《对外投资合作国别（地区）指南·印度尼西亚（2018 年版）》，第 31 页。

〔5〕《一带一路沿线国家法律风险防范指引》系列丛书编委会编：《一带一路沿线国家法律风险防范指引（印度尼西亚）》，经济科学出版社 2015 年版，第 118 页。

立法都仍然有效,[1]故在新法出台以前颁布的法律、政府条例、部长法令和印尼参加的国际条约均应纳入考量范围。其中，与对外贸易相关的法律有《海关法》《关税法》《消费者保护法》《产业法》等。

此外，印尼是世界贸易组织的成员，应遵守世贸组织的相关规则。同时，印尼是东盟的成员，中国与东盟签署的《中国－东盟全面经济合作框架协议》《中国－东盟全面经济合作框架协议货物贸易协议》以及《中国－东盟全面经济合作框架协议服务贸易协议》同样构成印尼对外贸易立法体系的一部分。[2]

（四）贸易管理

印尼《贸易法》第50条规定，政府出于以下原因而禁止进口或出口货物符合国家利益：保护国家安全或公共利益（包括社会、文化及道德方面）；保护人类、动物、鱼类、植物和环境的健康和安全；保护知识产权。依据印尼《贸易法》第54条，政府亦可为保护国家安全或公共利益和/或保护人类，动物、鱼类、植物和环境的健康和安全而限制货物进出口。根据上述规定可知，印尼政府有权通过许可、配额等方式对部分产品施以进出口限制，但由于印尼的许可要求相当复杂且缺乏透明度，许多世贸组织成员已经对此表示了严重关切。[3]

1. 进口管理

根据《贸易法》第54条，政府有权出于以下原因而限制进口货物：建立、发展和保护某些国内产业；保持收支和/或贸易平衡。目前，为降低经常账户赤字，提高外汇储备以稳定盾币汇率，印尼政府已停止包括消费品和原材料等500种商品的进口，如纸质产品、木制品、塑料产品以及棕榈油制成品等。[4]印尼财政部部长曾表示，因国内生产者已具备相应生产能力，故限制进口的商品

---

〔1〕 Law of the Republic Indonesia Number 7 2014 about Trade Article 119, at https://eservice.insw.go.id/files/atr/Law%20No.%207%20of%202014%20on%20Trade.pdf, May 18, 2019.

〔2〕《一带一路沿线国家法律风险防范指引》系列丛书编委会编：《一带一路沿线国家法律风险防范指引（印度尼西亚）》，经济科学出版社2015年版，第118~119页。

〔3〕 商务部国际贸易经济合作研究院、商务部投资促进事务局、中国驻印度尼西亚大使馆经济商务参赞处：《对外投资合作国别（地区）指南·印度尼西亚（2018年版）》，第32页。

〔4〕 中华人民共和国驻印度尼西亚共和国大使馆经济商务参赞处：《印尼政府禁止500种商品》，载http://id.mofcom.gov.cn/article/sbmy/201808/20180802780022.shtml，最后访问日期：2019年5月18日。

数量可能增至900种，以最终实现把经常帐户赤字控制在3%以下的目的。[1]

由于印尼政府采取了控制进口的贸易政策，故进口商为进入印尼市场必须遵守众多且重叠的进口许可要求。印尼贸易部于2015年发布了关于进口许可证的第70/2015号条例，该规定于2016年1月生效，其要求所有进口商获得进口许可证，有针对进一步分销货物的进口商的许可证（API－U）或针对进口供自己生产使用的进口商的许可证（API－P），但他们无法同时获得这两项活动的许可。2015年12月，贸易部发布了关于配套商品的第188/2015号条例，允许以API－P进口许可证运营的公司为市场测试、售后服务或作为配套商品而进口成品，只要货物是全新的，符合公司的营业执照并符合进口要求。同时，2015年10月，贸易部发布的第87/2015号条例对较大范围的产品保持了非自动进口许可的要求，包括电子产品、家用电器、纺织品、鞋类、玩具、食品、饮料产品和化妆品。另外，印尼贸易部对手机、掌上电脑和平板电脑实施了更为繁琐的进口许可要求，根据第82/2012号条例，这三者的进口商不得直接向零售商或消费者销售，他们必须至少使用三家经销商才有资格获得印尼贸易部的进口商许可证。[2]

2. 出口管理

根据《贸易法》第54条，政府有权出于以下原因而限制出口货物：确保满足国内需求；确保该国加工业所需的原材料供应；保护自然资源的可持续性；提高原材料和/或自然资源的经济价值；预计国际市场上某种货物出口价格会大幅上涨；确保国内市场某种货物价格稳定。出口货物必须持有商业企业注册号/商业企业准字或由技术部根据有关法律签发的商业许可以及企业注册证。[3]

出口要求根据货物类型而有所不同，依据截至2019年1月1日的法律法

---

〔1〕 中华人民共和国驻印度尼西亚共和国大使馆经济商务参赞处：《印尼禁止进口商品或增至900种》，载 http://id.mofcom.gov.cn/article/sbmy/201808/20180802780029.shtml，最后访问日期：2019年5月18日。

〔2〕 International Trade Administration, Indonesia Country Commercial Guide, at https://www.export.gov/article?id=Indonesia－Prohibited－Restricted－Imports, May 18, 2019.

〔3〕 商务部国际贸易经济合作研究院、商务部投资促进事务局、中国驻印度尼西亚大使馆经济商务参赞处：《对外投资合作国别（地区）指南·印度尼西亚（2018年版）》，第32页。

规，出口货物可具体分为以下四类，即受管制的出口货物、受监视的出口货物、严禁出口的货物和免检出口货物。首先，受管制的出口货物是指只能由注册出口商出口的货物，包括厚度不超过6米的单板木版和胶合板（无论是否连接），木质线圈（wood coils）及类似的层状木材，所有形式的檀香和出口到申请配额国家（美国、欧盟、加拿大、挪威和土耳其）的咖啡、纺织物及纺织制品。其次，受监视的出口货物需要得到工业部部长和贸易部部长或为此目的而任命的官员的批准，包括奶牛与水牛等牲畜，拿破仑鱼与隆头鱼等鱼类，棕榈油，石油与天然气，尿素肥料，银、金、铁，不锈钢、铜、黄铜和铝的废料，载于1973年《濒危野生动植物种国际贸易公约》（CITES）附录II中的鳄鱼皮（蓝湿皮）、野生动物和未受保护的野生植物。最后，严禁出口的货物包括5毫米以下的金龙鱼和鳗鱼鱼苗等鱼类产品，某种长15厘米及以上的淡水观赏鱼，长8厘米以下的淡水虾，橡胶块，未经加工的、泡制的蓝湿色爬行动物皮（蓝湿色鳄鱼皮除外），铁制品废料（源自巴淡岛的除外），锡废料、其他合金钢和其他废钢，野生动物和受保护的天然植物和/或那些包含在CITES附录I和III的动植物，具有文化价值的古董。除以上类别的货物外，其余均属于免检的出口货物。[1]

（五）进出口商品检验检疫

1. 国家标准

印尼国家标准（SNI）是唯一在印尼国内适用的标准，由技术委员会制定并由印尼国家标准局（BSN）定义。所有强制SNI认证目录内的国内及进口产品都适用SNI认证，若无SNI标志则禁止进入印尼市场。为防止进口产品充斥市场，工业部通过发布工业部部长条例的方式强制国内工业产品实行国家标准来提高产品竞争力，而这也直接导致了工业产品进口量的明显下降。[2]根据

---

〔1〕 Nini N. Halim, Peter G. Fanning, Milanti T. Kirana, International Trade in Goods and Services in Indonesia: Overview, at https://uk.practicallaw.thomsonreuters.com/w-017-5557? transitionType=Default&contextData=(sc.Default)&firstPage=true&comp=pluk&bhcp=1, May 18, 2019.

〔2〕 中华人民共和国驻印度尼西亚共和国大使馆经济商务参赞处：《印尼强制性国家标准政策导致工业产品进口减少2.82亿美元》，载http://id.mofcom.gov.cn/article/sbmy/201707/20170702614341.shtml，最后访问日期：2019年5月18日。

BSN 网站公布的2019—2020 年拟强制 SNI 认证产品目录，新有 45 类产品被列入其中，包括油漆、玻璃、铝箔、香烟等。〔1〕针对印尼通过在诸多行业强制推行国家标准进而设置非关税贸易壁垒的现状，有关企业应密切关注印尼 SNI 政策走向，针对强制执行 SNI 的商品在出口印尼前做好其认证工作，避免因产品标准问题影响正常出口。

2. 卫生与植物检疫措施

中国是印尼最大的果蔬供应国，约占其果蔬进口总量的六成。印尼农业部 2012 年发布《关于新鲜水果和水果类蔬菜的植物检疫措施要求》的部长条例，要求任何进口到印尼的果蔬应当具备配套的原产国和过境国二者所发放的植物检疫证书并通过指定 4 个进境口岸入境。只有当规定文件完全、合法、正确且经植物检疫检查后确认摒除了植物检疫性有害生物，进口产品才被允许入境。〔2〕由于中国并未与印尼签署果蔬检疫互认协议,〔3〕故中国果蔬出口受到影响。2016 年 2 月 17 日印尼正式实施的《关于新鲜植物源性食品进出口食品安全控制》规定，更是导致中国出口印尼果蔬全面受阻。该法规不仅设定了严格的准入门槛，即要求涉及的 103 种进口植物源性食品农产品必须来自通过印尼食品安全体系认证的国家或随附经印尼食品安全体系认证实验室出具的检测报告，还加大了监管力度，由“抽批检验”变为“批批检验”，且须进行全项目检测，部分限量要求甚至严于我国标准。〔4〕尽管 2017 年印尼对该法规进行了修订，对农产品进口要件有适当降低，但仍造成中国企业出口成本大幅增加。目前，国内仅有 9 家食品安全检验实验室通过了印尼官方食品安全体系认证，成为印尼官方

〔1〕 Badan standadisasi nasional, at http://www. bsn. go. id/uploads/download/lampiran_rencana_pnrt_2019_2020_publish%60_ok. pdf, May 18, 2019.

〔2〕《关于新鲜水果和水果类蔬菜的植物检疫措施要求》第 8、11、12、14 条，可参见浙江标准化研究院编著：《东盟主要贸易国农产品安全法规与标准比较研究》，浙江工商大学出版社 2014 年版，第 247 ~248 页。

〔3〕 中华人民共和国驻印度尼西亚共和国大使馆经济商务参赞处：《韩国与印尼签署果蔬检疫互认协议》，载 http://id. mofcom. gov. cn/article/jjxs/201401/20140100458984. shtml，最后访问日期：2019 年 5 月 18 日。

〔4〕 国家质量监督检验检疫总局：《印尼食品新规对我国果蔬出口的影响》，载 http://www. aqsiq. gov. cn/zjxw/dfzjxw/dfftpxw/201706/t20170621_491304. htm，最后访问日期：2019 年 5 月 18 日。

认可实验室。[1]

（六）海关管理

1. 关税

印尼《海关法》与《关税法》是印尼关税制度的基本法律，而印尼财政部每年以部长法令的形式发布一揽子“放松工业和经济管制计划”，其中包括对进口关税税率的调整。[2]为了减少贸易逆差，印尼在过去5年中提高了与当地制造产品竞争的一系列商品的关税税率，包括电子产品、药品、农产品等。[3]2018年印尼对1147种认为非必需的或在国内存在可替代品的进口消费商品征收了更高的税金，目前相关商品进口税率为7.5%～10%，之前为2.5%～7.5%。[4]关税提高使得许多项目的落地成本增加，因为项目所需配套进口物资和设备须缴纳更多的关税。[5]根据《中国－东盟全面经济合作框架协议货物贸易协议》，中国和印尼逐步削减货物贸易关税水平。中国－东盟自贸区在2010年初建成后，中国和印尼90%以上的进出口产品实现零关税。[6]

2. 贸易便利化措施

为促进产业发展和提高出口能力，印尼采取了一系列便利措施：一是鼓励对促进本国产业发展有利的产品进口，如对本国工业所需但不能生产的货物、机械和工具减免进口关税，在特定期限内可减免或迟缴增值税；二是实施保税区进口优惠政策，如在经济特区的企业可享受增值税和奢侈品销售税

---

〔1〕 国家质量监督检验检疫总局：《福建检验检疫局技术中心通过印尼食品安全体系认证》，载http://www.aqsiq.gov.cn/zjxw/dfzjxw/dfftpxw/201802/t20180208_512729.htm，最后访问日期：2019年5月18日。

〔2〕 商务部国际贸易经济合作研究院、商务部投资促进事务局、中国驻印度尼西亚大使馆经济商务参赞处：《对外投资合作国别（地区）指南·印度尼西亚（2018年版）》，第33页。

〔3〕 International Trade Administration, Indonesia Country Commercial Guide, at https://www.export.gov/article? id = Indonesia - Import - Tariffs, May 18, 2019.

〔4〕 中华人民共和国驻印度尼西亚共和国大使馆经济商务参赞处：《印尼对1147种进口商品征收进口关税》，载http://id.mofcom.gov.cn/article/jjxs/201809/20180902786133.shtml，最后访问日期：2019年5月18日。

〔5〕 左志刚：《印尼宏观经济趋势分析》，载隋广军主编：《印度尼西亚经济社会发展报告（2018）——趋势与挑战》，社会科学文献出版社2018年版，第158页。

〔6〕 商务部国际贸易经济合作研究院、商务部投资促进事务局、中国驻印度尼西亚大使馆经济商务参赞处：《对外投资合作国别（地区）指南·印度尼西亚（2018年版）》，第34页。

等方面的优惠，不同经济特区企业间的交易可免税；三是提升进口管理服务质量，建设网上全国一站式服务系统。[1]

三、老挝

董 悦

（一）国家概况

老挝人民民主共和国（老挝语：ສາທາລະນະລັດ ປະຊາທິປະໄຕ ປະຊາຊົນລາວ，以下简称“老挝”，是中南半岛北部的内陆国家，北邻中国，南接柬埔寨，东临越南，西北达缅甸，西南毗连泰国，边界线长度分别为508公里、535公里、2067公里、236公里、1835公里。[2]老挝国土面积23.68万平方公里，全国划分为17个省、1个直辖市（首都万象市），总人口680万（截至2017年）。[3]

老挝是联合国认定的世界最不发达国家之一，国家经济以农业为主，工业、服务业基础薄弱。2017年，老挝国民经济年均增长6.9%，国内生产总值（GDP）约170亿美元，人均2472美元；2018年上半年经济增长6.7%，预计全年增长6.5%，GDP约179亿美元，人均2599美元。[4]

老挝是东南亚唯一的内陆国，主要靠公路、水运和航空运输。老挝全国公路里程43 604公里，公路运输占全国运输总量的79%。[5]湄公河是水运的主要通道，可以分段通航载重20吨~200吨船只。[6]航空运输方面，老挝全国国际航线客运量为44万人次/年，货运量为2万吨/年。[7]目前，老挝仅有

---

〔1〕 刘胜：《印尼贸易政策走向研究》，载隋广军主编：《印度尼西亚经济社会发展报告（2018）——趋势与挑战》，社会科学文献出版社2018年版，第184~185页。

〔2〕 中华人民共和国外交部：《老挝国家概况》，载 https://www.fmprc.gov.cn/web/gjhdq_676201/gj_676203/yz_676205/1206_676644/1206x0_676646/，最后访问日期：2019年5月29日。

〔3〕 中华人民共和国外交部：《老挝国家概况》。

〔4〕 中华人民共和国外交部：《老挝国家概况》。

〔5〕 商务部国际贸易经济合作研究院、中国驻老挝大使馆经济商务参赞处、商务部对外投资和经济合作司：《对外投资合作国别（地区）指南·老挝（2018年版）》，载 https://www.yidaiyilu.gov.cn/wcm.files/upload/CMSydylgw/201902/201902010502001.pdf，最后访问日期：2019年5月29日。

〔6〕 商务部国际贸易经济合作研究院、中国驻老挝大使馆经济商务参赞处、商务部对外投资和经济合作司：《对外投资合作国别（地区）指南·老挝（2018年版）》。

〔7〕 商务部国际贸易经济合作研究院、中国驻老挝大使馆经济商务参赞处、商务部对外投资和经济合作司：《对外投资合作国别（地区）指南·老挝（2018年版）》。

首都万象至老泰边境的3.5公里已建成铁路，此外，中老铁路于2015年12月奠基，2016年12月全线开工，计划将于2021年竣工。[1]

在对外贸易方面，老挝于1997年7月正式加入东南亚国家联盟，并于2013年2月2日正式加入世界贸易组织。目前，老挝已经与19个国家签署了贸易协定，主要外贸对象为泰国、越南、中国、日本、欧盟、美国、加拿大和其他东盟国家。老挝主要出口矿产品、电力、农产品、手工业产品，主要进口工业品、加工制成品、建材、日用品及食品、家用电器等。老挝享受联合国给予的优惠市场准入和商品贸易优惠等特许权，并享有日本、韩国、瑞士、加拿大、欧盟等国家或地区提供的优惠关税待遇。中国给予老挝特殊优惠关税待遇，对459种老挝商品免除其进口关税。[2]2017年，老挝进出口贸易额93.45亿美元，同比增长10.5%，其中，进口45.42亿美元，前三大进口来源地为泰国（59.1%）、中国（21.5%）和越南（9.8%）；出口48.03亿美元，前三大出口目的地为泰国（42.6%）、中国（28.7%）和越南（10.4%）。[3]2018年老挝进出口贸易额达112亿美元，同比增长16%，其中出口54亿美元，同比增长10.9%，进口58亿美元，同比增长21%。[4]

（二）对外经贸相关的组织机构

1. 贸易主管部门

老挝贸易主管部门为老挝工业与贸易部（Ministry of Industry and Commerce Lao People's Democratic Republic），下设省市工业与贸易厅、县工业与贸易办公室。老挝工业与贸易部的主要职责是：制订、实施有关法律法规，发展与各国、地区及世界的经济贸易联系与合作，管理进出口、边贸及过境贸

---

〔1〕 商务部国际贸易经济合作研究院、中国驻老挝大使馆经济商务参赞处、商务部对外投资和经济合作司：《对外投资合作国别（地区）指南・老挝（2018年版）》。

〔2〕 商务部国际贸易经济合作研究院、中国驻老挝大使馆经济商务参赞处、商务部对外投资和经济合作司：《对外投资合作国别（地区）指南・老挝（2018年版）》。

〔3〕 商务部国际贸易经济合作研究院、中国驻老挝大使馆经济商务参赞处、商务部对外投资和经济合作司：《对外投资合作国别（地区）指南・老挝（2018年版）》。

〔4〕 中华人民共和国驻老挝人民民主共和国大使馆经济商务参赞处：《2018年老挝进出口贸易额达112亿美元》，载 http://la.mofcom.gov.cn/article/zwjingji/201904/20190402849077.shtml，最后访问日期：2019年5月29日。

易，管理市场、商品及价格，对商会或经济咨询机构进行指导以及企业与产品原产地证明管理等。

2. 主要民间组织

老挝国家工商会（Lao National Chamber of Commerce and Industry in Laos）代表老挝工商业界在协商谈判、行业和劳工问题上发挥着重要作用。老挝国家工商会是设立在首都万象的企业和公司组织，旨在发展和促进老挝当地公司和企业的利益。除了老挝本地的运营公司外，许多在老挝设有办事处的国际运营公司也是商会成员。商会成员运营的业务包括律师业、房地产开发业、旅游业、传统制造业、进出口贸易、银行金融业、IT 和电子制造业等在内的多种类业务。商会的主要活动包括维护商业利益，分享商业经验和商业利益，与政府、民间社会、当地媒体和新闻界联系以及组织贸易展览和活动。

（三）对外经贸相关的法规与政策

老挝没有专门的贸易法，其与贸易相关法律主要由以下法律、法规、规章组成。

（1）《投资促进管理法》及《促进和管理外国投资法实施细则》。这是老挝国家政府对外招商引资的总体纲领和依据，明确规定了老挝政府的鼓励投资项目范围和特种经营许可项目范围及相配备的各种优惠鼓励政策与相关税收标准，并规定了“一道门”申报审批服务流程及时间和手续费的标准，旨在给投资商提供良好的投资环境，鼓励增加国内外投资，确保投资商、政府及人民的权益。

（2）《企业法》。该法明确、详细地划分了各种企业或公司的类型、性质、种类和经营许可范围，规定了企业或公司权利、义务和职责及各类企业或公司手续申报办理的要求和程序。

（3）《关税法》。该法于 2005 年 5 月颁布实施，从关税征收的角度确立了一系列进出口管理制度和规则，对进出口商品限制、禁止种类、报关、纳税、仓储、提货、出关、关税文件管理及报关复核等作了相关规定，其中设立的基本制度包括：原产地规则、保税制度、担保制度、临时进出口制度、进口税的免除和外交豁免制度以及免税区制度等，具有较强可操作性。

（4）《海关法》。该法规定了商品进出口老挝边境时的申报、报关和关税的支付规则，保证、暂停海关税等措施，并对永久性进出口、进口免税与外交特权、免税区进出口进行了规制，旨在保护跨境贸易利益，确保海关安全和国家安全。

（5）《商品进出口管理法令》（2001 年 10 月颁布实施）。

（6）《统一制度和进口关税商品目录条令》（1994 年 12 月颁布实施）。

（7）《关于进口产品许可证办理程序的法令》（总理 2009 年 180 号令，2009 年 7 月 7 日颁布）。

（8）《进出口货物法令》（政府 114 号令，2011 年 4 月 6 日颁布）。

（9）《关于设立服务贸易总协定咨询点的法令》（2011 年 2 月 22 日颁布）。根据该法令，咨询点提供关于买卖、支付、准入、使用和服务提供等方面的法律、法令、规章、程序和执行的信息咨询。

（四）进出口贸易管理措施

老挝政府促进公平竞争，鼓励发展商业，在平等、公平、合作的基础上从事商业行为和推进商业合作交流。老挝所有经济实体享有经营对外经济贸易的同等权利，除少数商品受禁止和许可证限制外，其余商品均可进出口。

进出口管理部门有权禁止进口和出口货物，列入禁止进出口清单的货物如果想要进出口，必须在进出口之前得到老挝政府的批准，相关许可程序应依据规章（如《进出口货物法令》）来进行。进出口管理部门也有权审批进出口商的进出口货物，允许出口和允许进口均应当有书面批复。此外，进出口管理部门有权决定进出口商递交申请文件的格式，或者要求进出口商遵从相关规章（如《关于进口产品许可证办理程序的法令》和《进出口货物法令》）。

禁止进口的商品共五类，包括：枪支、弹药、战争用武器及车辆；鸦片、大麻；危险性杀虫剂；不良性游戏；淫秽刊物等。禁止出口的商品共九类，包括：枪支、弹药、战争用武器及车辆；鸦片、大麻；法律禁止出口的动物及其制品；原木、锯材、自然林出产的沉香木；自然采摘的石斛花和龙血树；藤条；硝石；古董、佛像、古代圣物等。需要取得许可证才能进口的商品共二十五类，包括：活动物、鱼、水生物；食用肉及其制品；奶制品；稻谷、大米；食用粮食、蔬菜及其制品；饮料、酒、醋；养殖饲料；水泥及其制品；

燃油；天然气；损害臭氧层化学物品及其制品；生物化学制品；药品及医疗器械；化肥；部分化妆品；杀虫剂、毒鼠药、细菌；锯材；原木及树苗；书籍、课本；未加工宝石；银块、金条；钢材；车辆及其配件（自行车及手扶犁田机除外）；游戏机；爆炸物等。需要取得许可证才能出口的商品共七类，包括：活动物（含鱼及水生物）；稻谷、大米；虫胶、树脂、林产品；矿产品；木材及其制品；未加工宝石；金条、银块等。

（五）进出口商品检验检疫

老挝对各类动植物产品的进口有检疫要求，要求对进口产品的特征及进口商的相关信息进行检查。

（1）动物检疫。根据老挝动物检疫规定，活动物、鲜冻肉及肉罐头等进口商须向农林部动物检疫司申请动物检疫许可证。商品入境时由驻口岸的动物检疫员查验产地国签发的动物检疫证和老挝农林部签发的检疫许可证。

（2）植物检疫。老挝农林部负责植物检疫工作。进口植物及其产品须在老挝的边境口岸接受驻口岸检查员检查，并出示产品原产国有关机构签发的植物检疫证。

（六）海关管理措施

海关署负责进出口货物关税和其他义务的免除、缓交和减少。《统一制度和进口关税商品目录条令》《关税法》和《商品进出口管理法令》等法律法规，对海关管理作了系列规定。来自经济特区和专业经济区域意欲在老挝国内分销或消费的商品要根据规定缴纳关税和其他费用，在投资促进政策下进口的车辆或重要设备要应用于其投资目的，并且总的来说禁止将这些进口物资分发或出售。如果违反相关海关的规定，就会受到关税措施的制裁。

（1）关税税率。老挝关税分自主关税、协定关税、优惠关税、减让关税和零关税等五种不同的税率。[1]进口用于在老挝国内销售的原材料、半成品和成品可减征或免征进口关税，具体指：进口经有关部门证明并批准的原材

〔1〕 详情可参见《统一制度和进口关税商品目录条令》及有关关税调整通知等文件。

料可免征进口关税；进口老挝国内有但数量不足的半成品 5 年内可按最高正常税率减半征收进口关税；进口经有关部门证明并批准的老挝国内有但数量不足或质量不达标的配件可按照东盟统一关税目录中的税率征收配件关税。进口的原材料、半成品和成品在加工后销往国外的，可免征进口和出口关税。经老挝计划投资部批准进口的设备、机器配件可免征进口关税。经老挝计划投资部或相关部门批准进口的老挝国内没有或有但不达标的固定资产可免征第一次进口关税。经老挝计划投资部或相关部门批准进口的车辆（如载重车、推土机、货车、35 座以上客车及某些专业车辆等）可免征进口关税。

（2）报关流程。货物进入仓库—过磅—做仓库临时报关单—打货物临时报关单—报海关审核—报海关领导签字—打税单上税—付仓库费—海关作记录、进关。

（3）报关材料。老挝计划投资部批文、企业投资许可证、企业申请报告、企业营业执照（复印件）、企业税务登记（复印件）和货物报关清单（含数量、价格、重量、规格等）。

（七）外汇管理措施

根据老挝外汇管理规定，在老挝注册的外国企业可以在老挝银行开设外汇账户，用于进出口结算。外汇进出老挝需要申报。携带现金如超过10 000美元，需要申报并获得同意方可出入境。在老挝工作的外国人，其合法税后收入可全部转出。

（八）中老关系及双边经贸合作

中老两国是山水相连的友好邻邦。1961 年 4 月 25 日，中国和老挝正式建立外交关系。1989 年中老关系正常化以来，两国领导人频繁互访，在政治、经济、军事、文化、教育等领域的友好交流与合作不断深化，双方在国际和地区事务中保持密切协调与合作。2006 年，中老双方发表联合声明，推动中老关系进入新的发展阶段。2009 年 9 月，中老两国关系提升为全面战略合作伙伴关系。老挝政府坚持一个中国立场，支持中国人民和平统一祖国大业。老挝是中国“一带一路”沿线上的重要国家，是“一带一路”

倡议发展中的重要一环。“一带一路”倡议的发展也将推动中老经济融合发展。

中老两国在投资、贸易及其相关领域签署了一系列协定，以保护中老双边投资、贸易，避免双重征税，并对运输、旅游等行业进行保护。

中国与老挝于1988年12月签署了《中华人民共和国政府和老挝人民民主共和国政府贸易协定》《中华人民共和国政府和老挝人民民主共和国政府关于开展中老边境贸易的换文》，于1993年1月签署了《中华人民共和国政府和老挝人民民主共和国政府关于鼓励和相互保护投资协定》，于1993年12月签署了《中华人民共和国政府和老挝人民民主共和国政府汽车运输协定》，于1994年11月签署了《中华人民共和国政府和老挝人民民主共和国政府关于澜沧江－湄公河客货运输协定》，于1996年10月签署了《中华人民共和国政府和老挝人民民主共和国政府旅游合作协定》，于1997年6月签署了《中华人民共和国政府和老挝人民民主共和国政府关于成立经济贸易技术合作委员会的协定》，于1999年1月签署了《中华人民共和国政府和老挝人民民主共和国政府关于对所得避免双重征税和防止偷漏税的协定》，于2000年4月签署了《中华人民共和国政府、老挝人民民主共和国政府、缅甸联邦政府、泰王国政府澜沧江－湄公河商船通航协定》。此外，2002年11月，中国与东盟国家签署了《中国－东盟全面经济合作框架协议》；2004年11月29日，在老挝万象召开的第八次中国－东盟领导人会议上，中老签署了《货物贸易协议》和《争端解决机制协议》。

21世纪以来中老贸易保持稳步增长，据中国海关统计，2017年中老双边贸易额为30.2亿美元，同比增长28.6%，增幅在东盟国家中位居第二。

表3－1　2014—2017年中老贸易统计

单位：亿美元

年份	贸易总额		中国出口		中国进口	
	金额	同比（%）	金额	同比（%）	金额	同比（%）
2017年	30.17	28.6	14.27	44.5	15.91	17.0

续表

年份	贸易总额		中国出口		中国进口	
	金额	同比（%）	金额	同比（%）	金额	同比（%）
2016 年	23.38	-15.7	9.86	-19.6	13.53	-12.6
2015 年	27.81	-23.1	12.27	-33.39	15.54	-12.4
2014 年	36.14	31.87	18.43	7.13	17.72	73.56

数据来源：中国海关总署官网。

中国企业对老挝开展跨境贸易活动应当注意以下几方面问题：

第一，重视老挝的贸易管理规定。关注老挝政府禁止、限制进出口的商品目录，避免违反老挝贸易管理规定。例如，木材贸易中原木、锯材等禁止出口，只有木材制成品才能出口；矿产品贸易中原矿不能出口，只有半加工品才能出口；药材贸易中大黄藤需向老挝政府申请配额后方能出口等。

第二，积极关注老挝的税收优惠政策。老挝进口商品主要按中国－东盟自由贸易区货物贸易协定执行，即除敏感商品外，其余商品关税逐年降低，在2015 年降为零。另外，随对老援助和投资项目进入老挝的产品在实施期内可享受零关税。

第三，特别注意老挝的进出口外汇政策和贸易支付、融资条件。在老挝注册的中资企业可以在老挝银行开设外汇账户，用于进出口结算，但需注意外汇进出老挝需申报。中资企业尚不能使用人民币在老挝开展跨境贸易合作。由于中老银行之间尚没有业务往来，因此在双边贸易中通常不开信用证、不用定金等支付方式，主要通过现金交易，并且基普、美元及泰铢均能在老挝相互兑换及使用，人民币仅在老挝北部中老边境地区兑换及使用。此外，现金交易中应注意规避汇率风险和信用风险等。

四、马来西亚

戴林昕

（一）概况

2004 年以来，马来西亚经济保持平稳增长。2015 年，马来西亚政府公布第十一个马来西亚计划，主题是“以人为本的成长”。[1]为了推动国家经济持续稳定发展，马来西亚政府在2015年初提出了主要区域中心激励措施（Principal Hub Incentive），这使得马来西亚在高度竞争的环境中成为更受欢迎的区域投资目的地。同时马来西亚政府仍致力于引入新的税收激励政策和扩大现有的税收优惠政策，引导投资进入马来西亚的特定领域。在“一带一路”倡议和国际产能合作的推动下，中马两国在政治、经济、人文、安全等各领域的务实合作都在不断顺利推进。目前中企在马来西亚的投资不仅包括对当地地产和基建项目的联合开发，如“马来西亚城”项目、[2]吉隆坡M101摩天轮酒店和写字楼项目[3]等，也涵盖了电信、汽车、高科技等制造、服务业的各个领域。

1. 投资环境

在世界银行《2019年营商环境报告》中，马来西亚排名第15位，在营商便利性评分方面为区域第2位。报告从以下七个方面对于马来西亚的营商环境进行评价：①创业，其引入商品和服务税的在线注册系统；②处理施工许可证，简化获得建筑许可证的过程，缩短获得时间；③获得电力，取消对于新的商业电力连接的现场勘察；④注册财产，通过搭建在线单一窗口平台进行房产搜索简化房产转让；⑤跨境交易，引入电子表格和加强其基于风险的检查系统，改善巴生港口的基础设施和港口运营系统；⑥解决破产问题，引入重组程序；⑦劳动力市场监管，改变有关失业保护的法规。[4]

2. 对外贸易

截至2018年底，中国成为马来西亚第二大出口目的地和第一大进口来源

---

〔1〕 中华人民共和国驻马来西亚大使馆经济商务参赞处：《马来西亚概况——宏观经济》，载http://my.mofcom.gov.cn/article/ddgk/201407/20140700648581.shtml，最后访问日期：2019年5月27日。

〔2〕 中华人民共和国驻马来西亚大使馆经济商务参赞处：《“马来西亚城”项目系列签约仪式在吉隆坡举行》，载http://my.mofcom.gov.cn/article/sbhz/201606/20160601341830.shtml，最后访问日期：2019年5月27日。

〔3〕 中华人民共和国驻马来西亚大使馆经济商务参赞处：《中国铁建签约马来西亚吉隆坡M101摩天轮项目》，载http://my.mofcom.gov.cn/article/sbhz/201712/20171202683884.shtml，最后访问日期：2019年5月27日。

〔4〕 世界银行：《2019年营商环境报告：强化培训，促进改革》，第4~5、143页，载http://chinese.doingbusiness.org/zh/reports/global-reports/doing-business-2019，最后访问日期：2019年5月27日。

地，据马来西亚经济秘书处统计，2018 年马来西亚货物进出口额为 4651.3 亿美元，马来西亚与中国双边货物进出口额为 777.7 亿美元，其中，马来西亚对中国出口 344.1 亿美元，占马来西亚出口总额的 13.9%，从中国进口 433.6 亿美元，占马来西亚进口总额的 20.0%。[1]

马来西亚主要出口产品是电子电器、石油产品、化学及化工产品、棕油及其制品和液化天然气；主要进口产品是电子电器、化学及化工产品、机械设备及零部件、石油产品和金属制品。[2]

马来西亚于 1957 年加入《关税及贸易总协定》，是世界贸易组织（WTO）的创始成员，是东南亚国家联盟（东盟，ASEAN，1967 年 8 月 8 日成立）的创始成员。2012 年 11 月，在柬埔寨首都金边举行的东亚领导人系列会议期间，东盟十国与中国、日本、韩国、印度、澳大利亚、新西兰的领导人，共同发布《启动〈区域全面经济伙伴关系协定〉谈判的联合声明》，承诺加强相互间经济合作，拓宽和深化经济一体化，推动区域经济增长和平等发展。截至 2018 年 3 月，马来西亚已经与日本、巴基斯坦、新西兰、印度、智利、澳大利亚、土耳其签署了双边自贸协定，并作为东盟成员与中国、韩国、日本、印度、澳大利亚和新西兰等签署了自贸协定，并与澳大利亚、文莱、加拿大、智利、日本、墨西哥、新西兰、秘鲁、新加坡及越南共同签署《全面与进步跨太平洋伙伴关系协定》（CPTPP）。[3]

（二）主管贸易的政府部门

1. 国际贸易与产业部

马来西亚国际贸易与产业部（MITI）[4]的主要任务是通过生产高附加值

---

〔1〕 中华人民共和国商务部：《国别贸易简讯：2018 年 12 月马来西亚贸易简讯》，载 https://countryreport.mofcom.gov.cn/new/view110209.asp?news_id=63836，最后访问日期：2019 年 5 月 27 日。

〔2〕 商务部国际贸易经济合作研究院、中国驻马来西亚大使馆经济商务参赞处、商务部对外投资和经济合作司：《对外投资合作国别（地区）指南·马来西亚（2018 年版）》，第 24 页，载 http://www.mofcom.gov.cn/dl/gbdqzn/upload/malaixiya.pdf，最后访问日期：2019 年 5 月 27 日。

〔3〕 商务部国际贸易经济合作研究院、中国驻马来西亚大使馆经济商务参赞处、商务部对外投资和经济合作司：《对外投资合作国别（地区）指南·马来西亚（2018 年版）》，第 26 页。

〔4〕 Ministry of International Trade and Industry of Malaysia, Vision, Mission and Objective, at https://www.miti.gov.my/index.php/pages/view/1977?mid=27, May 29, 2019.

的商品和服务，促进工业活动的发展，以促进马来西亚的经济增长及在国际贸易中的全球竞争力。其目标是规划、订立和实施马来西亚国际贸易和产业政策，确保在实现国家经济政策和2020愿景方面取得快速发展，并不断加强马来西亚经济动力，为创新和有才能的劳动力创造高价值、高收入的就业机会，创造高价值、高收入的就业机会。其主要功能在于制定和实施有关工业发展，国际贸易和投资的政策；鼓励外国和国内投资；通过加强双边、多边和区域贸易关系与合作，促进马来西亚的制造业产品和服务出口；提高制造业的国家生产力和竞争力；规划、协调和监督中小企业的发展；发展和提高私营部门，特别是土著社区的管理，提高创业技能；确保本国从制造业获得最大利益。

对于进出口贸易参与者而言，国际贸易与产业部负责审核和发放优惠原产地证书（PCO）[1]及非优惠原产地证书（NPCO）[2]，PCO和NPCO是证明产品原产地状态的文件。PCO还可作为进口国海关的进口文件，使产品享受关税减让，是一份重要的国际贸易文件，证明特定出口货物中的货物完全在特定国家获得，生产、制造或加工，买方在根据自由贸易协定（FTA）或优惠方案出口货物时支付较低的关税或完全免除关税。

其同时是金伯利流程（KP）证书的颁发机构，该证书可以确定毛坯钻石出口活动的来源，而马来西亚皇家海关署（RMCD）则作为接收权威。根据此计划，HS编码7102.10、7102.21和7102.31（未加工或仅锯切，切割或打磨的钻石）的产品需要附带KP证书才能进出口到马来西亚。[3]

国际贸易与产业部同时与国内诸多政府机构合作，例如马来西亚投资开发局、马来西亚外贸促进局、马来西亚生产力公司与马来西亚中小企业公司等都协助其开展工作。国际贸易与工业部及国内贸易与消费者事务部负责大

---

〔1〕 Ministry of International Trade and Industry of Malaysia, Preferential Certificate of Origin (PCO), at https://www.miti.gov.my/index.php/pages/view/3911? mid=95, May 29, 2019.

〔2〕 Ministry of International Trade and Industry of Malaysia, Non-Preferential Certificate of Origin (NPCO), at https://www.miti.gov.my/index.php/pages/view/3919? mid=533, May 29, 2019.

〔3〕 Ministry of International Trade and Industry of Malaysia, Kimberley Process Certification Scheme (KPCS), at https://www.miti.gov.my/index.php/pages/view/4369? mid=570, May 29, 2019.

部分商品出口许可证的管理。[1]

2. 内贸、合作社与消费部

马来西亚内贸、合作社与消费部（KPDNHEP）[2]主要负责促进推动和建设健康、有竞争力和可持续的国民经济，尤其是经销业领域。

KPDNHEP 负责制定政策、战略和审查与国内贸易发展有关的事项，例如分销贸易和消费。在贸易领域，其创造马来西亚公民的商业机会和提高其社会经济地位；确定和监测基本商品的价格；控制和监控基本商品、石油和石化产品以及直销贸易的销售和分销；实施公制重量和措施的规定；根据相关行为调整与公司和企业有关的事项；鼓励良好的公司治理实践；制定和管理知识产权保护制度。

（三）贸易法律法规以及贸易管理简介

马来西亚主要对外贸易法律有《海关法》《海关进口管制条例》《海关出口管制条例》《海关估价规定》《植物检疫法》《保护植物新品种法》《反补贴和反倾销法》《反补贴和反倾销实施条例》《2006 年保障措施法》《外汇管理法令》等。

1. 贸易管理及法律法规

马来西亚地处东南亚战略要地，为中国投资者提供广泛的投资和贸易机遇。当今的马来西亚是全球最受欢迎的海外制造业以及服务业基地，来自 40 多个国家的众多跨国公司在马来西亚投资设立了 5000 多个企业。[3]马来西亚实行自由开放的对外贸易政策，部分商品的进出口会受到许可证或其他限制。

2. 进口管理

在《海关（禁止进口产品）条例》（2012）中，马来西亚海关禁止进口

---

〔1〕 商务部国际贸易经济合作研究院、中国驻马来西亚大使馆经济商务参赞处、商务部对外投资和经济合作司：《对外投资合作国别（地区）指南·马来西亚（2018 年版）》，第 37 页。

〔2〕 Ministry of Domestic Trade and Consumer Affairs, Functions of KPDNHEP, at https://www. kpdn-hep. gov. my/about - kpdnkk - 2/? lang = en, May 29, 2019.

〔3〕 Malaysia Investment Development Authority, Tetimonial, at http://www. mida. gov. my/home/what - investors - say/posts/? lg = EN, May 30, 2019.

令规定了四类不同级别的限制进口。[1]第一类是14种绝对禁止进口品，包括列入清单有毒化学品、笔、铅笔和其他类似注射器的物品、复制目前在任何国家/地区发行的任何纸币，含不雅信息及旨在损害马来西亚利益或不适合和平的媒体及设备等。[2]第二类是需要许可证的进口产品，主要涉及卫生、检验检疫、安全、环境保护等领域，包括动物和家禽的任何部分、活体动物、植物及其制品土壤和害虫、大米和稻米、一些电信设备及连接到公共电信网络的设备、家用电器、机动车、武器和弹药及其仿制品、爆炸物和烟花、杀虫剂、糖精以及药品。第三类是临时进口限制品，包括牛奶、咖啡、谷类粉、部分电线电缆以及部分钢铁产品。第四类是符合一定特别条件后方可进口的产品，包括动物、动物产品、植物及植物产品、香烟、土壤、动物肥料、防弹背心、电子设备、安全带及仿制武器。[3]

为了保护敏感产业或战略产业，马来西亚对部分商品实施非自动进口许可管理，主要涉及建筑设备、农业、矿业和机动车辆部门。如所有重型建筑设备进口须经国际贸易和工业部批准，且只有在马来西亚当地企业无法生产的情况下方可进口。

马来西亚国际贸易及工业部及其他部门负责进口许可证的发放及日常管理工作。

3. 出口管理

马来西亚规定，大部分商品可以自由出口至任何国家。但是，部分商品需获得政府部门的出口许可，其中包括：短缺物品，敏感或战略性或危险性产品，以及受国家公约控制或禁止进出口的野生保护物种。此外，马来西亚《1988年海关令（禁止出口）》规定了对三类商品的出口管理措施：第一类为绝对禁止出口，包括禁止出口海龟蛋和藤条，禁止向海地出口石油、石油产

---

〔1〕 Royal Malaysian Customs Department, Customs (Prohibition of Import) Order 2012, at http://www.federalgazette.agc.gov.my/outputp/pua_20121231_P.U.%20(A)%20490%20-%20Larangan%20Import%20Final%20[Warta%20311212].pdf, May 30, 2019.

〔2〕 Royal Malaysian Customs Department, Import/Export, at http://www.customs.gov.my/en/tp/pages/tp_ie.aspx, May 30, 2019.

〔3〕 商务部国际贸易经济合作研究院、中国驻马来西亚大使馆经济商务参赞处、商务部对外投资和经济合作司：《对外投资合作国别（地区）指南·马来西亚（2018年版）》，第36页。

品和武器及相关产品；第二类为需要出口许可证方可出口；第三类为需要视情况出口。大多数第二类和第三类商品为初级产品，如牲畜及其产品、谷类、矿物/有害废弃物，第三类还包括武器、军火及古董等。

国际贸易与工业部及国内贸易与消费者事务部负责大部分商品出口许可证的管理。

4. 中马贸易管理制度

马来西亚国际贸易与工业部负责规划、制定和执行工业发展、国际贸易与投资政策，鼓励在马来西亚的投资。马来西亚的贸易政策基本上是鼓励自由贸易，同时也对于特定的行业有着适当的管理和保护。鉴于意识到外国投资对于马来西亚现在以及未来经济增长的重要性，贸易以及与贸易相关的政策一直以来都是马来西亚经济发展政策的重要组成部分。

中国与马来西亚签署了为期5年的合作项目、人民币合格境外机构投资者计划以及《中国－东盟自由贸易协定》，这些举措大大促进了中马两国之间的经济和贸易合作。马来西亚国内的第十一个经济规划与中国的对外投资策略不谋而合，积极促进贸易发展。马来西亚各级地方政府从2016年至2020年采取下列务实措施用于发展物流业并推动贸易繁荣：①强化机构和管理制度体系建设；②提升贸易便利化的机制建设；③提高运输基础设施的效率和容量；④加强技术和人力资本；⑤物流服务国际化。[1]

马来西亚政府提供的与贸易及投资相关的税收优惠主要包括：①鼓励国内投资与资本性投资的措施，涵盖新兴企业（包括制造业、农业、饭店、旅游及其他产业），从事资本密集型和高技术投资的企业，以及纳入国家重点战略的森林种植计划、多媒体高级通道以及电子芯片的生产等；②投资优惠，指对再投资生产重型机械和普通机械、设备的公司给予再投资优惠，并对利用椰油生物资源和再投资生产附加值产品的企业以及对从事产业扩张计划、产业现代化、自动化以及制造工艺多样化的企业，给予进一步优惠；③促进出口的优惠措施，针对制造业、农业、饭店、旅游以及服务部门为促进产品出口而产生

---

〔1〕 Royal Malaysian Prime Minister's Department, The Logistics and Trade Facilitation Masterplan (2015－2020), at http://www.mot.gov.my/en/Penerbitan%20Rasmi/Executive%20Summary%20Logistics%20and%20Trade%20Facilitation%20Masterplan.pdf, May 30, 2019.

的费用；④技术与职业培训的扣除，对经批准的培训雇员项目发生的费用允许双倍扣除，培训费用双倍扣除的规定同样适用于中小型制造业公司。[1]

在2018年发布的《中华人民共和国政府和马来西亚政府联合声明》中，马来西亚表示欢迎、支持并将继续积极参与“一带一路”合作，双方将加快落实两国政府《关于通过中方“丝绸之路经济带”和“21世纪海上丝绸之路”倡议推动双方经济发展的谅解备忘录》，探讨制定相关规划纲要。此外，双方同意共同编制两国《经贸合作五年规划（2018—2022）》，鼓励在信息通信技术、数据分析、设计研发、物联网、云计算和人工智能等高价值领域开展技术转移等合作，共同推进中马钦州产业园和马中关丹产业园建设。双方将继续加强基础设施、产能、农渔业等领域合作，积极拓展电子商务、互联网经济以及科技、创新等领域合作，并将启动商签双边跨境电子商务合作谅解备忘录，为中小企业提供机遇。双方将努力扩大贸易规模，通过双边和地区合作维护金融稳定，改善营商环境，鼓励双向投资，支持中小企业和服务机构间合作。[2]

此外，马来西亚还修订了一系列与贸易相关的法律，例如《战略贸易法案》（2010）、《马来西亚检验检疫服务法案》（2010）、《竞争法案》（2010）、《价格控制与反暴利法案》（2011）。《战略贸易法案》（2010）目的是控制战略物资以及可以用来协助大规模杀伤性武器的出口、转运、过境、中介活动以及该类物质的设计、开发、生产和交货等活动。战略物资是指政府指令以及政府公报上所列举的物品和技术，包括核材料、电子产品、计算机和军事物品。

（四）进出口商品检验检疫

马来西亚检验检疫局建立于2011年，隶属于农业及农基产业部，作为其下属的一个司负责所有入境口岸（包括海港、机场、陆地口岸以及邮件和快递收发中心）、检疫站、检疫设施的检验检疫工作，确保符合健康标准以及食品安全，以及颁发有关植物、动物、冷冻肉制品、鱼类、农产品、土壤和微

---

〔1〕 国家税务总局国际税务司国别投资税收指南课题组：《中国居民赴马来西亚投资税收指南》，第44页，载 http://www.chinatax.gov.cn/n810219/n810744/n1671176/n1671206/c3317853content.html，最后访问日期：2019年5月30日。

〔2〕 中华人民共和国外交部：《中华人民共和国政府和马来西亚政府联合声明》，载 https://www.fmprc.gov.cn/web/ziliao_674904/1179_674909/t1586776.shtml，最后访问日期：2019年5月30日。

生物等产品的进出口许可证，确保上述产品进出马来西亚按照相关成文法进行分级、包装和标识。[1]

上述产品的进出口适用一套单独的有关检验检疫和进出口程序的法律法规。[2]进口上述商品如果感染了寄生虫、疾病或者其他污染物，将可能受到罚款或者监禁的刑事处罚。[3]一般来讲，上述产品的进出口必须有许可证，[4]上述进出口许可证由有权监管上述商品的机构（部门）颁发，有关许可证的办理部门详见下表：

表3－2 马来西亚进出口许可证及其办理部门表

商　品	政府管理部门和机关
植物[5]	农业及农基产业部，联邦农业市场主管部门
动物[6]	兽医管理司
鱼类[7]	马来西亚渔业管理司
食品[8]	农业及农基产业部
其他（土壤与微生物）[9]	卫生部

[1] Malaysian Quarantine and Inspections Services, Objectives, Functions and Powers, at http://www.maqis.gov.my/web/guest/home, May 30, 2019.

[2] Malaysian Quarantine and Inspections Services, at http://www.maqis.gov.my/en_US/import－eksport1, May 30, 2019.

[3] Malaysia, Laws of Malaysia Act 728: Malaysian Quarantine and Inspection Services Act, 2011, Part VII, at http://maqis.gov.my/documents/20182/38518/20110818_728_BM_AKTA＋728＋%28BM%29.pdf/bc4d260c－f415－4394－acb5－555eda3743d0, May 30, 2019.

[4] Ibid., Part V.

[5] Malaysian Quarantine and Inspections Services, Import Procedure of List of Controlled Imported Items/Substances Under Plant Quarantine Act 1976 and Quarantine Regulations 1981, at http://www.maqis.gov.my/en_US/tumbuhan－prosedur－import, May 30, 2019.

[6] Malaysian Quarantine and Inspections Services, Import Procedure of Live Animals and Animal By－products Differ, at http://www.maqis.gov.my/en_US/haiwan－prosedur－import, May 30, 2019.

[7] Malaysian Quarantine and Inspections Services, Import Procedure of Fish, at http://www.maqis.gov.my/en_US/ikan－prosedur－import, May 30, 2019.

[8] Malaysian Quarantine and Inspections Services, Import Procedure of Food, at http://www.maqis.gov.my/en_US/makanan－prosedur－import, May 30, 2019.

[9] Malaysian Quarantine and Inspections Services, Import Procedure of Others (Soil& Microorganisms), at http://www.maqis.gov.my/en_US/tanih－prosedur－import, May 30, 2019.

马来西亚政府要求：①如携带动植物入境，需事先向马来西亚相关主管部门申请进口许可证并在入境时遵守各项检验检疫程序；②所有肉类、加工肉制品、禽肉、蛋和蛋制品必须来自经农业部兽医服务局检验和批准的工厂，所有进口产品必须获得兽医服务局颁发的进口许可证；③所有向穆斯林供应的肉类、加工肉制品、禽肉、蛋和蛋制品必须通过清真认证，牛、羊、家禽的屠宰场以及肉蛋加工设备必须获得马来西亚伊斯兰发展署（JAKIM）的检验和批准。[1]

（五）海关管理

马来西亚皇家海关署是管理商品进出口、边境控制以及贸易便利化的政府部门。马来西亚关税有两种归类系统：一种用于东盟内部贸易，税号为6位数字；另一种用于与其他国家贸易。国际贸易与工业部下属关税特别顾问委员会负责对关税进行评审，每年在政府预算中公布。[2]

与其他国家类似，马来西亚也有进口税、出口税以及消费税。进口税按照从价原则或者其他原则征收，税率为0%～60%。[3]进口税在商品清关和放行之时即需要付清。一般来说，奢侈品、烟草、酒精类产品以及与本地产品构成竞争的产品税率较高。而原材料、机器设备、基本食品和药品则免税或者适用较低的税率。出口税一般对于从马来西亚出口的原油和棕榈油进行征收。消费税适用于特定的进口商品或者制造于马来西亚的产品，例如酒类、烟草和机动车，税率为15%～105%。如果满足特定条件，某些被鼓励类的企业可以申请免征进口税。另外，基于双边的税收协定，某些产品可以享受优惠的关税。

2018年，马来西亚海关对关于海关舱单的规定作出了修改，自2018年10月1日起，规定要求所有从马来西亚进出口及中转的货物，客户必须提供样

---

〔1〕 商务部国际贸易经济合作研究院、中国驻马来西亚大使馆经济商务参赞处、商务部对外投资和经济合作司：《对外投资合作国别（地区）指南·马来西亚（2018年版）》，第37页。

〔2〕 商务部国际贸易经济合作研究院、中国驻马来西亚大使馆经济商务参赞处、商务部对外投资和经济合作司：《对外投资合作国别（地区）指南·马来西亚（2018年版）》，第38页。

〔3〕 Malaysia Royal Customs Department, JKDM HS - Explorer Website, at http://tariff.customs.gov.my/, May 30, 2019.

单中货物描述部分正确的6位货物HS编码。缺失或信息有误，将会影响货物在马来西亚清关放行，并可能造成海关罚款或其他责任后果。[1]

马来西亚有多个自贸区，例如纳闽岛、兰卡威岛、雕门岛以及马来西亚和泰国边境联合设立的鼓励出口导向企业发展的开发区，这些区域的公司可以免税进口特定产品。

五、缅甸

董 悦

（一）国家概况

缅甸联邦共和国（以下简称"缅甸"），东南亚国家，西南临安达曼海，西北与印度和孟加拉国为邻，东北靠中国，东南接泰国与老挝，海岸线长2832公里，国土面积67.66万平方公里，人口5390万（截至2015年）。[2]缅甸全国分为7个省、7个邦和2个中央直辖市，内比都是首都，第一大经济中心、全国最大的城市是仰光。

缅甸自1988年后一直实行市场经济制度，货币名称是"缅币"（Kyat），1美元约合1540缅币。近年来，缅甸国内生产总值（GDP）持续稳定增长。2017—2018财年，缅甸国内生产总值（GDP）约690亿美元，人均约1300美元，吸引外国直接投资58亿美元。[3]农业是缅甸国民经济基础，工业是缅甸的国民经济发展的重要力量，2016—2017财年，农业占缅甸国内生产总值（GDP）的25.5%，工业占35.0%；近年来，缅甸纺织服装业发展迅速，2016—2017财年纺织品出口额达19.48亿美元。[4]

---

〔1〕 商务部国际贸易经济合作研究院、中国驻马来西亚大使馆经济商务参赞处、商务部对外投资和经济合作司：《对外投资合作国别（地区）指南・马来西亚（2018年版）》，第38页。

〔2〕 中华人民共和国外交部：《缅甸国家概况》，载 https://www.fmprc.gov.cn/web/gjhdq_676201/gj_676203/yz_676205/1206_676788/1206x0_676790/，最后访问期：2019年5月29日。

〔3〕 中华人民共和国外交部：《缅甸国家概况》。

〔4〕 商务部国际贸易经济合作研究院、中国驻缅甸大使馆经济商务参赞处、商务部对外投资和经济合作司：《对外投资合作国别（地区）指南・缅甸（2018年版）》，载 https://www.yidaiyilu.gov.cn/wcm.files/upload/CMSydylgw/201902/201902010421036.pdf，最后访问日期：2019年5月29日。

表 3－3 近年缅甸国内生产总值（GDP）增长率

单位：%

财　年	GDP 增长率
2012—2013 年	7.3
2013—2014 年	8.4
2014—2015 年	8.0
2015—2016 年	7.0
2016—2017 年	5.9

数据来源：缅甸计划与财政部下属中央统计局官网。

缅甸资源丰富。缅甸矿产资源主要有锡、钨、锌、铝、锑、锰、金、银等；宝石和玉石在世界上享有盛誉，2015—2016 财年缅甸出口包括玉石在内的矿产品达 9.3 亿美元；缅甸的石油和天然气在内陆及沿海均有较大蕴藏量，截至 2013 年 6 月，探明煤储量逾 4.9 亿吨，探明大陆架石油储量达 22.73 亿桶，天然气 8.1 万亿立方英尺，共有陆地及近海油气区块 77 个；缅甸水利资源丰富，占东盟国家水利资源总量的 40%，但由于缺少水利设施，尚未得到充分利用。[1]

缅甸交通以水运为主，铁路多为窄轨，公路建设不发达。缅甸主要港口有仰光港、勃生港和毛淡棉港，内河航道约 14 842.6 公里，2016—2017 财年进出港船只总吨位为 2808.4 万吨。缅甸铁路设施、机车、车辆大多从中国进口，截至 2016—2017 财年末，缅甸铁路全长 6112 公里，多为窄轨，有 960 个站点，客车厢 1001 节、货车厢 1865 节；2016—2017 财年的铁路客运量为 4426 万人次，货运量为 246.7 万吨。[2]

对外贸易方面，缅甸作为东盟成员国，已加入东盟自贸区、中国－东盟自贸区、韩国－东盟自贸区、日本－东盟自贸区、印度－东盟自贸区，主要

〔1〕 商务部国际贸易经济合作研究院、中国驻缅甸大使馆经济商务参赞处、商务部对外投资和经济合作司：《对外投资合作国别（地区）指南·缅甸（2018 年版）》。

〔2〕 商务部国际贸易经济合作研究院、中国驻缅甸大使馆经济商务参赞处、商务部对外投资和经济合作司：《对外投资合作国别（地区）指南·缅甸（2018 年版）》。

贸易伙伴是亚洲国家和地区，与邻国的贸易占缅甸外贸总额的90%，位居前五位的贸易伙伴依次为中国、泰国、新加坡、日本和印度。[1]缅甸主要出口产品为天然气、玉石、大米等，主要进口产品为石油与汽油、商业用机械、汽车零配件等，对外贸易主要用美元、英镑、瑞士法郎、日元以及欧元进行结算。2017—2018 财年，缅甸对外贸易额为 335.3 亿美元，其中出口 148.5 亿美元，进口 186.8 亿美元。[2]

（二）对外经贸相关的组织机构

缅甸贸易主管部门为缅甸商务部，对缅甸进出口贸易活动进行统一管理。缅甸商务部的主要工作包括：制订、颁布关于进出口贸易的相关法令法规，办理、批准、颁发进出口营业执照，签发进出口许可证，管理、协调举办国内外展览会，办理边境贸易许可，研究缅甸对外经济贸易问题等。商务部下设部长办公室、贸易司、边境贸易司和缅甸贸易促进组织。其中，贸易司和边境贸易司负责对贸易的具体管理：前者负责签发海外贸易的进出口许可证，后者负责签发跨境贸易的进出口许可证；边境贸易司还在各边境口岸设有边境贸易办公室，负责办理边境贸易各种事务。

商务部在对贸易活动进行统筹、监管的过程中有四个主要目标：①支持国际、国内贸易活动，促进本国经济发展；②提升公私商行的经济效益；③促进对外出口，增加外汇收入；④鼓励合作社和私营企业的经济活动。

（三）对外经贸相关的法规与政策

缅甸现行与贸易管理相关的法律和规定主要包括：1989 年颁布的《缅甸联邦贸易部关于进出口商必须遵守和了解的有关规定》，1991 年颁布的《缅甸联邦关于边境贸易的规定》，1992 年颁布的《缅甸联邦进出口贸易实施细则》和《缅甸联邦进出口贸易修正法》，2012 年颁布的《缅甸联邦进出口贸易法》和《重要商品服务法》，2015 年颁布的《竞争法》，以及 2017 年颁布的《〈竞争法〉实施细则》。需要注意的是，2012 年颁布的《缅甸联邦进出口

---

〔1〕 商务部国际贸易经济合作研究院、中国驻缅甸大使馆经济商务参赞处、商务部对外投资和经济合作司：《对外投资合作国别（地区）指南·缅甸（2018 年版）》。

〔2〕 中华人民共和国外交部：《缅甸国家概况》。

贸易法》虽然替代了1947年的《进出口管理条例（暂行)》，但是依据该《进出口管理条例（暂行)》所制定或发布的规程、规则、附则、通知、命令以及指令等，如果内容与《缅甸联邦进出口贸易法》的规定没有冲突，则仍然有效。

此外，商务部也发布了若干规范、优化国际贸易活动的通知、命令、指令和规程。如《商务代表登记令》（1989年第2号令）规定，外国公司的商务代表或代理必须办理注册登记；2015年第96号通知批准与缅甸国民成立合资企业的外国公司从事化肥、种子、杀虫剂、医疗设施等方面的贸易活动；2016年第56号通知批准与缅甸国民成立合资企业的外国公司从事建筑材料方面的贸易活动。

（四）进出口贸易管理措施

1989年3月31日，缅甸颁布《国营企业法》，宣布实行市场经济，开始逐步放宽对外贸的限制，允许私人从事、经营进出口贸易，对外贸实行许可证管理制度，允许外商投资，并开放了同邻国的边境贸易。

1. EI卡

在缅甸，市场主体从事货物进出口贸易活动，首先要进行注册并获得一张进出口商卡，即EI卡。外国独资企业除了商务部许可的特殊情形，不得在缅甸从事进出口贸易活动，通常只有制造业和工业领域的外资企业会被授权获得EI卡，且一般仅用于进口供自己使用的产品。对符合《外国投资法》条件的公司，如果缅甸向投资委员会预先许可其为了对缅甸进行的重大投资项目而进口外国商品，该外商投资企业将自动被授予EI卡。企业在收到公司设立证书（临时证书或最终证书均可）后，即可向商务部贸易司申请办理EI卡。申请办理EI卡应提交包括企业章程和缅甸投资委员会签发的许可证在内的相关文件资料；企业应当在申请资料中明示其经营目标和经营活动以证明进口的必须性，不能仅出于贸易目的进行进口；其他外部因素也会影响企业能否成功获得EI卡，如拟进口的商品是否在缅甸本地即可获得，或是否拟针对特定客户进口具有特定属性的货物等。企业可以凭已经获得的EI卡申请进出口许可证（EI许可证)，有效期一般为3个月，申请可由公司法定代表人或经授权的自然人、代理人提出，申请进出口许可证的企业应在国有银行或提供外汇账户服务的私营银行开设美元账户。除列明在无需许可证的进出口目录中的商品外，每个进口项目均需要在该项目向下的货物起运前获得相应的进出口许可证。

2. 对特定货物进出口的禁止、限制和许可

自2006年起，中缅边境地区出口的木材及矿产品贸易，需获得缅甸商务部、林业部木材公司出具的证明及中国驻缅使馆经商参处的证明。自2014年4月1日起，缅甸停止原木出口，木材出口必须经过加工。自2015年1月1日起，所有汽车进口商须在车辆发运前申请进口许可。自2015年3月23日起，缅甸各经营商可以根据市场需要从国外合法进口各类红酒，经营商在申请进口许可证时，需事先与国外供货商签订合同，并从相关部门申办酒类销售执照，红酒销售时需每瓶粘贴完税标志。自2015年7月起，鲜花、豆类、水果、咖啡豆、胡椒、玉米、药品、畜牧水产，以及农村发展部允许出口的鱼类、服装、高价值水产品和传统食品的出口免于申请出口许可证；化工产业及其相关物资、医用手术器械（需持卫生部证明）、教学用具、油墨、相关化妆品的物资、轮胎配件、丝绸等商品的进口免于申请进口许可申请。自2016年底起，咖啡、茶叶、橡胶和橡胶制品、铝和相关材料、金属和相关材料、铁路机车和相关发动机及汽车配件等进口免于申请进口许可证。自2017年6月12日起，允许外资企业从事化肥、种子、农药、医疗设备和建材等五类商品的贸易。2017年10月9日，缅甸政府重新批准活牛出口，取消了长达15年的活牛出口禁令。2017年10月16日，缅甸商务部发布缅甸联邦政府汽车进口管理委员会公告，对2018年从国外进口汽车的生产年份作出规定。自2018年5月起，允许外资企业在缅甸从事批发和零售业务（小型市场及便利店除外），但拟从事相关业务的外资企业需要向商务部申请相关执照。

（五）进出口商品的检查和检疫

缅甸农业、畜牧与灌溉部主管进出口检验检疫工作，相关工作主要依据1993年《缅甸植物检疫法》和《缅甸植物细菌防疫法》的规定进行。

1993年《缅甸植物检疫法》的主要规定包括：①禁止有害生物通过各种方法进入缅甸；②切实有效抵制有害生物；③对准备运往国外的植物、植物

产品，必要时给予消毒、灭菌处理，并发给植物检疫证书；④从国外进口的货物和旅客携带的物品，入境时都必须接受缅甸农业服务公司的检查、检疫。

1993 年《缅甸植物细菌防疫法》的主要规定包括：①任何人未取得进口许可证，不准从国外进口植物、植物产品、细菌、有益生物和土壤；②进口植物、植物制品、有害生物、有益生物或土壤的进口只能由自然人进行，并必须已向缅甸农业服务局申请获得进口许可证；③进口或随身携带植物、植物产品、细菌、有益生物和土壤到达缅甸时，应交由缅甸农业服务局进行检验；④进口人或携带者应当支付进口许可证上列明的费用和检验费用；⑤必要时，应对即将运往国外的植物或植物产品进行杀虫和灭菌工作，发给无菌证书；⑥根据接收国的需要，规定进行检验的方法。

此外，《缅甸联邦对从事进出口贸易的最新规定》对进出口需要申报进行植物检疫的商品作了详细规定。

（六）海关管理

1. 法律法规

缅甸与海关管理相关的法规主要包括：1924 年《陆地海关法》、1947 年《进出口管制暂行条例》、1953 年《关税法》、1974 年《外汇管制法》、1978 年《海洋关税法》、1989 年《国家治安建设委员会 1989 年第 4 号令》、1990 年《商业税法》、1991 年《缅甸海关进出口程序》以及《缅甸海关计征制度及通关程序》。

2. 进口通关及关税

进口通关时，所有进口货物必须填写《进口报关单》（CUSDEC－1 表）向海关进行报关，并应附随下列文件资料：进口许可证或许可文件、发票、提单或航空运单、装箱单以及其他政府有关部门签发的进口所要求的许可文件。海关根据海关税率表征收进口关税。缅甸进口税以到岸金额和卸货费（CIF）价值的 0.5% 计征。进口商品需同时交纳进口关税和商业税，商业税根据货物的到岸成本计征，到岸成本为商品可估量价值及进口税之和。这些税收在商品入关处办理清关时征收。符合《外国投资法》中条件的企业在特定的时间段内可以免征进口关税和商业税，例如，投资委可视情况审批以下关税减免情形：在投资项目建设期或筹备期间对确需进口的机械、设备、器材、零部件及无法在本地取得的建筑材料和业务所需材料，豁免和/或减少进口关税；对出口导向的投资项目为生产出口产品，而进口的原材料和半成品，豁免和/减少进口关税；对为生产出口产品而进口的原材料和半成品，退还进口关税；经委员会批准增加投资致使投资期限内原投资项目规模扩大，在投资项目建设期或筹备期间对确需进口的机械、设备、器材、零部件、无法在本地取得的建筑材料和业务所需材料的进口关税的豁免和/或减轻，亦相应调整扩大。

3. 出口通关及关税

货物出口装运时，须向海关局进行申报，填写《出口报关单》（CUSDEC－2表），并应随附以下文件资料：出口许可证或许可文件、发票、装箱单、销售合同、装运通知、信用证、普通汇款免除证书、载明个人编码或政府编码的支付通知、货物样品、运输林产品的装船通行证、出口活体动物的健康证明、允许出口的野生活体动物的林业通行证以及其他政府有关部门需要的其他证书或许可文件。海关根据海关税率表对出口商品缴纳关税。缅甸出口税以货物的船上交货（FOB）价值为税基计征。目前，缅甸95%的输华产品享受零关税待遇，中国海关与缅甸海关正在推动输华产品零关税税目扩大事宜，若新的协议达成，缅甸97%的输华产品将享受零关税待遇。

4. 转口通关及关税

以缅甸为中转站的转口贸易中，所有进口的非本地用的出口货物在出口装运时均需向海关申报通关，填写规定的表格（CUSDEC－3表），并应附随以下文件资料：提单或航空运单或陆运托运单、由贸易部颁发的转口贸易许可证、商业发票、买卖双方签定的销售合同或出口商与授权代理签定的合同、与法规严格一致的保证合约（应载明如最终货物不能出口，则根据现行法律予以处置）。缅甸转口贸易税以进口货物的到岸金额和卸货费（CIF）价值为计征基础，征收2.5%的从价税。

（七）外汇管理措施

缅甸的外汇管理主要由缅甸中央银行外汇管理局负责。目前，缅甸尚未完全解除外汇管制：未经外汇管理局负责人的许可，任何人在国内不得买卖、借贷、兑换外汇；居住在国外的任何在籍人员不得买卖、借贷、暂时支付、转让、兑换外币。随着对外开放力度的加大，外汇管制逐步放松，中资企业可通过中国工商银行等可经营外汇业务的银行办理相关业务；从 2012 年 4 月开始，外国人在进入缅甸时，可携带不超过 1 万美元或相当价值外币而不必向海关申报。

（八）中缅关系及双边经贸合作

1950 年 6 月 8 日中缅建交。近年来，中缅两国各领域友好交流与合作进一步加强。2011 年 5 月中缅两国宣布建立全面战略合作伙伴关系。

中国与缅甸签订了一系列与保护双边投资、贸易的相关协定。1971 年，中缅政府签署贸易协定，双方互相给予最惠国待遇；1994 年签署《中华人民共和国政府和缅甸联邦政府关于边境贸易的谅解备忘录》；1995 年签署《中华人民共和国政府和缅甸联邦政府关于农业合作的协定》；1997 年签署《中华人民共和国政府和缅甸联邦政府关于成立经济贸易和技术合作联合工作委员会的协定》；2000 年签署《中华人民共和国政府和缅甸联邦政府农业合作谅解备忘录》；2001 年签署《投资促进和保护协定》《中华人民共和国政府和缅甸联邦政府渔业合作协定》和《中缅两国关于开展地质矿产合作的谅解备忘录》；2004 年签署《中华人民共和国政府和缅甸联邦政府关于促进贸易、投资和经济合作的谅解备忘录》《关于信息通讯领域合作的谅解备忘录》；2006 年签署《中缅航空运输协议》。目前，中国与缅甸尚未签署避免双重征税协定。

中国近年来与缅甸的进出口贸易量整体上保持了稳步增长的趋势。2017 年，中缅双边贸易额达 135.4 亿美元，同比增长 10.2%，其中，中国对缅甸出口 90.1 亿美元，从缅甸进口 45.3 亿美元，同比分别增长 10.0% 和 10.5%。[1]中国对缅甸主要出口成套设备和机电产品、纺织品、摩托车配件和化工产品等，从缅甸主要进口原木、锯材、农产品和矿产品等。中国为缅甸第一大贸易伙伴、第一大出口市场和第一大进口来源地。

---

〔1〕 商务部国际贸易经济合作研究院、中国驻缅甸大使馆经济商务参赞处、商务部对外投资和经济合作司:《对外投资合作国别（地区）指南 · 缅甸（2018 年版）》。

表 3-4 中缅近年进出口贸易额统计

单位：百万美元

财　年	进口额	出口额	进出口总额
2013—2014 年	4105.49	2910.75	7016.24
2014—2015 年	5019.97	4673.87	9693.84
2015—2016 年	6395.43	4596.61	10 992.04
2016—2017 年	5750.00	5006.12	10 756.12

数据来源：缅甸商务部官网。

中国企业对在缅甸开展跨境贸易活动应当注意以下几方面问题：

第一，中国企业应当注意合作的缅方企业是否已经在缅甸商务部登记注册，具备取得 EI 卡的资格。双方签订贸易合同后，缅方企业才能申请进出口的许可证。进出口许可证未经缅甸商务部批准不得转让。如遇贸易纠纷，须按缅甸现行 1944 年《仲裁法》进行解决。

第二，注意缅甸的对外贸易结算方式。目前缅甸的对外贸易主要以美元或欧元结算，结算方式主要通过银行信用证和汇款结算。2016 年底，中国工商银行在缅甸设立分支机构，成为第一家中资银行经营机构，并获准办理人民币项下的兑换和结算业务，中缅之间正常贸易的人民币结算迈出了第一步。目前，缅甸主流银行的信用证和汇款结算都可以正常进行。此前，受到美国等西方国家的金融制裁，中国企业只能通过设在新加坡等第三地的子公司或者平台进行间接结算。

六、菲律宾

刘夏婷

（一）国家概况与经济形势

菲律宾共和国（以下简称“菲律宾”），位于亚洲东南部。北隔巴士海峡与中国台湾省遥遥相对，南和西南隔苏拉威西海、巴拉巴克海峡与印度尼西亚、马来西亚相望，西濒南中国海，东临太平洋。共有大小岛屿 7000 多个，海岸线长约 18 533 公里。属季风型热带雨林气候，高温多雨，湿度大，台风多。截至2018年5月，菲律宾总人口1.06亿，是世界第13大人口大国，[1]马来族占全国人口的85%以上，其他还包括他加禄人、伊洛人、邦邦牙人等；少数民族及外来后裔有华人、阿拉伯人、印度人、西班牙人和美国人。国语是以他加禄语为基础的菲律宾语，英语为官方语言。国民约85%信奉天主教。从2009年起，菲律宾的GDP一直呈上升趋势，直至2017年达到3135.95亿美元。[2]

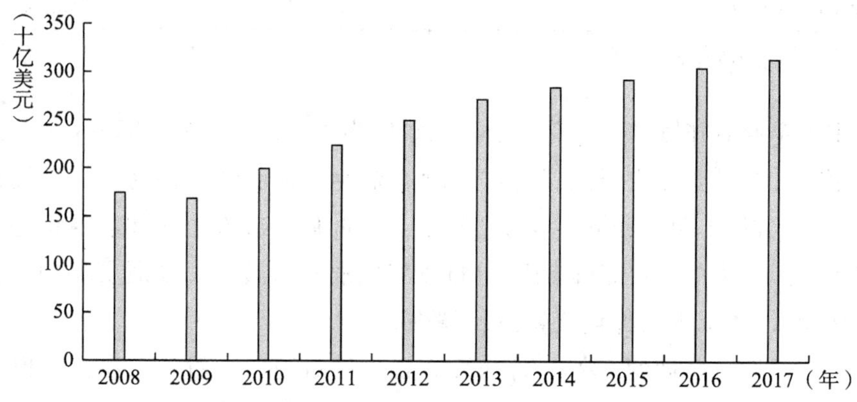

图3-1　2008—2017年菲律宾GDP总量变化图

资料来源：世界银行数据库。

菲律宾与150个国家有贸易关系，2016年对外贸易额为1373.9亿美元，比上年增长5.8%。其中出口562.3亿美元，同比下降4.4%；进口811.6亿美元，同比增长14.2%。近年来，菲律宾政府积极发展对外贸易，促进出口商品多样化和外贸市场多元化，进出口商品结构发生显著变化。非传统出口商品如成衣、电子产品、工艺品、家具、化肥等的出口额，已赶超矿产、原材料等传统商品出口额。[3]

---

〔1〕商务部国际贸易经济合作研究院、中国驻菲律宾大使馆经济商务参赞处、商务部对外投资和经济合作司：《对外投资合作国别（地区）指南·菲律宾（2018年版）》，第4页，载 http://www.mofcom.gov.cn/dl/gbdqzn/upload/feilvbin.pdf，最后访问日期：2019年5月23日。

〔2〕世界银行数据库：《菲律宾》，载 https://data.worldbank.org.cn/country/philippines?view=chart，最后访问日期：2019年5月23日。

〔3〕中华人民共和国外交部：《菲律宾国家概况》，载 https://www.fmprc.gov.cn/web/gjhdq_676201/gj_676203/yz_676205/1206_676452/1206x0_676454/，最后访问日期：2019年5月23日。

（二）贸易监管的部门

1. 贸易和工业部

贸易和工业部（Department of Trade and Industry，以下简称“贸工部”）是菲律宾贸易、工业和投资活动主要的协调、促进、推动和监管的政府机构。[1]该机构有权计划、实施和协调与贸易、工业和投资有关的政府活动，[2]有权在财年第三季度的开始促成或召开政府与私营企业间的年度贸易与工业大会，[3]有权对违反现存贸易和工业法的行为作出行政裁决，并施以合理的罚款和惩罚。[4]同时，该机构还在商定和审查现有国际贸易协定、[5]制定和管理投资优先计划及投资活动交付的政策和指引方面发挥主要作用。[6]贸工部下设的产品标准化局主要负责产品技术标准和法规的管理和实施；进口服务署主要负责特定产品进口法规的实施以及发起和指导反倾销、反补贴及保障措施的初步调查。[7]目前，执行贸工部命令的权力和责任归属于贸工部部长。[8]

2. 海关总署

海关总署作为政府权威机构，负责推动国际贸易和安全[9]，评估和征收海关关税和费用[10]，防止走私和海关欺诈[11]，以及实施海关规程便于国际贸易中货物的流转。[12]海关总署是财政部的一个附属机构，由海关总署署长领导。[13]

---

〔1〕《1987年2月27日第133号行政令》（Executive Order No. 133，s. 1987 Published：February 27，1987，以下简称《133号行政令》），第2条。

〔2〕《133号行政令》，第3（a）条。

〔3〕《133号行政令》，第3（b）条。

〔4〕《133号行政令》，第3（t）条。

〔5〕《133号行政令》，第3（o）条。

〔6〕《133号行政令》，第3（i）条。

〔7〕商务部国际贸易经济合作研究院、中国驻菲律宾大使馆经济商务参赞处、商务部对外投资和经济合作司：《对外投资合作国别（地区）指南·菲律宾（2018年版）》，第25页。

〔8〕《133号行政令》，第4条。

〔9〕《海关现代化和关税法》（An Act Modernizing the Customs and Tariff Administration），菲律宾共和国第10863号法案，第202（e）条。

〔10〕《海关现代化和关税法》，第202（a）条。

〔11〕《海关现代化和关税法》，第202（d）条。

〔12〕《海关现代化和关税法》，第202（b）条。

〔13〕《海关现代化和关税法》，第200条。

海关法律由海关总署实施和执行。海关总署署长（Customs Commissioner）由六个海关总署副署长（Deputy Commissioners）、一个署长助理（Assistant Commissioner）和十七个地方行政长官（District Collectors）组成。每个副署长领导一个部门，分别是内务部（Internal Administration Group，IAG）、关税征管部（Revenue Collection Monitoring Group，RCMG）、评估与运营协调部（Assessment and Operations Coordination Group，AOCG）、情报收集部（Intelligence Group，IG）、执行部（Enforcement Group，EG）和信息管理技术部（Management Information System and Technology Group，MISTG）。署长助理领导事后通关稽查部（Post Clearance Audit Group，PCAG）。[1]内务部负责协助署长进行政策的制定，关税征管部负责收集和计算，评估与运营协调部负责评估进口商品的价值，情报收集部负责收集与海关与经济活动有关的情报，执行部负责提供警务力量，信息管理技术部负责管控信息技术设施，事后通关稽查部负责执行通关后的稽查工作。

基于行政管理的目的，海关总署将菲律宾划分为不同的关区，从而对所有入境港口进行监督和控制。[2]每一个关区由一个税收长负责，该税收长负责禁止违禁品的进口和出口，确保监管货物的合法性，评估和征收进口货物的关税、税收和费用，阻止走私等海关欺诈行为，从而促进合法贸易的流通。[3]

3. 其他

其他贸易有关部门还包括：国家经济发展署、中央银行、环境管理署、卫生部、技术转让署、食品和医药品局、危险药品局、渔业和水产资源局、国家肉类检疫委员会、计划工业局、能源管理署和服装纺织品出口局等。菲律宾国家经济发展署下设的关税委员会负责关税政策的制定，包括关税的减让、变更、退还，负责反倾销和反补贴的公众听证会和磋商以及保障措施的调查工作。菲律宾财政部下设的关税局负责关税法律的具体实施和进出口关

〔1〕 Bureau of Customs, at http://customs.gov.ph/offices/, May 27, 2019.

〔2〕《海关现代化和关税法》，第206、207条。

〔3〕《海关现代化和关税法》，第206、210条。

税、进口产品增值税及其他附加税的征收。[1]

（三）有关贸易的法律法规简介

菲律宾是世界贸易组织（WTO）和亚太经济合作组织（APEC）成员，也是东南亚国家联盟（ASEAN）的成员，实行多边的、自由的、外向型的贸易政策，同时对国内幼稚产业进行适当保护。菲律宾政府对其贸易政策不断进行调整，并出台了一系列出口鼓励措施。菲律宾管理进出口贸易的相关法律主要包括：《海关法》《出口发展法》《反倾销法》《反补贴法》和《保障措施法》等。[2]

监管国际和国内贸易的各种法律已经在菲律宾颁布实施。对于国际贸易，主要的政策工具之一是菲律宾《关税和海关法》，目前该法已经因2016年通过的《海关现代化和关税法》的颁布而经历了重大修订。《海关现代化和关税法》规定了关税税率、海关规则和程序，包括进出口要求、货物估价、关税和费用的征收、进口限制和关于扣押和没收走私货物的行政程序。在这个基础上，2015年菲律宾还颁布了《战略贸易管理法》，该法旨在采取有效措施促进战略性货物，或那些因具有军事重要性而被完全禁止出口，或受特殊条件制约的产品的贸易和投资。[3]

对于国内贸易，现行的法律旨在菲律宾国内保护消费者的权益，提升公众的公共福利，并建立工商业标准。[4]因此，菲律宾《消费者法》的颁布是为消费产品制定和提供安全和质量标准，该法明确禁止卖方或供应商实施与消费品交易有关的不公平或不合理的销售行为或做法。[5]《价格法》识别和禁止任何基本必需品或主要商品的囤积、暴利以及垄断和价格操纵。该法授予菲律宾总统在灾害或紧急情况下对任何基本必需品或主要商品设定价格上

---

[1] 商务部国际贸易经济合作研究院、中国驻菲律宾大使馆经济商务参赞处、商务部对外投资和经济合作司：《对外投资合作国别（地区）指南·菲律宾（2018年版）》，第25页。

[2] 商务部国际贸易经济合作研究院、中国驻菲律宾大使馆经济商务参赞处、商务部对外投资和经济合作司：《对外投资合作国别（地区）指南·菲律宾（2018年版）》，第25页。

[3] 《战略贸易管理法》，菲律宾共和国第10697号法案，第5（v）条。

[4] 《消费者法》，菲律宾共和国第7934号法案，第2条。

[5] 《消费者法》，第52条。

限的权力。[1]2015 年颁布的《竞争法》确立了菲律宾关于竞争政策的第一个综合框架，并禁止实施三项行为，即签订反竞争协议，滥用市场支配地位，通过兼并和收购在实质上防止、限制或减少贸易或竞争。[2]此外，为了引入生产性投资来提升消费者福利，菲律宾通过了《零售贸易自由化法》，从而允许外国投资者在某些限定条件下参与零售贸易，而在以前零售是纯粹的菲律宾人产业。

（四）贸易管理

菲律宾贸易的监管主要是由贸工部下的各个局以及专职机构负责。贸工部旨在通过发布与消费者和价格相关的法规来控制菲律宾的贸易活动，从而实现公平贸易，并最终提升公众的公共福利，创造一个竞争性的经济环境。

根据这一目标，菲律宾《消费者法》通过发布和采纳消费产品标准来确保消费产品的质量与安全。[3]同时该法还对食品、药品、化妆品和设备的生产、销售、分销和广告进行监管，[4]并要求对药品或设备的制造、销售、进口或出口需事先获得许可和注册。[5]此外，该法还禁止不公平和欺骗性的销售行为或做法，[6]同时还要求对消费产品实施强制性标签和公平包装，以便消费者能够获得该产品的性质、质量和数量等准确信息。[7]

根据《消费者法》的规定，贸工部通过产品标准化局来确立、制定和发布消费产品标准，同时产品标准化局还制定菲律宾国家标准，以确保产品质量和安全，并推动国际贸易发展。

菲律宾贸易政策已经转变为鼓励外国投资者参与、加快经济增长的更自由和中立的贸易政策。虽然在某些行业外国投资者的股权仍然受到限制，但是目前零售贸易部门是对外国投资者开放的。拥有不少于 250 万美元的等值

---

〔1〕《价格法》，菲律宾共和国第 7581 号法案，第 7 条。

〔2〕《竞争法》，菲律宾共和国第 10667 号法案，第 14、15、20 条。

〔3〕《消费者法》，第 6 条。

〔4〕《消费者法》，第 20 条。

〔5〕《消费者法》，第 31 条。

〔6〕《消费者法》，第 50 条。

〔7〕《消费者法》，第 74 条。

菲律宾比索实缴资本的零售贸易企业可以由外国投资者全资拥有。[1]

（五）海关管理

1. 认证

向菲律宾进口货物，进口商需先得到海关总署的认证（accreditation），但是当进口商来自经济特区、菲律宾政府及其下属机构、外国大使馆、领事馆，菲律宾承认的国际组织（如亚洲发展银行和世界卫生组织等），可无需认证。[2]进口商通过CPRS（Client Profile Registration System）系统进行认证，一般认证需要15个工作日左右，认证需要每年更新。[3]经认证的进口商可以登录海关总署的E2M（Electronic to Mobile）系统来进行线上报关。E2M系统使得海关官员可以在线上处理这些手续，但是进口商还是需要在入关时提交这些文件的纸质版。

2. 通关文件

进口通关需要的文件为商业发票、信用证或其他能证明支付的商业文件、提单或航空货运单、货物清单、进口许可、原产地证明、经公证的价值申报补充（SDV），以及其他所需要的特殊证明。进口动植物、食品、药品或化学物质的进口商，除了以上文件外，还需得到菲律宾食品药品管理局的货物登记证明。[4]货物清单应为一式两份，对于化学产品的进口，必须注明商品的准确名称。

一般来说，进口到菲律宾的所有货物都应从入境港海关办事处进入。[5]除非另有规定，所有的进口货物均须提交货物报关单。[6]海关总署会在货物

〔1〕《零售贸易自由化法》，菲律宾共和国第8762号法案，第5条。

〔2〕 Philippines, Customs Regulations, at https://www.export.gov/article? id = Philippines - Customs - Regulations, May 27, 2019.

〔3〕 Import and Export Procedures in the Philippines, Best Practices, at https://www.aseanbriefing.com/news/2017/06/23/import - and - export - procedures - in - the - philippines - best - practices.html, May 27, 2019.

〔4〕 Import and Export Procedures in the Philippines, Best Practices, at https://www.aseanbriefing.com/news/2017/06/23/import - and - export - procedures - in - the - philippines - best - practices.html, May 27, 2019.

〔5〕《海关现代化和关税法》，第400条。

〔6〕《海关现代化和关税法》，第401条。

报关单提交后立即对应查货物进行检查。[1]之后应对所适用的关税和税收标准进行审查。所有进口货物在每次进口时都应当缴纳关税和税收，除非有关法律或法规允许豁免。[2]

货物申报应包括收货人姓名、用于进口运输的船舰或飞机、启运港、目的港、到达日期、包裹数量和标记、商品本质、准确的商品描述、价值（用合理的发票来证明）和其他法律法规要求的信息。[3]在向海关总署申报前，货物不准入境。[4]货物申报应包含以下声明：发票和货物申报包含了货物的准确价值，没有针对菲律宾政府的任何逃避关税和税收的行为；发票和提单具唯一性和真实性。[5]电子申报文件的提交应依据2000年的《电子商务法》。[6]电子申报文件若被一个有权的海关官员打印并认证，可作为一个可信的电子交付文件的复制品。在申报人有欺诈行为的情况下，可根据这份打印的文件提起诉讼。[7]申报文件中货物的描述要足够具体和充实，以便判断货物价值和数量，并进行海关分类。不同分类下的货物应分开报关。[8]

同样，所有要出口的货物，也应当通过海关办事处进行出口申报。[9]申报时所有的产品都应符合政府制定的出口标准等级，且包装应按照有关法律法规进行标示和标记。[10]

3. 关税

在缴付关税、税收和其他合法费用，并遵守所有相关规定后，报关的货物将被放行。[11]如拖欠所需缴付的关税和税收，那么其将构成进口商的个人债务，海关总署享有对进口货物的留置权。[12]如果通过虚假申报等任何违法

---

〔1〕《海关现代化和关税法》，第419条。
〔2〕《海关现代化和关税法》，第405条。
〔3〕《海关现代化和关税法》，第411条。
〔4〕《海关现代化和关税法》，第412条。
〔5〕《海关现代化和关税法》，第412条。
〔6〕《电子商务法》（the Electronic Commerce Act of 2000），菲律宾共和国第8792号法案。
〔7〕《海关现代化和关税法》，第412条。
〔8〕《海关现代化和关税法》，第413条。
〔9〕《海关现代化和关税法》，第500条。
〔10〕《海关现代化和关税法》，第501条。
〔11〕《海关现代化和关税法》，第431条。
〔12〕《海关现代化和关税法》，第405条。

的手段进出口货物，包括货物以及进出口货物所使用的任何车辆或船舶都可能会被政府扣押和没收。[1]税收长有权在确定存在扣押理由[2]后发出扣押货物的令状，并在没收案件中作出裁决。[3]对于税收长的裁决，受处罚者可向海关总署署长提出上诉。[4]

4. 进出口商品的检查和检疫

进出口商品的检查，应海关要求，在货物申报后应立即开始。活体动物、易腐烂变质的食物和其他需要立即检查的货物应被优先检查。一般情况下，检查应在申报人或其代理人在场的情况下进行。只有在特殊情况下，依据正当理由，才能在申报人或其代理人不在场的情况下进行检查。[5]检查时，海关可以采集样本，样本的采集应遵循必要原则，[6]并且应出具收据。[7]

检疫局负责在菲律宾入境和出境的港口对进出的船舶和飞机进行检查，监督其卫生条件以及其运载的货物、乘客、乘务员和所有个人财物，并签发检疫证书、健康检查单或其他等效文件。[8]如果检疫局局长认为存在国际关注的公共卫生紧急情况并且将有害的货物或材料引入菲律宾会存在紧迫的危险，那么该货物和商品很可能会被禁止进入菲律宾。[9]

相应地，2004 年《检疫法》要求从外国港口/机场驶入的所有远洋船舶或国际航班，在菲律宾的任何港口或机场卸下乘客或货物，或者驶离菲律宾的任何港口或机场时，都应当遵守现行卫生法规，确保检疫清关。检疫证书或检疫清关是海关清关的前提。[10]

5. 清关种类

清关指的是允许货物入境后进行消费、仓储、运输、转运或出口或置于

---

〔1〕《海关现代化和关税法》，第 1113 条。

〔2〕《海关现代化和关税法》，第 1117 条。

〔3〕《海关现代化和关税法》，第 1125 条。

〔4〕《海关现代化和关税法》，第 1126 条。

〔5〕《海关现代化和关税法》，第 419 条。

〔6〕《海关现代化和关税法》，第 419 条。

〔7〕《海关现代化和关税法》，第 421 条。

〔8〕《检疫法》，菲律宾共和国第 9271 号法案，第 3 条。

〔9〕《检疫法》，第 5 条。

〔10〕《检疫法》，第 7 条。

另一海关程序下的活动的海关和其他政府手续的完成。[1]运输的货物按风险被分为三个等级，低风险货物通过绿色通道，不需要文件的审查和物理检查；中风险货物通过黄色通道，需要进行文件审查；高风险货物通过红色通道，需要进行文件审查以及物理检查。海关总署可以提供海关入境前申报与清关（Advance Lodgement and Clearance），[2]提前清关的货物通过的则是蓝色通道。[3]

由于时间敏感性和入境前清关的必要性，空运的清关实行简易程序，该程序应符合国际标准和海关的最佳实践。经认可的航空快件运营者的快件可以在缴纳关税和税收和其他费用之前释放。[4]

（六）贸易合作前景

我国与菲律宾的贸易合作前景广阔，主要有以下几点理由：

第一，菲律宾内需市场前景广阔。菲律宾有1亿多人口，居民消费意愿强烈，私人消费占GDP的近70%。据尼尔森（Nielsen）统计，2017年第二季度，菲律宾的消费者信心指数为130点，全球排名第一。[5]这意味着菲律宾有着巨大的进口贸易潜力。

第二，菲律宾资源能源蕴藏丰富。[6]矿藏主要有铜、金、银、铁、铬、镍等20余种。铜蕴藏量约48亿吨、镍10.9亿吨、金1.36亿吨。[7]地热资源丰富，预计有20.9亿桶原油标准的地热能源。[8]森林覆盖率高达53%，有乌木、檀木等名贵木材。水产资源丰富，鱼类品种达2400多种，金枪鱼资源居

---

〔1〕《海关现代化和关税法》，第102条。

〔2〕《海关现代化和关税法》，第409条。

〔3〕 Philippines, Customs Regulations, at https://www.export.gov/article? id = Philippines - Customs - Regulations, May 27, 2019.

〔4〕《海关现代化和关税法》，第439条。

〔5〕 商务部国际贸易经济合作研究院、中国驻菲律宾大使馆经济商务参赞处、商务部对外投资和经济合作司：《对外投资合作国别（地区）指南·菲律宾（2018年版）》，“参赞的话”。

〔6〕 商务部国际贸易经济合作研究院、中国驻菲律宾大使馆经济商务参赞处、商务部对外投资和经济合作司：《对外投资合作国别（地区）指南·菲律宾（2018年版）》，“参赞的话”。

〔7〕 中华人民共和国外交部：《菲律宾国家概况》。

〔8〕 商务部国际贸易经济合作研究院、中国驻菲律宾大使馆经济商务参赞处，商务部对外投资和经济合作司，《对外投资合作国别（地区）指南·菲律宾（2018年版）》，第4页。

世界前列。已开发的海水、淡水渔场面积2080平方公里。[1]丰富的资源，十分适合展开原材料的出口贸易。

第三，中菲决定建立全面战略合作关系，中国在2016年超越日本成为菲律宾最大贸易伙伴，并在2017年保持了这一地位，双边贸易额首次突破500亿美元大关。中菲于2018年11月签署了共同推进“一带一路”建设的谅解备忘录等29项合作协议，双方还签署了关于油气开发合作的文件。[2]这表明菲律宾与中国有良好的贸易合作基础。

七、新加坡

刘夏婷

（一）国家概况与对外贸易形势

新加坡共和国（以下简称“新加坡”），热带城市国家，位于马来半岛南端、马六甲海峡出入口，北隔柔佛海峡与马来西亚相邻，南隔新加坡海峡与印度尼西亚相望。地势低平，平均海拔15米。属热带海洋性气候，常年高温潮湿多雨。截至2018年6月，总人口为564万，华人占75%左右，其余为马来人、印度人和其他种族。马来语为国语，英语、华语、马来语、泰米尔语为官方语言，英语为行政用语。主要宗教为佛教、道教、伊斯兰教、基督教和印度教。[3]新加坡的GDP在2008年至2017年十年间呈波动增长，其中2017年，新加坡的GDP达3239.07亿元。[4]

新加坡的经济属外贸驱动型经济，以电子、石油化工、金融、航运、服务业为主，高度依赖中、美、日、欧和周边市场，外贸总额是GDP的四倍。2017年新加坡货物贸易额9671亿新元，增长11.1%，其中出口5150亿新元，增长10.3%，进口4521亿新元，增长12.1%，贸易顺差629亿新元。新加坡

---

〔1〕中华人民共和国外交部：《菲律宾国家概况》。

〔2〕中国一带一路网：《中华人民共和国与菲律宾共和国联合声明》，载 https://www.yidaiyilu.gov.cn/zchj/sbwj/72336.htm，最后访问日期：2019年5月30日。

〔3〕中华人民共和国外交部：《新加坡国家概况》，载 https://www.fmprc.gov.cn/web/gjhdq_676201/gj_676203/yz_676205/1206_677076/1206x0_677078/，最后访问日期：2019年5月23日。

〔4〕世界银行数据库：《新加坡》，载 https://data.worldbank.org.cn/country/Singapore?view=chart，最后访问日期：2019年5月23日。

货物贸易伙伴主要集中在邻近的东南亚地区以及中国、日本、韩国和美国；主要出口市场为：中国、马来西亚、印度尼西亚、美国、日本、韩国；主要进口来源地为：中国、马来西亚、美国、日本、韩国、印度尼西亚和德国。中国为新加坡第一大货物贸易伙伴、第一大出口市场和第一大进口来源。[1] 2017 年新加坡最主要的进出口商品为电子元器件和石油产品。

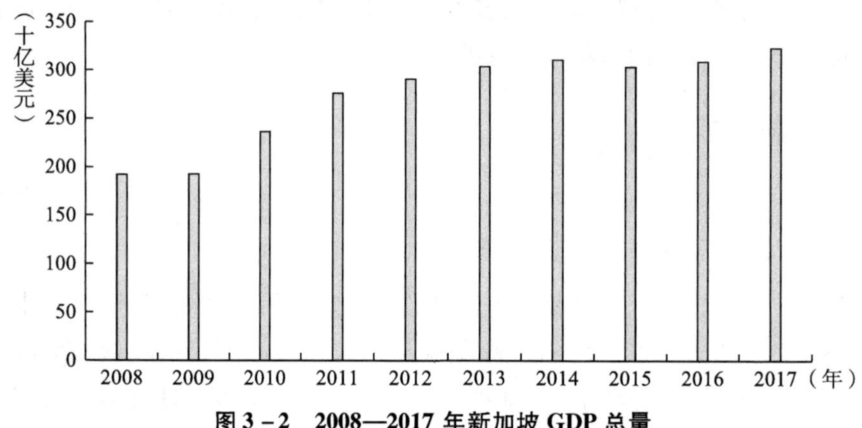

图 3－2　2008—2017 年新加坡 GDP 总量

数据来源：世界银行数据库。

由于新加坡国内市场规模小，经济外向型程度高，因此，新加坡政府一直积极参与并推动全球贸易自由化进程。新加坡于 1973 年加入《关税及贸易总协定》（GATT），是 1995 年 1 月 1 日世贸组织（WTO）创建时的正式成员。在区域贸易协定方面，新加坡是亚太经合组织（APEC）、亚欧会议（ASEM）、东南亚国家联盟（ASEAN）等区域合作组织的成员，也是世界上签订多双边自由贸易协定最多的国家之一。[2]

中国与新加坡于 2008 年 10 月签署了《中国－新加坡自由贸易协定》，新加坡是首个同中国签署全面自贸协定的东盟国家。根据协定，新加坡已于 2009 年 1 月 1 日起取消全部自中国进口商品关税；中国也于 2010 年 1 月

〔1〕 商务部国际贸易经济合作研究院、中国驻新加坡大使馆经济商务参赞处、商务部对外投资和经济合作司：《对外投资合作国别（地区）指南 · 新加坡（2018 年版）》，第 22 页，载 http://www.mofcom.gov.cn/dl/gbdqzn/upload/xinjiapo.pdf，最后访问日期：2019 年 5 月 23 日。

〔2〕 商务部国际贸易经济合作研究院、中国驻新加坡大使馆经济商务参赞处、商务部对外投资和经济合作司：《对外投资合作国别（地区）指南 · 新加坡（2018 年版）》，第 17 页。

1 日前对 97.1% 的自新加坡进口产品实现零关税。[1]根据新加坡企发局统计，新加坡与中国签订的自由贸易协定（FTA）使新加坡出口到中国的 85% 的货物获得了关税减让。[2]2018 年 11 月 12 日，在李克强总理和新加坡总理李显龙共同见证下，商务部国际贸易谈判代表兼副部长傅自应与新加坡贸易与工业部部长陈振声分别代表两国政府在新加坡签署《自由贸易协定升级议定书》，该《议定书》对原中新自由贸易协定的原产地规则、海关程序与贸易便利化、贸易救济、服务贸易、投资、经济合作等 6 个领域进行升级，还新增电子商务、竞争政策和环境等 3 个领域。双方在自由贸易协定中首次纳入"一带一路"合作，在海关程序与原产地规则领域，双方将呈现更高水平的贸易便利化，降低了企业的贸易成本，简化了部分化工产品的特定原产地规则标准。[3]

（二）贸易监管部门

新加坡贸易与工业部（MTI）是新加坡政府直接授权制定有关新加坡贸易与工业发展政策的部门。新加坡贸易与工业部声明的宗旨是促进经济增长，创造良好就业机会，提高新加坡人民生活水平。新加坡贸易与工业部的战略来源于新加坡的经济管理哲学，即坚持自由的市场经济体制，积极追求外向型经济政策。

新加坡贸易与工业部还监管 10 个法定机构，其中 4 个涉及处理具体贸易事务：

新加坡竞争委员会（CCCS）：新加坡竞争委员会与其外国对应方通过降低非关税壁垒、提升必要能力、提供技术支援及在跨境竞争事务上开展合作等方式共同努力，促进竞争。[4]

新加坡经济发展局（EDB）：新加坡经济发展局是负责制定和实施商业与

---

〔1〕 商务部国际贸易经济合作研究院、中国驻新加坡大使馆经济商务参赞处、商务部对外投资和经济合作司：《对外投资合作国别（地区）指南·新加坡（2018 年版）》，第 23 页。

〔2〕 新加坡国际企业发展局，https://www.enterprisesg.gov.sg/non – financial – assistance/for – singapore – companies/free – trade – agreements/ftas/Singapore – ftas/ACFTA，最后访问日期：2019 年 5 月 26 日。

〔3〕 中华人民共和国商务部：《中国与新加坡签署〈自由贸易协定升级议定书〉》，载 http://www.mofcom.gov.cn/article/ae/ai/201811/20181102805543.shtml，最后访问日期：2019 年 5 月 30 日。

〔4〕 新加坡竞争委员会，https://www.cccs.gov.sg/about – cccs，最后访问日期：2019 年 5 月 25 日。

投资战略的主导机构，其作用为提高新加坡作为全球商业中心的地位。[1]

新加坡国际企业发展局（IE Singapore）：新加坡国际企业发展局是促进国际贸易与帮助新加坡公司走向全球的政府机构，其前身是成立于1983年的新加坡贸易发展局（贸发局）。该企发局下设贸易促进部，并分设商务合作伙伴策划署和出口促进署，主要职责是宣传新加坡作为国际企业都会的形象以及提升以新加坡为基地公司的出口能力。新加坡国际企业发展局力求以具有国际竞争力的公司及国际领先的交易商推进建设繁荣的商业枢纽。[2]

裕廊镇管理局（JTC）：裕廊镇管理局是新加坡率先规划、推广和开发动态工业园区的牵头机构。自1968年成立以来，裕廊镇管理局通过发展土地和空间以支持产业转型及创造优质的就业机会，并在新加坡的经济发展历程中发挥了重要作用。[3]

（三）贸易法律法规简介

新加坡贸易与工业部监管下列与贸易有关的法律与法规的实施：

新加坡第48A号法案《商品交易法》涵盖所有商品，并规范商品交易活动，包括商品期货合约杠杆商品交易、差价交易和现货商品交易。新加坡金融管理局负责依照《商品交易法》对此进行监管。

新加坡第50B号法案《竞争法》于2004年由国会通过。该法大量效仿英国1998年《竞争法》，促进新加坡市场的有效运行，提高经济竞争力。

新加坡第53号法案《消费者保护（交易说明与安全要求）法》禁止对交易过程中提供的商品进行“误导性描述”，授权规定有关指示性标记及广告的要求及其安全构成、结构或设计。

新加坡第190号法案《禁止多层次传销和金字塔销售（禁止）法》禁止注册旨在促进关于商品分销和销售的多层次传销计划或金字塔销售计划的企业，并禁止任何人促进该等计划。新加坡《多层次传销和金字塔销售（排除

---

〔1〕 新加坡经济发展局，https://www.edb.gov.sg/en/about-edb/who-we-are.html，最后访问日期：2019年5月26日。

〔2〕 新加坡国际企业发展局，https://www.enterprisesg.gov.sg/non-financial-assistance/for-singapore-companies/free-trade-agreements/ftas/Singapore-ftas/ACFTA，最后访问日期：2019年5月26日。

〔3〕 裕廊镇管理局，https://jtc.gov.sg/Pages/default.aspx，最后访问日期：2019年5月26日。

计划和安排）法令》明确从本法范围内排除某些计划和安排。

新加坡第297A号法案《新加坡工商联合总会法案》于2001年通过，一年后新加坡工商联合总会（SBF）成立。所有实缴资本为50万新加坡元及以上的公司均为新加坡工商联合总会成员。新加坡工商联合总会代表新加坡本地及海外的商业利益。

（四）贸易管理

新加坡是一个实行开放型经济政策的自由港，有各种计划和奖励，旨在使新加坡成为一个商业贸易的上佳之选。

1. 全球贸易商计划

根据全球贸易商计划，根据公司的营业额和业务支出，对于经批准的全球贸易公司的合格离岸交易收入给予优惠税率。“全球贸易商”的地位通常仅向其各自行业的知名企业授予，被授予企业需要具有良好的国际贸易、采购和合格产品运输记录。

2. 主要出口商计划

主要出口商计划（MES）[1]由新加坡国内税务局管理，旨在减少大量进出口商品的现金流量。根据通常规则，企业必须预先缴纳消费税，提交其消费税申报表后在新加坡国内税务局退税。因为没有消费税是从零税率的供应中收取，以抵消其进口的初始现金流出的，因此可能会使出口大量商品的企业产生现金流问题。获得主要出口商计划资格的企业能够进口暂免消费税的非应税商品。企业只有满足特定条件才可获得主要出口商计划资格，包括良好的内部管控与维护完整的会计记录。

3. 临时进出口计划

新加坡的临时进出口计划允许交易商为经批准的目的，在最长6个月的期限内临时进口货物到新加坡，在该期限内暂免消费税及关税（如适用），或为经批准的目的临时出口已缴纳消费税的货物，并在不缴纳消费税及关税（如适用）的情况下再进口相同货物。

---

〔1〕“Major Exporter Scheme”, at https://www.customs.gov.sg/businesses/customs - schemes - licences - framework/iras - schemes/major - exporter - scheme, May 29, 2019.

（五）海关管理

1. 海关管理概览

新加坡海关是新加坡财政部的下属部门，是贸易便利化和执行税收的牵头机构。新加坡海关负责海关法及贸易法，以建立国际社会对新加坡对外贸易体系的信任，促使贸易便利化并保护税收。[1]新加坡海关通过与政府机构及商业主体的合作，依靠健全的法律规定及有效的执法，促进对外贸易。在平衡贸易便利化、安全及监管合规之间的关系方面发挥主动作用，以巩固新加坡作为受外国贸易伙伴和在新加坡经营的商业主体信任的全球贸易中心的地位。[2]

新加坡海关管理的主要法律法规包括《海关法》《进出口管理条例》《自由贸易区条例》《战略物品管制法》《货物和服务税收条例》《禁止化学物品法》等。《进口及出口管理法》规定了进出新加坡货物的进出口监管框架。一般来说，所有货物的进出口及转运均须获得海关许可。在申请该许可前，贸易商必须查明拟进出口的商品是否受到管制，其管制与否，取决于货物本身、发出或接收该等货物的人士及国家。

新加坡通过以下两种途径控制货物进出口：

（1）禁止：如果拟进出口的货物被禁止，则贸易商将无法继续开展相关进出口行为。例如，如果进出口行为将违反联合国安全理事会在新加坡生效的制裁，则可以禁止该进出口。

（2）许可计划：如果按照要求，拟进出口的货物需要提前取得许可证、批准、许可、同意、授权、申报、登记或类似文件（合称为“许可文件”），则贸易商在开展相关进出口行为之前必须相应取得该许可文件。

2. 登记注册

申报的企业或个人应先在新加坡会计与企业管理局（ACRA）或相关提供海关识别号（UEN）的机构进行注册，来获取海关识别号，然后再激活海关

---

〔1〕 商务部国际贸易经济合作研究院、中国驻新加坡大使馆经济商务参赞处、商务部对外投资和经济合作司：《对外投资合作国别（地区）指南·新加坡（2018年版）》，第43页。

〔2〕 商务部国际贸易经济合作研究院、中国驻新加坡大使馆经济商务参赞处、商务部对外投资和经济合作司：《对外投资合作国别（地区）指南·新加坡（2018年版）》，第44页。

账户。[1]

激活账户后，下一步是申请海关许可。如果拟进出口货物不属于被管制范围（或属于受到禁止或许可之外的其他方式的管制范围），则贸易商必须在开展进出口贸易前，通过贸易网（Trade Net）申请海关许可。贸易网系统是一个全国范围内的电子数据交换系统，目的是使公共部门及私人部门均可通过该系统以电子方式交换结构化贸易的通知及信息。

随后，申报人需要与新加坡海关建立 IBG（Inter - Bank GIRO）账户来进行关税、商品及服务税（GST）和其他费用的缴纳。需向特定的地址[2]递交申请，银行一般需要三到四周来审核申请，申请通过后，申请人会收到相应的传真或邮件。如果是委托他人进行申报，则需授权申报代理人使用 IBG 账户，最多可授权 20 人。

必要情况下，申报人会被要求提供担保，比如被许可的临时进口、非临时进口的应税货物的交易、特许经营场所的运营以及其他符合新加坡海关规定和保障税收目的的情况。

3. 估值与税收

目前，所有进口到新加坡的货物都需要缴纳 7% 税率的关税或商品与服务税。进口的海关估价首先以货物的交易价格为准，即国际贸易术语解释通则下的 CIF 价格（Cost, Insurance and Freight）。如果海关估价是以外国货币为单位结算的，则需要依照当时的海关汇率转换为以新币为单位的价格。

所有的应税货物进口都要缴纳关税和/或消费税。关税的征收对象是进口的货物，不包含消费税。而消费税的征收对象是进口的以及在新加坡生产的货物。关税的计算有两种方式，一种是估值税率（ad valorem rate），即关税是货物的海关估价的一定比例（比如海关估价的 10%）；另一种是特定税率（specific rate），即以货物的重量或数量为基本单位来计算关税（比如每公斤

[1] Singapore Customs Introduction Guide for Newly Registered Traders, at https://www.customs.gov.sg/-/media/cus/files/business/resources/eguide-for-newly-registered-traders-updated-as-of-19-apr-2016.pdf, May 31, 2019.

[2] "Head, Procedures & Systems, Singapore Customs, 55 Newton Road, #07 - 02 Revenue House, Singapore 307987."

300 新币）。应税货物分为四大类，含酒精饮料、烟草产品、机动车和石油产品。其他的产品都不需要缴纳关税，只需缴纳商品与服务税。

所有的新加坡进口商品都需要缴纳商品与服务税，商品与服务税的税基是海关估价加上所有的关税，或者商品最后一次出卖的售价加上关税（不止一次出卖，而申报人是最后的买家的情况下）。现在的商品与服务税税率为 7%。

有一些进口货物可以享有优惠的税收待遇，一般有以下几种：

第一，优惠关税待遇（Preferential Tariff Treatment）。作为新加坡各个自由贸易协定义务的一部分，新加坡给予波特啤酒、世涛啤酒、麦芽啤酒、药用三蒸酒等进口商品关税减免。申报人可根据自由贸易协定申请优惠关税待遇，需提供出口商，生产商或进口商的自我证明（Self – Certification）或原产地证明（Preferential Certificate of Origin）。[1]

第二，根据海关行政令［Customs（Duties）（Exemption）Order］豁免关税。

第三，根据商品与服务税行政令［Goods and Services Tax（Imports Relief）Order］豁免关税。

4. 进出口商品的检查和检疫

新加坡有一套严格的商品检验检疫标准。其中原农业食品和兽医局（AVA）负责动植物和进口食品的检验检疫，卫生科学局（HAS）负责进口药品、化妆品等商品的检验。自 2019 年 4 月 1 日起，农业食品和兽医局将拆分为新加坡食品局（SFA）以及国家公园部（Nparks）下的动物和兽医服务局（AVS）。[2]

进出新加坡的货物必须在相应的海关检验站完成新加坡海关的清关程序。一般来说，货物必须提交海关官员检验，同时应提交有效的海关许可证、发票、装箱单及提货单等相关文件。

---

〔1〕 Claiming Preferential Tariff Treatment for Dutiable Imports, at https://www.customs.gov.sg/businesses/importing – goods/import – procedures/claiming – preferential – tariff – treatment – for – dutiable – imports, May 31, 2019.

〔2〕 Singapore Food Agency, at https://www.sfa.gov.sg/ava, May 31, 2019.

特定类型货物可能还需进一步检查。如果想在新加坡进口农产品和食品，进口商须向农业食品和兽医局申请进口执照。新加坡食品局有完整的一套食品安全计划，对肉、鱼、新鲜水果和蔬菜、蛋、加工食品等商品的进口来源、包装运输、检验程序、检验标准有不同的要求和详尽的规定,[1]例如，新加坡食品局对于多数种类的生肉及贝类都要求提交健康认证，且所有进口肉类必须进行外观检查以及定期检验。有意向新加坡进口食品的贸易商必须确保其产品符合新加坡食品局以及动物和兽医服务局的进口条件、包括进口前符合新加坡食品局以及动物和兽医服务局的条件、进口经批准来源的食品、按要求提供食品标签等。[2]

在新加坡进口或者出口药品的贸易商需向卫生科学局取得相关许可。贸易商进口药品和化妆品前，需向卫生科学局如实申报其成分、疗效等相关信息，来获得进口的批准。并且，卫生科学局将对进口相关产品的一部分进行抽检，对于不符合申报内容的情况，将取消其经营相关产品的资格。[3]

新加坡海关的授权人员还有权根据新加坡第272A号法案《进口及出口管理法》对货物进行专项检查。例如，如果授权人员有理由相信相关货物是或曾经是违法进出口的、则其可以对包装及货物进行检查。

特定类型的货物必须根据新加坡法律履行检疫程序。用作商业用途的动物的进口必须向动物和兽医服务局申请许可，并须提前获得海关清关许可。例如，部分狗、猫及其他小型哺乳动物和进口食品的贸易商在抵达新加坡后必须经过一段时间的隔离检疫，隔离检疫的时间取决于该动物的来源国。

5. 进口、出口程序

进口程序由《海关法》《进口及出口管理法》和其他一些由主管机关制定的法律规制。对于进口而言，贸易商既可以将商品运至新加坡的海关管辖区域内，也可将该货物储存或暂放在任一经许可的仓库、保税仓库或自由贸易区内。新加坡有3个自由贸易区监管机构，负责监管8个自由贸易区。该

---

〔1〕 商务部国际贸易经济合作研究院、中国驻新加坡大使馆经济商务参赞处、商务部对外投资和经济合作司：《对外投资合作国别（地区）指南·新加坡（2018年版）》，第43页。

〔2〕 Singapore Food Agency, at https://www.sfa.gov.sg/ava, May 31, 2019.

〔3〕 Health Science Authority, at https://www.hsa.gov.sg/content/hsa/en.html, May 31, 2019.

等机构为应税及受管制货物的仓储及再出口提供了大量的设施及广泛的服务。货物可以存储在自由贸易区内，在进入市场前无须提交任何海关文件。这些货物亦可在满足最简化海关手续后进行加工及再出口。自由贸易区内的进口货物无须缴纳消费税，直至这些商品被运离自由贸易区并用做新加坡当地消费。如果自由贸易区内供应的货物系用做转运或再出口的，则该等自由贸易区内的供应亦不需要缴纳消费税。酒精饮料和烟草产品在自由贸易区内自货物送达起最多存储30天。

将商品进口到新加坡的贸易商须向海关申报。对于非应税货物，贸易商应缴纳商品与服务税；对于应税货物，商品与服务税与关税都应缴纳；对于应缴纳关税或消费税的货物，进出口贸易商应按要求保留其与交易有关的记录及文件5年。

关于清关所需要提交的文件，对于集装箱化的货物，需提供集装箱号和托运人的封条号码，如果是通过海运进口，在入关时并不需要提供海关许可和相关证明文件；如果是通过陆运或空运进口，入关时则需要提供海关许可的打印版，以及相关证明文件如发票，提单或航空货运单等。对于传统货运或手提货运，则都需要提供货物、海关许可打印版，以及相关证明文件。[1]

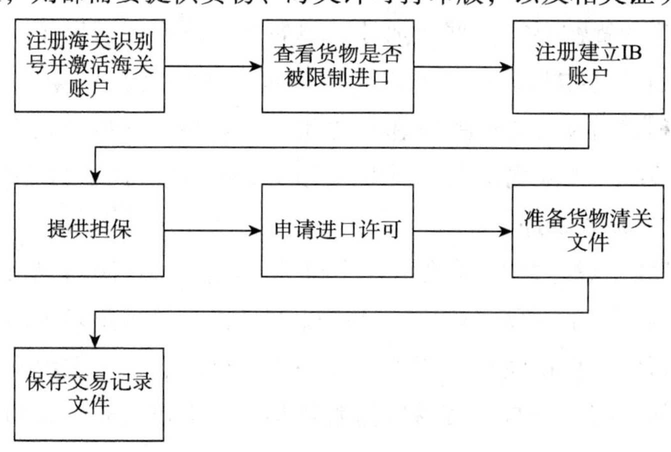

图3-3 进口流程图

〔1〕 Documents for Clearance of Goods, at https://www.customs.gov.sg/businesses/importing-goods/import-procedures, May 31, 2019.

出口程序由《海关法》《进口及出口管理法》和《战略物品管制法》等其他主管机关制定的法律所规制。将商品从新加坡出口的贸易商须向海关申报。对于出口商品，新加坡不征收商品和服务税。

出口商需为海外客户提供商业发票，在申请出口许可时需以货物的 FOB (Free on Board) 价格来申报。对于以下货物的出口，出口商需要申请海关出口许可：国内制造或者国内已经付过商品与服务税的货物，自由贸易区的货物，经许可仓库的应税货物和零商品与服务税仓库的非应税货物，主要出口商计划下的货物，临时进出口计划下临时进口再出口的货物以及临时出口准备再进口的货物。对于战略物品，出口商需依据《战略物品管制法》，申请战略物品出口许可。

对于出口货物，如果在出口许可中有要求，或者货物是应税的或受管制的，清关则需要提交海关出口许可，以及相关证明文件。货物报关时需准备许可编号，以便验证。[1]

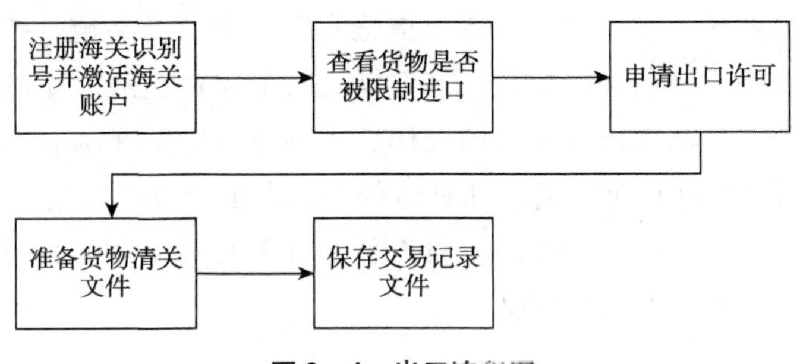

图 3-4　出口流程图

6. 受管制或被禁止的货物

如果进出口货物是受管制的货物，必须向相关主管部门提交准证申请并获得批准。新加坡目前禁止进口货物有动物、禽类及其产品，石棉制品，武器与爆炸物等，政府部门官网提供了相关禁止进口货物的列单，[2]查询时还

---

〔1〕 Export Procedures, at https://www.customs.gov.sg/businesses/exporting – goods/export – procedures., May. 31, 2019.

〔2〕 Controlled & Prohibited Goods for Import, at https://www.customs.gov.sg/businesses/importing – goods/controlled – and – prohibited – goods – for – import., May. 31, 2019.

应注意联合国安理会制裁决议限制了源自哪些国家的进口货物。[1]新加坡目前禁止出口的货物为犀牛角。[2]贸易商应在政府提供的搜索引擎[3]上用商品的描述、海关商品编码［Harmonized System（HS）Code］或主管机关产品编码来查询货物是否属于管制货物。如果货物被列为管制货物，贸易商应直接在相关主管机构的网站上查询许可证明要求。受管制的战略物资的出口，则由《战略物品管制法》规制，贸易商可查询受管制战略物资清单，[4]来查看自己的货物是否属于规制范围。

八、越南

戴林昕

（一）概况

中越双方进一步聚焦推进中越战略伙伴关系，自 2016 年 6 月第六次会议以来两国保持良好发展态势，国家领导人、各部门及地方官员等定期会面，人文交流更加频繁。双方将采取有效措施实现双边贸易平衡、扩大投资、聚焦农林渔业、促进经贸关系发展。双方承诺将加强在交通、环境保护、应对气候变化、跨境劳工管理等方面的合作。[5]越南提出发展制造机械行业，提出至 2025 年面向 2030 年的措施和具体任务，表示应以投资生产关键机械设备为导向研究制造机械发展战略，而不是以着重发展配套工业为导向，应巩固冶金工厂，服务发展机械行业。[6]

---

〔1〕 United Nations Security Council Sanctions, at https://www.customs.gov.sg/businesses/united - nations - security - council - sanctions, May 31, 2019.

〔2〕 Controlled & Prohibited Goods for Export, at https://www.customs.gov.sg/businesses/exporting - goods/controlled - and - prohibited - goods - for - export, May 31, 2019.

〔3〕 Web Application, at https://www.tradenet.gov.sg/tradenet/portlets/search/searchHSCA/searchInitHSCA.do, May 31, 2019.

〔4〕 Strategic Goods Control List, at https://www.customs.gov.sg/businesses/strategic - goods - control/strategic - goods - control - list, May 31, 2019.

〔5〕 中华人民共和国驻越南社会主义共和国大使馆经济商务参赞处：《中越推进战略伙伴关系》，载 http://vn.mofcom.gov.cn/article/zxhz/hzjj/201704/20170402561836.shtml，最后访问日期：2019 年 5 月 29 日。

〔6〕 中华人民共和国驻越南社会主义共和国大使馆经济商务参赞处：《越南促进机械产业发展》，载 http://vn.mofcom.gov.cn/article/jmxw/201905/20190502867503.shtml，最后访问日期：2019 年 5 月 29 日。

在世界银行《2019 年营商环境报告》中，越南排名第 69 位。报告从以下三方面对越南的营商环境进行评价：①创业。通过在线发布公司通知和降低商业登记成本，使创业更容易。②纳税。不再需要提交增值税申报表的打印件并允许联合支付营业执照税和增值税，从而使纳税变得更加容易，并通过减少雇主对劳动力基金的贡献来降低纳税成本。③执行合同。通过在线向公众提供商业案件的各级判决，使执行合同更加容易。[1]

2017 年越南货物商品进出口总额累计 4248.7 亿美元，创历史新高，也是多年来涨幅最大的一年。[2] 据越南官方统计数据，2017 年美国是越南最大出口市场，越南对美国出口额 415 亿美元，同比增长 8%。其他主要出口市场依次为欧盟、中国、东盟和日本。中国是越南第一大进口来源国，2017 年越南自华进口额为 585 亿美元，同比增长 16.9%。其他主要进口来源地依次为韩国、东盟、日本和欧盟。[3]

2018 年中越双边贸易额达到 1067.06 亿美元，中国也成为首个与越南双边贸易额达 1000 亿美元的贸易合作伙伴。其中，越南进口中国商品 654.38 亿美元，越南出口中国商品 412.68 亿美元。2018 年，越南进口最多的中国商品是机械设备，进口额达 120.25 亿美元，其次分别是电话及零件和电脑、电子产品及零件。此外，越南进口中国商品中进口额超 10 亿美元的还有普通金属、塑料原料、燃油等 14 类商品。

2018 年，越南出口中国最多的商品是各类电话及零件，出口额达 93.75 亿美元，其次是电脑、电子产品及零件。此外，越南出口中国的主要商品还有照相机、摄像机及零件、果蔬、各类纤维、纱线、纺织品、鞋类、木材及木制品。

---

〔1〕 世界银行：《2019 年营商环境报告：强化培训，促进改革》，第 4～5、151 页，载 https://chinese.doingbusiness.org/content/dam/doingBusiness/media/Annual-Reports/English/DB2019-report_web-version.pdf，最后访问日期：2019 年 5 月 27 日。

〔2〕 中华人民共和国驻胡志明市总领馆经商室：《2017 年越南对外贸易额创历史新高》，载 http://www.mofcom.gov.cn/article/i/jyjl/j/201801/20180102697746.shtml，最后访问日期：2019 年 5 月 29 日。

〔3〕 商务部国际贸易经济合作研究院、中国驻越南大使馆经济商务参赞处、商务部对外投资和经济合作司：《对外投资合作国别（地区）指南・越南（2018 年版）》，第 28 页，载 http://www.mofcom.gov.cn/dl/gbdqzn/upload/yuenan.pdf，最后访问日期：2019 年 5 月 29 日。

（二）主管贸易的政府部门

越南工业和贸易部（MOIT）系该国监管贸易的部门。工贸部负责工业与贸易的进步、推动、治理、监管、促进发展，其下设有36个司局和研究院，分别负责全国工业生产（包括机械、冶金、电力、能源、油气、矿产及食品、日用消费品等行业生产）、国内贸易、对外贸易、WTO事务、自由贸易区谈判等。各省和直辖市设有工贸厅，主管辖区内的工业和贸易工作。此外，工贸部还在各驻外使领馆和多边经贸组织派驻代表。[1]

越南政府提出了2019年提高国家竞争力的关键措施：①大幅改善商业环境，提高越南在国际排名中的地位，大力改善商业环境，提高新成立企业的数量，成功落实政府关于社会经济发展的决议；②提高部长职责，提高各部委的职责，以监督越南在指数中的表现，其中MOIT负责联合国的物流绩效指数；③简化业务条件，不断消除和简化商业条件法规，彻底全面实施2018年废除的商业条件改革；④实现创新的业务启动，发展创新生态系统，鼓励创新活动和支持创业。[2]

（三）贸易法律法规以及贸易管理简介

1. 贸易法律法规

越南于2007年加入世界贸易组织（WTO），从而促使越南向外资开放，进入快速发展时期。根据加入WTO的承诺，越南逐步取消进口配额限制，基本按照市场原则管理。越南不要求公司拥有进出口许可证来建立贸易公司，但是，为了能够进行进出口业务，外国投资者必须在规划和投资部（DPI）注册。此外，希望在越南从事进出口活动的外国投资者必须获得投资证书，希望扩大现有业务以从事进出口业务的公司必须遵循调整其投资证书的程序。

越南主要贸易法律法规包括：《贸易法》（2005年）、《民法》（2005年）、

---

〔1〕 商务部国际贸易经济合作研究院、中国驻越南大使馆经济商务参赞处、商务部对外投资和经济合作司：《对外投资合作国别（地区）指南·越南（2018年版）》，第38页。

〔2〕 Ministry of Industry and Trade of the Socialist Republic of Vietnam, Key measures to raise national competitiveness in 2019, at http://moit.gov.vn/web/web-portal-ministry-of-industry-and-trade/tin-chi-tiet/-/chi-tiet/key-measures-to-raise-national-competitiveness-in-2019-13536-1307.html, May 29, 2019.

《投资法》（2014 年）、《电子交易法》（2005 年）、《海关法》（2014 年）、《进出口税法》、《知识产权法》（2005 年）、《信息技术法》、《反倾销法》（2004 年）、《反补贴法》（2005 年）、《企业法》（2005 年）、《会计法》（2003 年）、《统计法》（2003 年）等。关于外商在越南投资建立独资、合资和合作经营企业、建立贸易公司和分销机构等都有明确的法律规定。

2. 贸易管理

贸易政策由越南国民大会制定，由工贸部实施。继续以面向越南出口商开放越南市场和其他国际市场的方式管理贸易以及全面推动贸易是国民大会的态度。

34/2013/TT－BCT 号通知[1]公布了越南在 WTO 中对越南外商投资企业的货物贸易和货物贸易直接相关活动的承诺的路线图和规定。通知规定了某些外商投资企业不得向越南出口或进口的商品，禁止出口的货物包括石油，禁止进口到该国的货物包括雪茄，烟草，石油，报纸和杂志以及飞机。

187/2013/ND－CP 号法令[2]附录 I 中规定了禁止进出口的货物。其中禁止出口的货物包括：①武器、弹药、爆炸物（不包括工业炸药）、军事技术设备；②国家所有的文物、古董、国宝、政治或社会政治组织的所有权；③被禁止或决定暂停在越南传播的各种文化出版以及禁止交易、交换、展示和传播的邮票；④原木、来自国内天然林的锯材；⑤珍贵稀有野生动植物和水生物种以及禁止出口的植物品种名单上的牲畜品种和植物品种；⑥用于保护国家机密的加密产品；⑦有毒化学品（包括化学武器）以及禁用化学品。

其中禁止进口的货物包括：①武器、弹约、爆炸物（不包括工业炸药）、军事技术设备；②各种烟火（不包括在交通运输部指导下用于航行安全的信号烟火）以及对车速表造成干扰的各种设备；③二手消费品，包括纺织品和服装、鞋类、电子设备、家用电器、医疗设备、室内装饰用品和信息技术产

---

〔1〕 Socialist Republic of Vietnam, Circular No. 34/2013/TT－BCT Roadmaps for Goods Trading of Foreign－invested Enterprises Vietnam, at https://vanbanphapluat.co/circular－no－34－2013－tt－bct－roadmaps－for－goods－trading－of－foreign－invested－enterprises－vietnam, May 29, 2019.

〔2〕 Socialist Republic of Vietnam, Decree No. 187/2013/ND－CP on Detailing the Implementation of the Commercial Law Regarding International Goods Sale and Purchase and Goods Sale, Purchase, Processing and Transit Agency Activities with Foreign Countries, at https://www.customs.gov.vn/Lists/VanBanPhapLuat/ViewDetails.aspx?ID=7089, May 29, 2019.

品等；④禁止在越南传播的各种出版物、禁止交易、交换，展示和传播的邮票和不符合总体规划和相关技术规定的无线电设备和无线电设备；⑤各种被禁止或决定暂停传播的文化出版物；⑥右侧驾驶运输工具、各种框架或发动机编号被擦除，修改或篡改的汽车及其零件以及摩托车；⑦二手物资和车辆；⑧《鹿特丹公约》附件三所列化学品；⑨禁止在越南使用的农药；⑩使用 C. F. C. 的制冷设备；⑪含有闪石族石棉的产品和材料；⑫有毒化学品（包括化学武器）以及禁用化学品。

上述法令附录Ⅱ某些商品要求贸易公司从政府获得进出口许可证。这些商品包括：①根据越南作为缔约方的国际条约，受出口管制的货物；②在国外设定的配额内出口的货物；③根据越南作为缔约方的国际条约进行进口管制的货物；④化学品，爆炸性前体物质和工业炸药。

自 2016 年 7 月起，越南允许进口使用年限不超过 10 年的二手设备，进口的二手设备在安全、节能和环保方面，需符合越南国家技术标准或 G7 标准。此外，越南还将禁止进口被权威机构认定为落后、质量差、污染环境的二手设备。生产企业需要维修、更换正在运行的设备，可允许进口二手零部件，可以自主进口或委托其他企业进口。此外，对于使用年限超过 10 年的二手设备，如生产企业仍需进口，也可向越南科技部提出申请。关于出口，越南主要采取出口禁令、出口关税、数量限制等措施进行管理。[1]

（四）进出口商品检验检疫

根据 2014 年《海关法》，[2]进出口货物须符合相关的清关标准，有效检查货物的质量、规格和数量。根据越南政府制定的标准，某些进口货物需要接受检查。例如，进口药品必须经过检测，并且还需包括详细说明产品使用、剂量和有效期（用越南语写成）的文件，这些文件也必须包含在产品包装中或产品包装上。

---

〔1〕 商务部国际贸易经济合作研究院、中国驻越南大使馆经济商务参赞处、商务部对外投资和经济合作司：《对外投资合作国别（地区）指南·越南（2018 年版）》，第 38～39 页。

〔2〕 Socialist Republic of Vietnam, Law No. 54/2014/QH13 on Customs, at https://www.dezshira.com/library/legal/law-customs-vietnam.html, May 29, 2019.

1. 进出口所需文件

进口或出口货物的公司必须向海关当局提交文件档案，档案必须至少包括公司的商业登记证和进出口业务代码登记证。如果是进口，最好在国家商业登记门户网站上注册企业，并在越南国家单一窗口门户网站上注册海关申报单。海关当局还可根据进出口货物的情况，要求提供以下文件：

进口货物需要以下文件：提货单、进口货物申报单、进口许可证（限制货物）、原产地证书、货物发布订单、商业发票、海关进口申报单、检查报告、包装清单、交货单（适用于通过海港进口的货物）、技术标准/健康证书、终端处理收据。

出口货物需要以下文件：电子出口报关单（E－Form HQ/2015/XK）、提货单、合同、原产地证书、商业发票、海关出口申报表、出口许可证、包装清单、技术标准/健康证书。

2. 进出口流程

海关部门和海关官员须在收到相关海关单据后立即将海关单据进行登记。为了核实海关单据，海关官员须对货物和运输工具进行实物查验。海关官员还将根据有关税费、收费和费用的法律以及其他相应的法律规定收缴税费和其他应付金额。最后，海关官员将决定是否批准货物清关、货物放行以及授予对相关运输工具适用的结关证明。

在海关部门完成报关登记后须进行进口和出口税申报。出口税须在报关登记后的 30 天内支付；对于进口货物，进口税须在收到消费用货物前支付。

2010 年越南对于以下进口钢产品采取自动进口许可管理：暂进再出、暂出再进、转口和过境的钢产品；非贸易进口钢产品；直接用于生产和加工的进口钢产品。[1]

出口货物和服务一般免税。出口税可对矿产品、木材和废金属等自然资源征收。用于生产的材料（特别是那些不是在国内生产的货品）的进口税非常低，而消费品和奢侈品的进口税较高。

---

〔1〕 中华人民共和国驻越南社会主义共和国大使馆经济商务参赞处：《越南对部分钢产品采取自动进口许可管理》，载 http://vn. mofcom. gov. cn/article/ddfg/waimao/201005/20100506931304. shtml，最后访问日期：2019 年 5 月 29 日。

（五）海关管理

越南海关总局负责管理进口和出口活动以及国际贸易。此外，越南海关还负责提供对贸易发展有利的条件，越南海关的另一个使命是打击走私和商业欺诈以及维护消费者的权益。

1. 关税税率

越南现行关税制度包括四种税率：普通税率、最惠国税率、东盟自由贸易区税率及中国－东盟自由贸易区优惠税率。普通税率适用于来自对越南进口税不适用最优惠国家特殊优惠待遇的国家、国家集团或地区的货物。优惠税率适用于来自与越南的贸易关系中适用最惠国待遇国家、国家集团或地区的货物。特殊税率适用于来自对越南适用进口税的特殊优惠国家、国家集团或地区的货物，目前，它主要适用于共同优惠关税（CEPT）下的东盟国家。[1]

普通税率不会超过政府规定的优惠税率 70%。普通税率比最惠国税率高 50%，适用于未与越南建立正常贸易关系国家的进口产品。原产于中国的商品享受中国－东盟自贸区优惠税率。根据中国－东盟自贸区货物贸易协议，越南 2018 年前对 90% 的商品实现零关税，2020 年前对其余商品削减 5%～50% 的关税。中国 2011 年实现 95% 的商品零关税，2018 年对其余商品削减 5%～50% 关税。申报中国－东盟自贸区优惠关税应满足原产地规则和直接运输规则。根据东盟规定，2018 年起，越南与东盟成员国之间汽车、摩托车、食品等多数商品将实现零关税。[2]

2. 海关制度

为提高海关的透明度和有效性，越南政府要求建立符合国际标准和做法的海关程序系统，及时接收、回应和解决客户的意见和上诉，应用客户监督机制来评估海关业绩，降低货物实际检查率、行政费用和清关时间，并满足

---

〔1〕 Socialist Republic of Vietnam, Circular No. 83/2014/TT－BTC Guiding the Application of Value－added Tax according to Vietnam's List of Imports https://thuvienphapluat. vn/van－ban/Xuat－nhap－khau/Circular－No－83－2014－TT－BTC－guiding－the－application－of－value－added－tax－according－to－Vietnam－s－list－of－imports－271878. aspx, May 29, 2019.

〔2〕 商务部国际贸易经济合作研究院、中国驻越南大使馆经济商务参赞处、商务部对外投资和经济合作司：《对外投资合作国别（地区）指南·越南（2018 年版）》，第 39 页。

国家管理部门在海关和有效管理海关法律方面的要求。此外越南海关作出的具体承诺包括：①接收和登记声明的截止时间，即收到声明后最迟30分钟后，海关官员将完成接收，检查和登记声明；②处理免税档案的截止日期，即在收到足够和合法的免税档案后的10个工作日内，海关当局将为组织和个人解决档案；③解决客户困难的截止日期，即自收到客户关于其困难的书面请求之日起最迟5个工作日后，海关当局应以书面形式作出答复，如果超过海关的权限，海关当局应在5个工作日内以书面形式收集主管机构的意见，并同时通知客户，收到相关机构反馈之日起3个工作日内，海关当局将以书面形式回复客户。[1]

第二节　南亚国家

一、孟加拉国

李雨桐

（一）概述

孟加拉人民共和国（以下简称“孟加拉国”）位于南亚次大陆，是连接中国、印度和东盟世界三大经济体的重要枢纽，地理区位优势明显。作为世界最不发达国家之一，孟加拉国经济发展水平较低，但具有极大的经济发展活力。[2]过去十年，孟加拉国经济增长强劲，年均增长率为6.3%，达到中等收入以下国家水平，2017—2018财年GDP为2741.1亿美元，同比增长7.86%，增长率创历史新高。[3]其中，农业、工业和服务业分别占GDP的

---

〔1〕 Customs Department of Socialist Republic of Vietnam, Vision and Mission, at https://www.customs.gov.vn/Lists/EnglishIntro/Default.aspx? language=en-US, May 29, 2019.

〔2〕 商务部国际贸易经济合作研究院、中国驻孟加拉国大使馆经济商务参赞处、商务部对外投资和经济合作司：《对外投资合作国别（地区）指南·孟加拉国（2018年版）》，“参赞的话”，载http://www.mofcom.gov.cn/dl/gbdqzn/upload/mengjiala.pdf，最后访问日期：2019年5月25日。

〔3〕 中华人民共和国驻孟加拉人民共和国大使馆经济商务参赞处：《孟加拉国2017—2018财年GDP增长率7.86%》，载http://bd.mofcom.gov.cn/article/zzjg/201809/20180902788727.shtml，最后访问日期：2019年5月25日。

13.82%、30.17%和56%。据《2019年世界经济排行榜》（World Economic League Table 2019）称，孟加拉国2018年世界经济排名第43位，但有望在2033年成为世界第24大经济体。[1]

就贸易关系而言，2017—2018财年孟加拉国贸易总额906.6亿美元，其中进口额为544.6亿美元，出口额为362亿美元。孟加拉国主要进口商品为生产资料、纺织品、石油及石油相关产品、基础金属、食用油、棉花等，主要进口市场为中国、印度、新加坡；主要出口产品为黄麻及其制品、皮革、茶叶、水产、服装等，主要出口市场为美国、德国、英国。[2]目前，孟加拉国尚未与任何国家签署双边自由贸易协定，但其在区域贸易协定中的作用不容小觑，孟加拉国已成为亚太贸易协定（APTA）、南盟优惠贸易安排（SAPTA）、南盟自由贸易协定（SAFTA）、南盟服务贸易协定（SATIS）等区域贸易协定的成员。[3]

自2006年以来，中国一直是孟加拉国的最大进口来源国和最大贸易伙伴。2010年7月1日起，中国对孟加拉国原产的4762个税目输华商品实施零关税，约占全部税则税目的60%。[4]2018年，孟加拉国宣布将对进口自中国等5个亚太贸易协定成员的602种商品提供10%~70%的关税减让优惠，商品种类主要包括半成品、基础原材料、大型机械货物、工业零部件等，无普通居民消费品。[5]作为“一带一路”倡议和“孟中印缅经济走廊”沿线的重要国家，孟加拉国正成为中资企业开展投资贸易的热土。但值得注意的是，在孟加拉国开展经贸合作机遇与挑战并存，有关企业应积极应对、慎

---

[1] 中华人民共和国驻孟加拉人民共和国大使馆经济商务参赞处：《2033年孟加拉将成为世界第24大经济体》，载 http://bd.mofcom.gov.cn/article/jmxw/201901/20190102824870.shtml，最后访问日期：2019年5月25日。

[2] 中华人民共和国外交部：《孟加拉国概况》，载 https://www.fmprc.gov.cn/web/gjhdq_676201/gj_676203/yz_676205/1206_676764/1206x0_676766/，最后访问日期：2019年5月25日。

[3] 商务部国际贸易经济合作研究院、中国驻孟加拉国大使馆经济商务参赞处、商务部对外投资和经济合作司：《对外投资合作国别（地区）指南·孟加拉国（2018年版）》，第20~21页。

[4] 商务部国际贸易经济合作研究院、中国驻孟加拉国大使馆经济商务参赞处、商务部对外投资和经济合作司：《对外投资合作国别（地区）指南·孟加拉国（2018年版）》，第21页。

[5] 中华人民共和国驻孟加拉人民共和国大使馆经济商务参赞处：《孟加拉国将为5个亚太贸易协定成员国提供关税优惠政策》，载 http://bd.mofcom.gov.cn/article/jmxw/201809/20180902790245.shtml，最后访问日期：2019年5月25日。

重决策。[1]

（二）贸易主管部门

孟加拉国商务部是制定、实施和协调与国际贸易有关的政策、活动的主管部门。商务部主导制定政府的双边、多边和区域贸易政策，而财政部下属的国家税务局在关税制定中发挥着主导作用。除了上述的两个部门外，许多其他部委和机构也都参与制定和执行了贸易相关政策，如农业部、卫生和家庭福利部、渔业和畜牧部、工业部、文化部、邮电部、电信和信息技术部、民航和旅游部、海运部以及公路运输和桥梁部。[2]

（三）贸易法律法规概况

孟加拉国的贸易监管框架由法律、条例、总统令和实施法定监管命令的立法组成。《进出口（控制）法》（1950 年）赋予了政府监管进出口商品和服务的权力，且在与有关政府机构、贸易团体和研究机构协商的基础上，每 3 年会制定并颁布《进口政策令》（IPO）和出口政策（Export Policy）。与具有法律地位的 IPO 不同，出口政策仅是促进出口的意图声明，2018—2021 年的出口政策旨在到 2021 年将该国的出口数额提升到 600 亿美元，该政策已于 2018 年 11 月获得内阁批准。[3]

（四）贸易管理

1. 进口管理

孟加拉国要求所有的工业用户（除了位于出口加工区的企业）和商业进口商必须在商务部下的进出口总管登记处登记。自 2017 年 1 月起，进口登记凭证一般可在 3 天内签发，比之前所需的 10 天有所改善。[4]通常来讲，在孟加拉国办理进口所需的材料包括信用证、发票、提单、原产地证明、保险单、

---

〔1〕 商务部国际贸易经济合作研究院、中国驻孟加拉国大使馆经济商务参赞处、商务部对外投资和经济合作司：《对外投资合作国别（地区）指南·孟加拉国（2018 年版）》，“参赞的话”。

〔2〕 World Trade Organization, Trade Policy Review of Bangladesh, WT/TPR/S/385, Bangladesh, p. 26.

〔3〕 World Trade Organization, Supra note, Bangladesh, p. 27.

〔4〕 Id., p. 41.

增值税证明和海关进口报关单。[1]另外，孟加拉国要求采用不可撤销的信用证的方式进行国际贸易结算，且进口贸易不得采用 CIF 的贸易方式。[2]

2015—2018 年 IPO 规定了受控商品清单和禁止商品清单。其中受控商品清单涵盖了若干工农业产品，这些产品或被禁止进口，如虾、罂粟种子、鸦片；或在满足特定条件下被允许进口，如获得事先许可。[3]尽管孟加拉国在 2007 年向 WTO 报告称，任何进入本国的商品都不需要进口许可证，但要求某些限制进口商品需取得事先许可才能被进口，相当于强加了进口许可要求。[4]而在禁止清单中的商品则多是由于宗教、健康或社会道德而被禁止进口，如恐怖、淫秽或具有颠覆性的文学作品，可能引起宗教暴行的书籍、期刊、电影和猪肉制品等。[5]此外，根据 IPO 的其他条款，超过 25 年的远洋轮船、游轮和拖网渔船也被禁止进口。[6]

2. 出口管理

孟加拉国出口清关所必需的文件包括出口报关单、发票、装箱单、原产地证书、由授权经销商认证的 EXP 表格、增值税证明、纳税人识别号码和出口信用证。如果没有出口信用证，则需要提供出口合同或采购订单或经议付行批准的出口担保。尽管孟加拉国没有出口许可的要求，但在某些情况下，由权威机构出具的质量保证书也为商品出口所必需。[7]

根据 2015—2018 年出口政策，孟加拉国可出于健康、安全、生态平衡、考古价值或为维持国内供应充足的考量而禁止或限制部分工农业产品的出口，如为保证国内供应而禁止小麦、洋葱、未加工虾、未加工兽皮和蓝色皮革的出口，为确保粮食安全而禁止国有工厂生产的化肥出口。在特殊情形下，禁

---

〔1〕 Government of Bangladesh, Customs Clearance, at http://www.bangladeshcustoms.gov.bd/trade_info/customs_clearance, May 25, 2019.

〔2〕 商务部国际贸易经济合作研究院、中国驻孟加拉国大使馆经济商务参赞处、商务部对外投资和经济合作司：《对外投资合作国别（地区）指南·孟加拉国（2018 年版）》，第 33 页。

〔3〕 Import Policy Order 2015 - 2018, Annexure - 1 Part A.

〔4〕 World Trade Organization, Supra note, Bangladesh, p. 49.

〔5〕 Import Policy Order 2015 - 2018, Annexure - 1 Part B.

〔6〕 Import Policy Order 2015 - 2018, para. 26.

〔7〕 Government of Bangladesh, Customs Clearance, at http://www.bangladeshcustoms.gov.bd/trade_info/customs_clearance, May 25, 2019.

止出口清单内的商品也可出口，如仅用于测试目的的血浆。同时，孟加拉国不允许再出口（即以原始或未加工形式直接出口进口商品），但如果增加了至少10%的价值且该商品的质量或尺寸发生了变化，则可再次出口。[1]

（五）进出口商品的检验检疫

1. 装船前检验

装船前检验（PSI）是指与核实出口到用户成员方境内的商品的质量、数量，包括货币汇率和融资条件在内的价格，和/或关税税则分类有关的一切活动。“用户成员方”一词指其政府或任何政府机构约定或委托进行装船前检验活动的成员方。[2] PSI 要求遵循非歧视原则和透明度的要求，核实的依据是进出口双方在交易合同中确定的内容，从而确保双方利益不受损害。[3] 孟加拉国于2012年12月31日开始逐步取消了先前适用的强制性PSI要求，但2015—2018年IPO对部分进口商品规定了自愿性PSI要求，如价值到达或超过五百万塔卡的商品、制药业的原材料和包装材料、化肥、煤、焦炭等。[4]

2. 国家标准

孟加拉国标准和测试机构（BSTI）是国家的标准化机构，对除了药品外的所有产品制定国家标准(BDSs)。[5] 截至2018年5月，BSTI制定并采用了166个强制性BDSs，占全部BDSs的4.4%，且在清关前有55种进口产品需要进行强制认证（即检验和测试），通过后由BSTI提供进口商品的清关证书。孟加拉国当局曾表示针对本地产品和进口产品的强制测试和认证程序是相同的。[6]

3. 卫生与植物检疫措施

自2012年以来，孟加拉国关于卫生与植物检疫标准的主要法律法规被添加到食品安全立法中，包括《食品安全法案》(2013年)、《食品安全（食品

---

〔1〕 World Trade Organization, Supra note, Bangladesh, pp. 51 – 52.

〔2〕 Agreement on Pre – shipment Inspection, Article 1.

〔3〕 王义明主编：《孟加拉人民共和国经济贸易法律指南》，法律出版社2014年版，第253~254页。

〔4〕 World Trade Organization, Supra note, Bangladesh, p. 44.

〔5〕 王义明主编：《孟加拉人民共和国经济贸易法律指南》，法律出版社2014年版，第269页。

〔6〕 World Trade Organization, supra note, Bangladesh, pp. 67 – 68.

加工和管理系统）规则》（2014 年）、《福尔马林控制法案》（2015 年）、《福尔马林（进口、生产、运输、储存、销售和使用）控制规则》（2015 年）、《食品安全（污染物，毒素和有害残留物）法规》（2017 年）、《食物安全（标签）条例》（2017 年）、《食品添加剂使用规定》（2017 年）、《食品样品采集、测试和分析法规》（2017 年）、《食品安全（技术委员会）规则》（2017 年）和《安全食品（食品卫生）条例》（2018 年）。[1]

基于 IPO 和上述一系列附属法案/标准，海关与港口当局共同负责边境食品的检验，其要求进口食品和可食用产品必须具备辐射测试报告和标明食品“适合人类食用”“不与有害物质混合”且指明原产国的证明。若产品不符合规定，根据具体情形，将会被重新标签或降级为非人类可食用产品或被销毁。而海关出于风险管理的目的，将会保留进口商的合规历史信息。[2]同时，任何进口植物或植物产品必须具有出口国当局颁发的植物检疫证书，并接受检验，[3]如针对西半球生产和包装的原棉进口产品必须进行熏蒸。[4]若不符合要求，检疫官员可能将商品送回托运人/拒收/销毁，或允许商品进入但需接受治疗。[5]

（六）海关管理

孟加拉国海关隶属于国家税务局，其管理的主要法律依据是 1969 年《海关法》，海关税则（《海关法》第一清单）清楚列明了每种商品的进出口关税并于每个财政年度开始时发布。在 2018—2019 年，孟加拉国共施行了 16 种不同的关税税率，其中 6 种是从价税，10 种是从量税，且免税商品的数量有所增加。由于孟加拉国关税在每个财政年都会有所调整，故相关企业应予以密切关注。[6]

孟加拉国海关为使其清关手续更为简单，程序更为透明、高效，采取了

---

〔1〕 World Trade Organization, supra note, Bangladesh, p. 70.

〔2〕 World Trade Organization, supra note, Bangladesh, p. 71.

〔3〕 World Trade Organization, supra note, Bangladesh, p. 72.

〔4〕 Import Policy Order 2015 – 2018, para. 26.

〔5〕 World Trade Organization, supra note, Bangladesh, p. 72.

〔6〕 World Trade Organization, supra note, Bangladesh, pp. 44 – 47.

若干贸易便利化措施。在主要港口吉大港，海关根据预先确定的风险程度为不同进口商品确立了绿、黄、红三条通道："绿色通道"的进口商品只需进行最少的文件检查且无实物检查；"黄色通道"的进口商品需接受全面的文件检查；"红色通道"的进口商品约占总量的10% ~12%，需要接受全面的文件和实物检查。[1]除此之外，以《海关现代化行动计划》（2013—2017 年）为背景，货物分类的预先裁定系统已于 2016 年 6 月到位，且截止到 2019 年 2 月，已通过该系统进行了 14 项涉及电子器件、食品和塑料制品的裁决。为进一步提高贸易便利化程度，孟加拉国预计于 2021 年 12 月建立起全国贸易商单一窗口，即一个将银行、金融机构、承运商、海关代理人、港口、机场、政府机构等贸易相关的利益攸关方整合为一体的海关信息系统。为促进全国单一窗口制度的实现，国家税务局已与 38 个政府机构签署了谅解备忘录。[2]

二、马尔代夫

朱美能

（一）概况

马尔代夫共和国（以下简称"马尔代夫"）是印度洋赤道附近的热带群岛国家，位于亚洲南部的印度洋上，距离印度南部约 600 千米、斯里兰卡西南部约 750 千米。印度洋赤道地区的地理位置使马尔代夫具有举世闻名的热带风光，也使其拥有独一无二的热带生物资源，特别是海洋渔业资源。同时，作为南亚面积最小的国家，马尔代夫有土地面积有限、地势低洼等不足，生态环境比较脆弱，如何应对全球气候变暖带来的海平面上升等环境问题，是近年来马尔代夫政府工作的重要部分。

历史上，马尔代夫的经济以渔业为主。1972 年，马尔代夫开始发展旅游业，逐步形成以旅游业、船运业和渔业为主的经济结构。近年来，马尔代夫政府开始推动私有化改革，同时开始发展新兴产业。[3]

---

〔1〕 World Trade Organization, supra note, Bangladesh, p. 42.

〔2〕 World Trade Organization, supra note, Bangladesh, pp. 41 - 42.

〔3〕 李向阳总主编：《"一带一路"国别概览：马尔代夫》，大连海事大学出版社 2018 年版，第 143 页。

马尔代夫自独立之后始终采取较为宽松的贸易政策，保持较低的关税水平，并将非关税措施最小化。1995 年，马尔代夫加入 WTO。2001 年的“9·11”事件导致全球民航业受到重创，全球旅游业也陷入低谷，这一事件使得马尔代夫政府意识到对旅游业和渔业的依赖已经成为其经济发展的不稳定因素。

包括旅游业、交通通信业、金融服务业等在内的第三产业是马尔代夫经济的主体。除了 2005 年受印度洋海啸影响，第三产业产值达到近些年的最低值 67.6%，第三产业的产值在马尔代夫的国民生产总值中所占的比重常年稳定在 70% 以上。21 世纪以来自然灾害、国际经济形势等对旅游业带来的巨大冲击，促使马尔代夫政府开始着手调整经济结构，促进经济结构的多样化。2013 年 8 月，瓦希德政府出台了由经济发展部制定的新经济发展战略《马尔代夫经济多样化战略》，阐述了马尔代夫在交通、教育、贸易、旅游、健康、渔业、能源、金融服务、信息通信技术和农业等领域的具体发展规划，为马尔代夫的经济发展指明了方向。2013 年亚明上台后，提出了“将挑战变成机会”，指出要加强国民经济支柱产业的发展、拓宽经济基础、提高贸易量，并提出要将提高渔民和农民的收入作为政府的首要目标。同年，亚明政府颁布了《向投资开放——马尔代夫经济愿景 2013—2018：建立一个可持续的、充满生气的经济》。截至当下，马尔代夫政府的经济发展战略包括：重点发展旅游业，把马尔代夫打造成高端旅游胜地；重视发展过程中的环境保护问题，发展清洁能源、追求可持续发展〔1〕。

（二）贸易主管部门

经济发展部（MEO）是马尔代夫的贸易主管部门，主要负责贸易政策的制订和实施。该部的任务是制定经济和贸易政策，通过调整和促进（旅游投资除外）移民、劳工、海事和土地的贸易和投资，对旅游相关投资以外的其他领域的贸易和投资进行监管，并促进该国的经济发展。

经济发展部通过渐进和包容性的发展政策，创造商业和创业的必要有利

〔1〕 李向阳总主编：《“一带一路”国别概览：马尔代夫》，大连海事大学出版社 2018 年版，第 146 页。

环境，吸引投资和新产业进入该国；经济发展部通过审慎的政策和有利的商业环境，促进马尔代夫经济的包容性和可持续增长。

在整体经济发展中，经济发展部有两个关键作用，即在政府的总体经济政策制定过程中进行领导和协调，并提供必要的政策和监管环境，以培育和促进该国的贸易、投资和经济增长。

从具体方面来看，该部的任务是与其他政府利益相关者协商，制定经济和投资政策；在该国开展商业和工业活动；吸引和促进对该国的投资；管制进口、出口和再出口；发展和促进出口和再出口；登记和管理企业、公司、伙伴关系和合作社会；发展和促进中小型企业；制定和规范计量标准；开发和实施知识产权；成为与贸易和商业有关的所有双边、区域和多边问题的联络点；制定政策、指导方针和制定必要的法律法规，以促进和规范贸易和经济发展活动、海运和陆路运输部门、就业、劳工和劳工相关问题，以及与已签署或必须签署的国际公约和契约有关的工作。[1]

经济发展部下设贸易便利化委员会，由经济发展部部长主持。贸易便利化委员会的总体目标是就与贸易事项便利化和协调有关的问题向部长提供咨询。有关部门部委派代表出席该委员会。[2]2011 年成立了一个由私营部门成员和商业相关组织代表组成的商业理事会，讨论影响该国商业界的事项。

（三）有关贸易的法律法规简介

马尔代夫有关对外贸易的基本法是《进出口法》（法律编号 31/79），以此为核心，形成了由《可流通票据法规》（法律编号 16/95）、《货物销售法规》（法规编号 6/91）和《消费者保护法》（法律编号 1/96）、《商业登记法》（2014 年第 18 号法律）、《进出口管理法第十修正案》、《对外贸易法》、《贸易法》等共同组成的对外贸易法律体系。[3]

---

〔1〕 Ministry of Economic Development Republic of Maldives, About Us, at https://www.trade.gov.mv/page/about-us, May 22, 2019.

〔2〕 Ministry of Economic Development Republic of Maldives, Trade Facilitation Committee, at http://www.trade.gov.mv/page/trade_facilitation_committee, May 22, 2019.

〔3〕 Ministry of Economic Development Republic of Maldives, Laws And Regulations, at http://www.trade.gov.mv/page/laws-and-regulations, May 22, 2019.

（四）贸易管理

马尔代夫对货物进口实行严格的许可证管理制度。

违禁品即完全禁止的物品有：毒品和精神药物，色情书籍、杂志、电影、视频、DVD 和软件等色情材料（包括性玩具），冒犯伊斯兰教的宗教材料，生猪，崇拜偶像。

限制项目即需要特定许可证才能进口的货物有：

①酒精和酒类。根据马尔代夫第 4/1975 号法律《进口禁止法》，未经事先批准，禁止进口酒类和酒类产品。因此，在前往马尔代夫的途中，建议不要在航班或免税商店购买酒类和酒类产品，因为这些物品将在抵达机场时被没收。但是，在所有旅游胜地或酒店都有酒、啤酒和其他此类酒精饮料，这些是根据进口前签发的特别许可证进口的。②猪肉及其副产品。根据马尔代夫第 4/1975 号法律《进口禁止法》，未经事先批准，禁止进口猪肉及其副产品。③化工及化工产品。包括化学品、有毒物质等。④宠物必须有授权兽医出具的健康证明，证明动物没有感染或传染病（注：严禁进口狗和危险动物）。⑤枪支、爆炸物、武器和弹药。包括手枪、左轮手枪、步枪、猎枪、子弹枪等，仿制和仿制火器、火器组件、鱼叉和长矛枪、眩晕或电击产生装置，爆炸物和爆炸装置、复制品或仿制爆炸物或装置、烟花、火炬和其他烟火。⑥活体植物。所有植物都需要有效的植物检疫/卫生证书，并且必须经过渔业和农业部的检查和批准。⑦医学品。进口受管制药物（仅供个人使用）需要注册医生签发的有效处方。⑧烟草和烟草制品。所有烟草制品必须贴有卫生部规定的健康警示标签（注：所有乘客均可享受进口免税额，最高限额为 200 支香烟、25 支雪茄和 250 克烟草）。⑨通信器材。对讲机、接收器和其他无线电频率传输能力超过 100 毫瓦的电信设备应经马尔代夫通信管理局检查和批准。

另外有需要特别许可的项目，即进口下列货物时，必须取得下列地方当局的许可：

①酒类和酒类产品需经济发展部要求的事先许可证；②猪肉及其副产品需获得经济发展部的事先许可；③化学和化学产品需国防部和国家安全部要求的事先许可证；④宠物需健康证明书；⑤枪支、爆炸物、武器和弹药需国防部和国家安全部要求的事先许可证；⑥活体植物和动物需要有效的渔业和

农业部植物检疫、卫生证书；⑦个人使用的有效植物检疫/卫生证书；⑧商业使用的有效处方需马尔代夫食品和药品管理局要求的事先许可证；⑨烟草和烟草制品所有烟草制品必须贴有卫生部规定的健康警示标签（注：所有乘客均可享受进口免税额，最高限额为200支香烟、25支雪茄和250克烟草）；⑩通信设备。无线电频率传输能力超过100毫瓦的通信设备应由马尔代夫通信管理局检查和批准。[1]

（五）进出口商品的检查和检疫

马尔代夫政府对进口商品实行较严格的检疫检验，重点是对动物进口要求卫生许可证和进口许可。马尔代夫全国所有港口均加强了对入境旅客的监控，并对入境的食品和动物进行不间断的检查。对来自于黄热病及疟疾流行地区的货机和客机进行强制消毒。[2]

马尔代夫海关负责进出口商品的检验、检疫。根据《进出口法》（第31/79号）和《税法》（第3/2013号）的规定，向马尔代夫出口货物的经营者，应当在马尔代夫税务局（MIRA）进行登记，并持有相关政府机关（目前为经济发展部门）签发的进口许可。

以下物品完全禁止带入马尔代夫：

①麻醉药品和精神药品；②色情材料（包括性玩具），如书籍、杂志、电影、视频、光盘和软件；③对伊斯兰教有所冒犯的宗教材料；④生猪；⑤圣像（祭拜之用）。

下列商品需要持有马尔代夫政府机关特殊许可才能进口：

①酒精以及酒精类制品；②猪肉及猪肉制品；③化学品及化学类制品；④宠物（犬类以及危险的动物是被严格禁止的）；⑤枪械、炸药、武器弹药；⑥手枪、左轮手枪、步枪、猎枪、弹丸枪等枪支；⑦仿真枪、枪械组件、鱼叉以及标枪，以及可以致使昏迷休克的产品制造设备；⑧炸药和爆炸装置、仿爆

---

〔1〕 Ministry of Economic Development Republic of Maldives, Import Prohibited & Restricted Items, at https://www.customs.gov.mv/Business/Importers/import - prohibited - restricted - items, May 26, 2019.

〔2〕 商务部国际贸易经济合作研究院、中国驻马尔代夫大使馆经济商务参赞处、商务部对外投资和经济合作司：《对外投资合作国别（地区）指南·马尔代夫（2018年版）》，载 http://www.mofcom.gov.cn/dl/gbdqzn/upload/maerdaifu.pdf，最后访问日期：2019年5月26日。

炸材料或设备，烟花、照明弹和其他烟火；⑨活体动植物；⑩药品；⑪烟草及烟草制品；⑫通信设备。对讲设备、接收器和其他电信无线电频率传输容量超过100毫瓦的设备应该经由马尔代夫通信管理局进行检查和批准。

（六）海关管理

根据《进出口法》（第31/79号），任何希望从马尔代夫出口货物的一方必须在经济发展部注册。从马尔代夫出口货物的当事方，除个人使用外，应向海关登记。应提交海关登记的文件有：进口商/出口商登记表、MCS－127进口商/出口商登记申请、出口许可证正本和副本，如果是公司，则提供公司注册的原件和副本、出口许可证。希望从马尔代夫出口或再出口的任何一方必须在马尔代夫税务局注册，并应持有经济发展部颁发的许可证。需要指出的是，出口许可证只由经济发展部颁发。

以下项目可以在没有出口许可证的情况下出口和再出口：净重在5公斤以下的货物（龙涎香除外）、临时出口、个人出口自用物品、用于进口货物的集装箱等物品、尸体、临时进口。

马尔代夫出口货物和海关监管货物将由海关进行搜查和检查。此外，海关将确保货物申报和出口清点，进口货物中不包括禁止进口的物品。海关有自由裁量权，会以某种方式对马尔代夫出口货物进行搜查和检查，以供核查，这将在货物所有人或货物所有人的指定人在场的情况下进行。在货物所有人或者货物所有人指定的人不在场的情况下，海关无权对货物进行搜查和检验。[1]

马尔代夫海关在执行搜查和检查中的权利和义务在《海关法》中有规定，海关条例中规定了《海关法》中提及的操作规则。

三、尼泊尔

李雨桐

（一）概述

尼泊尔联邦民主共和国（以下简称“尼泊尔”）位于喜马拉雅山脉南麓，

〔1〕 相关的申报提交程序详见马尔代夫海关（Maldives Customs Service）官方网站，http://www.customs.gov.mv/.

北靠中国青藏高原，南接南亚次大陆，三面被印度环绕，是南亚地区的内陆国。尼泊尔于2008年取消王权统治，2018年初终于建立由联邦、省和地方三级政府组成的联邦政体，这代表着2015年颁布的民主宪法实践取得了关键进展。[1]尼泊尔作为世界上最不发达的国家之一，经济严重依赖外援，预算支出1/4来自外国捐赠和贷款，2017—2018财年GDP为293亿美元，增长率为5.89%。[2]

就贸易关系而言，尼泊尔是进口依赖型国家，生活消费品、生产原料等主要依靠进口，2017—2018财年尼泊尔贸易逆差达到105.5亿美元，首次突破100亿美元大关。为防止贸易逆差进一步恶化，尼泊尔政府在2018—2019财年预算中表示，要保护本国糖业、木业、药业等多个行业，致力于在两年内实现自给自足，并鼓励有出口优势的行业做大做强。尼泊尔的主要贸易伙伴有印度、中国、美国，主要进口商品包括钢铁及其制品、石油制品、机械、谷物、电器、药品等，主要出口商品包括羊毛制品、成衣、纱线、钢铁制品等。[3]

近年来，中国与尼泊尔贸易发展迅速，尼泊尔是中国通往南亚市场的重要通道，而中国已成为尼泊尔的第二大贸易伙伴。2014年12月5日，两国签署中国对尼泊尔97%税目产品输华零关税待遇的换文，涵盖8030个税目商品。[4]但尼泊尔作为内陆国家，其对外贸易仍严重依赖印度，2016—2017财年尼印贸易额占尼泊尔对外贸易总额的64.9%，印度是尼泊尔最大的进口来源国和最大的出口目的地。[5]同时，受交通条件限制，商品通过印度（主要是加尔各答港）到国际市场的过境也给尼泊尔出口商极大地增加了运输成本

〔1〕 商务部国际贸易经济合作研究院、中国驻尼泊尔大使馆经济商务参赞处、商务部对外投资和经济合作司：《对外投资合作国别（地区）指南·尼泊尔（2018年版）》，“参赞的话”，载 http://www.mofcom.gov.cn/dl/gbdqzn/upload/niboer.pdf，最后访问日期：2019年5月27日。

〔2〕 中华人民共和国外交部：《尼泊尔国家概况》，载 https://www.fmprc.gov.cn/web/gjhdq_676201/gj_676203/yz_676205/1206_676812/1206x0_676814/，最后访问日期：2019年5月27日。

〔3〕 商务部国际贸易经济合作研究院、中国驻尼泊尔大使馆经济商务参赞处、商务部对外投资和经济合作司：《对外投资合作国别（地区）指南·尼泊尔（2018年版）》，第29~31页。

〔4〕 中华人民共和国驻尼泊尔联邦民主共和国大使馆经济商务参赞处：《2014年中尼签订97%税目输华零关税待遇换文》，载 http://np.mofcom.gov.cn/article/zxhz/hzjj/201508/20150801080449.shtml，2019年5月27日。

〔5〕 商务部国际贸易经济合作研究院、中国驻尼泊尔大使馆经济商务参赞处、商务部对外投资和经济合作司：《对外投资合作国别（地区）指南·尼泊尔（2018年版）》，第31页。

并造成了时间延误。[1]为打破印度垄断地位，中尼签署了《关于在尼泊尔与中国之间实施过境和运输协定的议定书》，根据该协议，尼泊尔可以利用中国天津、深圳、连云港和湛江4个港口以及兰州、拉萨和日喀则3个陆上口岸进行外贸活动，但目前距该协议的完全落实仍道阻且长。[2]

（二）贸易主管部门

尼泊尔的贸易主管部门是工商与供应部，其负责制定、实施和监督与国家贸易、工业发展和投资有关的政策、计划和方案。[3]同时，它也负责政府间贸易谈判及有关协定的签署并作为尼泊尔服务贸易的国家咨询点（NEP）。相较于工商与供应部主要负责贸易政策的制定，财政部主要负责制定关税，其下属的海关总署则负责评估和采集信息。[4]

（三）贸易法律法规概况

与贸易相关的立法主要包括《进出口控制法》（1957年）、《进出口规则》（1978年）、《海关法》（2007年）、《海关规则》（2007年）、《外汇法》（1962年）、《外汇规则》（1963年）、《工业企业法》（2016年）以及每财政年度出台的《预算和财政法案》。此外，还有旨在规范特定性质货物进口或出口的其他部门立法，如施加贸易技术壁垒的《尼泊尔标准（认证标志）法》（1980年）、《尼泊尔标准（认证标志）条例》（1982年），适用于进出口动物的《动物健康和畜牧服务法》（1998年）等。[5]

（四）贸易管理

1. 进口管理

根据《进出口控制法》和《进出口规则》，尼泊尔可出于保护国家安全，

---

〔1〕 World Trade Organization, Trade Policy Review of Nepal, WT/TPR/S/381, Nepal, p. 6.

〔2〕 The Kathmandu Post, Nepal Looks to End India Dependency for Overseas Shipping, at https://asianews. network/2019/05/08/nepal - looks - to - end - india - dependency - for - overseas - shipping/, May 27, 2019.

〔3〕 Ministry of Industry, Commerce and Supplies, About Ministry, at http://moc. gov. np/content. php?id =398, May 27, 2019.

〔4〕 World Trade Organization, supra note, Nepal, p. 21.

〔5〕 World Trade Organization, Supra note, Nepal, pp. 21 –23.

保护人类、动植物的生命健康，保护自然资源，维护公共秩序等原因禁止或限制部分商品的进口，只要在尼泊尔公报上发布公告后，政府就有权暂停或强制执行许可要求。[1]根据工商与供应部官网提供的信息，尼泊尔禁止以下商品的进口：危害健康的麻醉品，如大麻、海洛因、鸦片，牛肉，塑料废料、塑料袋和厚度小于20微米的塑料板，白炽灯泡，染料，联合收割机等。此外，政府还对部分商品施加了不同类型的进口限制，如军火、烟草和特定通信设备须获取许可证才可进口，石油产品只能在指定机构进口以及对罂粟种子的进口存在数量限制。[2]

除上述禁止或限制进口的商品外，其余商品无需进口证即可进口，但进口企业需在商业、供应和消费者保护部门（Department of Commerce, Supply and Consumer Protection）或公司注册处（Office of the Company Registrar）进行登记并从商业银行开立进口信用证。[3]

2. 出口管理

尼泊尔禁止以下商品的出口：具有考古、历史和宗教重要性的物品，如本国和外国的硬币，神像、棕榈叶和植物叶碑铭，书画；受保护的野生动物及其身体各部分，如胆汁、未加工的皮毛等；麻醉品，如大麻、鸦片等；用以生产武器和弹药的原材料；爆炸物及其原材料；工业机器及其零件和原材料；与生物多样性和环境保护有关的森林资源；汽油和石油制品；部分中草药和木材。[4]另外，尼泊尔对水稻、大米、小麦、木豆和糖等商品的出口也存在数量限制。[5]

根据《外汇法》和《外汇规则》，为了确保尼泊尔的出口商收到款项，商品出口必须采用预付款或信用证的方式。因此，在采用信用证交易的情况下，出口商必须声明出口收益将在6个月内汇回尼泊尔。若采用预付款的方

〔1〕 World Trade Organization, supra note, Nepal, pp. 45 – 46.

〔2〕 Ministry of Industry, Commerce and Supplies, Frequently Asked Questions, at http://www.nepaltradeportal.gov.np/index.php?r=site/display&id=5, May 27, 2019.

〔3〕 World Trade Organization, supra note, Nepal, p. 47.

〔4〕 World Trade Organization, supra note, Nepal, pp. 47 – 48.

〔5〕 Ministry of Industry, Commerce and Supplies, Frequently Asked Questions, at http://www.nepaltradeportal.gov.np/index.php?r=site/display&id=5, May 27, 2019.

式，买方则必须通过银行汇出外汇，或向尼泊尔的银行兑换外币，银行将向出口商签发预付款证明，出口时需在海关出示。[1]

（五）进出口商品的检验检疫

1. 国家标准

尼泊尔标准计量局（NBSM）是工业部下属的主要负责国家标准的制定并提供产品和系统认证服务以及测试和校准服务的部门。截至 2018 年 7 月底，NBSM 完善了 904 项国家标准，涵盖产品、流程、测试方法和管理系统等方面，其中产品方面有 11 项强制性国家标准。但与环境、食品和药品有关的标准则依法由相关部门完善，例如健康和人口部下属的药品管理部门主要负责药物的相关标准，农业和畜牧业发展部下属的食品技术和质量控制部门（DFTQC）主要负责食品和饲料的相关标准。截至 2018 年 7 月底，尼泊尔共有 121 项食物商品标准，且由于其均涉及卫生和植物检疫措施，故均为强制性国家标准。[2]

2. 卫生与植物检疫措施

由于农产品和食品被认为具有良好的出口潜力，因此卫生和植物检疫（SPS）对于尼泊尔的国际贸易来说是至关重要的。农业和畜牧业发展部的许多部门都负责制定与实施关于 SPS 措施的政策与规定：DFTQC 负责食品和饲料的质量认证；农业部门负责颁发植物原料进口许可证和植物产品出口检验检疫证明；畜牧服务部门负责颁发动物制品进口许可证和动物制品出口检验检疫证明；种子质量控制中心负责种子品种的登记以及种子质量的检验与认证；植物保护部门负责管理农作物适用的杀虫剂、除草剂和其他化学制品。[3]

关于 SPS 措施的立法包括《植物保护法》（2007 年）和《植物保护规则》（2010 年）；《传染病法》（1963 年）；《动物健康和畜牧服务法》（1998 年）；《食品法》（1967 年）和《食品规则》（1970 年）；《农药法》（1991 年）和《农药规则》（1993 年）；《药品法》（1978 年）和《药品注册条例》（1981

---

〔1〕 World Trade Organization, supra note, Nepal, pp. 48 – 49.

〔2〕 World Trade Organization, supra note, Nepal, pp. 53 – 54.

〔3〕 World Trade Organization, supra note, Nepal, p. 55.

年)；《关于进出口检验和质量认证体系的指令》(2006年) 以及2013年引入的《关于植物检疫措施的国家标准》。[1]

根据《关于进出口检验和质量认证体系的指令》，对于出口来说，DFTQC可自行或授权其他组织提供出口证明；[2]而在进口方面，进口商须向DFTQC提交申请以获取食物、植物、植物产品、活体动物、畜牧制品的进口所必须的进口证明。每份申请须附有以下信息：产品说明、出口国的名称、加工单位的GMP/HACCP/ISO 9000认证、出口国认可的国家权威出口证明和质量证明副本，以及产品样本或分析报告。当货物抵达尼泊尔后，海关可以取样并检查商品与进口证明是否一致。[3]

（六）海关管理

1. 关税

海关管理的主要立法是2007年的《海关法》和《海关规则》以及每财政年度出台的规定了进出口商品关税的《预算和财政法案》。[4]海关通常基于货物的成本、保险和运费（CIF）价值评估关税，另外，进口货物还需缴纳13%的增值税。[5]进口关税多为从价税，其税率从0%至80%不等，但绝大多数（85%）商品适用的税率范围在15%及以下，最常见的是10%。免税商品的占比为3.6%，有所提高。[6]而来自中国西藏或南亚区域合作联盟成员或指定最惠国的进口商品享有5%或10%的特别税减免。同时，出于保护环境、确保食品安全和阻止贸易转移至邻国的目的，尼泊尔也对部分产品适用出口关税。2017—2018财年约有100种产品被课以出口关税，其中55种适用从量

[1] World Trade Organization, supra note, Nepal, pp. 55 – 56.

[2] Directives on Export Import Inspection and Quality Certification System in Nepal, 2006, Chapter 1, at http://www.spsenquiry.gov.np/uploads/files/Text%20of%20Notification%20NNPL5%20Exp%20Imp%20Dir%20for%20Food.pdf, May 27, 2019.

[3] Directives on Export Import Inspection and Quality Certification System in Nepal, 2006, Chapter 2, at http://www.spsenquiry.gov.np/uploads/files/Text%20of%20Notification%20NNPL5%20Exp%20Imp%20Dir%20for%20Food.pdf, May 27, 2019.

[4] World Trade Organization, supra note, Nepal, p. 21.

[5] International Trade Administration, Nepal Country Commercial Guide, at https://www.export.gov/article?id=Nepal-Import-Tariffs, May 27, 2019.

[6] World Trade Organization, supra note, Nepal, p. 40.

税，45 种适用从价税，产品主要包括蔬菜、玉米、水稻、小麦、油饼、沙子、石头、卵石和一些木头。[1]

2. 贸易便利化措施

尼泊尔为促进出口，对引进原材料进行加工并出口的企业提供了不同形式的便利，如退税制度和允许银行担保/保证金下的免税进口。根据 2016 年新《工业企业法》，对为生产出口商品而进口原材料所征收的关税、增值税或消费税应予以退还。出口商应向工商与供应部下属的工业部门的单一窗口委员会提交退税申请，并由该委员会进行审查与批准退税。同时，根据 2007 年《海关规则》，保税仓库内的企业可以在银行担保下进口原材料和辅助原材料（如非尼泊尔本地生产的包装材料），而无需实际支付进口商品的税费。如果该原材料在进口后 11 个月内出口且其增值达 10%，则海关将在提交申请后的 1 个月内解除银行担保。而处于保税仓库外的企业则可通过在进口原材料和辅助材料时向海关缴纳保证金的方式免除税费的缴纳。如果原材料在进口后 12 个月内出口且其增值达 10%，则海关将在提交申请后的 1 个月内退还保证金。[2]但需要注意的是，烟草或酒类商品的进出口不涉及上述的任何税费豁免或贸易便利化措施。[3]

四、巴基斯坦

于济铜

（一）国家概况

巴基斯坦伊斯兰共和国（以下简称“巴基斯坦”）位于南亚，东、西、北三面分别与印度、中国、阿富汗和伊朗接壤。[4]2017 年巴基斯坦的国民生产总值为 3049 亿美元，[5]从过去 5 个财年来看，巴基斯坦的 GDP 增速呈逐年

---

[1] World Trade Organization, supra note, Nepal, p. 48.

[2] World Trade Organization, supra note, Nepal, p. 50.

[3] Industrial Enterprises Act 2016, Note.

[4] 商务部国际贸易经济合作研究院，中国驻巴基斯坦使馆经济商务参赞处，商务部对外投资和经济合作司：《对外投资合作国别（地区）指南·巴基斯坦（2018 年版）》，“参赞的话”，载 http://www.mofcom.gov.cn/dl/gbdqzn/upload/bajisitan.pdf，最后访问日期：2019 年 5 月 24 日。

[5] World Bank Database, Pakistan, at https://data.worldbank.org.cn/indicator/NY.GDP.MKTP.CD?end=2017&locations=PK&start=2017&view=bar, May 24, 2019.

走高的良好态势。[1]2019 年巴基斯坦的营商便利指数排名全球第 136 位。[2]

2018 年巴基斯坦国民经济三大产业增速均有提升，第一产业约占 GDP 的 24%，第二产业约占 GDP 的 19%，其中以钢铁、汽车、水泥、食品行业为主。巴基斯坦第三产业以服务业为主，批发零售、交通运输和通信是其主要子产业，约占 GDP 的 57%。[3]

巴基斯坦自然资源丰富，煤炭资源量在 1850 亿吨左右，其中 1840 亿吨在信德省，占全国总量的 99.5%。巴基斯坦的主要矿藏储备有：天然气 4920 亿立方米、石油 1.84 亿桶、煤 1850 亿吨、铁 4.3 亿吨、铝土 7400 万吨，还有大量的铬矿、大理石和宝石。巴基斯坦的森林覆盖率为4.8%。[4]

巴基斯坦的交通较为落后，其最主要的交通运输方式是公路。截至 2018 年 4 月，巴基斯坦公路总里程为 26.89 万公里，其中高等级公路 19.75 万公里，低等级公路 7.15 万公里。国家高速公路总局（NHA）公路网络包括 39 条国道、高速公路和战略性公路，总长12 131公里。巴基斯坦公路密度为 0.32 公里/平方公里，远低于南亚其他国家的水平。巴基斯坦铁路较为落后，铺轨里程为11 658公里，运营里程为 7791 公里。其中复线运营里程 1164 公里，约占铁路运营里程的 15%；电气化运营里程 293 公里，不到铁路运营里程的 3.8%。空运方面，巴基斯坦共有 9 个国际机场和 27 个国内机场，开辟了 30 多条国际航线。中巴之间可直航，也可经泰国、阿联酋等转机，两国之间的直航航班有：北京—伊斯兰堡—卡拉奇（国航）、乌鲁木齐—伊斯兰堡（南航）、乌鲁木齐—拉合尔（南航）北京—伊斯兰堡—拉合尔（巴航）。水运方面，巴基斯坦共有 3 大海港，分别是卡拉奇港、卡西姆港和瓜达尔港，其中瓜达尔港是中国的援建项目。巴基斯坦本国海运能力较弱，进出口货物

---

[1] 中华人民共和国驻巴基斯坦伊斯兰共和国大使馆经济商务参赞处：《2017—2018 财年巴基斯坦经济运行情况》，载 http://pk.mofcom.gov.cn/article/ddgk/JJ/201810/20181002794374.shtml，最后访问日期：2019 年 5 月 24 日。

[2] World Bank, Doing Business Pakistan, at http://chinese.doingbusiness.org/zh/data/exploreeconomies/pakistan, May 24, 2019.

[3] 中华人民共和国驻巴基斯坦伊斯兰共和国大使馆经济商务参赞处：《2017—2018 财年巴基斯坦经济运行情况》。

[4] 商务部国际贸易经济合作研究院、中国驻巴基斯坦使馆经济商务参赞处、商务部对外投资和经济合作司：《对外投资合作国别（地区）指南·巴基斯坦（2018 年版）》，第 3 页。

多依赖外轮，全国仅有15艘远洋货轮，载重总量为63.6万吨。巴基斯坦内河水运很不发达，目前只有小船可在印度河下游通行。[1]

巴基斯坦对外国援助依赖程度高，主要援助来源有美国、英国、中国、日本、德国、世界银行、亚洲开发银行等国家和国际机构，援助方式主要有无偿援助、援助式贷款和商业贷款等，每年接受援助总额达数十亿美元。[2]

中国与巴基斯坦的经贸合作发展良好。2017年，中国连续第三年成为巴基斯坦第一大贸易伙伴，是巴基斯坦第一大进口来源地和第二大出口目的地，巴基斯坦是中国在南亚地区最大投资目的地。[3]

（二）贸易主管部门

1. 部门体系

巴基斯坦贸易主管核心部门是巴基斯坦商务部，此外，还有巴基斯坦经济事务部、[4]巴基斯坦投资委员会、[5]巴基斯坦国家银行、巴基斯坦财政部下属的联邦税收委员会等一系列相关部门。[6]巴基斯坦商务部负责国内外贸易管理和政策的制定、出口促进、公平贸易（反倾销等）、多双边贸易协议谈判、商协会的组织和监管、保险行业监管等；[7]巴基斯坦经济事务部、巴基斯坦投资委员会负责投资等相关事务；[8]巴基斯坦国家银行负责金融体系监管、外汇管制和发行货币；[9]联邦税收委员会负责关税制定、关税征收、海

---

〔1〕 商务部国际贸易经济合作研究院、中国驻巴基斯坦使馆经济商务参赞处、商务部对外投资和经济合作司：《对外投资合作国别（地区）指南·巴基斯坦（2018年版）》，第20页。

〔2〕 商务部国际贸易经济合作研究院、中国驻巴基斯坦使馆经济商务参赞处、商务部对外投资和经济合作司：《对外投资合作国别（地区）指南·巴基斯坦（2018年版）》，第28页。

〔3〕 商务部国际贸易经济合作研究院、中国驻巴基斯坦使馆经济商务参赞处、商务部对外投资和经济合作司：《对外投资合作国别（地区）指南·巴基斯坦（2018年版）》，第28页。

〔4〕 Ministry of Finance Revenue and Economic Affairs, at http://www.ead.gov.pk, May 24, 2019.

〔5〕 The Board of Investment, at http://invest.gov.pk/about-us, May 24, 2019.

〔6〕 中华人民共和国驻巴基斯坦伊斯兰共和国大使馆经济商务参赞处：《经贸结构》，载 http://pk.mofcom.gov.cn/article/jmjg/，最后访问日期：2019年5月24日。

〔7〕 Ministry of Commerce, at http://www.commerce.gov.pk/about-us/about/, May 24, 2019.

〔8〕 The Board of Investment, supra note.

〔9〕 商务部国际贸易经济合作研究院、中国驻巴基斯坦使馆经济商务参赞处、商务部对外投资和经济合作司：《对外投资合作国别（地区）指南·巴基斯坦（2018年版）》，第38页。

关监管等。[1]

2. 重要贸易组织

巴基斯坦的商会众多，主要包括巴基斯坦工商联合会、中国巴基斯坦工商联合会、拉合尔工商会、[2]伊斯兰堡工商会、[3]拉瓦尔品第工商会、[4]锡亚尔科特工商会[5]等。[6]

巴基斯坦工商联合会是由巴基斯坦政府根据《公司法》（1913 年颁布《公司法案》，1984 年修订为《公司法》）于 1960 年组建，并根据 1961 年的《贸易组织法》批准成立的。巴工商联几乎直接或间接代表整个巴私营工商业，其主要目的是促进和维护巴私营部门的权益并承担联系工商界与政府的桥梁的作用。巴工商联对经济发展有敏锐的触觉，所以能为工商界的发展提供航标。作为私营部门的代表，它担当发言人的角色，表达共同的呼声、关切和希望，并向政府部门提供有益的建议、坚定的支持及工商界所积累的经验。巴工商联的成员仅限于工商联合会和协会。[7]

中国 - 巴基斯坦工商联合会是中资企业在巴基斯坦最重要的工商联合会。该工商联合会的职责是在"中巴经济走廊"战略框架下促进两国 B2B 的合作。此外，商会也致力于为中巴两国建立合资企业提供服务。目前，中国 - 巴基斯坦工商联合会不仅与多家中国企业实现了合作，还成功举办了"中国电子机械博览会"等大型博览会，邀请了 150 多家的中国企业参加。[8]

（三）贸易法律法规

巴基斯坦与贸易相关的主要法律法规有《进口和出口（控制）法》《外

---

[1] 商务部国际贸易经济合作研究院、中国驻巴基斯坦使馆经济商务参赞处、商务部对外投资和经济合作司：《对外投资合作国别（地区）指南·巴基斯坦（2018 年版）》，第 38 页。

[2] Lahore Chamber of Commerce and Industry, at http://lcci. com. pk/about. php? id = 75, May 24, 2019.

[3] Islamabad Chamber of Commerce and Industry, at http://www. icci. com. pk/home, May 24, 2019.

[4] Rawalpindi Chamber of Commerce and Industry, at https://rcci. org. pk, May 24, 2019.

[5] Sialkot Chamber of Commerce and Industry, at http://home. scci. com. pk, May 24, 2019.

[6] 中华人民共和国驻巴基斯坦伊斯兰共和国大使馆经济商务参赞处：《经贸结构》，载 http://pk. mofcom. gov. cn/article/jmjg/，最后访问日期：2019 年 5 月 24 日。

[7] Federation of Pakistan Chambers of Commerce and Industry, at http://fpcci. org. pk, May 24, 2019.

[8] 凤凰网：《独家专访中国巴基斯坦工商联合会：书写成都与巴基斯坦合作全新篇章》，载 http://sc. ifeng. com/a/20180810/6797405_0. shtml，最后访问日期：2019 年 5 月 24 日。

汇管理法》《贸易垄断与限制法》《海关法》《反倾销法》《反囤积法》等。[1]

巴基斯坦作为世界贸易组织（未加入《联合国国际货物买卖合同公约》）、伊斯兰合作组织、经济合作组织、南亚区域合作联盟的成员，[2]以及《南亚自由贸易协定》《中国－巴基斯坦自由贸易协定》[3]等多边或双边协定的签署方，适用上述组织或条约的规定。

《进口和出口（控制）法》于1950年颁布，目的在于禁止、限制或者控制进出口行为。该法律授予了巴基斯坦政府通过命令、禁令、限制令或者其他方式控制任何类型的货物通过陆路、海路或者航空运输进入或运出巴基斯坦的权利。

迄今为止，巴基斯坦联邦政府和商务部发出的此类禁令主要包括：进口贸易控制令、出口贸易控制令、周期性进出口政策、质量控制令、进口人和出口人登记令、工程货物进口控制令、个人行李和礼物方案控制令、纺织品配额管理和分配程序等。[4]

《与核武器和生物武器有关的货物、技术、物资、设备及其运载系统管制法》规定了巴基斯坦联邦政府作为控制核武器和生物武器的主管机关，负责有关进出口货物、技术等的控制清单，进出口许可证的获得，违法行为及其处罚等。

《巴基斯坦野生动植物贸易管制法》是联合国《濒危野生动植物种国际贸易公约》在巴基斯坦国内法的转化。该法规定，除有效许可证明的持有者以外，任何人不得进口、出口、再出口在联合国《濒危野生动植物种国际贸易公约》及其附件中列举的任何野生动植物及其制品。

（四）贸易救济

巴基斯坦是世界贸易组织的成员，其贸易救济制度主要是根据世界贸易

---

〔1〕 商务部国际贸易经济合作研究院、中国驻巴基斯坦使馆经济商务参赞处、商务部对外投资和经济合作司，《对外投资合作国别（地区）指南·巴基斯坦（2018年版）》，第38页。

〔2〕 齐虹丽主编：《巴基斯坦伊斯兰共和国经济贸易法律指南》，法律出版社2014年版，第238、242、244、245、248页。

〔3〕《中华人民共和国政府和巴基斯坦伊斯兰共和国政府自由贸易协定》，载 http://fta.mofcom.gov.cn/pakistan/xieyi/xieyizw_cn.pdf，最后访问日期：2019年5月24日。

〔4〕 齐虹丽主编：《巴基斯坦伊斯兰共和国经济贸易法律指南》，法律出版社2014年版，第213页。

组织的法律制度构建的。目前巴基斯坦重要的贸易救济法律主要包括《反倾销税条例》(The Anti - Dumping Duties Ordinance)[1]、《反补贴税条例》(The Countervailing Duties Ordinance)[2]、《保障措施条例》(The Safeguard Measures Ordinance)。对于倾销等不正当行为的认定主要由巴基斯坦联邦税收委员会认定。[3]

(五) 贸易管控情况

巴基斯坦商务部将进出口产品主要分为:禁止类、限制类和一般类。

禁止类商品是指绝对禁止进口的货物,主要包括:一般禁止类货物,例如假币、淫秽书刊、侵犯著作权的商品等;有违伊斯兰教教义的禁止类货物,例如没有阿拉伯文字的《古兰经》译本、反伊斯兰文献、任何有违《古兰经》和神圣先知圣训规定的成分;废旧货物等禁止类货物,例如废料、联苯胺基染料或者含联苯胺的染料、违反《巴塞尔公约》的有害废物等;[4]以色列相关禁止类货物,即禁止从以色列进口或者向以色列出口任何货物。[5]

限制类商品是指需要符合政府相关规定才可以进口的货物。例如,对于濒危野生动植物物种的进口,需要符合《巴基斯坦野生动植物贸易管制法》规定的情形才可以进出口;印度香米、棉花、武器弹药、核物质、黄金饰品等。[6]

一般类商品是指没有作出特别限制的商品。

(六) 海关管理情况

1. *海关结构*

巴基斯坦境内的海关是联邦税收委员会的下属部门。联邦税收委员会依

---

〔1〕 齐虹丽主编:《巴基斯坦伊斯兰共和国经济贸易法律汇编》,法律出版社2014年版,第232~264页。

〔2〕 齐虹丽主编:《巴基斯坦伊斯兰共和国经济贸易法律汇编》,法律出版社2014年版,第187~231页。

〔3〕 齐虹丽主编:《巴基斯坦伊斯兰共和国经济贸易法律汇编》,法律出版社2014年版,第226页。

〔4〕 齐虹丽主编:《巴基斯坦伊斯兰共和国经济贸易法律汇编》,法律出版社2014年版,第216~217页。

〔5〕 《一带一路沿线国家法律风险防范指引》系列丛书编委会编:《一带一路沿线国家法律风险防范指引(巴基斯坦)》,经济科学出版社2016年版,第85页。

〔6〕 《一带一路沿线国家法律风险防范指引》系列丛书编委会编:《一带一路沿线国家法律风险防范指引(巴基斯坦)》,经济科学出版社2016年版,第89页。

据2007年《联邦税收委员会法》建立，负责制定和实施与税收有关的财政政策和措施、征收联邦税以及履行与税收相关的准司法厅审理税收案件上诉等职权。联邦税收委员会基于《海关法》的授权，任命海关首席税务专员、海关收税员、海关税收复议员、海关副税收员等海关关税人员。[1]

巴基斯坦是世界海关组织成员，遵守世界海关组织的相关规定。[2]联邦税收委员会有权在官方公报上以公告的形式，宣布在用于进口或出口巴基斯坦货物清关的任何口岸、机场、火车站、沿海地区设立海关或海关检查站。同时，联邦税收委员会有权对各个海关或海关检查站的通关货物种类、等级以及通关条件作出限定。[3]

2. 清关

货物到达目的港2～3天前，进口商应及时完成EIF（电子进口表格）的银行审批，同时运输公司应获得海关为该运输批次分配的IGM（进口货物清单）编码，通过IGM号码即可索引到进口商的货物。在准备好材料后，在线上一站式海关系统WeBoc（Web Based One Customs）提交货物申报（Good Declaration）。提交成功后，按照缴纳结果提交相应税费。[4]随后，WeBoc风险管理系统（RMS）根据贸易者（Trader）的通道（Channel）类别（绿、黄、红）判断是否需要查货并进行货值评估。红色通道代表必查，进入红色通道的情况有两种：①进口商初次向巴基斯坦进口货物，归入红色通道；②进口过程中发现虚假申报、与货值不符等情况，纳入红色通道。现在伊斯兰堡机场国际旅客到达处设置的红色通道，凡中国人必须纳入红色通道检查。黄色通道代表大部分查或者大概率查。绿色通道代表抽查或者不查，一般进口超过50次无问题则归入绿色通道。在查验员查验实际货物与申报是否一致，并交由评估员评估实际货值后，进口商需要缴纳额外的关税、其他税费

---

〔1〕 齐虹丽主编《巴基斯坦伊斯兰共和国经济贸易法律汇编》，法律出版社2014年版，第219页。

〔2〕 Federal Board of Revenue of Pakistan, The World Customs Organization, at https://www.fbr.gov.pk/world-customs-organization-wco/51149/131196, May 24, 2019.

〔3〕 齐虹丽主编：《巴基斯坦伊斯兰共和国经济贸易法律汇编》，法律出版社2014年版，第220页。

〔4〕 齐虹丽主编：《巴基斯坦伊斯兰共和国经济贸易法律汇编》，法律出版社2014年版，第220页。

以及杂费，完成后方可取走货物。[1]

3. 通关所需文件

不同类别申请人的申请材料列表可以在巴基斯坦海关网站获取。[2]主要包括：商业发票（Commercial Invoice）、装箱单（Packing List）、B/L 海运提单（Bill of Lading）、L/C 信用证或合同的复印件（Letter of Credit 或 Contract）、销售税注册证复印件（Sales Tax Registration Certificate）、NTN 国家税号复印件（National Tax Number）等。

（七）进出口检验检疫要求

巴基斯坦动植物进出口检验检疫由巴基斯坦食品安全部负责，主要法律有《巴基斯坦动物（进出口动物及制品）检疫法》和《巴基斯坦植物检疫法》。[3]

1. 动物检疫

巴基斯坦食品安全部下属动物检疫司负责动物检疫工作。凡进口商进口家禽、牛羊肉、奶制品和动物源饲料均需向该司申请动物检疫，并在获得相关检疫证书后方准进口。[4]申请检疫者必须具有其输出国开具的合适的健康证明，提交检疫的时间由检疫管局定，但不得迟于动物和动物制品出口交运前的 10 小时。[5]

2. 植物检疫

巴基斯坦食品安全部下属植物保护司负责植物检疫工作。对大米、小麦、面粉、谷物、水果、蔬菜、植物种子、棉花等商品实施进出口法定检疫，并颁发相关检疫证书。[6]

---

〔1〕 中巴经济走廊：《巴基斯坦进口清关》，载 https://mp. weixin. qq. com/s/pW8 - tmW4ggE4CO9zV - 4Fnw，最后访问日期：2019 年 5 月 24 日。

〔2〕 Federal Board of Revenue of Pakistan, at https://www. fbr. gov. pk, May 24, 2019.

〔3〕 商务部国际贸易经济合作研究院、中国驻巴基斯坦使馆经济商务参赞处、商务部对外投资和经济合作司：《对外投资合作国别（地区）指南 · 巴基斯坦（2018 年版）》，第 38 页。

〔4〕 商务部国际贸易经济合作研究院、中国驻巴基斯坦使馆经济商务参赞处、商务部对外投资和经济合作司：《对外投资合作国别（地区）指南 · 巴基斯坦（2018 年版）》，第 38 页。

〔5〕 齐虹丽主编：《巴基斯坦伊斯兰共和国经济贸易法律指南》，法律出版社 2014 年版，第 226 页。

〔6〕 商务部国际贸易经济合作研究院、中国驻巴基斯坦使馆经济商务参赞处、商务部对外投资和经济合作司：《对外投资合作国别（地区）指南 · 巴基斯坦（2018 年版）》，第 38 页。

（八）税务

巴基斯坦政府对进口到巴基斯坦国内的货物征收进口关税，但对从巴基斯坦出口的货物原则上不征收关税。[1]计税价格按照交易价格确定，具体税率由联邦税收委员会依据相关贸易法律[2]规定，通常按照货物种类和数量实施一般关税税率，通常为16%的销售税和1%的消费税。[3]但是联邦税收委员会有权对任何进口或出口巴基斯坦的货物征收不超过货物价值100%的调整性关税，以及不超过货物价值35%的附加关税。[4]

货物来源国与巴基斯坦之间有贸易协定的，必须出示应当享受协定规定优惠的证据才可以根据协定享受优惠。[5]

在巴基斯坦生产、制造后出口的货物又重新进口到巴基斯坦的，应当视为进口货物，缴纳进口关税。[6]

2019年4月28日，《中华人民共和国政府和巴基斯坦伊斯兰共和国政府关于修订〈自由贸易协定〉的议定书》成功签署，[7]该协定书生效之后，中巴两国间相互实施零关税产品的税目数比例将从此前的35%逐步增加至75%，自由化水平提高一倍以上，中巴双方将对45%的税目在协定生效后立即取消关税。[8]

---

〔1〕 齐虹丽主编：《巴基斯坦伊斯兰共和国经济贸易法律指南》，法律出版社2014年版，第219页。

〔2〕 See, Pakistan Customs Tariffs 2018 - 2019, at http://download1. fbr. gov. pk/Docs/2018817-158749999PakistanCustomTariff2018 - 19 - CH1 - 99. pdf, May 24, 2019. See also, Fifth Schedule to the Custom Act, at http://download1. fbr. gov. pk/Docs/2019491441258797FifthScheduleupdated. pdf, May 24, 2019.

〔3〕《一带一路沿线国家法律风险防范指引》系列丛书编委会编：《一带一路沿线国家法律风险防范指引（巴基斯坦）》，经济科学出版社2016年版，第84页。

〔4〕 齐虹丽主编：《巴基斯坦伊斯兰共和国经济贸易法律指南》，法律出版社2014年版，第220页。

〔5〕 齐虹丽主编：《巴基斯坦伊斯兰共和国经济贸易法律指南》，法律出版社2014年版，第220页。

〔6〕 齐虹丽主编：《巴基斯坦伊斯兰共和国经济贸易法律指南》，法律出版社2014年版，第220页。

〔7〕 中华人民共和国驻巴基斯坦伊斯兰共和国大使馆经济商务参赞处：《巴媒：第二阶段中巴自贸协定将极大推动中巴贸易》，载 http://pk. mofcom. gov. cn/article/jmxw/201905/20190502860069. shtml，最后访问日期：2019年5月24日。

〔8〕《商务部：中巴自贸协定大幅升级，两国将"立即"对45%税目取消关税》，载 https://baijiahao. baidu. com/s? id = 1632058349772628233&wfr = spider&for = pc，最后访问日期：2019年5月24日。

进出口税费可以通过 WeBoc 系统缴纳。[1]

1. 免征关税的情形

巴基斯坦的计税采用四舍五入制度，应纳税金额均以百元卢比计征，尾数不足五十卢比的，可以免征。[2]

在巴基斯坦生产、制造并储存于转运工具准备运往外国口岸、机场或者车站的货物，经税务人员确定转运货物的数量、乘客和运输工具乘务人员人数以及承运时段以后，可以免征出口关税。[3]

2. 退税

进口巴基斯坦的货物缴纳进口关税以后，自进口之日起两年内有出口到巴基斯坦境外的，或者又准备在转运的外国交通工具上使用的，联邦税收委员会应当退回所征收的进口关税。退税时申请人应当声明货物已经实际出口国外，且没有重新运回巴基斯坦境内，亦无重新运回巴基斯坦境内的意图。退税比例一般是缴纳进口关税税额的 7 ~ 8 成。可申请出口退税的货物名录参见联邦税收委员会网站的即时更新。[4]

不能申请退税的情形主要包括：①应在出口清单中列明但是没有列明的；②申请退税的金额小于 100 卢比的；③未在货物出口时做出口退税申请的。[5]

出口退税所退回税款的支付时间为装载出口货物的交通工具离开巴基斯坦关境以后，联邦税收委员会会按照海关离境记录支付实际退税税款。[6]

（九）其他重要规定

1. 外汇

根据《2001 年外汇账户（保护）法案》，在巴基斯坦居住的外国人，在巴基斯坦境内设立的含有外资成分的公司以及在国外登记但在巴经营的外国

---

〔1〕 Federal Board of Revenue of Pakistan, Pay Customs Duty, at https://www.fbr.gov.pk/pay-customs-duty/51149/131604, May 24, 2019.

〔2〕 齐虹丽主编：《巴基斯坦伊斯兰共和国经济贸易法律指南》，法律出版社 2014 年版，第 220 页。

〔3〕 齐虹丽主编：《巴基斯坦伊斯兰共和国经济贸易法律指南》，法律出版社 2014 年版，第 220 页。

〔4〕 齐虹丽主编：《巴基斯坦伊斯兰共和国经济贸易法律指南》，法律出版社 2014 年版，第 221 页。

〔5〕 齐虹丽主编：《巴基斯坦伊斯兰共和国经济贸易法律指南》，法律出版社 2014 年版，第 221 页。

〔6〕 齐虹丽主编：《巴基斯坦伊斯兰共和国经济贸易法律指南》，法律出版社 2014 年版，第 221 页。

公司，可以在有外汇经营资格的银行开立、使用外汇账户。这些账户可以自由汇入、汇出外汇，也可在本地自由存取现金。巴基斯坦允许外国投资者将全部资本、资本所得、红利和利润汇出，上述款项的汇出将征收10%的税。[1]

但是对于黄金、白银及其制品的进出口行为，尤其是出口行为会受到严格的管制。除取得国家银行的一般或者特别许可，任何人不得向巴基斯坦进口或者出口任何黄金、白银、珠宝、钻石或者任何巴基斯坦货币或者外汇本票或者银行汇票或者银币。[2]

此外，售货凭证所载明的货物价值低于国家银行认定的货物全部出口价值的，国家银行可以发布命令要求持有运输单据的人留置占有该货物，直至货物出口人与国家银行或者国家银行授权的人达成协议，代表出口人以规定的方式按照国家银行认定的货物全部出口价值的金额履行支付。[3]

进口货款的支付可以采用：①信用证；②基于合同登记开具的收款文件；③光票汇款的方式。[4]

2. 经济特区

第一类是出口加工区。巴基斯坦政府鼓励外国企业到出口加工区投资设厂，[5]各工业区政策比较灵活，没有统一的优惠政策。巴基斯坦现有出口加工区21个（已建成6个）。著名的出口加工区有卡拉奇（Karachi）、锡亚科特（Sialkot）、里萨尔普（Risalpur）、山达克（Saindak）等。出口加工区的优惠措施包括：①进口机械、设备和材料免税；②用于生产的投入可免征销售税；③淘汰或陈旧的机械设备在支付了适当的关税和税赋后可在巴基斯坦当地市场出售；④建造建筑物用的水泥、钢材和其他任何材料可免征消费税和关税；⑤不受国家对进口的限制；⑥巴基斯坦有关外汇管制规定不适用于出口加工

---

〔1〕 商务部国际贸易经济合作研究院、中国驻巴基斯坦使馆经济商务参赞处、商务部对外投资和经济合作司：《对外投资合作国别（地区）指南·巴基斯坦（2018年版）》，第32页。

〔2〕 齐虹丽主编：《巴基斯坦伊斯兰共和国经济贸易法律指南》，法律出版社2014年版，第223页。

〔3〕 齐虹丽主编：《巴基斯坦伊斯兰共和国经济贸易法律指南》，法律出版社2014年版，第224页。

〔4〕 《一带一路沿线国家法律风险防范指引》系列丛书编委会编：《一带一路沿线国家法律风险防范指引（巴基斯坦）》，经济科学出版社2016年版，第82页。

〔5〕 Export Processing Zone Authority, at http://epza.gov.pk, May 24, 2019.

区；⑦可在国内市场上销售不超过20%的产品；⑧有瑕疵的产品在缴纳适当关税（最高按出口价值的3%）后可以在巴基斯坦当地市场销售；⑨在一定条件下，可拥有免税汽车，且使用5年后，在按照折旧后的价值缴纳关税后，可在当地市场销售。巴基斯坦政府鼓励在出口加工区开办利用当地原材料和劳动力资源并以出口为目的的企业，包括如下行业：电子工业、信息技术、成衣和针织品、工程机械、制药、海产品加工、皮革制品、水果和农产品加工、地毯、家具和木制品、手工艺品、珠宝、成套设备和机械、体育用品、填充玩具、医疗器械等行业。[1]

第二类是中国境外经贸合作区，典型的是2006年成立的海尔－鲁巴经济区。该区重点发展的产业为小家电及发电设备、汽车摩托车及配件、化工及包装印刷业等。海尔在巴基斯坦推行健康、高效、节能、环保的理念，为巴基斯坦广大消费者提供符合消费需求的产品。

第三类是瓜达尔港自由区。瓜达尔港自由区是巴基斯坦第一个自由区，占地9.23平方公里，位于港口西北方向，随着自由区的开发建设，港口的吞吐量将大幅增长，自由区内还将建一个大型展览中心，展示中国和巴基斯坦的产品。瓜达尔港为投资者提供了基础设施投资机会，包括仓储、饭店、船用车间、集装箱货站、海产品、大枣处理和出口，以及银行、结算机构、船运代理的办公场所等。[2]

3. *主要贸易优惠协定*

优惠协定包括《巴基斯坦－伊朗优惠贸易安排》《伊斯兰发展中八国集团（D－8）优惠贸易协议》《巴基斯坦－毛里求斯优惠贸易安排》《巴基斯坦－阿富汗转口贸易协定》和《巴基斯坦－印度尼西亚优惠贸易安排》。[3]

巴基斯坦是欧盟关税优惠的受惠国。2012年11月，欧盟委员会公布的新普惠制（GSP）方案新增巴基斯坦等3国为其普惠制第三类国家。巴基斯坦

---

〔1〕 商务部国际贸易经济合作研究院、中国驻巴基斯坦使馆经济商务参赞处、商务部对外投资和经济合作司：《对外投资合作国别（地区）指南·巴基斯坦（2018年版）》，第45页。

〔2〕 商务部国际贸易经济合作研究院、中国驻巴基斯坦使馆经济商务参赞处、商务部对外投资和经济合作司：《对外投资合作国别（地区）指南·巴基斯坦（2018年版）》，第46页。

〔3〕 商务部国际贸易经济合作研究院、中国驻巴基斯坦使馆经济商务参赞处、商务部对外投资和经济合作司：《对外投资合作国别（地区）指南·巴基斯坦（2018年版）》，第26页。

正式获得欧盟超普惠制待遇（GSP +），可向欧盟申请免关税待遇（2014 年 1 月 1 日—2023 年 12 月 31 日）。[1]

五、斯里兰卡

朱美能

（一）概况

斯里兰卡民主社会主义共和国（以下简称“斯里兰卡”）是南亚次大陆以南印度洋上的岛国，西北隔保克海峡与印度相望，有“印度洋上的明珠”之称。斯里兰卡共分为 9 个省和 25 个区，首都科伦坡是其政治、商业、文化中心，也是世界重要商港之一。

斯里兰卡是古代海上丝绸之路的重要节点，拥有连接亚非大陆、辐射南亚次大陆的区位优势，在“一带一路”的“21 世纪海上丝绸之路”中，也是印度洋上的重要节点。

2009 年，斯里兰卡结束了长达 26 年的国内武装冲突，进入和平发展时期，安全形势明显好转，经济保持较快增长。近年来，政府重视对基础设施的投入，建设了一大批重点工程，涵盖电力能源、航空航运、交通运输、水利水务、通讯等领域，投资环境得到显著改善。目前，斯里兰卡全国高速公路网路已初见雏形，地方道路运输能力大大提升；能源结构进一步完善，斯里兰卡成为南亚地区唯一告别电荒的国家；通过扩建科伦坡港、新建汉班托塔港，其在国际航运界的竞争力进一步增强。

战争结束后，大量游客涌入斯里兰卡，在跨国公司的支持下大型酒店不断开张，据统计，目前斯里兰卡的旅游业占据经济总量的 11%，且还会继续增长。斯里兰卡的基础设施也在努力改善，班达拉奈克国际机场的新航站楼预计在 2020 年完工。[2]

然而近年来，斯里兰卡经济增长逐步放缓，加之经济总量较小，容易受

---

〔1〕 商务部国际贸易经济合作研究院、中国驻巴基斯坦使馆经济商务参赞处、商务部对外投资和经济合作司：《对外投资合作国别（地区）指南 · 巴基斯坦（2018 年版）》，第 27 页。

〔2〕《斯里兰卡》，中国地图出版社 2018 年版，第 321 页。

外部环境的冲击和影响，受全球商品价格波动、美联储加息可能导致全球金融市场动荡等影响，未来斯国内经济存在继续下行的风险。

（二）贸易主管部门

斯里兰卡工商部是负责推广工业发展的主要部门，该部门的职能是计划、制定、协调、实施和建设必需的基础设施，促进工业发展。斯里兰卡海关是斯里兰卡财政与计划部下的一个部门，在促进贸易之外还负责国家税收和社会保障法律的实施。进出口管理局根据《进出口管制法》负责管理货物的进口和出口。斯里兰卡出口发展局是根据《出口发展法案》而成立的，是负责促进和推动外贸出口的政府机构。

斯里兰卡投资管理委员会（BOI）是斯里兰卡政府主管外国投资部门，其主要职责是负责核查、审批外国投资，并积极促进和推动外国企业或者政府在斯里兰卡投资。BOI 制定了具体而详尽的税收优惠政策，并根据不同行业、不同产品、不同地区制定不同的优惠政策，以促进并引导行业和地区的健康发展。投资者可通过 BOI 网站查阅《斯里兰卡投资指南》以及相关投资法律和服务信息。[1]

（三）有关贸易的法律法规简介

斯里兰卡是《关税及贸易总协定》的 23 个创始成员之一，世贸组织成立后，又是世贸组织的创始成员之一。斯里兰卡贸易管理和法律体系大致与世贸组织的货物贸易、服务贸易和知识产权一致。在货物贸易方面，斯里兰卡也计划实施补救措施，其中包括反倾销和保护措施，以保护本国的贸易。但这些措施尚在计划中，具体法案尚未通过议会审议。

目前斯里兰卡主要进出口法律有：

（1）1969 年颁布并经多次修订的《进出口管制法》。包括海关进出口管制官员的职责，进出口监管货物的申请、费用、变更、延期和许可证的取消等有关规定和管理办法，监管人员询问和检查各种进出口文件的权利及对违

---

〔1〕 中华人民共和国驻斯里兰卡民主社会主义共和国大使馆经济商务处：《斯里兰卡对外国投资的市场准入规定》，载 http://lk.mofcom.gov.cn/article/ddfg/201508/20150801085257.shtml，最后访问日期：2019 年 5 月 16 日。

规者的惩罚权利，需要进口许可证的产品类别，不需要进口许可证的商品。

（2）对斯里兰卡进出口商保护法。主要内容包括：对违反合同的外商列黑名单，不发放与其做生意的许可证，直至该外商用行动证明对所违规行为予以纠正，方可恢复对斯里兰卡的贸易。[1]

斯里兰卡主要贸易管理规定有：

（1）1969 年进出口管理一号法令。明确规定进出口商品的标准和条件以及以此为基础对进出口贸易进行管理。

（2）1979 年斯里兰卡出口发展法案第 40 号。促进和推动斯里兰卡出口发展。

（3）海关条例（1946 年第 43 号法案，1974 年第 35 号修订案）。规定实施进口税，征收关税。[2]

斯里兰卡还加入了若干个贸易协议，如《南亚自由贸易协定》和《亚太贸易协定》。

（四）贸易管理

除了斯里兰卡投资管理委员会规定的产业以外，每个经营工业企业的人都应当在斯里兰卡工商部登记该企业的经营所在地。

1. 进口

《特殊进口许可证和支付条例》（2011 年第 1 号）列举了需要进口许可证的货物范围。经过斯里兰卡投资管理委员会许可的公司也被要求获得必要的许可证。

通常而言，药品、交通工具、化学品、通讯及电子设备、动物和动物制品、茶叶、爆炸物、武器和弹药、木材、硬币和金属、运动设备、二手家具、原油、金属废料、金属次品和其他塑料包装物品领域的物品均需要进口许可证。

---

〔1〕 中华人民共和国驻斯里兰卡民主社会主义共和国大使馆经济商务处：《斯里兰卡贸易法规体系》，载 http://lk.mofcom.gov.cn/article/ddfg/201508/20150801085251.shtml，最后访问日期：2019 年 5 月 14 日。

〔2〕 中华人民共和国驻斯里兰卡民主社会主义共和国大使馆经济商务处：《斯里兰卡主要贸易管理规定》，载 http://lk.mofcom.gov.cn/article/ddfg/201508/20150801085253.shtml，最后访问日期：2019 年 5 月 16 日。

2006年《进口（标准化和质量控制）条例》规定了需要符合该条例设立的“斯里兰卡标准”和《斯里兰卡标准协会法案》（1984年第6号）的货物种类。进口商必须提交一份证明货物符合特定标准的证明书，该证明书应由出口国的受认证机构或由斯里兰卡标准协会认证的实验室开具。所有与该货物和样品有关的文书在清关之前都应当提交给海关总署署长和斯里兰卡标准协会会长。该货物在斯里兰卡标准协会会长颁发许可之前不得销售或传播。

2. 出口

任何从斯里兰卡出口的有商业价值的物品需要向斯里兰卡出口发展局、税务局和斯里兰卡海关登记。

一般来说，出口货物需要向相应的政府部门注册、申请许可证或者证书，例如：宝石类需要国家宝石和珠宝管理机构颁发的宝石经销许可证；酒类需要消费税务部门颁发的许可证。另外，所有受管制出口货物（2009年11月9日公布的第1627/2号政府公告）需要获得进出口管理局的许可证，这些货物大致上包括金属废料、炉渣、浮渣、铸锭、金属颗粒、金属粉末等，除了椰壳炭、木质家用器具和木制品以外的木材和木质物件，象牙和象牙制品以及初始登记在1945年1月1日前的客运汽车。此外，例如文化财产、原始状态下的爆炸物和矿物质等特定物品是禁止或者限制出口的。

另外，除非符合法律规定的相关条件，《海关条例》中规定的特定物品的进出口是严格禁止或者控制的。

（五）进出口商品的检查和检疫

斯里兰卡进出口商品检验检疫主要依据1952年第12号法案，来预防和防止传染性疾病在斯里兰卡境内和境外的传播。

产品的质量证书，由斯里兰卡标准局负责和出具。农产品检验检疫证书，由农业局负责和出具。其中，蔬菜、水果、花草以及树木，由植物检疫办公室出具证书。动物检疫证书，由动物生产和检疫局负责和出具。[1]

---

〔1〕 中华人民共和国驻斯里兰卡民主社会主义共和国大使馆经济商务处：《斯里兰卡进出口商品检验检疫》，载 http://lk.mofcom.gov.cn/article/ddfg/201508/20150801085254.shtml，最后访问日期：2019年5月15日。

（六）海关管理

斯里兰卡海关成立于1806年，是隶属于国家财政部的独立行政管理部门，是国家进出口关境的监督管理机构。海关依照海关法及有关法律、法规，对进出境的运输工具、货物、行李物品、邮件和其他物品实行监督，实施海关监管制度。主要职责是严格执行国家关税和社会保障方面的法律条理，确保人员和商品顺畅和有序出入国境。斯里兰卡海关官员大约有2000人，遍布全国，但主要集中在科伦坡机场和科伦坡港口。

斯里兰卡海关根据海关法对进出境的货物实行关税计征制度。进出口货物在向海关申报时，海关根据货物的种类，采用相应的关税税率，对进出口货物征税。进出口商在交纳完各种税后，即可通关。除了征收关税，还要缴纳货物和服务税（GST）12.5%，国防税（NSL）4.5%。2002年8月1日后，将以上两种税合并为增值税（VAT）。

海关通关程序包括进口通关程序和出口通关程序：

1. 进口通关程序

（1）填写进口报关单。货物到达港口后，进口商应立即填写报关单向海关申报，同时还需向海关提交以下单据：到货通知单、海（空）运提单、信用证副本、商业发票、装箱单及原产地证明。

（2）纳税。海关根据报关单及有关单据，计算出应交税价，进口商应主动向海关交纳进口关税、货物和服务税、国防税等。如果海关估价部门怀疑进口商低值报关，海关通常会进行调查、质询，并采取相应措施。

（3）验货、提货。进口商在交纳了各种税后，向海关提出验货申请。海关审查报关单和纳税单后，在不需要验货的报关单上盖绿色章，进口商可直接到海关仓库提货。需查验的货物在报关单上盖琥珀色章，待海关官员到仓库验货后，进口商才可提货。

2. 出口通关程序

斯里兰卡政府为鼓励本国产品出口，采取了一系列措施，简化了出口通关程序，主要程序是：

（1）向海关提交出口报关单。出口商备好货后，应立即向海关提交出口报关单，同时附上出口发票、装箱单、合同副本等文件，部分货物如出口珊瑚、木材、象牙等，还须附上出口许可证。

（2）海关验货放行。海关查看报关单，根据出口商申报的货物种类不同，分别盖“需检验产品”或“不需检验产品”章。对于需检验的产品，海关会通知驻港口代表验货，确认没有问题加盖放行章，即可出口；对于不需检验的产品，驻港口代表直接盖放行章，即可出口。

海关对进出口货物有以下规定：

（1）凡在集装箱站或海关仓库进口或出口的货物，在没有缴纳关税和其他费用时，如需将货物转到另一地，运输人必须在海关登记并交纳押金。凡是违反这条规定的人，将被处以10万卢比以内的罚金。

（2）任何货物或商品在海关仓库的存放时间从到港卸货之日起算，如超过30天将被公开拍卖，所得收入用于支付关税滞期费、仓储费及其他费用。如有盈余，将归还货主；如无货主，即送交国库。

（3）所有存放在国家仓库的货物，其货主将承担货物储存的风险。如发生火灾、偷窃、毁坏或其他原因的损失，海关将不负任何责任，除非货物的损失是由于故意破坏或海关官员失职犯罪造成的。

（4）海关法还规定，货物的进口商和出口商必须在海关登记注册，否则，其货物不允许进出口。

（5）斯里兰卡控制出口的货物有珊瑚和贝壳、木材和木制品（不包括木玩具）、象牙、50年以上的古玩。

（6）斯里兰卡海关在某些情况下允许货物不交关税暂时入关（Temporary Entry）。第一种情况是参加展览会的样品，要求展后6个月内货物再出口，如果展览期间货物销售出去了，就须补交关税；第二种情况是进口商向海关提交保函或保证金，在没有结清关税时就拿到货物。在斯里兰卡，进口商为了逃税而低值报关的情况很多。海关对报关货值常有疑问，有时货物不能立即清关，而进口商又急需货物进行生产或销售，同时担心货物长期滞留海关导致其他费用，就可能采取这种办法，但对此做法海关一般控制较严。

（7）斯里兰卡标准化学会从2000年开始对某些类别进口商品加强质量监控，要求出口国权威部门提供质量认证，并逐步把更多的商品品种纳入这一清单中，要求每次货物入关都要向海关提交出口国权威部门的质量证书，即使是很少量的交易也是同样要求，否则海关不予放行。目前列入受控商品清单的有日用瓷器，部分家用电子产品和汽车配件等。[1]

第三节　中亚国家

一、哈萨克斯坦

拉姆斯·亚历山大（Ramus Alexander）

（一）国家概况

哈萨克斯坦共和国（以下简称“哈萨克斯坦”）是位于中亚地区的国家，总面积为272.49万平方公里，居世界第9位。[2]哈萨克斯坦在西和北部与俄罗斯接壤，在东部与中国接壤，在南部与吉尔吉斯坦、乌兹别克斯坦和土库曼斯坦接壤。

2018年底哈萨克斯坦人口为1860.8万[3]，根据联合国人口司的中等情景预测，截止到2025年哈萨克斯坦人口会达到1961万人[4]。哈萨克斯坦的民族及其比例为：哈萨克族（63.07%）、俄罗斯族（23.7%）、乌兹别克族（2.85%）、乌克兰族（2.08%）、维吾尔族（1.4%）、鞑靼族（1.28%）、德意志族（1.11%）和其他民族（4.56%）。[5]

哈萨克斯坦首都为努尔苏丹市（2019年3月23日之前称为“阿斯塔

---

〔1〕 中华人民共和国驻斯里兰卡民主社会主义共和国大使馆经济商务处：《斯里兰卡海关管理规章制度》，载 http://lk.mofcom.gov.cn/article/ddfg/201508/20150801085255.shtml，最后访问日期：2019年5月15日。

〔2〕《哈萨克斯坦总统》，载 http://www.akorda.kz/ru/republic_of_kazakhstan/kazakhstan，最后访问日期：2019年5月5日。

〔3〕 Country Meters, at https://countrymeters.info/ru/kazakhstan#population_2019, May 5, 2019.

〔4〕 United Nations Population Division, Department of Economic and Social Affairs: World Population Prospects: The 2017 Revision, at https://population.un.org/wpp/DVD/Files/1_Indicators%20 (Standard) / EXCEL_FILES/1_Population/WPP2017_POP_F01_1_TOTAL_POPULATION_BOTH_SEXES.xlsx, May 5, 2019.

〔5〕《哈萨克斯坦总统》，载 http://www.akorda.kz/ru/republic_of_kazakhstan/kazakhstan，最后访问日期：2019年5月5日。

纳市”）。[1]哈萨克斯坦共有努尔苏丹、阿拉木图和奇姆肯特3个共和国直辖市和14个州。

哈萨克斯坦是总统制单一制国家，总统为哈萨克斯坦元首。哈萨克斯坦最高行政机关为哈萨克斯坦政府。哈萨克斯坦最高立法机关为两院制议会，分别是参议院（成员从每一个州和共和国直辖市选举产生）和马日利斯（成员经哈萨克斯坦人民大会选拔产生）。[2]

2015年11月30日，哈萨克斯坦成为世界贸易组织（WTO）的成员。加入世界贸易组织后的5年内，哈萨克斯坦将降低其平均进口关税至6.4%。[3]

在欧亚经济共同体的框架内，2010年1月哈萨克斯坦实际成为关税联盟（CU）的成员（当时成员为俄罗斯、白俄罗斯和哈萨克斯坦）[4]，并且自2015年1月1日起，哈萨克斯坦成为欧亚经济联盟（EAEU）的成员（除了俄罗斯、白俄罗斯、哈萨克斯坦外，EAEU成员还有吉尔吉斯坦和亚美尼亚）。[5]欧亚经济联盟是有1.838亿人口且GDP约为1.9万亿美元的综合单一市场，[6]旨在促进货物、服务资金和人员的自由流动。EAEU在经济、农业、能源、外贸、投资、关税和竞争管制方面制定共同政策。

根据世界银行统计，2017年哈萨克斯坦GDP为1628.9亿美元（2018年的世界银行数据尚未公布）。[7]根据哈萨克斯坦国民经济部初步评估，2018年哈萨克斯坦GDP增长4.1%；2018年哈萨克斯坦采矿工业生产量增长4.6%，

---

〔1〕 第6号哈萨克斯坦总统令《关于哈萨克斯坦首都名“阿斯塔纳市”改称为“努尔苏丹市”》，载 https://online.zakon.kz/document/? doc_id = 34234139#pos = 3; -230，最后访问日期：2019年5月5日。

〔2〕《哈萨克斯坦总统》，载 http://www.akorda.kz/ru/republic_of_kazakhstan/kazakhstan，最后访问日期：2019年5月5日。

〔3〕 世界贸易组织：《哈萨克斯坦关税数据》，载 https://www.wto.org/english/res_e/statis_e/daily_update_e/tariff_profiles/KZ_E.pdf，最后访问日期：2019年5月11日。

〔4〕 欧亚经济联盟官网的历史记载，载 http://www.eaeunion.org/#about-history.

〔5〕《欧亚经济联盟协议》，载 https://docs.eaeunion.org/docs/ru-ru/0013611/itia_05062014_doc.pdf，最后访问日期：2019年5月11日。

〔6〕 欧亚经济联盟，http://www.eaeunion.org/#about.

〔7〕 世界银行集团：《哈萨克斯坦国家轮廓》，载 https://databank.worldbank.org/data/views/reports/reportwidget.aspx? Report_Name = CountryProfile&Id = b450fd57&tbar = y&dd = y&inf = n&zm = n&country = KAZ，最后访问日期：2019年5月10日。

其中铁矿生产量增长 6.5%，天然气生产量增长 5.5%，原油生产量增长 4.8%；2018 年哈萨克斯坦加工业生产量增长 4.0%，其中机械设备制造业生产量增长 14.1%，石油加工量增长 8.8%，化学工业生产量增长 8.1%，造纸工业生产量增长 4.9%，轻工业生产量增长 4.4%，橡胶制品和塑料制品生产量增长 3.1%；黑色冶金业出现负增长（-1.7%）；电能、天然气、蒸汽、水供应服务增长 2.4%；农业生产量增长 3.4%，其中牧畜业增长 3.9%，种植业增长 3.1%；建筑业增长 4.1%；交通服务增长 4.6%；通信服务增长 2.6%；零售与批发贸易量增长 7.6%。[1]

根据哈萨克斯坦国家经济部统计数据，2018 年哈萨克斯坦国际储备为 886 亿美元，其中黄金储备为 309 亿美元，外国货币储备为 577 亿美元；2018 年哈萨克斯坦固定资产投资同比增长 17.2%，其中，工业领域投资增长 27%（达到 65627 亿坚戈），建筑业领域投资增长 20.6%（达到 1165 亿坚戈），房地产领域投资增长 20.1%（达到 14242 亿坚戈），农业领域投资增长 14.2%（达到 3956 亿坚戈）；从 2018 年初开始哈萨克斯坦通货膨胀率为 5.3%。[2]

2018 年 9 月经常项目数额累计出现 -0.3% 的逆差（4.876 亿美元），与 2018 年相比，2017 年的经常项目数额累计逆差为 -2.8%（46.364 亿美元）。2018 年 9 个月外商净投资为 48.85 亿美元，与 2017 年的 28.883 亿美元相比增长 69.4%。[3]

根据欧亚经济委员的数据，2018 年哈萨克斯坦向欧亚经济联盟以外的第三方国家出口产品价值约为 550.6 亿美元，进口产品价值约为 193.1 亿美元，年度贸易顺差为 357.5 亿美元，总贸易量与 2017 年相比增长 23.3%。[4]哈萨克斯坦三大出口国为意大利（117.4 亿美元）、中国（62.7 亿美元）和荷兰（61.9 亿美元）；哈萨克斯坦三大进口国为俄罗斯（123.9 亿美元）、中国

〔1〕 哈萨克斯坦国家经济部：《社会经济发展统计数据》，载 http://economy.gov.kz/ru/pages/itogi-ser-za-yanvar-dekabr-2018-goda，最后访问日期：2019 年 5 月 10 日。

〔2〕 哈萨克斯坦国家经济部：《社会经济发展统计数据》。

〔3〕 哈萨克斯坦国家经济部：《社会经济发展统计数据》。

〔4〕 欧亚经济联盟委员会：《2018 年哈萨克斯坦与欧亚经济联盟以外第三国的综合贸易统计数据》，载 http://www.eurasiancommission.org/ru/act/integr_i_makroec/dep_stat/tradestat/tables/extra/Documents/2018/12/E201812_1_4.xls，最后访问日期：2019 年 5 月 22 日。

（53.8 亿美元）和德国（16.4 亿美元）。[1][2]

2018 年哈萨克斯坦向欧亚经济联盟外的第三方国家主要出口矿产产品（占出口总量的 78.7%，同比增长 38.2%，其中燃料动力产品占出口总量的 76.0%，同比增长 39.8%）、金属与金属制品（占出口总量的 11.8%，同比下降 6.7%）和农产品（占出口总量的 4.5%，同比增长 29.9%）；2018 年哈萨克斯坦从欧亚经济联盟以外的国家主要进口机械设备与交通工具（占进口总量的 46.3%，同比增长 16.3%）、化学产品与橡胶（占进口总量的 16.1%，同比增长 4.6%）、金属与金属制品（占进口总量的 10.5%，同比增长 22%）和农产品（占进口总量的 9.7%，同比增长 3.3%）。[3]

2018 年哈萨克斯坦与欧亚经济联盟国家的贸易货物类主要有矿产资源（36.6%）、金属与金属制品（30.7%）和化学产品（15.0%）。[4]

（二）贸易监管部门

1. 哈萨克斯坦贸易法

根据《贸易活动监管法》（以下简称《贸易法》），哈萨克斯坦贸易监督机关是哈萨克斯坦政府授权的哈萨克斯坦国民经济部，此外还有国家各行业货物标识与跟踪执行机构，国家货物标识与跟踪协调机构，统一货物标识与跟踪运营机构，国家收入机构（具体机构为国家收入委员会），共和国直辖市、首都、州、州级城市、区级的地方执行机构。[5]

---

〔1〕 欧亚经济联盟委员会：《2018 年哈萨克斯坦与欧亚经济联盟以外第三国的综合贸易统计数据》。

〔2〕 欧亚经济联盟委员会：《哈萨克斯坦从欧亚经济联盟国家进口统计数据》，载 http://www.eurasiancommission.org/ru/act/integr_i_makroec/dep_stat/tradestat/tables/intra/Documents/2018/12/I201812_9_3.xls，最后访问日期：2019 年 5 月 22 日。

〔3〕 欧亚经济联盟委员会：《2018 年通过与第三国贸易的综合产品集团出口和进口哈萨克斯坦共和国的货物》，载 http://www.eurasiancommission.org/ru/act/integr_i_makroec/dep_stat/tradestat/tables/extra/Documents/2018/12/E201812_3_4.xls，最后访问日期：2019 年 5 月 23 日。

〔4〕 欧亚经济联盟委员会：《2018 年欧亚经济联盟成员相互贸易统计数据》，载 http://www.eurasiancommission.org/ru/act/integr_i_makroec/dep_stat/tradestat/tables/intra/Documents/2018/12/I201812_3_2.xls，最后访问日期：2019 年 5 月 23 日。

〔5〕《哈萨克斯坦共和国贸易活动监管法》第 6 条、第 7 条、第 7－2 条、第 7－3 条、第 7－4 条、第 7－5 条和第 8 条，载 https://online.zakon.kz/Document/?doc_id=1047488#pos=5，最后访问日期：2019 年 5 月 27 日。

2. 哈萨克斯坦政府在贸易方面的职能

哈萨克斯坦政府在贸易方面的职能主要有：在贸易活动领域与外国、国际组织合作、互动，在哈萨克斯坦外建立贸易代表团；就贸易活动领域的政府间协定的谈判和签署作出决定；就补偿措施作出决定；指定统一产品标识与跟踪运营机构，就统一产品标识与跟踪运营机构指定相关要求和程序；指定负责举办专门国际展览会的法人；执行应对措施；就特别禁止和限制作出决定；《宪法》《贸易法》等其他法律和总统令赋予的其他职能。

3. 哈萨克斯坦国民经济部在贸易方面的职能

哈萨克斯坦国民经济部在贸易方面的职能主要有：提出有关交易活动管制的立法的建议；制定保护哈萨克斯坦国内市场的措施；制定海关和关税管制措施以及对外贸易的非关税管制；批准征收进出口关税的货物清单、税率及其有效期和付款程序（如有要求）；提出关于发展贸易活动以及为生产和销售货物创造有利条件的建议；制定贸易活动监管领域的规范性法案；制定进行当铺经营的规定；批准国内贸易规则；制定和批准根据人口提供贸易区域的最低标准；制定和批准零售业的食品价格和自然损耗率；与全国企业家商会合作启动、参与、组织、主办国内和国际展会、展览；代表哈萨克斯坦政府与国际贸易组织谈判；根据立法规定对某些货物的进口和/或出口实施许可；通过分析本国商会每季度提供的信息监测批准的原产地证书，以及批准的供国内流通的原产地证书，以及由授权机构确定的在关税同盟内作为外国货物对待的货物；进行宏观经济分析以确定最低及最高零售价和主食的最高零售价；为确定主食最高零售价以及每年厘定该产品零售价最低限额提出建议；制定确定最低及最高零售价和主食最高零售价的程序；就税率优惠制定规则和条件，指定优惠税率的产品清单；就应对措施进行调查；实行《贸易法》等其他法律、总统令和哈萨克斯坦政府规定的其他权力。

4. 国家收入机构

国家收入机构的具体名称是国家收入委员会，负责监督海关和税务局所征收的收入,[1]根据《贸易法》其职能如下：负责在哈萨克斯坦边检阶段（与欧亚经济联盟成员边检阶段除外）检查交通工具，包括进行国际运输的交通工具；检查承运人的货物信息和报关文件；根据哈萨克斯坦相关法律规定对货物进行文字、摄像、录音和照相记录；根据国家制定的程序对禁止和有限制的货物进行监管。

5. 州、共和国直辖市、首都、区、州级城市的地方执行机构的职能

地方执行机构的职能主要有：确保贸易政策实施；在自己管辖范围内对贸易主体活动进行监管；在对应的行政和领土单位内为贸易推广制定措施；制订关于向公众提供贸易区域的最低标准提案；制订并执行关于向公众达到贸易区域的最低标准的措施；负责展会展览的组织和主持工作；对国家主食最高零售价进行监管；代表地方机构行使哈萨克斯坦立法赋予地方执行机构的其他权力。

此外，州、共和国直辖市、首都的地方执行机构还负责制定主食最低及最高零售价。

（三）贸易法律法规概况

管制贸易活动的立法以《宪法》为基础，由《贸易法》《海关监管法》和其他规范性法案组成。根据哈萨克斯坦《宪法》第4条第3款和《贸易法》第16.1条规定，国际条约作为哈萨克斯坦法律的一部分，优先于哈萨克斯坦国内法。因此，哈萨克斯坦所签署的2014年《欧亚经济联盟协议》、2018年《欧亚经济联盟的海关法典协议》、2018年版的《欧亚经济联盟海关法典》和GATT均为哈萨克斯坦法律的一部分。《欧亚经济联盟海关法典》直接调整其成员的海关法的法律关系，因此没必要将其内容纳入成员的国内法,[2]虽然哈萨克斯坦也有自己的《海关监管法》，但只有海关法典没有规定的情况下，才适用该法。[3]

---

〔1〕 哈萨克斯坦财政部：《关于国家收入委员会规定》，载 http://kgd. gov. kz/ru/content/polozhenie-o-komitete，最后访问日期：2019年5月27日。

〔2〕 L. M. 恩挺：《欧洲法：欧盟和欧亚经济联盟的法律部门》，莫斯科出版社2019年版，第29页。

〔3〕 哈萨克斯坦《海关监管法》第1条第3、4款。

关于WTO法和欧亚经济联盟法的优先性问题，理论上有争议，[1]但是实际上，哈萨克斯坦加入WTO后，对别的欧亚经济联盟成员做了让步。2015年6月27日哈萨克斯坦加入《马拉喀什协定》后，其一部分的降低关税承诺低于欧亚经济联盟法典统一关税标准，因此，根据2016年1月11日生效的《关于欧亚经济联盟区域内货物流转的备忘录》第3条第4款，低于欧亚经济联盟统一关税标准的货物仅能从第三国进口到哈萨克斯坦，不得擅自转移到别的欧亚经济联盟的成员，凡要进入到别的成员国内，均得按照欧亚经济联盟的统一关税标准征收关税。[2]关于低于统一关税标准的货物，欧亚经济联盟也制定了专门货物清单。[3]

（四）海关管理

1. 海关监管机构

根据哈萨克斯坦《海关监管法》第2条第2款，哈萨克斯坦财政部国家收入委员会负责海关监管和海关法律执法事务。[4]

2. 欧亚经济联盟的统一通关规则

由于哈萨克斯坦签署了欧亚经济联盟协议，因此，调整海关环节的主要法律是《欧亚经济联盟海关法典》。具体包括以下影响通关的统一规则：

（1）统一对外经济活动单一商品目录[5]以及发展中国家和最不发达国家商品优惠关税清单。[6]

（2）统一关税税率目录。[7]

---

〔1〕 阿丽娜·马卡洛娃：《欧亚经济联盟和WTO：争议性共处》，载http://eurasian-studies.org/archives/6152，最后访问日期：2019年5月28日。

〔2〕《关于欧亚经济联盟区域内货物流转的备忘录》第3条第4、5款。

〔3〕 欧亚经济员会《关于哈萨克斯坦加入世贸组织后的部分关税低于欧亚经济联盟统一关税标准的税目清单》。

〔4〕 哈萨克斯坦法律在线网：《哈萨克斯坦财政部条例》，载https://online.zakon.kz/Document/?doc_id=30176584#pos=5;-158；哈萨克斯坦财政部国际收入委员：《委员会条例》，载http://kgd.gov.kz/en/content/information-about-committee，最后访问日期：2019年6月4日。

〔5〕《欧亚经济联盟海关法典》第19条以及2012年7月16日欧亚经济委员会第54号《关于制定欧亚经济联盟统一对外经济活动单一商品目录和欧亚经济联盟统一关税税率目录的决定》（2019年3月19日）。

〔6〕 欧亚经济委员会第8号《关于发展中国家和最不发达国家商品优惠关税清单的决定》。

〔7〕 欧亚经济委员会第54号《关于制定欧亚经济联盟统一对外经济活动单一商品目录和欧亚经济联盟统一关税税率目录的决定》。

（3）统一商品原产地规则。[1]商品原产地规则分为三类：非优惠原产地规则、发展中国家和最不发达国家原产地规则（优惠规则）和互惠原产地规则（若欧亚经济联盟与某一个国家有自由贸易协议，即按照这个协议）。按照上述规则，货物进口到欧亚经济联盟区域时，通常需要办理原产地证明，[2]如果海关机关怀疑商品原产地的真实性，需要提交原产地证明。[3]《欧亚经济联盟海关法典》第31条规定，货物离开欧亚经济联盟区域时（包括出口和再出口的商品），由成员国授权机构负责办理原产地证明，哈萨克斯坦授权机构为哈萨克斯坦商会。[4]

（4）统一货物完税价格。根据该海关法典，欧亚经济联盟的海关机关应按照GATT 1994第7条要求确定海关完税价格，主要有成交价法、相同货物法、类似货物法、倒扣价格法、计算价格法、后备法（后备法会采用其他条件，主要有相同、类似货物的境外的价格、超过90天的出售价格等）。[5]在出口货物完税价格问题上，《欧亚经济联盟海关法典》将确定出口货物完税价格并交给欧亚经济联盟成员，因此，哈萨克斯坦在出口货物的时候，使用买方向卖方支付的价格，包括成交价的价外费用、装卸费用、保险费和特许费。[6]

3. 关税措施

（1）进出口关税。进口到欧亚经济联盟的货物按照欧亚经济联盟统一关税税率目录征收关税。主要有从价税、特殊税（在物理特性基础上征收的关税：从量、从重量、从容量等）和复合税（从价税加上特殊税）。根据

---

〔1〕《欧亚经济联盟协议》第37条、《欧亚经济联盟海关法典》第28~36条、《进入欧亚经济联盟区域商品的原产地规则（商品原产地非优惠规则）》、《进入欧亚经济联盟区域的发展中国家和最不发达国家商品原产地规则》。

〔2〕《欧亚经济联盟协议》第29条和《进入欧亚经济联盟区域商品的原产地规则（商品原产地非优惠规则）》第2章商品原产地证书标准。

〔3〕《进入欧亚经济联盟区域商品的原产地规则（商品原产地非优惠规则）》第24、25条和《进入欧亚经济联盟区域的发展中国家和最不发达国家商品原产地规则》第8条。

〔4〕哈萨克斯坦法律法规文件信息网：《确定商品原产地、办理证明书、注销证明书条例》第3条第17款，载 http://adilet. zan. kz/rus/docs/V1500010947，最后访问日期：2019年5月31日。

〔5〕《欧亚经济联盟海关法典》第37~45条。

〔6〕哈萨克斯坦法律在线网：《哈萨克斯坦监管法典第73条》，载 https://online. zakon. kz/Document/? doc_id = 39082703#pos = 1702；-42，最后访问日期：2019年5月31日。

上述海关法典第53条第3款，出口关税由成员国的法律负责制定，关于出口关税哈萨克斯坦有《应征收出口关税的商品清单》和《出口关税税率目录》。[1]关于进口关税还有三种措施：关税减让、关税配额和关税优惠。关税减让适用《欧亚经济联盟协议》第43条和第6号附件（包括外商投资者企业注册资本的汇款），关税配额（主要是涉及进口农产品）适用《欧亚经济联盟协议》第44条和第6号附件第3章，由欧亚经济委员会就具体关税配额作出决定。[2]进口关税优惠适用《欧亚经济联盟协议》第36条，即征收发展中国家进口商品的统一关税目录的75%税额，对最不发达国家规定零关税；进口关税优惠由欧亚经济委员负责会制定征收条件和程序。[3]除此以外，《欧亚经济联盟协议》第42条第5款为了调整特定商品还规定了季节关税，这种关税会暂时替代统一关税税率目录，其有效期不能超过6个月。[4]

（2）海关环节的间接税。根据《欧亚经济联盟协议》的第18号附件第3条，成员之间增值税税率为零，且免消费税。[5]根据《欧亚经济联盟海关法典》的第51条第3款、第53条第4款，成员按照自己的法律规定征收海关环节的关税以外的税种。即便成员自己规定海关环节的税种，成员的海关环节的其他税种的征收程序必须符合《欧亚经济联盟海关法典》第61条，而且欧亚经济委员会在欧亚经济联盟官网必须公布每一个成员的间接税的税率目录。哈萨克斯坦海关环节间接税规定了在哈萨克斯坦《税法》中，其增值税基本税率为12%，消费税商品清单和消费税税率目录分别规定在哈萨克斯坦《税法》第462条和第463条。[6]

---

〔1〕 哈萨克斯坦国家经济部第81号部长命令《关于制定应征收出口关税的商品清单、缴税期限和税率和石油、石油产品出口征税计税条例》。

〔2〕《欧亚经济联盟协议》第43、44条和第6号附件《关于海关关税管制的议定书》。

〔3〕《欧亚经济联盟协议》第36条以及欧亚经济委员会第47号决定《欧亚经济联盟统一关税优惠制度的条件和程序的条例》。

〔4〕《欧亚经济联盟协议》第42条第5款。

〔5〕《欧亚经济联盟协议》第18号附件《货物进出口、提供服务、劳务的征收间接税程序及缴纳间接税记至的议定书》第3条。

〔6〕 哈萨克斯坦法律在线网：《哈萨克斯坦税法》第422条1款、第462条、第463条，载 https://online. zakon. kz/Document/? doc_id = 36148637#pos = 4; - 158，最后访问日期：2019年6月1日。

（3）海关监管手续费。根据《欧亚经济联盟海关法典》第47条，海关监管手续费的种类、手续费费率以及缴费主体、期限等程序性问题的规定由成员方相关部门负责制定，但不得超过海关机关办理这些手续的成本。[1]哈萨克斯坦《海关监管法》第77条第1款规定了三种海关监管手续费：货物申报手续费、海关护送手续费和作出货物提前放行的手续费。[2]手续费的费率目录由哈萨克斯坦政府负责制定。[3]

4. 非关税措施

（1）非关税管制措施。根据《欧亚经济联盟协议》第46条，欧亚经济联盟在与第三国进行贸易中会采取非关税海关管制措施。根据《欧亚经济联盟协议》第7号附件《针对第三国的非关税海关管制措施议定书》，欧亚经济联盟有以下七个措施：禁止或限制货物进口或出口的数量、货物进口或出口专营权、颁发自动进口或出口许可证（货物进出口跟踪）、制定货物进口或出口准许程序货物进出口禁令、非关税措施一般例外、外部金融形势保护和确保国际收支平衡措施；根据该议定书第1条第2款，欧亚经济联盟的非关税海关管制措施不包括技术管理、检验检疫管理（卫生防疫、兽医卫生和植物检验检疫的内容）、出口管制、军事合作。[4]根据《欧亚经济联盟协议》第47条，参照第7号附件对成员的要求，哈萨克斯坦具有权利单方面执行在第7号附件中未规定的其他非关税海关管制措施（通知其他成员以后）。[5]值得注意的是，在非关税措施问题上，存在三种商品清单：一是市场极重要的商品清单（主要是食品、木材产品、肥料），在发生特殊的紧急情况之下，欧亚经济委员会才具有权力对这些商品采取限制出口的措施；[6]二是原则上不允许进出口的商品（考虑公共利益以及根据国际条约），这个类型包括19个清单，

---

〔1〕《欧亚经济联盟海关法典》第47条。

〔2〕哈萨克斯坦法律在线网：《哈萨克斯坦海关监管法》第74条，载 https://online. zakon. kz/Document/? doc_id = 39082703#pos = 1755；-59，最后访问日期：2019年6月2日。

〔3〕哈萨克斯坦在线法律网：《关于国家机关所征收的海关监管手续费费率目录》，载 https://online. zakon. kz/Document/? doc_id = 33156003#pos = 0；0，最后访问日期：2019年6月2日。

〔4〕《欧亚经济联盟协议》第46条以及《欧亚经济联盟协议》第7号附件《针对第三国的非关税海关管制措施议定书》。

〔5〕《欧亚经济联盟协议》第7号附件《针对第三国的非关税海关管制措施议定书》第10章。

〔6〕欧亚经济委员会第83号决定《关于制定可进行禁止和数量限制措施的市场极重要商品清单》。

主要清单是《欧亚经济联盟禁止进出口的商品清单》;[1]三是《欧亚经济成员国与第三国进行进出口贸易的禁止和限制进出口商品清单》，即各个成员禁止或限制进出口的商品，根据该清单，对哈萨克斯坦主要禁止出口木材产品，并对进口甘蔗糖进行数量限制。[2]

（2）市场保护措施。为了保护联盟区域内的市场，根据《欧亚经济联盟协议》第 48 条，欧亚经济委员会有权力对来自于第三国的商品采取三种措施：特殊保护措施、反倾销措施和补贴措施。适用市场保护措施之前，根据《欧亚经济联盟协议》第 8 号附件《关于对第三国使用特殊保护措施、反倾销措施、补贴措施的议定书》，欧亚经济委员会指定的授权机构将对第三国的商品进行调查，欧亚经济委员会根据调查结果作出是否对商品采取市场保护措施的决定。根据第 8 号附件，特殊保护措施的使用目的是避免进口商品对联盟市场产生严重损害，具体措施为特殊保护进口税、进口配额和特殊配额；反倾销措施的目的是避免第三国商品以低于市场价格方式进入联盟区域内市场，具体措施就是反倾销税；补贴措施的目的在于，避免受补贴的第三国商品进入联盟市场，具体措施也是补贴税。[3]上述三种特殊措施税本质不属于关税管制，而属于非关税管制。在缴纳特殊税、反倾销税和补贴税问题上，《欧亚经济联盟海关法典》第 48 条还规定了所谓特殊税、反倾销税、补贴税的预付款费，这个费用具体征收程序由成员国负责制定。根据哈萨克斯坦《海关监管法》第 78 条，也存在特殊的费用：特殊税、反倾销税、补贴税的预付款费，即纳税申报人缴纳特殊税、反倾销税、补贴税之前可以预付自己的资金，但纳税申报人应签署特别申请，这种预付款费才能作为缴纳特殊税、反倾销税、补贴税的事实或者作为特殊税、反倾销税、补贴税的保证。[4]

---

〔1〕 欧亚经济委员会第 30 号决定《关于非关税措施》：19 个商品清单，主要是第 1 号附件《欧亚经济联盟禁止进出口的商品清单》。

〔2〕 欧亚经济委员会第 134 号决定《关于非关税措施规范性文件》：第 1 号附件《欧亚经济成员国与第三国进行进出口贸易的禁止和限制进出口商品清单》。

〔3〕《欧亚经济联盟协议》第 48 条和《欧亚经济联盟协议》第 8 号附件《关于对第三国使用特殊保护措施、反倾销措施、补贴措施的议定书》。

〔4〕 哈萨克斯坦在线法律网：《哈萨克斯坦海关监管法》第 78 条，载 https://online. zakon. kz/Document/? doc_id = 39082703#pos = 1766 ; -45，最后访问日期：2019 年 6 月 2 日。

5. 技术管理

（1）技术管理法律法规。哈萨克斯坦关于技术管理的法律法规主要是强制性和非强制性认证。在国际法层面是《欧亚经济联盟协议》第51~55条、《欧亚经济联盟协议》第9号附件《欧亚经济联盟范围内技术管理议定书》；在国内法层面，主要有2004年11月9日哈萨克斯坦技术管理法第603-II号（2019年4月16日版本）。

（2）哈萨克斯坦关于技术管理的国家法与国内法的关系。由于哈萨克斯坦是欧亚经济联盟成员，因此，根据欧亚经济联盟协议统一强制性技术要求商品清单规定的和欧亚经济联盟技术规范办理相关技术认证的商品均可以在哈萨克斯坦区域内销售，[1]关于在欧亚经济联盟协议统一强制性要求商品清单未规定的商品，哈萨克斯坦在自己国内法中不得规定强制性技术要求。[2]上述规则产生以下的结果：欧亚经济联盟技术规范效力大于哈萨克斯坦技术规范效力，哈萨克斯坦技术规范中不得规定超过欧亚经济联盟技术规范的强制性要求；可能就欧亚经济联盟统一强制性要求商品清单没有欧亚经济联盟技术规范，但有哈萨克斯坦国家技术规范。[3]42个现行有效欧亚经济联盟技术规范可以在欧亚经济委员会官网查询[4]，30个现行有效哈萨克斯坦技术规范可以在哈萨克斯坦工业与基础设施发展部官网查询[5]。

（3）办理强制性技术认证的流程。根据《欧亚经济联盟协议》第9号附件第5条第2款和哈萨克斯坦《技术管理法》第27条，强制性技术认证有两种方式：办理合格性申明和办理合格认证书（参考哈萨克斯坦强制技术认证商品清单：应办理合格性申明商品与服务清单和应办理合格认证书

---

〔1〕关税同盟委员会第26号决定《统一强制性技术要求商品清单》。

〔2〕《欧亚经济联盟协议》第52条1款1项。

〔3〕《欧亚经济联盟协议》第52条1款1项和其第9号附件《欧亚经济联盟范围内技术管理议定书》第3条第1款。

〔4〕欧亚经济委员会：《现行有效的技术规范》，载 http://www.eurasiancommission.org/ru/act/texnreg/deptexreg/tr/pages/TRVsily.aspx，最后访问日期：2019年6月4日。

〔5〕哈萨克斯坦工业与基础发展部：《哈萨克斯坦共和国技术规范》，载 http://memst.miid.gov.kz/ru/kategorii/deystvuyushchie-tehnicheskie-reglamenty-respubliki-kazahstan，最后访问日期：2019年6月4日。

清单）。[1]根据《欧亚经济联盟协议》第54条第3款第3项，原则上若申请人注册在某一个成员国，他只能在这个成员国授权认证机构办理认证，这个成员国没有关于这个技术规范的认证机构除外。根据第9号附件第5条第6款，申请人（无论是生产商还是消费主体）均是在欧亚经济联盟成员国注册的法人或者个体工商户。授权认证机构对合格商品确认商品合格性申明或者出具商品合格认证书，就应办理和个人证书的商品，授权认证实验室可能需要进行相关实验。[2]

（4）涉及海关监管进口商品申报环节的规定。《欧亚经济联盟协议》第9号附件第8条规定了通关环节特殊要求，即特定服装和一些保护套在海关申报环节，申报人必须附上合格性文件。[3]

6. 进出口商品检验检疫

（1）进出口法律法规简介。哈萨克斯坦有关进出口商品检验检疫法律包括欧亚经济联盟法和哈萨克斯坦国内法。由于哈萨克斯坦签署了《欧亚经济联盟协议》，所以在涉及检验检疫的协议、协议附件和欧亚经济委员会的决定原则上优先于哈萨克斯坦国内法，涉及检验检疫的哈萨克斯坦国内法律规定也应该符合欧亚经济联盟法。

2014年《欧亚经济联盟协议》的第56~59条规定了检验检疫综合要求、卫生防疫要求、兽医卫生要求和植物检验检疫要求。[4]根据第57条，欧亚经济委员会制定了《欧亚经济联盟边境和区域应进行卫生防疫监管的商品统一清单》，包括应办理注册的商品清单。[5]根据第58条，欧亚经济委员会制定了《应进行兽医卫生监管的商品统一清单》。[6]同样，根据第59条，欧亚经

---

〔1〕 哈萨克斯坦法律在线网：《关于哈萨克斯坦强制性商品认证：应办理合格性申明商品与服务清单和应办理合格认证书清单》，载 https://online. zakon. kz/Document/? doc_id = 30009157#pos = 1; -134，最后访问日期：2019年6月4日。

〔2〕 哈萨克斯坦法律在线网：《哈萨克斯坦技术管理法》第12、13条，载 https://online. zakon. kz/Document/? doc_id = 1051485#pos = 386; -52，最后访问日期：2019年6月4日。

〔3〕 欧亚经济委员会第79号决定《关于在海关申报环节中提供符合〈TP TC 019/2011 个人防护器具技术规范〉合格性文件的商品清单》。

〔4〕《欧亚经济联盟协议》第56~59条。

〔5〕 海关联盟委员会《关于在欧亚经济联盟进行卫生措施的决定》：欧亚经济联盟边境和区域应进行卫生防疫监管的商品统一清单。

〔6〕 海关联盟委员会《关于在欧亚经济联盟进行兽医卫生措施的决定》：应进行兽医卫生监管的商品统一清单。

济联盟委员会制定了《欧亚经济联盟边境和区域应进行植物检验检疫的统一检疫商品清单》。[1]

（2）卫生防疫检验检疫。《欧亚经济联盟协议》第12号附件《应用卫生防疫、兽医卫生和植物检验检疫措施的议定书》对协议的检验检疫内容进行了细化。根据议定书第2章第4条第4款，对应进行卫生防疫检验检疫的商品进行注册登记主要是按照2017年6月30日的欧亚经济委员会第80号《关于国家商品注册登记证书的决定》来执行，其《国家商品注册登记条例》第2条规定，欧亚经济联盟成员国按照自己的法律规定对应进行卫生防疫检验检疫的商品办理登记证书，根据《国家商品注册登记条例》第19条，注册登记证书在欧亚经济联盟区域内均有效。[2]在哈萨克斯坦区域内，具体办理办法是哈萨克斯坦《儿童食品、保健食品、转基因物体、色素、消毒、杀虫、灭鼠器材、接触与水、食品的材料和制品、危险化的化学物质、特殊产品和物质注册登记和登记变更标准》，由哈萨克斯坦卫生部社会健康保障委员会负责办理注册登记证书。[3]

（3）兽医卫生检验检疫。在兽医卫生检验检疫问题上，根据议定书第3章第16条第2款，欧亚经济联盟各个成员就应进行兽医卫生检验检疫商品进出口和过境运输的情况自己制定相关办法。[4]根据哈萨克斯坦《发放兽医文件及其样本要求的条例》第2条第3款，哈萨克斯坦国家农业部兽医监管委员会负责办理相关证书。在进出口和过境运输中，均得办理兽医卫生检验检疫证书。就进出口和过境运输，根据条例存在以下的情形：向欧亚经济联盟以外的第三国出口，证书应符合第三国的要求；向欧亚经济联盟其他成员国出口，证书应符合2010年6月18日第317号海关联盟委员会《关于在欧亚经

---

[1] 海关联盟委员会《关于在欧亚经济联盟植物检验检疫保障的决定》：欧亚经济联盟边境和区域应进行植物检验检疫的统一检疫商品清单。

[2] 欧亚经济委员会第80号《关于国家商品注册登记证书的决定》之《国家商品注册登记条例》第2、19条。

[3] 哈萨克斯坦国家卫生部商品服务质量监管委员会：《哈萨克斯坦国家商品注册登记证书目录表》，载 http://kooz.dsm.gov.kz/ru/pages/reestr-svidetelstv-o-gosudarstvennoy-registracii-produkcii-tovarov-rk-0，最后访问日期：2019年5月29日。

[4] 《欧亚经济联盟协议》第12号附件《应用卫生防疫、兽医卫生和植物检验检疫措施的议定书》第16条第2款。

济联盟进行兽医卫生措施的决定》的要求；在进口方面，若会再出口到欧亚经济联盟其他成员国，证书均应符合2010年6月18日第317号海关联盟委员会《关于在欧亚经济联盟进行兽医卫生措施的决定》的要求，否则不允许再出口到欧亚经济联盟其他成员国。[1]

（4）植物检验检疫。在植物检验检疫问题上，根据议定书第4章第23条，每批应进行植物检验检疫的商品进口/再出口到另一个欧亚经济联盟成员国时，均得办理植物检验检疫证书。[2]议定书第4章第19条规定了具体欧亚经济联盟区域内的植物检验检疫条例和规范，即2016年11月30的欧亚经济委员会第159号《关于在欧亚经济联盟区域内的统一植物检验检疫保障条例与规范》。根据该《条例与规范》第4章第21条，植物检验检疫证书由欧亚经济联盟成员国授权机构负责办理。根据该《条例与规范》的第23条，凡出口到联盟外的第三国，植物检验检疫证书应符合第三国植物检验检疫要求；凡出口到联盟其他成员国，植物检验检疫证书均需要符合欧亚经济联盟对植物检验检疫要求。根据第24条，凡应进行植物检验检疫的商品出口、再出口、移送到联盟其他成员国时，均需要办理植物检验检疫证书。[3]哈萨克斯坦对植物检验检疫流程规定了具体办法，即哈萨克斯坦《植物检验检疫法》。根据其第13条第2款第1项，应进行植物检验检疫的商品均通过专门植物检验检疫口岸和公路口岸进入哈萨克斯坦；根据第2项，应进行植物检验检疫的进口商品需要先通过检验检疫，才可以开始办理通关手续；根据第3项，进口商品的其他国家植物检验检疫措施应当符合哈萨克斯坦植物检验检疫要求，这批商品才能进口。根据第4款规定，应进行植物检验检疫的商品离开哈萨克斯坦时，均得办理植物检验证书。[4]在这里存在三个情形：凡是需要在哈

---

〔1〕 哈萨克斯坦《发放兽医文件及其样本要求的条例》第2、8、9条，载 http://adilet.zan.kz/rus/docs/V1500011898，最后访问日期：2019年5月29日。

〔2〕《欧亚经济联盟协议》第12号附件《应用卫生防疫、兽医卫生和植物检验检疫措施的议定书》第23条。

〔3〕 欧亚经济委员会第159号《关于在欧亚经济联盟区域内的统一植物检验检疫保障条例与规范》第21、23、24条。

〔4〕 哈萨克斯坦法律在线网：《哈萨克斯坦植物检验检疫法》第13条，载 https://online.zakon.kz/Document/? doc_id=1012374#pos=280; -60，最后访问日期：2019年5月30日。

萨克斯坦区域内进行过境运输的商品，应按照《植物检验检疫商品在哈萨克斯坦区域内过境运输的发放证书标准》办理证书；凡需要从哈萨克斯坦区域内进行出口或再出口的商品，应按照《植物检验检疫商品从哈萨克斯坦区域内出境的发放证书标准》办理证书。除此以外，还有《以科学研究为目的进入哈萨克斯坦区域内的植物检验检疫商品的发放证书标准》。[1]

（五）经济特区

1. 主要法律规定

《欧亚经济联盟协议》第 27 条只是笼统地规定了其成员可以成立经济特区和自由贸易仓库。实际上，哈萨克斯坦规定经济特区的法律主要有哈萨克斯坦经济特区法、海关监管法、税法法典和土地法典的相关内容。[2]根据《经济特区法》第 1 条第 2 款，经济特区为哈萨克斯坦在其领土内为发展一些优先行业的活动实施特殊法律制度的地区；根据该法第 1 条第 6 款，参与哈萨克斯坦经济特区的企业需通过统一窗口办理相关注册手续；根据该法第 26 条，所有经济特区分为国有经济特区和私有经济特区，国有经济特区分为共和国直辖工业区、地区直辖工业区和小型工业区；根据该法第 17 条第 3 款，经济特区的运营公司将国有土地以免费方式交给参与企业使用；根据该法第 17 条第 5 款，经济特区运营商可以以转租合同方式将土地交给参与企业使用；该法第 18 条还规定了参与企业注册申请程序。[3]

2. 经济特区特别法律制度

《经济特区法》第 8 章专门规定了经济特区特别法律制度。

税法方面，根据《经济特区法》第 8 章第 51 条和哈萨克斯坦《税法法典》第 21 部，经济特区企业享受减免高达 100% 的企业所得税，对于用于经

---

〔1〕 哈萨克斯坦法律法规文件信息网：《关于制定哈萨克斯坦国家植物检验检疫标准的命令》：第 1 号附件《植物检验检疫商品在哈萨克斯坦区域内过境运输的发放证书标准》、第 2 号附件《植物检验检疫商品从哈萨克斯坦区域内出境的发放证书标准》、第 3 号附件《以科学研究为目的进入哈萨克斯坦区域内的植物检验检疫商品的发放证书标准》，载 http://adilet. zan. kz/rus/docs/V1800016796，最后访问日期：2019 年 5 月 30 日。

〔2〕 《欧亚经济联盟协议》第 27 条。

〔3〕 哈萨克斯坦法律在线网：《哈萨克斯坦经济特区法》第 242 条第 6 款，载 https://online. zakon. kz/document/? doc_id =36402496#pos =71; -158，最后访问日期：2019 年 6 月 5 日。

济特区经营使用商品征收零增值税，零土地税，零财产税。[1]

海关监管方面，根据《经济特区法》第52条和第53条，哈萨克斯坦经济特区实行“自由海关区”，其法律制度由《欧亚经济联盟海关法典》第27章和哈萨克斯坦《海关法典》第29章规定。[2]

土地法方面，经济特区参与企业的土地使用权由哈萨克斯坦《土地法典》第119条第2款内容规定。[3]

外籍劳动法方面，根据哈萨克斯坦《人口就业法》第32条第7款，在经济特区就业的外籍人士免除外籍就业配额限制，即每月经营额超过一百万计算单位以上的经济特区企业以及该企业的工程承包企业可以无限制地雇佣外籍员工。[4]

3. 经济特区名单

从哈萨克斯坦投资国有公司官网看到，目前哈萨克斯坦有以下12个经济特区：阿斯塔纳-新城市经济特区、萨雷阿尔卡经济特区、国家石化工业科技园经济特区、阿克陶港经济特区、Ontustik经济特区（位于奇姆肯特市）、塔拉兹化学园经济特区、霍尔果斯-东门经济特区、创新科技园经济特区、巴浦洛达尔经济特区、阿斯塔纳-科技城经济特区、突厥斯坦经济特区和霍尔果斯国际边境合作中心经济特区。[5]

（六）中国与哈萨克斯坦的合作

1. 外交关系成立

中国与哈萨克斯坦于1992年1月3日成立外交关系。[6]2004年5月17日

---

〔1〕哈萨克斯坦法律在线网：《哈萨克斯坦税法法典》《经济特区主体、经济特区、工业区运营公司和优先投资项目实施组织税收》，载 https://online.zakon.kz/document/? doc_id = 36148637#pos = 18585；-33，最后访问日期：2019年6月5日。

〔2〕哈萨克斯坦法律在线网：《欧亚经济联盟海关法典》第27章、《哈萨克斯坦海关监管法》第29章，载 https://online.zakon.kz/document/? doc_id = 39082703#pos = 4947，最后访问日期：2019年6月5日。

〔3〕哈萨克斯坦法律在线网：《哈萨克斯坦土地法典》第119条第2款，载 https://online.zakon.kz/document/? doc_id = 1040583#pos = 2628；-53，最后访问日期：2019年6月5日。

〔4〕哈萨克斯坦法律在线网：《哈萨克斯坦人口就业法》第32条第7款，载 https://online.zakon.kz/Document/? doc_id = 38847468#pos = 774；-44，最后访问日期：2019年6月5日。

〔5〕哈萨克斯坦投资国有公司官网，https://ru.invest.gov.kz/doing-business-here/fez-and/the-list-of-sez-and/.

〔6〕哈萨克斯坦驻华大使馆，http://www.mfa.gov.kz/zh/beijing/content-view/ha-zhong-he-zuo.

中国与哈萨克斯坦成立了中哈合作委员会，到目前为止双方已举办了八次委员会会议。中哈合作委员会包括9个分委员会：经贸合作、交通合作、边检站和海关事务合作、科技合作、金融合作、能源合作、地质与矿产开采合作、文化人文合作、安全合作分委员会。[1]

2. 主要合作组织

2001年6月15日，哈萨克斯坦成为上海合作组织成员，与中国在上海合作组织活动范围内开展合作。[2]2016年4月18日哈萨克斯坦成为亚洲基础设施投资银行的成员之一。[3]此外，哈萨克斯坦也是响应中国“一带一路”国际合作倡议的主要国家之一。[4]

3. 经贸与投资领域合作

在贸易领域，对哈萨克斯坦来说，中国是其第二大出口国（62.7亿美元）和第二大进口来源国（53.8亿美元）。[5]在投资领域，2018年中国对哈萨克斯坦非金融类直接投资3.94亿美元，同比增长118.9%；截止到2018年底，中国对哈萨克斯坦各类投资累计293亿美元，主要包括采矿业、交通运输等领域。[6]

二、吉尔吉斯斯坦

拉姆斯·亚历山大（Ramus Alexander）

（一）国家概况

吉尔吉斯斯坦共和国（以下简称“吉尔吉斯斯坦”）是位于中亚地区的

---

〔1〕 哈萨克斯坦法律在线网：《关于成立中哈合作委员会的协议》，载 https://online.zakon.kz/Document/? doc_id=1048115#pos=1；-98，最后访问日期：2019年6月6日。

〔2〕 上海合作组织，http://chn.sectsco.org/about_sco/.

〔3〕 亚洲基础设施投资银行官网的成员国名单，载 https://www.aiib.org/en/about-aiib/governance/members-of-bank/index.html，最后访问日期：2019年6月6日。

〔4〕 中国一带一路网，https://www.yidaiyilu.gov.cn/info/iList.jsp? tm_id=540.

〔5〕 欧亚经济联盟委员会：《2018年哈萨克斯坦与欧亚经济联盟以外第三国的国别贸易统计数据》，载 http://www.eurasiancommission.org/ru/act/integr_i_makroec/dep_stat/tradestat/tables/extra/Documents/2018/12/E201812_2_4.xls，最后访问日期：2019年6月6日。

〔6〕 中华人民共和国驻哈萨克斯坦共和国大使馆经济商务参赞处：《关于2018年中哈经贸合作简况》，载 http://kz.mofcom.gov.cn/article/zhhz/201903/20190302841709.shtml，最后访问日期：2019年6月6日。

国家，其总面积为 19.99 万平方公里，居世界第 85 位。[1]吉尔吉斯斯坦北部与哈萨克斯坦毗邻，西部与乌兹别克斯坦毗邻，西南部与塔吉克斯坦毗邻，东部和东南部与中国毗邻。

截至 2018 年底，吉尔吉斯斯坦有 629.5 万人，[2]且根据联合国人口司的中等情景预测，截至 2025 年，吉尔吉斯斯坦人口将会达到 667.5 万。[3]根据吉尔吉斯斯坦国家统计委员会的数据，2018 年初吉尔吉斯斯坦各民族及其比例为吉尔吉斯族（73.3%）、乌兹别克族（14.6%）、俄罗斯族（5.6%）、回族（1.1%）、维吾尔族（0.8%）、塔吉克族（0.8%）和其他民族（3.4%）。[4]

吉尔吉斯斯坦全国行政区划分为比什凯克、奥什两个共和国直辖市和七个州，其中比什凯克市是首都。

根据 2016 年《吉尔吉斯斯坦宪法》，吉尔吉斯斯坦是"独立主权、民主、法制、世俗、单一制国家"，总统为吉尔吉斯斯坦元首，吉尔吉斯斯坦议会为吉尔吉斯斯坦立法机关。[5]

吉尔吉斯斯坦于 1998 年 12 月 20 日加入 WTO，是所有独联体国家中最早加入的。[6]根据 WTO 关税数据，目前吉尔吉斯斯坦平均关税水平为 7.5%。[7]

2015 年 1 月 1 日起，吉尔吉斯斯坦成为欧亚经济联盟（EAEU）的成员（同为成员的还包括俄罗斯、白俄罗斯、哈萨克斯坦和亚美尼亚）。[8]EAEU 是拥有 1.838 亿人且 GDP 约为 1.9 万亿美元的综合单一市场，[9]其促进了四

---

[1] 联合国统计部相关文件，载 https://unstats.un.org/unsd/demographic/products/dyb/dyb2012/Table03.pdf，最后访问日期：2019 年 5 月 5 日。

[2] Country Meters, at https://countrymeters.info/ru/kyrgyzstan, May 5, 2019.

[3] United Nations Population Division, Department of Economic and Social Affairs, World Population Prospects: The 2017 Revision, at https://population.un.org/wpp/DVD/Files/1_Indicators%20 (Standard) / EXCEL_FILES/1_Population/WPP2017_POP_F01_1_TOTAL_POPULATION_BOTH_SEXES.xlsx, May 5, 2019.

[4] 吉尔吉斯斯坦国家统计委员会，http://www.stat.kg/ru/opendata/category/312/.

[5] 吉尔吉斯斯坦司法部，http://cbd.minjust.gov.kg/act/view/ru-ru/202913?cl=ru-ru#st_81.

[6] 世界贸易组织：《吉尔吉斯斯坦和 WTO》，载 https://www.wto.org/english/thewto_e/countries_e/kyrgyz_republic_e.htm，最后访问日期：2019 年 5 月 23 日。

[7] 世界贸易组织：《吉尔吉斯斯坦关税数据》，载 https://www.wto.org/english/res_e/statis_e/daily_update_e/tariff_profiles/KG_E.pdf，最后访问日期：2019 年 5 月 23 日。

[8] 欧亚经济联盟：《欧亚经济联盟协议》，载 https://docs.eaeunion.org/docs/ru-ru/0013611/itia_05062014_doc.pdf，最后访问日期：2019 年 5 月 11 日。

[9] 欧亚经济联盟，http://www.eaeunion.org/#about.

大支柱货物、服务资金和人员的自由流动，并在经济、农业、能源、外贸、投资、关税和竞争管制方面制定共同政策。

根据吉尔吉斯斯坦经济部数据，2018 年吉尔吉斯斯坦 GDP 达到 5571 亿索姆（若吉尔吉斯斯坦国家银行的当前美元汇率为 69.85 索姆/美元，2018 年吉尔吉斯斯坦 GDP 为 79.75 亿美元），总体增长 3.5%，其中农业增长 2.7%，建筑业增长 7.8%，服务业增长 2.1%，工业增长 5.5%。2018 年吉尔吉斯斯坦对外贸易总量为 66.72 亿美元，同比增长 6.6%；其中出口总额为 17.64 亿美元，占总贸易量的 26.4%，与 2017 年持平，但进口总额达到 49.07 亿美元，占总贸易量的 73.6%，同比增长 9.2%。这种贸易逆差出现的主要原因是吉尔吉斯斯坦因扩展自己国内产业而需要进口大量投资性辅助产品，例如，针织物进口同比增长 3.1 倍，黑色金属进口同比增长 11%，机械设备进口同比增长 22.7%，塑料与塑料制品进口同比增长 23%，纸板进口同比增长 16.5%，机电与电子机器进口同比增长 16.9% 等。2018 年吉尔吉斯斯坦年平均通货膨胀值为 100.4%（2019 年 1 月与 2018 年 1 月比较）。[1]

根据欧亚经济联盟委员会的统计数据，吉尔吉斯斯坦三大出口国为英国（6.69 亿美元）、俄罗斯（3.14 亿美元）和乌兹别克斯坦（1.58 亿美元）；吉尔吉斯斯坦三大进口来源国为中国（19.42 亿美元）、俄罗斯（12.39 亿美元）和哈萨克斯坦（5.02 亿美元）。[2] 2018 年吉尔吉斯斯坦向欧亚经济联盟外的第三方国家主要出口矿产产品（占总出口总量的 15.7%，同比增长 48.3%，其中燃料动力产品占出口总量的 11.1%，同比增长 60.9%）、农产品（占出口总量的 7.8%，同比增长 1.5%）和金属与金属制品（占出口总量的 7.2%，同比增长 57.9%）；2018 年吉尔吉斯斯坦从欧亚经济联盟以外的国家主要进

---

〔1〕 吉尔吉斯斯坦经济部：《关于 2018 年和 2019 年 1 月份的国家经济统计数据报道》，载 http://mineconom.gov.kg/ru/post/5619，最后访问日期：2019 年 5 月 23 日。

〔2〕 欧亚经济联盟委员会：《2018 年吉尔吉斯斯坦与欧亚经济联盟以外第三国的国别贸易统计数据》，载 http://www.eurasiancommission.org/ru/act/integr_i_makroec/dep_stat/tradestat/tables/extra/Documents/2018/12/E201812_2_5.xls；欧亚经济联盟委员会：《吉尔吉斯斯坦向欧亚经济联盟国家出口统计数据》，载 http://www.eurasiancommission.org/ru/act/integr_i_makroec/dep_stat/tradestat/tables/intra/Documents/2018/12/I201812_8_4.xls；欧亚经济联盟委员会：《吉尔吉斯斯坦从欧亚经济联盟国家进口统计数据》，载 http://www.eurasiancommission.org/ru/act/integr_i_makroec/dep_stat/tradestat/tables/intra/Documents/2018/12/I201812_9_4.xls，最后访问日期：2019 年 5 月 23 日。

口纺织品与鞋子（占进口总量的36.7%，同比增长20%）、机械设备与交通工具（占进口总量的26.8%，同比增长23.7%）和化学产品与橡胶（占进口总量的14.4%，同比增长13.1%）。[1]2018年吉尔吉斯斯坦与欧亚经济联盟国家的贸易货物主要有纺织品与鞋子（32.9%）、矿产产品（18.4%）、农产品（18.2%）和金属与金属制品（11.8%）和化学产品。[2]

（二）贸易政策制定实施机构

吉尔吉斯斯坦经济部是协调国内外贸易政策的制定及实施的中央机构。其职能包括制定和实施反垄断、关税和非关税监管、许可、投资、出口管制、外国经济及财政政策，旨在为企业及创业者创造一个良好的环境；经济部还在经济与区域发展、国家财产、技术规范与计量、自由经济区的发展方面有重要作用。[3]

经济部下属的国家机关“一站式海外贸易中心”负责准备必要的海关文书，以最优化行政程序完成工作，[4]其职能是促进出口。

除经济部以外，以下吉尔吉斯斯坦有关部门也参与贸易政策的制定和执行：外交部，农业、土地复垦和食品产业部，国家工业、能源和地基委员会交通运输部，财政部，国家银行，国家海关总署，兽医和植物卫生安全检查处，商会和产业协会等。

（三）贸易法律法规概况

1. 贸易法律法规

吉尔吉斯斯坦的贸易政策的主要依据是国家法律、贸易关系调控法规、

---

〔1〕 欧亚经济联盟委员会：《2018年吉尔吉斯斯坦与欧亚经济联盟以外第三国的粗群货物类进出口统计数据》，载 http://www.eurasiancommission.org/ru/act/integr_i_makroec/dep_stat/tradestat/tables/extra/Documents/2018/12/E201812_3_5.xls，最后访问日期：2019年5月24日。

〔2〕 欧亚经济联盟委员会：《2018年欧亚经济联盟成员相互贸易统计数据》，载 http://www.eurasiancommission.org/ru/act/integr_i_makroec/dep_stat/tradestat/tables/intra/Documents/2018/12/I201812_3_2.xls，最后访问日期：2019年5月23日。

〔3〕 吉尔吉斯斯坦法律法规统一数据库：《关于吉尔吉斯斯坦共和国经济部的规定》，载 http://cbd.minjust.gov.kg/act/view/ru-ru/93802，最后访问日期：2019年6月9日。

〔4〕 哈萨克斯坦法律在线网：《建立“一站式海外贸易中心”国家机关的决定》，载 https://online.zakon.kz/Document/?doc_id=30464118#pos=0;0，最后访问日期：2019年6月9日。

吉尔吉斯斯坦政府规章条例、吉尔吉斯斯坦参与的国际条约、公认的国际准则及规范及加入 WTO 和欧亚经济联盟所负的义务。

《吉尔吉斯斯坦对外贸易活动国家监管法》(以下简称《对外贸易法》)是国家对对外贸易活动管理的根据。这部法律建立了对外贸易法律体系，包括国际货物、服务、信息的交换，同时也包括知识交换活动，比如知识产权。《对外贸易法》的目的是保护吉尔吉斯斯坦的经济主权，保障经济安全，促进对外贸易活动，并确保吉尔吉斯斯坦经济一体化。[1]

《对外贸易法》规定，与外国的关系应建立在尊重国际条约所产生的义务的基础上。[2]《对外贸易法》还规定了海关关税、数量限制、出口管制、国家垄断、保护措施、禁止和限制、技术法规、促进和监督对外贸易活动等问题。

《吉尔吉斯斯坦内部贸易法》(以下简称《内部贸易法》)是国家对吉尔吉斯斯坦境内贸易活动管理的依据。它建立了管理所有在吉尔吉斯斯坦境内进行贸易活动的创业贸易实体的法律框架，包括所有制类型。《内部贸易法》的目的是保证经济的全面发展，创造自由贸易活动的条件，以及提供国家对消费者权益和权利的保障。[3]

除了《对外贸易法》及《内部贸易法》，也有一些其他相关法律与贸易政策，它们共同组成了吉尔吉斯斯坦境内调整贸易的基础法律框架的一部分(请见下表)。

表 3-5 吉尔吉斯斯坦部分调整境内贸易的基础法律框架

法 律	描 述
民法[4]	调整民事法律关系

---

〔1〕 吉尔吉斯斯坦司法部:《吉尔吉斯斯坦对外贸易活动国家监管法》，载 http://cbd.minjust.gov.kg/act/view/ru-ru/541，最后访问日期：2019 年 6 月 9 日。

〔2〕《对外贸易法》第 5 条。

〔3〕 吉尔吉斯斯坦司法部:《吉尔吉斯斯坦内部贸易法》，载 http://cbd.minjust.gov.kg/act/view/ru-ru/995，最后访问日期：2019 年 6 月 9 日。

〔4〕 吉尔吉斯斯坦司法部:《吉尔吉斯斯坦民法典》，载 http://cbd.minjust.gov.kg/act/view/ru-ru/4，最后访问日期：2019 年 6 月 9 日。

续表

法　律	描　述
税法[1]	调整税务及税务法律关系
海关监管法[2]	调整海关过境货物过境有关事宜
关税税率法[3]	对外贸易关税条例
许可制度法[4]	调整许可制度
消费者权益保护法[5]	调整消费、工程和服务销售过程中消费者、制造商和销售者之间的关系
技术监管框架法[6]	对产品的技术作强制性要求的规定，包括建筑物和建设工程的技术规范
竞争法[7]	反垄断与反不正当竞争的管制
补贴和补偿措施法[8]	规定了保护国内生产商受到不正当竞争时的补偿措施
出口控制法[9]	调节出口控制
经济特区法[10]	对经济特区规定综合法律框架和若干特殊法律制度

---

〔1〕 吉尔吉斯斯坦司法部：《吉尔吉斯斯坦税法典》，载 http://cbd.minjust.gov.kg/act/view/ru-ru/202445，最后访问日期：2019 年 6 月 9 日。

〔2〕 吉尔吉斯斯坦司法部：《吉尔吉斯斯坦海关监管法》，载 http://cbd.minjust.gov.kg/act/view/ru-ru/111908？cl=ru-ru，最后访问日期：2019 年 6 月 9 日。

〔3〕 吉尔吉斯斯坦司法部：《吉尔吉斯斯坦关税税率法》，载 http://cbd.minjust.gov.kg/act/view/ru-ru/205395，最后访问日期：2019 年 6 月 9 日。

〔4〕 吉尔吉斯斯坦司法部：《吉尔吉斯斯坦许可制度法》，载 http://cbd.minjust.gov.kg/act/view/ru-ru/205058，最后访问日期 2019 年 6 月 9 日。

〔5〕 吉尔吉斯斯坦司法部：《吉尔吉斯斯坦消费者权益保护法》，载 http://cbd.minjust.gov.kg/act/view/ru-ru/590，最后访问日期：2019 年 6 月 9 日。

〔6〕 吉尔吉斯斯坦司法部：《吉尔吉斯斯坦技术监管框架法》，载 http://cbd.minjust.gov.kg/act/view/ru-ru/1453，最后访问日期：2019 年 6 月 9 日。

〔7〕 吉尔吉斯斯坦司法部：《吉尔吉斯斯坦竞争法》，载 http://cbd.minjust.gov.kg/act/view/ru-ru/203356，最后访问日期：2019 年 6 月 9 日。

〔8〕 吉尔吉斯斯坦司法部：《吉尔吉斯斯坦补贴和补偿措施法》载 http://cbd.minjust.gov.kg/act/view/ru-ru/147，最后访问日期：2019 年 6 月 9 日。

〔9〕 吉尔吉斯斯坦司法部：《吉尔吉斯斯坦出口控制法》，载 http://cbd.minjust.gov.kg/act/view/ru-ru/1154，最后访问日期：2019 年 6 月 9 日。

〔10〕 吉尔吉斯斯坦司法部：《吉尔吉斯斯坦经济特区法》，载 http://cbd.minjust.gov.kg/act/view/ru-ru/205226，最后访问日期：2019 年 6 月 9 日。

除了以上提及的法律，还有许多为贸易问题提供法律或监管方向及程序的政府法令、决议与命令。

2. 国内贸易法与 WTO 法律及欧亚经济联盟法的关系

根据《吉尔吉斯斯坦宪法》第 6 条第 3 款和《对外贸易法》第 3、5 条的规定，国际条约和国际自贸区协议是吉尔吉斯斯坦法律制度的组成部分。1998 年 12 月 20 日，吉尔吉斯斯坦成为第一个加入 WTO 的独联体国家，因此，GATT 1994 协定、GATS 协定和 TRIPS 协定均为吉尔吉斯斯坦法律的组成部分；2015 年 1 月 1 日，吉尔吉斯斯坦成为欧亚经济联盟成员，因此，《欧亚经济联盟协议》及其 33 个附件（相关议定书，包括《欧亚经济联盟海关法典》）原则上是吉尔吉斯斯坦法律的组成部分，只有欧亚经济联盟法律没有规定的地方，才可以适用吉尔吉斯斯坦国内法。[1]

但是由于吉尔吉斯斯坦在 2014 年之前不是俄、白、哈海关同盟的成员，其贸易法律制度到 2019 年为止依然处在过渡期间，主要表现在以下四方面：

（1）吉尔吉斯斯坦加入欧亚经济联盟的后续过渡期间规定在《吉尔吉斯斯坦加入欧亚经济联盟协议》及《涉及吉尔吉斯斯坦加入欧亚经济联盟后所适用的相关过渡条件和过渡期规定、纳入欧亚经济联盟法律框架的单独国际公约和欧亚经济联盟机构决定的议定书》（以下简称《吉尔吉斯斯坦加入欧亚经济联盟的议定书》）。上述协议及其议定书对办理海关手续之法律关系、进境个人使用的交通工具、特定交通工具通关、吉尔吉斯斯坦作为 WTO 成员的海关关税、关税保留、关税优惠、特殊保障、反倾销、反补贴、技术管理、检验检疫、服务贸易、投资、征收间接税、竞争法等问题均提供了一定的过渡措施和保留。

（2）《吉尔吉斯斯坦加入欧亚经济联盟的议定书》第四章调整了吉尔吉斯斯坦在欧亚经济联盟和 WTO 的关系。根据该议定书第 42 条，吉尔吉斯斯坦 1998 年加入《马拉喀什协定》后承担的义务不成为其他欧亚经济联盟成员的义务，吉尔吉斯斯坦对其他欧亚经济联盟成员的待遇不得低于吉尔吉斯斯坦给 WTO 成员提供的待遇。

---

〔1〕 L. M. 恩挺：《欧洲法：欧盟和欧亚经济联盟的法律部门》，莫斯科出版社 2019 年版，第 29 页。

（3）根据《吉尔吉斯斯坦加入欧亚经济联盟的议定书》第五章“海关关税问题解决”及议定书第2号附件《吉尔吉斯斯坦使用不同于欧亚经济联盟统一关税税率的货物清单》，吉尔吉斯斯坦对一部分进口货物保留了低于欧亚经济联盟统一关税的税率，主要是指：2020年之前吉尔吉斯斯坦对来自于第三国的进口货物实行零关税，2020年之后，对其实行欧亚经济联盟统一关税税率。[1]此外，按照该议定书第43条，一旦来自于第三国的清单里面的进口货物需要移送到另一欧亚经济联盟成员国销售，均需要按照统一关税税率征收吉尔吉斯斯坦与欧亚经济联盟的差价关税。[2]

（4）由于加入欧亚经济联盟，吉尔吉斯斯坦国内法中的《特殊保障措施法》和《反倾销措施法》于2019年3月29日失效，从次日起，吉尔吉斯斯坦相关特殊保障措施和反倾销措施根据《欧亚经济联盟海关法典》《吉尔吉斯斯坦对外贸易监管法》和《吉尔吉斯斯坦海关监管法》来调整。[3]

（四）海关管理

1. 海关监管机构

根据《吉尔吉斯斯坦海关监管法》第140条第2款，由吉尔吉斯斯坦政府进行综合海关管理，吉尔吉斯斯坦授权的管理机构负责执行具体管理工作。[4]吉尔吉斯斯坦授权的管理机构是指吉尔吉斯斯坦国家海关局。[5]

2. 欧亚经济联盟的统一通关规则

由于吉尔吉斯斯坦签署了《欧亚经济联盟协议》，因此，调整海关环节的主要法律是《欧亚经济联盟海关法典》。具体包括以下影响通关的统一规则：

（1）统一对外经济活动单一商品目录[6]以及发展中国家和最不发达国家

---

[1] 《吉尔吉斯斯坦加入欧亚经济联盟的议定书》的第2号附件《吉尔吉斯斯坦使用不同于欧亚经济联盟统一关税税率的货物清单》。

[2] 《吉尔吉斯斯坦加入欧亚经济联盟的议定书》第43条。

[3] 吉尔吉斯斯坦司法部：《关于修改吉尔吉斯斯坦侵权法典法》第16条，载 http://cbd.minjust.gov.kg/act/view/ru-ru/111884?cl=ru-ru，最后访问日期：2019年6月9日。

[4] 《吉尔吉斯斯坦海关监管法》第140条。

[5] 吉尔吉斯斯坦国家海关局官网，http://www.customs.kg/index.php.

[6] 《欧亚经济联盟海关法典》第19条以及欧亚经济委员会第54号决定《关于制定欧亚经济联盟统一对外经济活动单一商品目录和欧亚经济联盟统一关税税率目录的决定》。

商品优惠关税清单。[1]

(2) 统一关税税率目录,[2]但除吉尔吉斯斯坦使用不同于欧亚经济联盟统一关税税率的货物清单的税率之外。

(3) 统一商品原产地规则。[3]商品原产地规则分为三类：非优惠原产地规则、发展中国家和最不发达国家原产地规则（优惠规则）和互惠原产地规则（若欧亚经济联盟与某一个国家有自由贸易协议，即按照这个协议）。按照上述规则，货物进口到欧亚经济联盟区域时，通常需要办理原产地声明,[4]如果海关机关怀疑商品原产地的真实性，需要提交原产地证明书。[5]《欧亚经济联盟法典》第31条规定，货物（包括出口和再出口的商品）离开欧亚经济联盟区域时，由成员授权机构负责办理原产地证明书，吉尔吉斯斯坦授权机构为吉尔吉斯斯坦工商会。[6]

(4) 统一货物完税价格。根据《欧亚经济联盟海关法典》，欧亚经济联盟的海关机关应按照GATT 1994 第7条要求确定海关完税价格，主要有成交价法、相同货物法、类似货物法、倒扣价格法、计算价格法、后备法（后备法会采用其他条件，主要有相同、类似货物的境外的价格、超过90天的出售价格等）。[7]

3. 关税措施

(1) 关税本身。除了吉尔吉斯斯坦使用不同于欧亚经济联盟统一关税税率的货物清单的税率之外，进口到欧亚经济联盟的货物按照欧亚经济联盟统

---

[1] 欧亚经济委员会第8号决定《关于发展中国家和最不发达国家商品优惠关税清单的决定》。

[2] 欧亚经济委员会第54号决定《关于制定欧亚经济联盟统一对外经济活动单一商品目录和欧亚经济联盟统一关税税率目录的决定》。

[3] 《欧亚经济联盟协议》第37条；《欧亚经济联盟海关法典》第28~36条；《进入欧亚经济联盟区域商品的原产地规则（商品原产地非优惠规则）》；《进入欧亚经济联盟区域的发展中国家和最不发达国家商品原产地规则》。

[4] 《欧亚经济联盟协议》第29条和《进入欧亚经济联盟区域商品的原产地规则（商品原产地非优惠规则）》第II章“商品原产地证书标准”。

[5] 《进入欧亚经济联盟区域商品的原产地规则（商品原产地非优惠规则）》第24、25条和《进入欧亚经济联盟区域的发展中国家和最不发达国家商品原产地规则》第8条。

[6] 吉尔吉斯斯坦工商会，http://cci.kg/uslugi - tpp - kr/ehkspertiza - tovarov - i - vydacha - sertifikatov - o - proiskhozhdenii - tovara.html.

[7] 《欧亚经济联盟海关法典》第37~45条。

一关税税率目录征收关税。主要有从价税、特殊税（在物理特性基础上征收的关税：从量、从重量、从容量等）和复合税（从价税加上特殊税）。根据《欧亚经济联盟海关法典》第 53 条第 3 款，出口关税由成员国法律负责制定，根据《吉尔吉斯斯坦关税税率法》第 4 条第 3、4 款吉尔吉斯斯坦政府有权制定本国的出口关税，[1] 比如说，大家畜的未加工畜皮，未加工、初加工石灰岩等出口到欧亚经济联盟成员国以外的第三国家时，均应征收出口关税。[2]

关于进口关税还有三种优惠措施：关税减让、关税配额和关税优惠。

关税减让适用《欧亚经济联盟协议》第 43 条和第 6 号附件（包括外商投资者企业注册资本的汇款）。关税配额（主要是涉及进口农产品）适用《欧亚经济联盟协议》第 44 条和第 6 号附件第 3 章，由欧亚经济委员会就具体关税配额作出规定。[3] 值得注意的是，《吉尔吉斯斯坦加入欧亚经济联盟的议定书》还规定了几个例外减让（包括关税免除措施），一部分例外减让措施到目前为止依然有效：每年不超过 10 万吨原糖进口关税减让（到 2020 年 8 月 12 日之前），2013 年 9 月 11 日吉尔吉斯斯坦政府与中国进出口银行优惠贷款协议的南北公路项目的关税减让（到 2019 年 12 月 31 日），2015—2022 年在欧亚经济联盟没有类似产品的军用装备的关税免除、若干航空交通工具的关税免除（到 2022 年 12 月 31 日）。[4] 进口关税优惠适用《欧亚经济联盟协议》第 36 条，即征收发展中国家进口商品的统一关税目录的 75% 税额，对最不发达国家采取零关税；进口关税优惠由欧亚经济委员会负责制定条件和程序。[5]

除此以外，《欧亚经济联盟协议》第 42 条第 5 款为了调整特定商品还规定了季节关税，这种关税会暂时替代统一关税税率目录，其有效期不能超过 6

---

〔1〕《吉尔吉斯斯坦关税税率法》。

〔2〕吉尔吉斯斯坦司法部：《关于制定大家畜和马类未加工皮出口关税税率的决定》，载 http://cbd. minjust. gov. kg/act/view/ru - ru/98456；吉尔吉斯斯坦司法部：《关于制定未加工、砸碎、钻开、用其他方法粗加工的介壳石灰岩的出口关税税率的决定》，载 http://cbd. minjust. gov. kg/act/view/ru - ru/99470，最后访问日期：2019 年 6 月 9 日。

〔3〕《欧亚经济联盟协议》第 43、44 条和第 6 号附件《关于海关关税管制的议定书》。

〔4〕《吉尔吉斯斯坦加入欧亚经济联盟的议定书》第 44 条，第 45 条第 5 款，第 46 条第 1、2 款。

〔5〕《欧亚经济联盟协议》第 36 条以及欧亚经济委员会第 47 号决定《欧亚经济联盟统一关税优惠制度的条件和程序的条例》。

个月。[1]

（2）海关环节的间接税。根据《欧亚经济联盟协议》第 18 号附件第 3 条，成员之间的增值税税率为零，且免消费税。[2]根据《欧亚经济联盟海关法典》的第 51 条第 3 款、第 53 条第 4 款，成员按照自己的法律规定征收海关环节的关税以外的税种。即便成员自己规定海关环节的税种，成员的海关环节的别的税种的征收程序必须符合《欧亚经济联盟海关法典》的第 61 条，而且欧亚经济委员会在欧亚经济联盟的官网必须公布每一个成员的间接税的税率目录。吉尔吉斯斯坦对来自于欧亚经济联盟以外的第三国货物的海关环节的间接税规定在《吉尔吉斯斯坦海关监管法》和《吉尔吉斯斯坦税法典》里面。根据《吉尔吉斯斯坦海关监管法》第 40 条，吉尔吉斯斯坦有两种间接税：增值税和消费税。[3]根据《吉尔吉斯斯坦税法典》第 227 条，增值税基本税率为 12%，第 257 ~ 259 条规定了吉尔吉斯斯坦免增值税的货物种类。[4]《吉尔吉斯斯坦税法典》第 285 条规定了应征消费税的进口货物清单，第 287 条则规定了消费税基本税率。[5]

（3）海关监管手续费。根据《欧亚经济联盟海关法典》第 47 条，海关监管手续费的种类、手续费费率以及缴费主体、期限等程序性问题的规定由成员国相关部门负责制定，但不得超过海关机关办理这些手续的成本。[6]《吉尔吉斯斯坦海关监管法》第 41 条规定了三种海关监管手续费：货物放行手续费、交通工具海关护送手续费和作出货物提前放行的手续费；货物放行手续费为货物完税价格的 0.25%。[7]

4. 非关税措施

（1）非关税管制措施。根据《欧亚经济联盟协议》第 46 条，欧亚经济联

---

〔1〕《欧亚经济联盟协议》第 42 条第 5 款。

〔2〕《欧亚经济联盟协议》第 18 号附件《货物进出口、提供服务、劳务的征收间接税程序及缴纳间接税记至的议定书》第 3 条。

〔3〕《吉尔吉斯斯坦海关监管法》第 40 条。

〔4〕《吉尔吉斯斯坦税法典》第 227 条、第 257 ~ 259 条。

〔5〕《吉尔吉斯斯坦税法典》第 285、287 条。

〔6〕《欧亚经济联盟海关法典》第 47 条。

〔7〕《吉尔吉斯斯坦海关监管法》第 41 条。

盟在与第三国进行贸易的过程中会采取非关税海关管制措施，根据《欧亚经济联盟协议》第7号附件《针对第三国的非关税海关管制措施议定书》，欧亚经济联盟有以下的五个措施：①禁止货物进口和（或）出口；②货物进口和（或）出口的数量限制；③要求办理出口和（或）进口的专营权的许可；④自动生效的(自动跟踪的）货物出口和（或）进口的许可；⑤货物进口和（或）出口的准许程序。根据该议定书第1条第2款，欧亚经济联盟的非关税海关管制措施不包括技术管理、检验检疫管理（卫生防疫、兽医卫生和植物检验检疫的内容）、出口管制、军事合作。〔1〕根据《欧亚经济联盟协议》的第47条，参照第7号附件对成员的要求，吉尔吉斯斯坦有权力单方面执行在第7号附件未规定的其他非关税海关管制措施（通知其他成员以后）。〔2〕值得注意的是，在非关税海关管制措施问题上，存在三种商品清单：一是市场极重要的商品清单（主要是食品、木材产品、肥料），在发生特殊的紧急情况之下，欧亚经济委员会才具有权力对这些商品进行限制出口的措施；〔3〕二是原则上不允许进出口的商品（考虑公共利益以及根据国际条约），这个类型包括19个清单，主要清单是《欧亚经济联盟禁止进出口的商品清单》；〔4〕三是《欧亚经济成员国与第三国进行进出口贸易的禁止和限制进出口商品清单》，即各个成员禁止或限制进出口的商品。〔5〕

（2）市场保护措施。为了保护联盟区域内的市场，根据《欧亚经济联盟协议》第48条，欧亚经济委员会具有权力对来自于第三国的商品采取三种措施：特殊保护措施、反倾销措施和补贴措施。适用市场保护措施之前，根据《欧亚经济联盟协议》第8号附件《关于对第三国使用特殊保护措施、反倾销措施、补贴措施的议定书》，欧亚经济委员会指

〔1〕《欧亚经济联盟协议》第46条以及第7号附件《针对第三国的非关税海关管制措施议定书》。

〔2〕《欧亚经济联盟协议》第7号附件《针对第三国的非关税海关管制措施议定书》第10章“单方面非关税海关管制措施适用”。

〔3〕欧亚经济委员会第83号决定《关于制定可进行禁止和数量限制措施的市场极重要商品清单》。

〔4〕欧亚经济委员会第30号决定《关于非关税措施》：19个商品清单，主要是第1号附件《欧亚经济联盟禁止进出口的商品清单》。

〔5〕欧亚经济委员会第134号决定《关于非关税措施规范性文件》：第1号附件《欧亚经济成员国与第三国进行进出口贸易的禁止和限制进出口商品清单》。

定的授权机构对第三国的商品进行调查，欧亚经济委员会根据调查结果作出是否对商品采取市场保护措施的决定。根据议定书，特殊保护措施的使用目的是避免进口商品对联盟市场产生严重损害，具体措施为特殊保护进口税、进口配额和特殊配额；反倾销措施的目的是避免第三国商品以低于市场价格的方式进入联盟区域内市场，具体措施为反倾销税；补贴措施的目的在于，避免受补贴的第三国商品进入联盟市场，具体措施也是补贴税。[1]上述三种特殊措施税本质不属于关税管制，而属于非关税管制部分。在缴纳特殊税、反倾销税和补贴税问题上，《欧亚经济联盟海关法典》第48条还规定了特殊税、反倾销税、补贴税的预付款费，其具体征收程序由成员国负责制定。

5. 技术管理

（1）技术管理法律法规。吉尔吉斯斯坦关于技术管理的法律法规主要是强制性和非强制性认证。在国际法层面是《欧亚经济联盟协议》第51～55条、《欧亚经济联盟协议》第9号附件《欧亚经济联盟范围内技术管理议定书》以及《吉尔吉斯斯坦加入欧亚经济联盟的议定书》第七章“技术管理问题”；在国内法层面，主要有《对外贸易法》第17条和《技术监管框架法》。

（2）吉尔吉斯斯坦关于技术管理的国际法与国内法的关系。由于吉尔吉斯斯坦是欧亚经济联盟成员，所以，欧亚经济联盟协议统一强制性技术要求商品清单中规定的和欧亚经济联盟技术规范办理相关技术认证的商品均可以在吉尔吉斯斯坦域内销售，[2]关于在欧亚经济联盟协议统一强制性要求商品清单未规定的商品，吉尔吉斯斯坦国内法不得规定强制性技术要求。[3]上述规则产生以下的结果：欧亚经济联盟技术规范效力高于吉尔吉斯斯坦技术规范效力，吉尔吉斯斯坦技术规范效力不得规定超过欧亚经济联盟技术规范的强制性要求；就欧亚经济联盟统一强制性要求商品清单可能没有欧亚经济联

[1] 《欧亚经济联盟协议》第48条以及第8号附件《关于对第三国使用特殊保护措施、反倾销措施、补贴措施的议定书》。

[2] 关税同盟委员会第26号决定《统一强制性技术要求商品清单》。

[3] 《欧亚经济联盟协议》第52条第1款第1项。

盟技术规范，但有吉尔吉斯斯坦国家技术规范。[1]

值得注意的是，根据《吉尔吉斯斯坦加入欧亚经济联盟协议》，大部分欧亚经济联盟技术规范在2015—2019年已经生效，但《海关同盟汽车、飞机汽油、柴油、船用燃料、喷气式发动机燃料和重油要求的技术规范》（TP TC 013/2011）于2019年8月份才生效，同时在2019年8月份之前，吉尔吉斯斯坦关于《海关同盟汽车、飞机汽油、柴油、船用燃料、喷气式发动机燃料和重油要求的技术规范》依然有效。[2]另外，42个现行有效欧亚经济联盟技术规范可以在欧亚经济委员会官网查询，[3] 46个现行有效吉尔吉斯斯坦技术规范可以在吉尔吉斯斯坦国家经济部官的标准化与计量学中心网查询。[4]

（3）办理强制性技术认证的流程。根据联盟协议第9号附件第5条第2款和《吉尔吉斯斯坦技术管理框架法》第22～31条，强制性技术认证有两种方式：办理合格性声明和办理合格认证书。[5]根据《欧亚经济联盟协议》第54条第3款第3项，原则上若申请人注册在某一个成员国，他只能在这个成员国授权认证机构办理认证，这个成员国没有关于这个技术规范的认证机构除外。根据第9号附件第5条第6款，申请人（无论是生产商还是消费主体）均是在欧亚经济联盟成员国注册的法人或者个体工商户。授权认证机构对合格商品作出确认商品合格性声明或者出具商品合格认证书，就应办理和个人证书的商品，授权认证实验室可能需要进行相关实验。[6]

（4）涉及海关监管进口商品申报环节的规定。联盟协议第9号附件第8

〔1〕《欧亚经济联盟协议》第52条第1款第1项和其第9号附件《欧亚经济联盟范围内技术管理议定书》第3条第1款。

〔2〕《吉尔吉斯斯坦加入欧亚联盟议定书》第50条第4款和第51条第4款。

〔3〕欧亚经济委员会：《现行有效的技术规范》，载 http://www.eurasiancommission.org/ru/act/texnreg/deptexreg/tr/pages/TRVsily.aspx，最后访问日期：2019年6月4日。

〔4〕吉尔吉斯斯坦国家经济部标准化与计量学中心：《吉尔吉斯斯坦国家技术规范清单》：载 http://nism.gov.kg/tr-kr.html，最后访问日期：2019年6月11日。

〔5〕《吉尔吉斯斯坦技术管理框架法》第22～31条规定的办理技术认证的方式、程序、海关对进口货物的技术认证要求。

〔6〕《吉尔吉斯斯坦技术管理框架法》第27条。

条规定了通关环节特殊要求，即特定服装和一些保护套在海关申报环节申报人必须附上合格性文件。[1]

6. 进出口商品检查检疫

(1) 进出口法律法规简介。在进出口商品检查检疫问题上，吉尔吉斯斯坦检查检疫法律包括欧亚经济联盟法和吉尔吉斯斯坦国内法。由于吉尔吉斯斯坦签署了欧亚经济联盟协议，所以，涉及检查检疫的协议、协议附件和欧亚经济委员会的决定原则上优先于吉尔吉斯斯坦国内法，涉及检查检疫的吉尔吉斯斯坦国内法律规定也应该符合欧亚经济联盟法。

2014 年的《欧亚经济联盟协议》第 56 ~ 59 条规定了对检验检疫综合、卫生防疫、兽医卫生和植物检验检疫的要求。[2]根据第 57 条，欧亚经济联盟委员会制定了《欧亚经济联盟边境和区域应进行卫生防疫监管的商品统一清单》，包括应办理注册的商品清单。[3]根据第 58 条，欧亚经济联盟委员会制定了《应进行兽医卫生监管的商品统一清单》。[4]根据第 59 条，欧亚经济联盟委员会制定了《欧亚经济联盟边境和区域应进行植物检验检疫的统一检疫商品清单》。[5]

(2) 卫生防疫检验检疫。《欧亚经济联盟协议》第 12 号附件《应用卫生防疫、兽医卫生和植物检验检疫措施的议定书》对协议的检验检疫内容进行了细化。根据该议定书第 2 章第 4 条第 4 款，对应进行卫生防疫检验检疫的商品进行注册登记主要按照 2017 年 6 月 30 日的欧亚经济联盟委员会第 80 号《关于国家商品注册登记证书的决定》来执行，其《国家商品注册登记条例》第 2 条规定，欧亚经济联盟成员按照自己的法律规定对应进行卫生防疫检验检疫的商品办理登记证书，根据《国家商品注册登记条例》第 19 条，注册登

---

[1] 欧亚经济委员会第 79 号决定《关于在海关申报环节中提供符合〈TP TC 019/2011 个人防护器具技术规范〉合格性文件的商品清单》。

[2] 《欧亚经济联盟协议》第 56 ~ 59 条，卫生防疫、兽医卫生、植物检疫措施。

[3] 海关联盟委员会：《关于在欧亚经济联盟进行卫生措施的决定》：欧亚经济联盟边境和区域应进行卫生防疫监管的商品统一清单。

[4] 海关联盟委员会：《关于在欧亚经济联盟进行兽医卫生措施的决定》：应进行兽医卫生监管的商品统一清单。

[5] 海关联盟委员会：《关于在欧亚经济联盟植物检验检疫保障的决定》：欧亚经济联盟边境和区域进行植物检验检疫的统一检疫商品清单。

记证书在欧亚经济联盟区域内均有效。[1]在吉尔吉斯斯坦域内，具体办理办法是吉尔吉斯斯坦《通过吉尔吉斯斯坦边境移送的个人、交通工具、货物与商品卫生防疫管理办法》，由国际口岸的卫生防疫站人员进行具体卫生防疫工作。[2]

（3）兽医卫生检验检疫、植物检验检疫。在兽医卫生检验检疫问题上，根据上述议定书第 3 章第 16 条第 2 款，欧亚经济联盟各个成员就应进行兽医卫生检验检疫商品进出口和过境运输自己制定相关办法。[3]在进出口和过境运输中，均要办理兽医卫生检验检疫证书。就进出口和过境运输，根据条例存在以下的情形：向欧亚经济联盟以外的第三国出口，证书应符合第三国的要求；向欧亚经济联盟其他成员出口，应符合 2010 年 6 月 18 日第 317 号海关联盟委员会《关于在欧亚经济联盟进行兽医卫生措施的决定》的要求；在进口方面，若会再出口到欧亚经济联盟其他成员国，均应符合 2010年 6 月 18 日第 317 号海关联盟委员会《关于在欧亚经济联盟进行兽医卫生措施的决定》的要求，否则不允许再出口到欧亚经济联盟其他成员国。[4]

在植物检验检疫问题上，根据上述议定书第 4 章第 23 条，每批应进行植物检验检疫的商品进口/再出口到另一个欧亚经济联盟成员国时，均得办理植物检验检疫证书。[5]议定书第 4 章第 19 条规定了具体欧亚经济联盟区域内的植物检验检疫条例和规范，即 2016 年 11 月 30 的欧亚经济委员会第 159 号《关于在欧亚经济联盟区域内的统一植物检验检疫保障条例与规范》。根据该《条例与规范》的第 4 章第 21 条，植物检验检疫证书由欧亚经济联盟成员授权机构负责办理。根据该《条例与规范》的第 23 条规定，凡出口到联盟外的

---

〔1〕 欧亚经济委员会第 80 号决定《关于国家商品注册登记证书的决定》之《国家商品注册登记条例》第 2、19 条。

〔2〕 吉尔吉斯斯坦司法部：《关于制定〈通过吉尔吉斯斯坦边境移送的个人、交通工具、货物与商品卫生防疫管理办法〉的决定》，载 http://cbd. minjust. gov. kg/act/view/ru－ru/97031，最后访问日期：2019 年 6 月 11 日。

〔3〕《欧亚经济联盟协议》第 12 号附件《应用卫生防疫、兽医卫生和植物检验检疫措施的议定书》第 16 条第 2 款。

〔4〕《发放兽医文件及其样本要求的条例》第 2、8、9 条。

〔5〕《欧亚经济联盟协议》第 12 号附件《应用卫生防疫、兽医卫生和植物检验检疫措施的议定书》第 23 条。

第三国，植物检验检疫证书应符合第三国植物检验检疫要求；凡出口到联盟其他成员国，均需要符合欧亚经济联盟对植物检验检疫要求。根据该《条例与规范》第24条规定，凡应进行植物检验检疫的商品出口、再出口、移送到联盟其他成员国时，均需要办理植物检验检疫证书。[1]

在吉尔吉斯斯坦区域内货物进出口、过境的兽医卫生检验检疫和植物检验检疫由吉尔吉斯斯坦国家兽医植物安全检查局进行管理并出具货物进出口、过境的兽医检验检疫证书和植物检验检疫证书。[2]。

（五）经济特区

1. 主要法律规定

《欧亚经济联盟协议》第27条只是笼统地规定了其成员可以成立经济特区和自由贸易仓库。[3]实际上，吉尔吉斯斯坦规定经济特区的法律主要有《经济特区法》《海关监管法》和《税法法典》。《经济特区法》对经济特区类型、组织运行条件、经济特区管理、经济特区主体注册/注销和经济特区特殊法律制度制定了综合法律框架。[4]

2. 经济特区特别法律制度

从经济特区法的内容可以分析出来以下几方面的主要特殊法律制度：

（1）外汇管理方面。《经济特区法》第7条规定了外国货币在吉尔吉斯斯坦经济特区内的自由流通，且这种流通不仅包括法人，也包括与自然人的结算以及进出口结算，均可以用外币进行结算。[5]

（2）税收方面。《经济特区法》第13条规定了经济特区的特殊税收制度。[6]根据《税法法典》第375条第1款规定，吉尔吉斯斯坦及经济特区主

---

〔1〕 欧亚经济委员会第159号决定《关于在欧亚经济联盟区域内的统一植物检验检疫保障条例与规范》第21、23、24条。

〔2〕 吉尔吉斯斯坦司法部：《吉尔吉斯斯坦政府国家兽医植物检查局条例》，载 http://cbd.minjust.gov.kg/act/view/ru-ru/94381，最后访问日期：2019年6月11日；吉尔吉斯斯坦国家兽医植物检查局，http://gvfi.gov.kg/o-gosinspekcii.html.

〔3〕《欧亚经济联盟协议》第27条。

〔4〕《吉尔吉斯斯坦经济特区法》。

〔5〕《吉尔吉斯斯坦经济特区法》。

〔6〕《吉尔吉斯斯坦经济特区法》第13条。

体除了特定情况外原则上免除所有的税种。《税法法典》就吉尔吉斯斯坦高科技园区的主体税收还专门规定了第59章：根据《税法法典》第388条，在高科技园区注册的主体免除所得税（是指企业所得税）、消费税和增值税，高科技园区企业的员工个人所得税为5%。[1]

（3）海关监管方面。《经济特区法》第14条规定了吉尔吉斯斯坦经济特区实行“自由海关区”，其法律制度应符合《欧亚经济联盟海关法典》第27章的规定，吉尔吉斯斯坦关于“自由海关区”的规定均相当于欧亚经济联盟法律对自由海关区的规定。[2]另外，吉尔吉斯斯坦《海关监管法》第249条规定，《欧亚经济联盟海关法典》第453～455条的特定自由海关区和自有仓库由吉尔吉斯斯坦政府法规进行管理，[3]具体有吉尔吉斯斯坦政府第524号《关于吉尔吉斯斯坦经济特区海关监管细则》和吉尔吉斯斯坦政府第564号《关于特定海关手续使用细则》。[4]

（4）外籍劳动法方面。根据《经济特区法》第15条，在经济特区就业的外籍人士享受简化出入境待遇，各个经济特区的外籍人士出入境制度由吉尔吉斯斯坦政府单独制定相关规定。[5]

3. 经济特区名单

根据吉尔吉斯斯坦投资促进与保护署官网公布的资料，目前吉尔吉斯斯坦有以下5个经济特区：比什凯克自由贸易经济区、麦马克经济特区、纳伦经济特区、卡拉科尔经济特区和来勒克经济特区。[6]

---

〔1〕《吉尔吉斯斯坦税法典》第57章、第59章。吉尔吉斯斯坦司法部：《吉尔吉斯斯坦高科技园区法》，载 http://cbd. minjust. gov. kg/act/view/ru - ru/203327，最后访问日期：2019年6月17日。

〔2〕《吉尔吉斯斯坦经济特区法》第14条。

〔3〕《吉尔吉斯斯坦海关监管法》。

〔4〕 吉尔吉斯斯坦司法部：《关于吉尔吉斯斯坦经济特区海关监管细则》，载 http://cbd. minjust. gov. kg/act/view/ru - ru/96989；吉尔吉斯斯坦司法部：《关于特定海关手续使用细则》，载 http://cbd. minjust. gov. kg/act/view/ky - kg/99066，最后访问日期：2019年6月17日。

〔5〕《吉尔吉斯斯坦经济特区法》第15条。

〔6〕 吉尔吉斯斯坦投资促进与保护署：《经济特区综述》，载 http://invest. gov. kg/en/why - kyrgyzstan/free - economic - zones/，最后访问日期：2019年6月17日。

（六）中国与吉尔吉斯斯坦的合作

1. 外交关系成立

中国与吉尔吉斯斯坦于1992年1月5日建立外交关系。[1]2002年中国与吉尔吉斯斯坦签署《中华人民共和国和吉尔吉斯共和国睦邻友好合作条约》，在各个领域不断扩大双边合作。[2]2013年9月中国国家主席习近平访问吉尔吉斯斯坦时，两国元首签署《中华人民共和国和吉尔吉斯共和国关于建立战略伙伴关系的联合宣言》，标志着两国关系实现战略升级，迈入新阶段。[3]

2. 主要合作组织

2001年6月15日，吉尔吉斯斯坦成为上海合作组织成员，与中国在上海合作组织活动范围内开展合作。[4]2016年4月11日吉尔吉斯斯坦成为亚洲基础设施投资银行的成员之一。[5]

3. 经贸与投资领域合作

在贸易领域，中国是吉尔吉斯斯坦的最大进口来源国（19.42亿美元）；[6]在投资领域，2017年中国成为吉尔吉斯斯坦最大类直接投资来源国，其直接投资额约为2.69亿美元，[7] 2018年上半年，中国仍然是吉尔吉斯斯坦最大直接投资来源国，直接投资额为9659.3万美元。

---

〔1〕 中国驻吉尔吉斯斯坦大使馆（俄文版），http://kg.chineseembassy.org/rus/zjsbwl/t660368.htm

〔2〕 北大法宝网，http://v5.pkulaw.cn/fulltext_form.aspx? Db=eagn&Gid=100666677.

〔3〕 中国新闻网：《中吉签署〈关于建立战略伙伴关系的联合宣言〉》，载 http://www.chinanews.com/gn/2013/09-11/5274216.shtml，最后访问日期：2019年6月20日。

〔4〕 上海合作组织，http://chn.sectsco.org/about_sco/.

〔5〕 亚洲基础设施投资银行官网的成员国名单，载 https://www.aiib.org/en/about-aiib/governance/members-of-bank/index.html，最后访问日期：2019年6月6日。

〔6〕 欧亚经济联盟委员会：《2018年吉尔吉斯斯坦与欧亚经济联盟以外第三国的国别贸易统计数据》，载 http://www.eurasiancommission.org/ru/act/integr_i_makroec/dep_stat/tradestat/tables/extra/Documents/2018/12/E201812_2_5.xls，最后访问日期：2019年6月22日。

〔7〕 吉尔吉斯斯坦经济部：《2017年吉尔吉斯斯坦直接投资收入报告》，载 http://mineconom.gov.kg/froala/uploads/file/1c43a4a570bc4514eb595abdf6f2f4d3be2f554d.docx，最后访问日期：2019年6月20日。

三、蒙古

毛欣铭

（一）国家概况

蒙古国（以下简称“蒙古”），地处亚洲中部，国土面积 156.65 万平方公里，是面积仅次于哈萨克斯坦的第二大内陆国，北与俄罗斯接壤，其余三面与中国接壤。约有 318 万人口，喀尔喀蒙古族约占全国人口的 80%，此外还有哈萨克族、杜尔伯特族等少数民族。[1] 主要语言为喀尔喀蒙古语，文字为斯拉夫蒙语。居民主要信奉喇嘛教。

蒙古主要产业包括矿业、农牧业、交通运输业、服务业等。国民经济对外依赖度较高。受苏联影响曾长期实行计划经济，1991 年开始向市场经济过渡。1997 年 1 月 29 日蒙古加入世界贸易组织，成为第 131 个缔约方。[2] 1997 年 7 月，政府通过“1997—2000 年国有资产私有化方案”，方案的目标是使私营经济成分在国家经济中占主导地位。蒙古地下资源丰富，现已探明的有铜、钼、金、银、铀、铅、锌、稀土、铁、萤石、磷、煤、石油等 80 多种矿产。全国森林覆盖率约为 8%。

世界银行数据库统计数据显示，2013 年蒙古国内生产总值达到历史最高点 125.82 亿美元，其后不断下滑至 2016 年的 111.87 亿美元，2017 年又增长为 114.34 亿美元，国内生产总值的增长率为 5.3%。[3] 2018 年上半年，蒙古经济出现好转迹象。1—6 月 GDP 增长率恢复至 6.3%。[4]

---

〔1〕 中华人民共和国外交部：《蒙古国家概况》，载 https://www.mfa.gov.cn/chn//pds/gjhdq/gj/yz/1206_21/，最后访问日期：2019 年 5 月 14 日。

〔2〕 World Trade Organization, Mongolia, at https://www.wto.org/english/thewto_e/acc_e/a1_mongolia_e.htm, May 18, 2019.

〔3〕 World Bank, Mongolia, at https://data.worldbank.org.cn/country/mongolia? view = chart, May 14, 2019.

〔4〕 商务部国际贸易经济合作研究院、中国驻蒙古国大使馆经济商务参赞处、商务部对外投资和经济合作司：《对外投资合作国别（地区）指南·蒙古国（2018 年版）》，载 http://www.mofcom.gov.cn/dl/gbdqzn/upload/mengguguo.pdf，最后访问日期：2019 年 5 月 14 日。

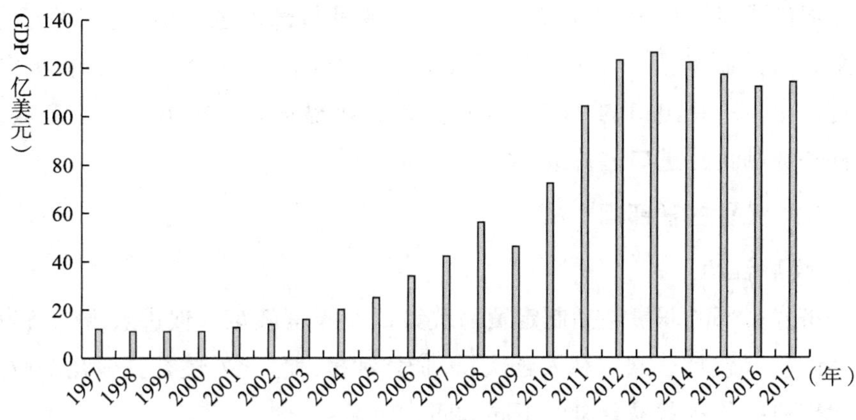

图 3－5 1997—2017 年蒙古 GDP 总量变化图

资料来源：世界银行数据库。

蒙古经济对外依赖度较高，需要通过对外贸易来拉动蒙古整体经济增长。中国商务部转引蒙古海关数据显示，2017 年蒙古与世界 163 个国家和地区的贸易总额为 105 亿美元，同比增加 27.3%。其中，出口总额 62 亿美元，同比增加 26.1%；进口总额 43 亿美元，同比增长 29.1%；贸易顺差 19 亿美元。出口产品主要有矿产品、纺织品和畜产品等；进口产品主要有矿产品、机器设备、食品等。主要贸易伙伴为中国、俄罗斯、欧盟、加拿大、美国、日本、韩国等。[1]2018 年蒙古与全球 156 个国家进行贸易，外贸总额达 129 亿美元。其中，出口额 70 亿美元，进口额 59 亿美元，食品进口额约 4.367 亿美元。[2]

2019 年 1 月，蒙古与全球 105 个国家开展贸易，外贸总额 11 亿美元。其中，出口总额 6.07 亿美元、进口总额 5.04 亿美元。1 月份出口同比增长 1.834 亿美元，其中矿产品出口增长 7390 万美元，宝石、半宝石、金属饰品出口增长 1.029 亿美元；进口同比增长 1.428 亿美元，其中矿产品进口增长 3000 万美元，这之中柴油燃料进口增长 1510 万美元，机械设备、电器及其配

〔1〕 商务部国际贸易经济合作研究院、中国驻蒙古国大使馆经济商务参赞处、商务部对外投资和经济合作司：《对外投资合作国别（地区）指南·蒙古国（2018 年版）》。

〔2〕 中国国际贸易促进委员会内蒙古自治区委员会、中国国际商会内蒙古商会：《2018 年蒙古国共进口 4.367 亿美元的食品》，载 http://www.ccpitnmg.org/mengguguoCont－850.html，最后访问日期：2019 年 5 月 14 日。

件、零部件进口增长2560万美元，交通工具及零部件进口增长7030万美元，基本金属及其制品进口增长590万美元。矿产品、纺织品、宝石和半宝石、金属首饰出口占总出口的94.2%，矿产品、机械设备、电器、交通工具及其零部件和成品食品进口占总进口的73.5%。[1]

（二）贸易主管部门

1. *政府机构*

经济发展部的职责包括制定贸易政策以及投资政策，促进宏观经济发展，颁发特许权（包括公共-私人合伙），贷款和援助。此外还有其他几个政府部门和代理机构负责贸易政策的不同方面，包括：

财政部长主持关税税则委员会，该委员会负责制定关税和关税政策，采用关税税率制度来征收额外关税。由财政部设立的海关总署负责执行海关立法，征收关税和其他税种，并编制和向国家统计局提交海关统计数据。

副总理领导下的标准化和计量中心负责协调和管理与标准化、质量认证、测试、检查和计量相关的问题。该中心约80%的收入来自提供认证和其他服务。专业检验局总局也在副总理的领导下，负责食品安全，农业检查（如种子和植物），执行与贸易有关的法律和法规，在此基础上检查进出口货物、工业、服务业、地质和采矿活动，并监督标准的遵守情况。副总理领导下的蒙古知识产权局负责知识产权及其与贸易有关的方面，包括版权、专利和商标。

蒙古银行（即中央银行）独立于政府，负责货币和汇率政策以及商业银行的监管。此外，蒙古银行必须维持金融市场和银行系统的稳定。金融监管局负责监管非银行金融机构、存款和贷款合作社、保险公司和股票市场。

参与贸易政策制定的其他部委包括建设和城市发展部、道路交通部、采矿部、能源部、工业和农业部、司法部（起草法律和法规，以及知识产权的贸易相关方面）。[2]

---

〔1〕 中国国际贸易促进委员会内蒙古自治区委员会、中国国际商会内蒙古商会：《1月份蒙古国与105个国家开展贸易》，载 http://www.ccpitnmg.org/mengguguoCont-858.html，最后访问日期：2019年5月15日。

〔2〕 The Secretariat, Trade Policy Review, at https://www.wto.org/english/tratop_e/tpr_e/s297_e.pdf, Jun. 2, 2019.

2. 非政府机构

在非政府机构方面，蒙古国家工商业协会（MNICA）提供贸易支持服务，该协会于1960年成立，1995年重组为《工商业协会法》规定的非盈利法律实体。其职能包括签发原产地证书、专利和商标注册、对外贸易和投资争议仲裁、独立检验进出口货物、提供出口市场研究和情报、举办交易会展览和作为商务代表团和项目开发。[1]

与此同时，蒙古国家矿业协会（Mongolian National Mining Association）、蒙古出口商协会（Mongolian Exporters Association）、蒙古羊毛和羊绒协会（Mongolian Wool and Cashmere Association）以及蒙古肉类协会（Mongolian Meat Association）也发挥了重要作用。它们收集和分享信息，发现和处理行业问题，讨论影响行业的贸易政策问题，并代表行业与政府部门进行联系。

（三）贸易法律法规概况

蒙古与贸易相关的主要法律有《投资法》《海关法》《关税法》《公司法》和《自由区法》等。[2]

《投资法》列出国内外投资的法律依据，并提供税收稳定证明。《海关法》规定海关的组织结构和法律基础，确定海关监管程序、海关通关程序和海关立法及其执行。《关税法》规范建立与关税制度有关的事项，采用关税税率的原则，并涵盖估价及征收关税的规则。《公司法》规范公司的设立、注册和重组，公司的管理和组织结构，股东的权利和义务以及控制和清算。《自由区法》规范自由区的建立及其形式、理事机构的权力、监督机制，确定特殊税收和习惯条件的法律依据和实现。

（四）贸易管控概况

蒙古出口需要许可证，由政府主管部门审查出口合同、计划，签发出口许可证。对进出口的单证要求是：①承运者的3份发票，发票中须写明货物名称、规范、买卖双方的姓名及地址、启运时间、货物数量、毛重、净重、运输包裹或箱柜件数、价值等内容；②一般不需要商品产地证明书，但如买

---

〔1〕 Ibid.

〔2〕 Ibid.

方或信用证上提出要求，则需有商业管理部门正式印发的证明书两份，并附加公证证明。

对运货单无特别规定，但习惯上，运货单上必须写明发货方、承运方、收货人及地址、到达港、商品种类、名称、运货单号码、承运方正式收据的日期和签名。蒙古规定，自1995年2月16日起，凡通过航空与铁路进入蒙古境内的进口货物均需持有货物清单。采取这一措施的目的是为了使进口管理与国际通行做法接轨，同时保障海关的检查，减少运输工具在边境口岸的滞留。中蒙之间按1994年签订的《进出口货物质量认证协议》，需对对方货物在各自口岸进行商品质量检查，检查合格后进行相互认证，以书面文件为凭证。在通过海关时，要进行报关，填写海关报税单，缴纳关税。

根据蒙古《通过禁止出入境和非关税限制商品列表》，国家禁止麻醉品及使用、生产麻醉品的工具以及麻醉植物出入境（医用麻醉品、植物的进口根据主管卫生的中央行政机关的批复放行），禁止各类酒精入境。

根据蒙古《通过禁止出入境和非关税限制商品列表》，限制出口铀矿石及其精粉，种畜，牲畜、动物精液胚胎，微生繁殖物，野生动物及其原料产品，与野生动物有关的研究用标本，普通历史文化纪念品及用于动物、植物、矿物研究和解剖学、考古学、古生物学、种族学及钱币研究的采集品和收藏品；限制临时出口历史、文化珍贵纪念品；限制进出口必需监控的医疗、预防用器官、捐助血，剧毒化学品，枪支、武器，作战用品、装备及其配件、设备，爆炸品。

（五）进出口商品检验检疫制度

蒙古国家技术监督总局将边境卫生、传染病研究部门，边境兽医、植物检疫部门，边境质量、标准监督等部门整合建立了边境技术监督局。进出口商品检验检疫需遵循的主要法律法规有：《边境法》《动植物及制品进出境检验检疫法》《卫生法》《牲畜基因库及健康保护法》《反烟毒害法》《标准、规范评估法》《食品法》《植物保护法》《反酗酒法》《反艾滋病法》《国防法》《作物种子法》《化学有毒物质防护法》《药品法》《健康法》《麻醉药物、刺激神经物质流通监督法》和《免疫法》。中国国家质量监督检验检疫总局与蒙古食品农牧业部于2005年5月24日签署了《关于向中国出口马肉的检验检疫兽医卫生要求议定书》和《关于向中国出口羊毛、羊皮、牛皮、马皮的检疫卫生要求议定书》，于2008年6月19日签署了《关于中国向蒙古国输出牛冷冻精液的兽医和卫生要求议定书》《关于中国向蒙古国输出牛的兽医和卫生要求议定书》《关于相互输出种用比赛用及过境马的兽医和卫生要求议定书》和《关于相互输出屠宰马的兽医和卫生要求议定书》。[1]

（六）海关管理制度

海关部门是与通关便利化直接相关的国家权力机关，各国海关依法履行四项职责：海关监管、海关征税、海关缉私、海关统计。根据《海关法》第2.1条规定：蒙古海关法律法规由《宪法》《税务总法》《海关法》《关税税率与关税法》《边境口岸法》以及根据这些法律制定的其他法规组成。

根据《海关法》第1条“法律宗旨”规定：“本法的宗旨是调整进出关境的货物、运输工具进行海关登记，制定海关监管规则及海关手续规则、条件、要求以及明确海关机关的体制、海关机关、公职人员的权利、义务、受理与海关决定有关的公民申诉并由海关机关、公职人员作出处理以及追究违反海关法律法规者的法律责任。”[2]

为了履行上述职责，蒙古海关总署提出愿景：致力于通过与国际标准相符的服务和先进的科技，成为区域内领先的海关组织。并提出如下九项战略目标：①基于风险管理的内容监管；②提高保护国家安全和打击非法贸易的能力；③落实合理的关税政策并保障国家预算收入；④提高海关组织能力，发展人力资源能力，提供具备专业技能高素质的专业员工；⑤在海关组织内部采纳变革管理，完善治理和内部控制；⑥落实协调边境管理，排除货物和运输工具自由流通的障碍；⑦加强法律改革，创造有利营商的环境，促进贸易发展；⑧确保运营透明度并采用国际服务标准；⑨发展信息技术，为无纸化清关创造有利环境。[3]

---

〔1〕 商务部国际贸易经济合作研究院、中国驻蒙古国大使馆经济商务参赞处、商务部对外投资和经济合作司：《对外投资合作国别（地区）指南・蒙古国（2018年版）》。

〔2〕 宗那生、商那拉图主编：《蒙古国法律汇编》，内蒙古大学出版社2018年版，第209页。

〔3〕 Mongolian Customs, Mission Statement, at http://www.customs.gov.mn/en/about/vision-mission-and-strategic-objectives, May 16, 2019.

1. 组织结构

蒙古海关总署负责人为总干事（Director General），下设两名副总干事（Deputy Director General）。一名副总干事分管海关监管，另一名副总干事分管海关征税、海关统计。海关缉私由总干事直接负责，总干事下辖海关预防犯罪和初步调查部（Customs Offence Prevention And Preliminary Investigation Department）、公共行政管理部（Public Administration Management Department）、人力资源部（Human Resources Division）、金融投资部（Finance And Investment Division）、国际合作部（International Cooperation Division）、清关后审计部（Post Clearance Audit Department）、监督评估内部审计部（Monitoring, Evaluation And Internal Audit Division）、信息科技中心（Information Technology Center）。其中公共行政管理部下辖服务后勤单位（Service And Maintenance Unit）以及媒体训练和研究中心（Media, Training And Research Center）。

两名副总干事，一名负责管理海关清关部（Customs Clearance Department）、海关监督检查部（Customs Control And Inspection Department）、海关风险管理部（Customs Risk Management Division）、海关中心实验室（Customs Central Laboratory）、侦查犬训练中心（Detector Dogs Training Unit）。另一名负责管理税务部（Revenue Department）、统计部（Statistics Division）、港口发展部（Port Development Division）。[1]

2. 清关管理

海关清关是指海关复杂的手续，这一手续从正式提出海关申报单开始，经过海关检查和缴纳关税和其他税款，到海关许可放行后结束。蒙古海关出口和进口清关包括以下步骤：①声明货物；②检查海关文件；③检查货物和运输工具；④征收关税，其他税费；⑤释放货物，允许跨越海关过境货物。

申报货物是指以符合海关申报表的形式连同其他有关文件，向海关提供有关货物和运输工具的所有必要信息。申报人应向海关提交下列文件以证明海关申报中的数据：对外贸易合同、贸易文件、运单和/或装运单据、原产地

---

〔1〕 Mongolian Customs, Oorganizational Chart, at http://www.customs.gov.mn/en/about/site-map-s, May 16, 2019.

证明、受非关税限制的货物所需的许可，许可证，证书和/或其他文件、支付或发票的外贸汇款、授权完全或部分免除关税和税收的文件、海关价值的文件证据、法律规定的其他文件。蒙古海关对公路运输承运人、航空公司、铁路承运人提出了不同的要求：①公路运输承运人需要提交的通关文件包括车辆证明、运输单、贸易单据/贸易合同、收据、发票、装箱单、保险单据、货物描述所需的其他单据；②航空公司需要提交的通关文件包括航空器证书、一般声明、乘客姓名清单、货物舱单、空运单、航空公司乘客食用的食品和其他物品清单、贸易文件；③铁路承运人需要提交的通关文件包括转交证件、铁路车辆证件、铁路票据、贸易单证。

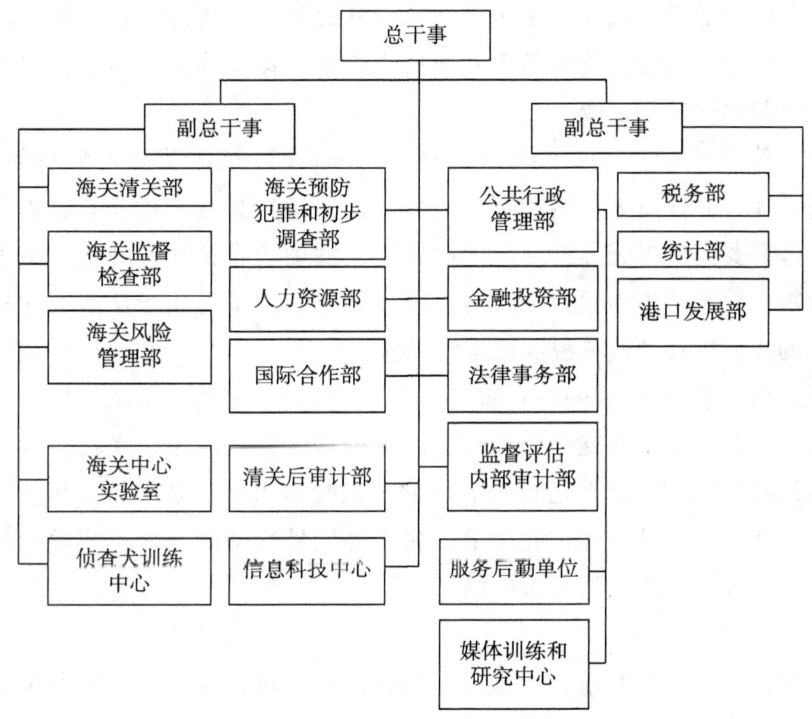

图 3-6 蒙古海关总署组织结构图

资料来源：蒙古海关总署。[1]

〔1〕 Mongolian Customs, Oorganizational Chart, at http://www.customs.gov.mn/en/about/site-map-s, Jun. 2, 2019.

3. 清关类型

蒙古海关的清关类型包括加急清关、海关入境前清关、海关简易清关和根据指示清关。海关加急清关（Customs Expedited Clearance）仅适用于部分时效性强、危险性大的货物。根据蒙古海关总署的规定，海关加快对下列货物的清关：①救灾物资：以恢复因灾害或不可抗力造成的损失和损害；②放射性物质、有毒和危险化学品、爆炸物；③牲畜和其他动物；④国际邮件；⑤报纸、期刊、媒体资料、科学研究资料；⑥需要特殊储存条件的易腐货物；⑦捐献器官或血液、血液制品；⑧其他货物。

海关入境前清关（Customs Pre-arrival Clearance）也叫海关抵港前的清关，这一清关模式适用于进入蒙古边境之前或从边境海关管理下运输到内陆海关之前的出口国的货物。货物随附的所有文件的复印件应提交海关，以便在货物到达时与原件进行比较。

海关简易清关（Customs Simplified Clearance）是海关清关的简易程序，通过简易清关方式清关的货物不用提交《海关法》里规定的所有文件，仅有部分文件需要完成提交程序。海关简易清关适用于直接从国外进入海关保税区的货物，但不适用于通过关税区过境的货物，也不适用于从海关保税区运往境外的货物以及通过关税区过境的货物。

根据指示清关（Customs Clearance Upon Order）指海关清关可以在申报人要求的地点并由申报人支付费用进行。这种清关方式适用于送往海外或来自海外的易腐烂货物、需要运输装载或储存的特殊条件的货物、保密物品、历史文物、货币、债券和前体化学品、属于外国外交使团办公室或类似地位的组织的货物及其工作人员私人财物。

4. 清关程序

如果符合条件和要求，申报人应根据海关许可，在其选定的海关程序下放置货物。①进口货物的程序包括：进口家用物品、加工家用物品、临时入境家用物品、内部加工和复进口货物；②出口货物的程序包括：货物直接出口、货物临时出口、货物外部加工和货物再出口；③海关保税区的程序包括：海关保税仓库、海关保税加工区、海关保税展区、海关保税建筑区、免税店和海关特区；④过境和转运程序包括：国际运输、国内运输和转运；⑤放弃或销毁货物的程序包括：放弃货物和销毁货物；⑥特殊程序包括：仓库、外交代表处和在海关边境具有外交地位的其他组织的货物，国际邮件流量，旅行者私人财物和免税区货物。[1]

（七）商品预归类制度

商品预归类制度（Advance Ruling On Classification）是指海关采取的一种特有的具有约束力的税则归类制度，属于确定商品归类的预申报行为。进出口货物的当事人在货物进出口时甚至是交易成交前，应向海关提出归类申请并提供货物有关资料，海关归类职能机构经研究决定该商品的归类，并出具具有一定的法律效力的商品归类建议作为答复。

蒙古海关采取这一先进制度，交易商可以要求海关对分类进行预先裁定。如果货物已经发出并且尚未按照批准的货物入境前分类申请到达蒙古境内，可以提出这类请求。除正式填写的申请表外，还需要向海关提交以下内容：销售合同、贸易文件、原产地证明、执照、许可证和合格证书（如适用）以及货物、照片、技术文件等的描述文本和样本。一旦提交了所有必要的信息和辅助材料，蒙古海关会在30个日历日内发布关于入境前分类的决定。该裁定对申请人和所有海关分支机构均具有约束力，有效期为1年。[2]

（八）中蒙经贸概况

随着中国提出“丝绸之路经济带”和“21世纪海上丝绸之路”的倡议，蒙古适时地提出“草原之路”的发展战略，积极探讨与中方“丝绸之路经济带”的对接。2014年9月，中国国家主席习近平出席中蒙俄三国元首会晤时提出共建“丝绸之路经济带”，把“丝绸之路经济带”同俄罗斯跨欧亚大铁路、蒙古“草原之路”[3]战略进行对接，打造中蒙俄经济走廊的倡议获得各

---

〔1〕 Mongolian Customs, Export/Import, http://www.customs.gov.mn/en/clearance/export - import, May 16, 2019.

〔2〕 Mongolian Customs, Advance Ruling on Classification, at http://www.customs. gov.mn/en/services/ruling, May 16, 2019.

〔3〕“草原之路”计划由5个项目组成，总投资约500亿美元，包括连接中俄的997公里高速公路、1100公里电气化铁路、扩展跨蒙古铁路以及天然气和石油管道等。中国国际贸易促进委员会内蒙古自治区委员会、中国国际商会内蒙古商会：《“一带一路”构想助蒙古国打通“草原之路”》，载 http://www.ccpitnmg.org/mengguguoCont - 186.html，最后访问日期：2019年5月16日。

方的积极响应。

2015 年 7 月，中蒙俄三国元首在乌法第二次会晤，批准了《中华人民共和国、俄罗斯联邦、蒙古国发展三方合作中期路线图》，正式签署了《关于编制建设中蒙俄经济走廊规划纲要的谅解备忘录》，明确了三方联合编制《建设中蒙俄经济走廊规划纲要》的总体框架和主要内容，标志着中蒙俄经济走廊建设从战略对接层面转移到具体合作领域。[1]

2016 年 9 月在纽约出席联大会议的中国外交部长王毅会见蒙古外长蒙赫奥尔格勒，就两国在基础设施领域合作对接等问题进行了交流。王毅表示，两国将落实对接中国“一带一路”倡议与蒙古“草原之路”战略，在保持传统能源矿产合作的同时，进一步拓展两国在住房建设、农牧业等新领域的合作。蒙赫奥尔格勒则表示，蒙古将在对接好中方“一带一路”倡议基础上，推进两国在基础设施等领域的务实合作，保持对华合作的延续性。

1. 合作潜力

经济互补性为中蒙经贸合作创造了广大的发展空间。蒙古拥有丰富的矿产资源和能源，矿产业也是蒙古的支柱产业，蒙古出口的产品 90% 以上是矿产。但是蒙古的工业基础薄弱，国民经济发展所需的绝大多数生产资料均依赖于进口。而中国处于快速工业化阶段，具有雄厚的工业基础和完善的工业部门，制造业产品门类齐全、价格低廉，同时在矿产资源、能源材料方面具有持续强劲的需求。因此，中蒙两国在经济结构和经济特点上具有显著的互补性，合作空间宽广。

地缘优势和战略对接为中蒙合作提供更多的发展机遇。蒙古是我国接壤边界最长的国家，双方边界线长达 4710 公里。目前，中国常年开放或季节性开放的口岸陆路边境口岸达到 14 个，合作领域包括矿产资源开发、进出口加工、商品贸易和跨境旅游，初步形成了对蒙沿边开发开放经济带。随着一批影响大、带动性强的重点合作项目顺利实施推进，中蒙经贸合作和区域边境合作将面临全新的发展机遇。

---

〔1〕 刘亚政、金美花主编：《2016 年“一带一路”倡议与东北亚区域合作》，社会科学文献出版社 2017 年版，第 210 页。

2. 主要障碍

目前中蒙经贸面临的主要障碍有：经济政策调整过大，法律法规尚待完善。早在20世纪90年代，蒙古就遭受过政策反复给经济发展和改革带来的严重损害。政府较低的工作效率使得蒙古所在区域内的其他政府或投资者对其避而远之。落后的规章制度无法为投资者提供明确的预期和经济核算基础，不健全的法律法规无法保障投资活动有序、健康进行。[1]

口岸经济贸易发展，配套设施建设落后。中蒙间各口岸贸易经济的发展仍然存在不利因素。从中蒙口岸建设的整体情况来看，各主要口岸的基础设施建设近年得到长足发展，但配套设施建设还不完善，不能满足现代化口岸多元化、多功能服务的需求。中国内蒙古自治区对蒙古口岸中，常年开放的口岸如二连浩特、甘其毛都、策克、珠恩嘎达布其等口岸已经实现“四通”，即通水、通电、通信、通路，基础设施得到了很大改善，但是在口岸道路基础设施建设、物流园区场地建设、货物检验设备及换装设施等方面仍存在一些问题。

铁路运输设备老化，公路运输成本高昂。在铁路运输方面，蒙古大部分铁路运输及换装设备严重老化，车皮数量不足，不能满足大量货运和客运的运输需要。蒙古的铁路系按照俄罗斯标准的宽轨修建，不能同我国的标准铁轨直接对接。在公路运输方面，蒙古公路发展严重滞后，致使从我国进口的建筑材料和日常用品难以运输到蒙古腹地。蒙古要求中国的运输车必须在蒙古挂牌，其办理国际营运手续难度大，使用蒙古注册的车辆增加了企业成本。[2]

四、塔吉克斯坦

杨钧博

（一）国家经济概况

塔吉克斯坦共和国（以下简称“塔吉克斯坦”）经济基础薄弱，苏联解体后的政治经济危机以及多年的内战使该国国民经济受到严重破坏，经济损

〔1〕［蒙古］卡娃：《蒙古国区域经济发展研究》，社会科学文献出版社2015年版，第160页。

〔2〕黄健英主编：《蒙古国经济》，中国经济出版社2016年版，第131页。

失总计超过70亿美元。[1]2000年，塔吉克斯坦成功发行新货币索莫尼，逐步建立了国家财政和金融系统。政府制定工业发展政策，利用国家资源优势，加快生产技术革新，逐步提高工业化水平和产品竞争力，力求促进经济发展。

自2000年以来，塔吉克斯坦经历了高速的经济增长，减贫效果显著，2000—2017年，塔吉克斯坦国内生产总值（GDP）年均增长7%以上，贫困人口比例从80%降到30%以下。然而，此期间的经济增长既不具有包容性，也不具有可持续性。就业增长缓慢，无法跟上人口的增长速度。[2]由于经济结构单一，外汇收入重度依赖于棉花和铝材的出口，因此该国经济极易受到外部的冲击。

2016年，《塔吉克斯坦共和国至2030年国家发展战略》通过，确立了“确保能源安全和高效使用电力能源”“将塔吉克斯坦建立为重要交通枢纽国家”“确保粮食安全与供应高质量食品”以及“扩大生产性就业”四个发展目标。近年来，该国在落实这一发展战略中已取得初步成效。据亚洲开发银行报告，预计塔吉克斯坦人均GDP增长在2019年为5.3%，2020年为4.1%。[3]

塔吉克斯坦是中国的友好邻邦，中塔1992年建交。近年来两国高层互访频繁，政治互信不断加强，两国领导人之间建立起深厚的友谊。2017年8月，塔吉克斯坦拉赫蒙总统对中国进行国事访问，中塔两国建立全面战略伙伴关系，中塔政治经贸关系目前正处在历史最好时期，中国对塔吉克斯坦经贸合作快速发展，规模和范围逐步扩大，合作水平不断加深。[4]当前，塔吉克斯坦实行对外开放的经济政策，积极响应“一带一路”倡议。拉赫蒙总统在接受中国媒体联合采访时表示，塔吉克斯坦2030年前国家发展战略与“一带一

---

〔1〕《一带一路沿线国家法律风险防范指引》系列丛书编委会编：《一带一路沿线国家法律风险防范指引（塔吉克斯坦）》，经济科学出版社2017年版，第20页。

〔2〕 The World Bank in Tajikistan, Country Context, at https://www.worldbank.org/en/country/tajikistan/overview, May 27, 2019.

〔3〕 Asian Development Bank, Tajikistan, Economy, at https://www.adb.org/countries/tajikistan/economy, May 27, 2019.

〔4〕 商务部国际贸易经济合作研究院、中国驻塔吉克斯坦大使馆经济商务参赞处、商务部对外投资和经济合作司：《对外投资合作国别（地区）指南·塔吉克斯坦（2018年版）》，“参赞的话”，载http://www.mofcom.gov.cn/dl/gbdqzn/upload/tajikesitan.pdf，最后访问日期：2019年5月27日。

路”倡议对接已取得积极成果，塔吉克斯坦拥有可观的人力、农业、矿产和水电等资源，愿积极发展同邻国、朋友和伙伴的合作，首先是同中国的互利合作，继续深化地区合作，推动能源和工业项目发展，扶持农业部门，通过对接落实更多项目。

（二）贸易管理

1. 贸易主管部门

依据1998年颁布的《塔吉克斯坦共和国对外经济活动法》规定，各种所有制企业或组织参与的对外经济关系均由塔吉克斯坦经济和对外经济联络部负责协调、组织和管理。2001年原有的对外经济部与合同贸易委员会合并为塔吉克斯坦经济发展与贸易部（以下简称“贸易部”），其下设部门负责管理经济与贸易的具体事务。例如，贸易与消费市场部参与国内外贸易、海关、税收、对外合作等领域的政策制定与执行，制定消费、市场竞争等相关法规。

贸易部的权力包括：①制定和实施国内贸易和服务消费者政策；②参与实施保障食品安全的措施；③审批贸易与服务消费者领域的地区开发项目；④提出发展贸易及满足消费市场等方面的议案；⑤创建国家公共信息数据库，存储商品与服务的相关信息；⑥及时公布国家在经济贸易领域修订和补充的法律政策等。

2. 限制进出口商品

目前塔吉克斯坦受许可证、配额限制的商品如下：

出口商品包括：金、铝、棉花、烟草、皮革，贵重和半贵重金属、合金及其制品，贵重金属的矿石、精矿砂、残料和废料，稀有金属、生产合金用的稀土原料、合成物及制品，《红皮书》中列举的野生动物和鸟类。[1]

进口商品包括：小麦、面粉、铝矾土、石油类产品，农业经济作物、观赏性草本植物（包括种子）及蚕种，有毒物、植物保护化学物品、化肥，药品及医疗技术用品，无线电电子器材及高频装置。[2]

---

〔1〕 商务部国际贸易经济合作研究院、中国驻塔吉克斯坦大使馆经济商务参赞处、商务部对外投资和经济合作司：《对外投资合作国别（地区）指南·塔吉克斯坦（2018年版）》，第35页。

〔2〕 商务部国际贸易经济合作研究院、中国驻塔吉克斯坦大使馆经济商务参赞处、商务部对外投资和经济合作司：《对外投资合作国别（地区）指南·塔吉克斯坦（2018年版）》，第35页。

（三）贸易法规概况

塔吉克斯坦贸易领域的法规主要包括：《税法》《劳动法》《企业经营法》《对外经济活动法》等。

1. 《税法》

依据《税法》的规定，法人与自然人必须缴纳该法规定的各种税款。塔吉克斯坦的税制分为国家税和地方税。国家税包括所得税、利润税、增值税、消费税、社会税、自然资源税、公路使用税、皮棉和初炼铝销售税。地方税包括交通工具税、不动产税。特殊税制包括针对持摊贩营业执照从事经营互动的自然人税制、针对小型企业主的简化税制、针对农产品生产者的简化税制、针对博彩经营主体的特殊税制。

法人应当缴纳的法人利润税税率分为两类：商品生产活动利润税率为13%，其他活动利润税率为23%。以下情况免征利润税：①宗教机构、慈善机构、政府和国家间非营利组织的主营业务；②非营利性组织所得无偿拨款及资助；③50%以上员工是残疾人及50%以上劳动报酬用于残疾人的企业；④塔吉克斯坦国家银行、居民存款保险基金会；⑤新型产品企业达到一定的投资期限和投资金额者。

此外，对于在塔吉克斯坦从事经营活动的外国法人，在其常设机构利润税的基础上，还应按15%的税率对其常设机构的纯利润补征税款。

2. 《食品安全法》

《食品安全法》的立法目的是保障居民身体健康和生命安全，维护消费者权益。依据该法，为保护消费者，食品标签上应当标注以下内容：①食品名称；②生产商的名称、完整地址及电话号码，进口食品应当标注进口商名称、地址及电话号码；③固定单位内的食品净含量（重量、体积或数目）；④按作用顺序列明食品成分，包括生产中使用的添加剂和调味剂；⑤热量和营养价值，每一百克食品中蛋白质、碳水化合物和脂肪等的含量；⑥产品保质期和使用日期；⑦保障食品质量的储存和使用条件；⑧若该种食品会对特殊人群（儿童、孕妇、老人、运动员、过敏体质人群）产生不良影响，应当注明警告。

另外，该法第32条针对进口食品安全提出了强制性规范，主要包括：

①进口食品应当符合塔吉克斯坦食品安全规范性文件的要求；②未贴标签的食品以及未通过流行病与动植物检疫要求的食品不得进口；③若国家动、植物检验检疫部门对进口食品的安全性产生合理怀疑，海关工作人员应当暂停通关工作，并按照规定方式对这类产品进行清关。

（四）海关管理

1. 海关制度

依据塔吉克斯坦《海关法》的规定，货物可适用的海关制度包括：流通至国内供消费使用、出口、过境、边境加工、加工供国内消费、保税区加工、临时入境、海关仓库、再进口、再出口、销毁、货物上交国家、临时出境、免税仓、运输物资、特殊关税制度。货物入境时，可在法律范围内经海关允许选择适用任一海关制度。

所有通关货物和运输工具都应当办理海关手续，办理方式和操作方法依据通关货物的种类、运输方式、运输人员的范畴确定。货物无歧视地办理海关手续，与原产地、发货地和目的地无关。该国报关程序并不复杂，进口货物到关后，由进口公司根据单据填写报关单，并附发票、提单等单据，向海关申报。货物完成动、植物检疫和其他监督措施后缴纳关税即可放行。[1]应对自然灾害与事故等所需物资、易腐烂货物、动物、放射性物质、国际邮件、新闻传媒所需材料等通关时，可按简易程序优先办理通关手续。

2. 关税制度

塔吉克斯坦海关执行三种不同的关税征收方式：①从价税率：按照应纳税货物海关课税价值百分比计算；②特殊税率：按照单个应纳税货物体积计算；③混合税率：综合以上两种计算方式。[2]大多数商品税率按商品种类不同分别为：0%、2.5%、5%、7%、10%和15%。

根据《海关法》第345条的规定，以下商品不征收进口关税：①本币、外国货币（用于收藏目的的除外）、证券；②国家银行及授权机构进口的用于

---

〔1〕 商务部国际贸易经济合作研究院、中国驻塔吉克斯坦大使馆经济商务参赞处、商务部对外投资和经济合作司：《对外投资合作国别（地区）指南·塔吉克斯坦（2018年版）》，第35页。

〔2〕 叶芳芳：《中亚五国海关法律概论》，知识产权出版社2015年版，第94页。

增值储备的金属和宝石；③用于人道主义援助及免费资助给国家机构的货物；④生产技术设备及其备件、外商投资中外籍人员的自用物品；⑤农业设备及其部件、国家药监局制定清单下的物品；⑥用于政府批准实施的捐赠项目的物品；⑦政府制定清单内的、用于政府一次性资助协议框架内项目的材料及重大项目建设材料；⑧用于建设特别重要项目的货物，特别重要项目清单由政府制定。

（五）进出口产品检验检疫

根据《海关法》的规定，货物在经过检验、动、植物检疫和其他形式的国家监管措施后方能完成海关手续的办理。

塔吉克斯坦负责动、植物检验检疫的部门是国家卫生与动植物检验检疫管理局。该部门的主要职能包括：①扣押或没收缺少检疫证书的出口动、植物产品；②为合格进口产品颁发进口检疫许可证；③为合格出口产品颁发国内检疫证书；④他国产品具有传染病等危险时，与边境机关与海关共同对进口产品进行限制。

依据法律规定，进出口动物产品需提前30天提交书面申请，进出口活牲畜应提前60天提交申请。申请书应当包括：单位名称、地址、纳税编码、商品名称、数量、目的地口岸、运输方式、国内检疫证书等。进口商应当遵守法律规定，进口的动物产品应当经过国内检疫；生产和加工的进出口产品企业需经国家检疫局认可。[1]

进出口植物产品应当提前30天提交申请书，载明商品相关信息，包括产品数量、装运地点、目的地等，并提前15天提交样品以供检验。[2]

五、乌兹别克斯坦

杨钧博

（一）国家经济概况

乌兹别克斯坦共和国（以下简称“乌兹别克斯坦”）是独联体国家中经

---

〔1〕 商务部国际贸易经济合作研究院、中国驻塔吉克斯坦大使馆经济商务参赞处、商务部对外投资和经济合作司：《对外投资合作国别（地区）指南·塔吉克斯坦（2018年版）》，第36页。

〔2〕 商务部国际贸易经济合作研究院、中国驻塔吉克斯坦大使馆经济商务参赞处、商务部对外投资和经济合作司：《对外投资合作国别（地区）指南·塔吉克斯坦（2018年版）》，第36页。

济实力较强的国家，也是中亚地区近年来经济发展十分迅速的国家之一。据统计，2018 年乌兹别克斯坦 GDP 达 503 亿美元，同比增长 5.1%；人均 GDP 约 1526.6 美元，同比增长 3.3%。其主要国民经济支柱产业是黄金、棉花、石油以及天然气。

乌兹别克斯坦是传统的农业国，也是独联体国家主要的粮食和果蔬供应地。2018 年，乌兹别克斯坦的农业产值约 162.94 亿美元，占 GDP 比重的 32.4%。其中，棉花种植业是其重要的农业支柱产业，乌兹别克斯坦是世界第二大棉花出口国，也是第五大产棉国。小麦则是其主要的粮食作物，约占粮食产量的 90%。近年来，乌兹别克斯坦在既有农业基础上，采取一系列措施，不断提升农业现代化水平。工业在其国家经济中扮演着越来越重要的角色。2018 年，该国工业产值约 160.96 亿美元，占 GDP 的 32%，比重上升 4.1 个百分点。[1]其中，汽车工业、飞机制造业以及采矿业是该国工业的主要支柱，尤其是采矿业，乌兹别克斯坦的石油和天然气的储量与产量均在中亚国家中位列第二，是重要的能源供应国。根据中国驻乌兹别克斯坦大使馆的数据，该国矿产资源储存总价值约 3.5 万亿美元，除油气资源外，黄金、铀、煤、铜等金属矿产总量也十分丰富。

2016 年米尔济约耶夫出任乌兹别克斯坦总统后在经济领域进行了一系列改革，其中影响最大的是在全境内取消外汇管制政策。2017 年 9 月 5 日，乌兹别克斯坦政府宣布以本币苏姆贬值近一倍的方式实现外汇自由化，引发大幅通货膨胀。该国 2018 年全年通货膨胀率为 14.3%，其中，食品类商品价格平均上涨 14.9%，非食品类 12.5%，服务类 15.8%。[2]但这一改革措施为企业经营活动和居民生活创造便利，而且有利于该国吸引外国投资，提升对外竞争力。

米尔济约耶夫于 2018 年 12 月 28 日在议会发表国情咨文时宣布，2019 年为乌兹别克斯坦“积极投资和社会发展年”。2019 年该国经济领域的发展将

---

〔1〕 中华人民共和国国家发展和改革委员会：《2018 年乌兹别克斯坦 GDP 同比增长 5.1%》，载 http://www.ndrc.gov.cn/fzgggz/ywzjw/Jwtz/201901/t20190131_1043641.ntm，最后访问日期：2019 年 5 月 25 日。

〔2〕 中华人民共和国国家发展和改革委员会：《乌兹别克斯坦 2018 年全年通货膨胀率达 14.3%》，载 http://www.ndrc.gov.cn/fzgggz/wzly/jwtz/jwtzzl/201901/t20190131_927272.html，最后访问日期：2019 年 5 月 25 日。

以打造开放型经济、为合理有序的竞争创造条件以及保持外汇市场自由化、实行稳定的货币政策为目标。另外，乌兹别克斯坦也积极响应“一带一路”倡议，中乌两国在经贸、投资方面的合作呈现积极的态势。中国自2016年起超越俄罗斯成为乌兹别克斯坦第一大贸易伙伴，2017年中国继续保持乌兹别克斯坦第一大贸易伙伴国地位。据乌方统计，两国2017年贸易额达49.67亿美元，同比增长16.8%，占乌兹别克斯坦外贸总额的18.4%。中乌友好的大背景以及乌兹别克斯坦经济发展中蕴藏的巨大空间使中乌合作项目得以迅速发展。[1]

（二）贸易管理部门

乌兹别克斯坦的贸易主管部门是外贸部，由对外经济关系、投资与贸易部于2017年改组而成。其主要职能包括：制定和执行国家外贸领域的统一法律政策；进行全球市场经济形势研究，协助实施国家出口规划发展，制定和实施提升国产高附加值产品竞争力的措施；参与进出口商品税费的修订与完善工作；促进对外贸易发展，帮助本国企业参与国际投标、寻找国际合作伙伴等。[2]

依据乌兹别克斯坦现行的法律规定，贸易监管权分散于不同的政府部门，多数国家机构都在一定程度上享有制定贸易法规、监管贸易活动等权力。其中，位于国家行政权力核心的政府内阁占有重要地位，内阁下属的政府部委承担具体的贸易监管职责。例如卫生部负责监管食品质量安全、卫生检查及相关资质的认定；对外经济投资贸易部负责进出口合同登记、与国家海关管理委员会共同负责海关领域的事项。

国家部委下级的各委员会和政府机构的分工更为细化。例如乌兹别克斯坦标准署负责生产标准化和产品认证，该机构制定了国内市场流通的商品及服务贸易的合格认定标准；乌兹别克斯坦国家私有化、反垄断和发展竞争委

---

〔1〕 国际商务专刊：《中乌经贸合作前景广阔——访中国驻乌兹别克斯坦使馆经商参赞金玉龙》，载 http://ibspecial.org/sitetrees/gaoduan/2113，最后访问日期：2019年6月1日。

〔2〕 商务部国际贸易经济合作研究院、中国驻乌兹别克斯坦大使馆经济商务参赞处、商务部对外投资和经济合作司：《对外投资合作国别（地区）指南·乌兹别克斯坦（2018年版）》，第33页，载 http://www.mofcom.gov.cn/dl/gbdqzn/upload/wuzibieke.pdf，最后访问日期：2019年6月1日。

员会，其基本职能是为非战略性企业的进一步私有化创造条件、发展股票市场及完善相关行业反垄断法规。总之，乌兹别克斯坦贸易的每一环节由不同的政府机构、委员会监管，在各自职责范围内制定法律法规及相关政策，以此形成了市场交易监管的框架。

（三）贸易法规

乌兹别克斯坦奉行自由贸易原则，因此乌兹别克斯坦的贸易立法侧重于制定产品和服务的认定标准、许可资质等方面，对于付款方式、交易时间地点等因素没有制定强制性规范。

1.《税法》

乌兹别克斯坦的税法不断完善，法人和自然人税务负担不断减轻。根据该法规定，乌兹别克斯坦境内现行的税种包括：法人利润税，个人所得税、增值税，消费税，地下资源开采税和专项税费，水资源使用税，财产税，土地税，社会基础设施发展和公共设施税，运输工具的汽油、柴油和天然气消费税。

法人利润税的税率分为以下几级：红利和利息，税率 10%；依据保险、共同保险和再保险合同获得的保险金，税率 10%；国际远程通信、国际运输（运费收入），税率 6%；该法第 155 条规定的收入，本条第 1 ~ 3 款规定的收入除外，税率为 20%。

对于法人的一部分利润，法律规定可免征法人利润税，具体包括：生产维修整形产品、残疾人器材，为残疾人提供安装义肢等服务；提供室内公共客运服务；古迹的修复和重建工程；人民银行使用公民个人累积养老金账户中的资金。

2.《食品质量安全法》

该法的立法目的是为保障优质安全食品的供应提供法律基础，同时规范化妆品、美容产品与烟草产品的生产与销售。该法规定了国家食品质量安全的管理部门、国家对食品生产与销售的卫生安全保障的管理工作及进出口食品的相关规定等。依据该法，产品的食品安全标准应当符合卫生法、兽医法、植物检疫法中的规定。

依据该法，在乌兹别克斯坦境内从事食品生产、采购、加工、储存、运输和销售的法人和个人，应当遵守食品质量和安全规则的要求。食品标签上必须注明食品名称、食品用途（儿童食品和专用食品）、制造商名称、商标、食品成分、营养价值、储存条件、生产日期及保质期、制备方法（儿童食品、半成品食品及专用食品）、重量、合格标志、监管或技术文件数目等。同时，法律规定进口到乌兹别克斯坦共和国境内的食品必须符合国内法规要求，国家注册的进口食品供应商应提交制造商和出口国相关权力机构出具的文件，以确认产品安全性，必要时对食品样品进行检测。

3.《关于进口和制造化学品、生物材料、塑料制品、香水及化妆品的规定》

依据该规定，进口和制造化学品、生物材料、塑料制品、香水及化妆品的应当事先获得国家卫生部签发的许可，进口商应提前向卫生部提交相关证明文件与产品样本，其中应当包括：申请书、产品说明书、进口商卫生安全证明及产品生产技术标准等文件。

4.《关于个别种类应税产品生产和销售的临时规定》

根据该规定，除啤酒外的酒精饮料应通过国有公司 Uzvinprom Holding 的区域批发贸易中心批发给其他公司，其他公司需持有酒精产品零售业务授权证书方有权销售。烟草产品适用类似的规定。另外，此类产品的销售收入应存入独立的银行二级存款账户。

（四）海关管理

1. 海关制度

乌兹别克斯坦海关管理最高机构为国家海关委员会，在全国境内设有 15 个分局。其主要职能和权力包括：参与国家海关政策的制定和实施，保护公民和法人与关税相关的权益，促进对外经济的发展，履行海关相关的国际合约，征收海关关税及其他税费。[1]

乌兹别克斯坦《海关法典》中对海关通关制度进行了规定。依据该法，进口货物需要的通关文件包括：合同（协议、条约）等有关货物证书、原产地证书、进口合同在乌兹别克斯坦的登记证书、进口交易登记证、银行开具的支付能力证明或担保、海关运单、出口国供货方出具的提单、卫生检疫、

〔1〕 叶芳芳：《中亚五国海关法律概论》，知识产权出版社 2015 年版，第 201 页。

动植物检疫证书、进口许可证，必要时需出具指定银行的批准证书。通关程序一般在海关当局所在地进行，若有关方面提出要求，也可以在其他地方进行清关。通关手续应在收到海关申报单及其他必要文件后十日内办理。

2. *关税制度*

根据乌兹别克斯坦《关税法》规定，采取从价关税、从量关税与组合关税三种税率。按世贸组织的分级标准，该国对关税税率可归入“开放”类（加权平均税率低于10%）。2017年4月该国对税率进行了调整，5吨以下汽车进口税率调至30%，葵花籽油税率调至10%，面粉类产品税率调至5%，调味剂（除番茄酱、酸奶油）类产品税率调至25%。

《关税法》第33条中规定了免税商品：①进行国际运输的运输工具，技术材料、燃料、食材及其他使交通工具在运行途中及中转站正常运作的必需品，或在国外处理此类运输工具交通事故所用的物资；②国家货币、外币（收藏目的除外）；③用于保障乌兹别克斯坦船舶运作的技术材料及装备设施、燃料、食品等，国内自然人与法人租用的进行海上捕鱼作业所用物资，以及进入国家海关区域的渔业产品；④法律规定应转为国有财产的商品；⑤法律或国际条约规定下，享受免税优惠的外交人员、自然人运输的官方或个人使用的物品；⑥自然灾害、武装冲突、事故等情况下作为人道主义援助或无偿技术援助的物品，包括其他国家、政府及国际组织以慈善目的运入的物品；⑦义务教学、学前教育及治疗机构使用的教学参考书；⑧受海关监管的经过关税区后转运到第二国的物品；⑨《海关法典》中允许自然人携带且不用于生产或其他商业目的的物品；⑩与本国实行自由贸易制度的国家生产并运入的商品。

（五）进出口产品检验检疫

根据乌兹别克斯坦《产品及服务品质检验法》，乌兹别克斯坦标准化、计量及认证署是国家标准化、计量和认证管理机关，实施国家产品抽查和质量检验制度。该国强制检验商品清单包含61大类商品，主要为肉、鱼、蔬菜等民生产品。[1]在

---

〔1〕 商务部国际贸易经济合作研究院、中国驻乌兹别克斯坦大使馆经济商务参赞处、商务部对外投资和经济合作司：《对外投资合作国别（地区）指南・乌兹别克斯坦（2018年版）》，第36页。

此类商品买卖合同中，应要求交易商品符合标准化署规定的产品合格标准。

对于货值超过 1 万美元的物品，包括肉及肉类副产品、乳制品、油料籽及果实、酒精饮料、烟草制品、部分设备及机械装置、电机及设备等，在办理通关手续前应当实施卸货前检验。[1]

乌兹别克斯坦农食产品进出口检验分管部门明确，其所依据的《植物检疫法》《兽医法》及《食品质量安全法》相对完善，但是具体的检验检疫实施细则是由各州、共和国与当地检疫局自行根据相关法律及实际情况制定。因此，该国检验检疫的基础法律比较健全，但实施细则不尽完善。[2] 根据法律规定，经营主体在进出口动物或植物产品前必须办理由国家首席兽医官或国家植物检疫总检疫官签发的出口许可审批，否则将无法进出口。进出口的动物产品到达边境后，由边境兽医工作人员根据许可证审批内容出具兽医检疫证。

第四节　西亚国家

一、阿塞拜疆

杨钧博

（一）国家经济概况

阿塞拜疆共和国（以下简称“阿塞拜疆”）经济结构单一，石油工业是其国民经济的主要支柱。据统计，阿塞拜疆的石油探明储量约 60 亿吨，天然气探明储量 2.55 万亿立方米。丰富的油气资源是阿塞拜疆主要的出口产品。2017 年，石油、天然气及石油产品的出口额占到该国出口总额的 88% 以上。此外，阿塞拜疆也拥有铁、铝、铜、黄金等金属矿藏。除油气和矿产资源外，阿塞拜疆还拥有丰富的农业和渔业资源。阿塞拜疆农业以种植业为主，灌溉

---

〔1〕 商务部国际贸易经济合作研究院、中国驻乌兹别克斯坦大使馆经济商务参赞处、商务部对外投资和经济合作司：《对外投资合作国别（地区）指南·乌兹别克斯坦（2018 年版）》，第 36 页。

〔2〕 袁俊杰等：《乌兹别克斯坦农食产品技术贸易措施体系研究》，载《检验检疫学刊》2019 年第 1 期，第 94 页。

业发达，棉花、小麦、水果等产物是该国的主要农作物。其中，棉花被当地人称作“白金”，同被称作“黑金”的石油并列为两大国家经济支柱。里海鲟鱼则是阿塞拜疆除油气外，又一著名的传统出口产品。

21 世纪初，阿塞拜疆经济增长迅速，被誉为“外高加索发展的火车头”。[1] 尤其在 2003—2013 年间，阿塞拜疆经济年均增速高达 11.5%。但阿塞拜疆单一的经济结构，使其容易遭受国际石油价格变化的影响。尤其是 2014 年下半年以来，受国际油价在低位徘徊、全球经济状况低迷等因素影响，该国经济发展遭遇严峻挑战。2016 年经济增长率下降为 -3.8%，2017 年的经济增长率仅为 0.1%。与此同时，阿塞拜疆还面临着通货膨胀率提升和银行部门疲软等问题。但该国政府和外界机构预测，阿塞拜疆经济已经触底反弹，正在慢慢复苏。

为了改变国家对于油气资源过度依赖的现状，阿塞拜疆政府正在采取一系列措施改善国内营商条件，从而吸引外资，促进经济发展。《2018 年营商环境报告》显示，阿塞拜疆的营商环境在世界各国中排名第 57 位，较前一年上升 8 位。[2] 同时，阿塞拜疆政府还推出一系列措施以推动国民经济多样化。一方面，大力发展农业、交通和旅游三大产业，促进各领域均衡发展；另一方面，积极响应中国“一带一路”合作倡议，与中方进行合作，促进经济转型。

近年来，高度的政治互信和稳定的外交关系促使中阿经贸关系发展顺利，两国经贸领域合作不断取得新的进展。1999 年，双方举行中阿政府间经贸合作委员会第一次会议，2016 年举行第六次会议。目前，该机制在中阿经贸合作中发挥着越来越重要的作用，成为进一步深化两国经贸关系的重要抓手。中阿间暂无投资合作磋商机制。[3]

---

〔1〕 商务历史：《阿塞拜疆经济状况》，载 http://history.mofcom.gov.cn/?bandr=asbjjjzk，最后访问日期：2019 年 5 月 25 日。

〔2〕 World Bank Group, Doing Business 2018, at http://www.doingbusiness.org/content/dam/doing-Business/media/Annual-Reports/English/DB2018-Full-Report.pdf, May 25, 2019.

〔3〕 商务历史：《阿塞拜疆与中国的经贸合作》，载 http://history.mofcom.gov.cn/?bandr=asbjyzgdjmhz，最后访问日期：2019 年 5 月 25 日。

（二）贸易主管部门

阿塞拜疆的贸易主管部门是经济部。阿塞拜疆政府于 2001 年 4 月颁布第 475 号总统令，宣布撤销国有财产部、经济部、贸易部、反垄断政策与创业支持国家委员会、对外投资办事处等机构，在此基础上设立经济发展部。2013 年在经济发展部基础上设立经济与工业部。2016 年 1 月 15 日根据阿塞拜疆总统令，“阿塞拜疆经济工业部”更名为“阿塞拜疆经济部”。[1]

阿塞拜疆经济部下设经济政策与预测司、投资与国际合作司、反垄断经营局、商检局等机构。该部的主要职能包括：确定国家经济发展战略，制定经济方案；保障国家政策在对外经济合作领域的实施；保障国家贸易、投资及经济结构等领域的政策实施，发展对外经济关系；颁发、撤销法律规定的各项资质证明；预防、纠正垄断与不正当竞争行为等。

2017 年阿塞拜疆颁布总统令，成立食品安全署。该署的主要职能包括：在食品安全领域制定相关政策、进口食品产品的注册和登记等。根据 2018 年 2 月颁布的《关于粮食质量安全的国家监管规定的修正案》，粮食产品的质量和安全监管权由经济部移交至食品安全署。[2]

（三）贸易法规简介

阿塞拜疆与贸易相关的法律法规主要有《税法通则》《外汇调节法》《反垄断经营法》《价格调节法》以及《外商投资保护法》等。

1.《税法通则》

阿塞拜疆现行税制主要依据的法律文件是《税法通则》，其最新修订版于 2007 年 1 月 1 日正式生效。依据《税法通则》规定，该国税收分为国税、自治共和国税和地方（市政）税三级体系。国税是指依据《税法通则》制定并在国境内必须交的税。其税种包括：自然人收入税、法人利润所得税（市政府所有企业及机构除外）、增值税、消费税、法人财产税、法人土地税、道路

〔1〕 Переименовано Министерство экономики и промышленности, at http://www.1news.az/news/pereimenovano - ministerstvo - ekonomiki - i - promyshlennosti, May 25, 2019.

〔2〕 中华人民共和国驻阿塞拜疆共和国大使馆经济商务参赞处：《阿塞拜疆粮食质量不再由经济部负责监管》，载 http://az.mofcom.gov.cn/article/jmxw/201802/20180202710277.shtml，最后访问日期：2019 年 5 月 23 日。

税、开采税、简化税。自治共和国税包括纳希切万共和国交纳的、该法典第6条第1款中所列国税（道路税除外）。地方（市政）税包括自然人土地税、财产税、获取当地建筑材料应交纳的开采税及市政府所有企业或机构的利润税等。

另外，根据该法关于特殊情形下可以实行特殊税制的规定，阿塞拜疆对在"产品分成协议"（PSA）框架下在本国进行石油天然气开发的外国投资者实行特殊税制。[1]现行法律规定，除在PSA项下从事经营的外资企业，其他外资企业在税收方面享受国民待遇。

2. 《食品法》

《食品法》为食品的生产、质量安全、市场管理等方面的国家管制提供法律依据。依据其规定，食品标签上应当包含如下信息：产品的名称和品牌、生产公司的名称和地址、生产国家、有效期/保质期、营养和热量值、净重（克或千克）、使用说明、包装材料的名称和类型、存储说明、许可和认证信息、特殊警告（如需适用）。如果产品的保质期少于3个月，则必须标注日、月和年。如果保质期超过3个月但少于18个月，则需标注月份和年份。产品保质期超过3年的食品不允许在阿塞拜疆销售。水果产品必须贴上标签。

该法对食品进口的相关问题进行了如下规定：①进口食品应适用阿塞拜疆国家认证体系的要求和规范。进行国家卫生登记并持有合格证书的食品可以进口，未获得相关许可的食品则不得通关；②进口用于食品生产的原料和添加剂，可享受关税优惠；③进口食品的标签和名称上的文字应标注名称、说明书的阿塞拜疆语翻译文本；④买卖双方签订的进口食品合同中，应当包括产品质量标准与安全指标。

3. 《外商投资保护法》

根据《外商投资保护法》规定，外资企业应到指定的国家机关注册，注册后拥有法人资格。外资企业在阿塞拜疆享受国民待遇，对于在国民经济优先发展产业及在特殊地区的投资，依照法律给予税收及其他优惠。除依照《税法通则》给予外商的关税与增值税减免优惠，对于重大外国投资项目，可

---

[1] 中华人民共和国驻阿塞拜疆共和国大使馆经济商务参赞处：《阿塞拜疆主要税种和税率》，载http://az.mofcom.gov.cn/article/ddfg/200608/20060802855688.shtml，最后访问日期：2019年5月23日。

以通过签订合同确定该项目可以享受的税收优惠。例如石油、天然气或其他自然资源的投资开发项目，外商可根据与阿塞拜疆政府签署的合作协议享受税收减免的优惠。[1]

此外，该法还在以下方面对外国投资者给予保护：①如因阿塞拜疆法律变更导致投资环境恶化，外国投资者十年内仍适用投资时实行的法律（国防、国民安全、社会秩序、环境保护、税收、信贷等涉及国家权力和公共利益的法律变更除外）；②除涉及公共利益等特殊情况，外国投资财产不得被征收；③外国投资者在停止经营时，有权就其实际所有的资产请求赔偿；④外国投资者有权在交纳相应税费后，将包括外汇赔偿在内的收入汇至国外；⑤因阿塞拜疆政府机关及其工作人员的违法行为给外国投资造成亏损，外国投资者有权要求赔偿。

（四）海关管理

1. 海关制度

阿塞拜疆国家海关委员会是国家进出境监督管理机关，其主要职能包括：参与制定和执行海关法律政策、征收关税、颁发许可证等。

为提高海关系统效率，阿塞拜疆从 2016 年 5 月 4 日起开启电子报关通道。国家海关委员会的报告指出，通过电子申报系统注册货物和运输工具的方案旨在促进对外贸易，创造有利的商业环境，确保海关服务的透明度，并简化海关程序。海关电子申报货物和运输工具的新服务已作为阿塞拜疆电子政务门户网站（www. e-gov. az）的试点项目。通过使用这种电子服务，公民可以使用 Asan Imza 移动电子签名，迅速将进口货物和运输工具运送到海关边境。

从阿塞拜疆的商务报告中可以看到海关制度的改进，包括更高的透明度以及不断改革后愈加系统化的海关收费程序。[2]阿塞拜疆过去几年一直努力改善其监管制度，但海关系统部分环节程序不透明及腐败等问题仍然存在。

2. 关税税率

阿塞拜疆海关关税制度主要依据的是《海关关税法》。依据该法规定，对

---

〔1〕 中华人民共和国商务部欧亚司：《阿塞拜疆投资环境和主要产业情况》，载 http://oys. mofcom. gov. cn/article /oyyscy/201407/20140700681342. shtml，最后访问日期：2019 年 5 月 25 日。

〔2〕 Azerbaijan, Customs Regulations, at https://www. export. gov/article? id = Azerbaijan – customs – regulations, May 25, 2019.

入境货物征收：进口关税（多为从价税，现行进口税率分为0%、5%、15%三个等级）、增值税（18%）、消费税（针对进口石油产品、酒类产品、烟草产品及非独联体国家轿车征收）、海关手续费（0.15%）。

对于出口货物实行零关税。另外，对于临时进口商品、外资企业作为对在阿塞拜疆企业法定资本的投资输入境内的资产、PSA 项下的进口商品、外交物资和外交人员及其家属携带入境的个人物品免征进口关税及增值税。若拖欠税款，应每日交纳拖欠款额0.3%的滞纳金。

此外，根据2016年1月通过的《海关关税法》修正案，阿塞拜疆为重点行业进口资本设备的企业家提供了最长7年的免税期，50%的收入可以免征7年的所得税、财产税和土地税。

（五）进出口检验检疫

进口商品的检验检疫由阿塞拜疆商品检验国家标准、计量和专利委员会负责。依据法律规定，进口商品包装必须印有阿塞拜疆语的标签和说明书。

进口动物产品的检验检疫机构为阿塞拜疆农业部下属的国家兽医局。各海关均设有检疫站，进口活牲畜及动物产品通关前应出示检疫合格证并接受海关查验。[1]

进口植物产品的检验检疫负责机构为农业部下属的国家植物保护和检疫局。进口植物及植物产品应当出示检疫证书并接受海关检查。[2]

二、格鲁吉亚

毛欣铭

（一）国家概况

格鲁吉亚共和国（以下简称"格鲁吉亚"），地处西亚，位于南高加索中西部。北方与俄罗斯接壤，东南方接壤阿塞拜疆，南部与亚美尼亚相邻，西

---

〔1〕 商务部国际贸易经济合作研究院、中国驻阿塞拜疆大使馆经济商务参赞处、商务部对外投资和经济合作司：《对外投资合作国别（地区）指南·阿塞拜疆（2018年版）》，第40页，载 http://www.mofcom.gov.cn/dl/gbdqzn/upload/asaibaijiang.pdf，最后访问日期：2019年5月25日。

〔2〕 商务部国际贸易经济合作研究院、中国驻阿塞拜疆大使馆经济商务参赞处、商务部对外投资和经济合作司：《对外投资合作国别（地区）指南·阿塞拜疆（2018年版）》，第40页。

南与土耳其接壤，西邻黑海。国土面积 6.97 万平方公里，海岸线长度为 309 公里。截至 2019 年 1 月，格鲁吉亚人口为 372 万，其中 86.8% 为格鲁吉亚族，其他民族有阿塞拜疆族、亚美尼亚族、俄罗斯族及奥塞梯族、阿布哈兹族、希腊族等。官方语言为格鲁吉亚语，居民多通晓俄语。该国居民主要信奉东正教，少数信奉伊斯兰教。[1]

由于受苏联影响，近代格鲁吉亚一直是计划经济。自 1991 年苏联解体，格鲁吉亚一直想要过渡到市场经济。但由于内政不稳，内战频繁，使格鲁吉亚经济发展势头受阻，2000 年 6 月 14 日格鲁吉亚加入世界贸易组织，成为第 137 个缔约方，其后经济状况逐渐改善，营商环境不断优化。[2] 据格鲁吉亚国家统计局统计，从行业分布看，2017 年，贸易占 GDP 比重最大，为 17.6%，其次是工业 16.4%，交通通讯业 10.2%，建筑业 9.3%，公共行政 8.5%，农林牧渔 8.2%，房地产 6.9%，医疗和社会保障业 6.0% 等。

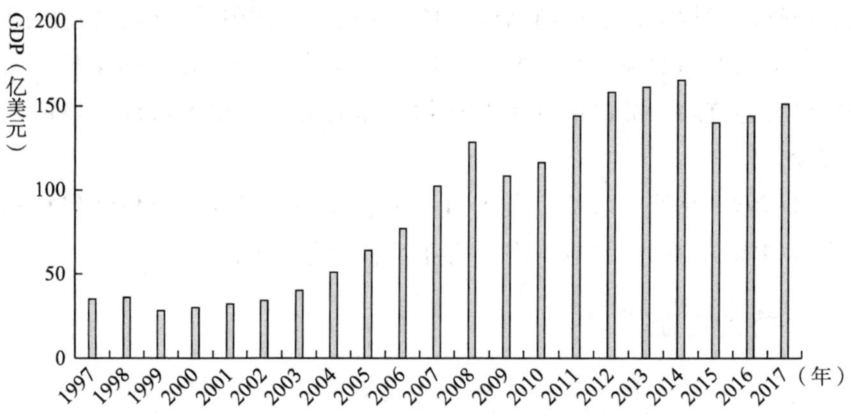

图 3－7　1997—2017 年格鲁吉亚 GDP 总量变化图

资料来源：世界银行数据库。

世界银行数据库统计数据显示，格鲁吉亚 GDP 于 2014 年达到历史峰值，

〔1〕 中华人民共和国外交部：《格鲁吉亚国家概况》，载 https://www.mfa.gov.cn/chn//pds/gjhdq/gj/yz/1206_10/，最后访问日期：2019 年 5 月 18 日。

〔2〕 World Trade Orcanization, Georgia, at https://www.wto.org/english/thewto_e/acc_e/a1_georgia_e.htm., May. 18, 2019.

为165.09亿美元，2015年回落到139.94亿美元，其后逐年持续增长，于2017年达到150.81亿美元。[1]2018年1—9月，格鲁吉亚GDP增长5.6%，进出口总额达91.25亿美元，同比增长20.8%。[2]

格鲁吉亚与121个国家（地区）有贸易往来，多年来一直存在贸易逆差。格鲁吉亚国家统计局数据显示，2017年1—11月格鲁吉亚对外贸易额为95.638亿美元，同比增长12.9%。其中出口额为24.397亿美元，同比增长27%，进口额为71.241亿美元，同比增长8.8%，贸易逆差46.843亿美元，占格鲁吉亚外贸额的49%。从2017年的统计数据看，土耳其是格鲁吉亚第一大贸易伙伴，贸易额为14.12亿美元，占格鲁吉亚贸易额14.8%。俄罗斯是格鲁吉亚第二大贸易伙伴，贸易额为10.54亿美元。中国是其第三大贸易伙伴，贸易额8.34亿美元，格鲁吉亚对华出口1.94亿美元，中国是其第四大出口市场，与此同时格鲁吉亚自华进口6.4亿美元，因此，中国还是其第三大进口来源国。[3]

据格鲁吉亚国家统计局初步统计，2018年1—11月格鲁吉亚进出口总额为113.25亿美元，同比增长18.6%。其中，出口30.34亿美元，同比增长24.0%，进口82.91亿美元，同比增长16.8%。贸易逆差52.58亿美元，占外贸总额的46.4%。[4]

（二）贸易主管部门

1. 部门体系

格鲁吉亚主管贸易的政府部门是经济与可持续发展部。[5]其主要负责牵

---

〔1〕 World Bank, Georgia, at https://data.worldbank.org.cn/indicator/NY.GDP.MKTP.CD? locations=GE, May 18, 2019.

〔2〕 中华人民共和国外交部：《格鲁吉亚国家概况》。

〔3〕 中华人民共和国商务部驻格鲁吉亚大使馆经济商务参赞处：《2017年1—11月格鲁吉亚对外贸易简况》，载http://ge.mofcom.gov.cn/article/jmxw/201712/20171202691031.shtml，最后访问日期：2019年5月18日。

〔4〕 中华人民共和国商务部驻格鲁吉亚大使馆经济商务参赞处：《2018年1—11月格对外贸易额同比增长18.6%》，载http://ge.mofcom.gov.cn/article/jmxw/201901/20190102828387.shtml，最后访问日期：2019年5月18日。

〔5〕 Ministry of Economy and Sustainable Development of Georgia, at http://www.economy.ge/index.php? page=home, Jun.2, 2019.

头制定和执行国家经济发展政策，使经济持续稳定增长，负责经济改革和国有资产私有化，负责吸引外资和对外贸易管理，负责对外经济合作关系等。[1]

2. 部门职能

格鲁吉亚经济与可持续发展部是负责国家经济政策制定、执行及调控的经济主管部门。其具体职责为：负责分析与制定国家经济政策；[2]参与制定经济改革、社会政策、劳动法与移民法、制定国家经济可持续发展战略；[3]分析商业环境并提出建议；[4]制定许可和技术标准政策；规划与监督国家通讯、邮政、信息通信技术发展方向；参与制定建设、城市发展、领土发展和住房政策；制定国家交通政策并进行交通管理；国有资产拍卖及私有化管理；参与制定国家对外经济政策，与国际机构合作、促进双边和多边贸易关系发展，进行对外贸易分析；分析并实施因国际协定和公约所承担的义务；分析并实施 WTO 成员所应承担的义务，按 WTO 要求提出贸易立法建议等。

（三）贸易法律法规概况

格鲁吉亚与贸易相关的主要法律有《海关法》《商业活动法》《税法》《海关税则法》《执照和许可证法》《工业保税区法》等。

格鲁吉亚《税法》第 27 章定义了消费税产品清单和消费税率。第 28 章规定了进口税，产品进口率以及某些货物从进口税和其他进口法规中排放的对象。[5]格鲁吉亚《商业活动法》[6]规定了企业活动的法律形式，并为当地和外国企业家制定了平等和非歧视性规范。

---

〔1〕 商务部国际贸易经济合作研究院、中国驻格鲁吉亚大使馆经济商务参赞处、商务部对外投资和经济合作司：《对外投资合作国别（地区）指南·格鲁吉亚（2018 年版）》，载 http://www.mofcom.gov.cn/dl/gbdqzn/upload/gelujiya.pdf，最后访问日期：2019 年 5 月 18 日。

〔2〕 Economic Politic, at http://www.economy.ge/index.php? page = ecopolitic, Jun. 2, 2019.

〔3〕 Legislation, at http://www.economy.ge/index.php? page = ecoleg, Jun. 2, 2019.

〔4〕 Economic Review, at http://www.economy.ge/index.php? page = ecoreview&s = 20, Jun. 2, 2019.

〔5〕 Tax Code of Georgia, at https://www.wto.org/english/thewto_e/acc_e/geo_e/WTACCGEO27_LEG_7.pdf, Jun. 2, 2019.

〔6〕 Law of Georgia on Control of Entrepreneurial Activity, at https://matsne.gov.ge/en/document/download/15364/32/en/pdf, Jun. 2, 2019.

格鲁吉亚《执照和许可证法》[1]规定了执照和许可证适用的领域，并确定了执照和许可证的全面清单，包括进出口产品的类型。还规定了颁发执照和许可证，进行更改和撤销许可证的规则。除了保护公共健康，国家安全和环境的必要性外，对许可要求或其他非关税壁垒不应存在限制。

格鲁吉亚关于控制武器装备，军事装备和双重用途物品进出口产品的法律确定了对出口和进口武器装备、军事用途设备、原材料、材料、设备、技术、科学技术信息及其生产进行控制的规则和理由。

值得注意的是格鲁吉亚境内贸易属于民事关系，适用格鲁吉亚《民法典》[2]，该法典规定民事关系主体有权决定协议的内容，但不得与法律的禁止性规定及强制性条件相违背。同时，该法典条款区分强制性条款和非强制性条款。当事人仅能更改非强制性条款的内容。

（四）贸易管控制度

1. 进口管理

格鲁吉亚进口商在办理清关手续时需要提交运输单据，通过车辆运输的货物，提供运单或 TIR 证[3]，若无法提交运单或 TIR 证，则提供车辆登记证复印件；通过海运方式运输的货物应当提供提单；航空运输提交空运提单；铁路运输提交铁路运单。除了运输单据还需要提交采购合同文件，发票或者其他付款文件。

必要时还应提交必要的执照（License）、许可证（Permit）或证明（Certificate）。由税务海关服务局颁发的许可证包括：进口受兽医控制的产品许可证、进口受植物检疫控制的产品许可证、进口两用产品的许可证、进口受特殊控制的药物许可证、进口非碘盐的许可证、《濒危野生动植物种国际贸易公

---

〔1〕 Law of Georgia on Licensing of Entrepreneurial Activities, at https://www.wto.org/english/thewto_e/acc_e/geo_e/WTACCGEO21_LEG_3.pdf, Jun. 2, 2019.

〔2〕 Civil Gode of Georgia, at https://matsne.gov.ge/ru/document/download/31702/75/en/pdf, Jun. 2, 2019.

〔3〕 TIR 法语全称：Transports Intemationaux Routiers，意即国际公路运输。源于联合国欧洲经济委员会制定的《国际公路运输公约》。TIR 证是一种国际海关文件，是证明 TIR 制度下所运货物具备国际担保的证明。中国道路运输协会：《〈TIR 公约〉在中国正式实施　首票 TIR 运输启动》，载 http://www.crta.org.cn/article-3442.html，最后访问日期：2019 年 5 月 19 日。

约》（CITES）附件中所列的物种、物种的部分及其衍生物的进口许可证。进口受植物检疫和兽医控制的产品时，还需要提供原产国证书。

格鲁吉亚能源和自然资源部颁发的许可证包括：进口核材料、核材料、放射性物质、放射性废物，实际上可以从中提取核材料的矿物、核材料或放射性物质制成的或含有上述成分的核技术的许可证或诀窍（know - how）。

格鲁吉亚国防部颁发的许可证包括：进口武器和战斗物资的许可证、进口军事武器的许可证。

格鲁吉亚内政部服务机构签发的许可证包括：允许外国人向格鲁吉亚进口狩猎用运动枪和/或弹药的许可证、允许格鲁吉亚国民向格鲁吉亚进口民用枪支和/或气体武器及其基本部件和/或弹药的许可证。[1]

2. 出口管理

格鲁吉亚对出口木材、电力等实行许可制度，其他商品自由出口，没有限制。根据格鲁吉亚立法，从格鲁吉亚出口和再出口的货物免征关税。1997年9月1日起，格鲁吉亚根据目的地原则征收增值税，从格鲁吉亚的出口免征增值税。

（五）进出口商品检验检疫制度

自2007年3月起，为简化进出口商品检验检疫手续，格鲁吉亚将原来由农业部、环保资源部分别负责的检查农食品、动物产品和植物产品的部门合并成一个机构，成立了国家食品安全兽医和植物保护局，隶属农业部，专门负责对动植物产品、农产品和食品进行检验检疫，提供“一站式”服务。格鲁吉亚法律规定，对鲜活动物产品、植物产品、农产品和食品进出口实行检验检疫制度，凭签发的证书办理海关通关手续。目录由格政府总理签署对外发布。[2]

（六）海关管理

1. 海关管理制度

格鲁吉亚海关与税务、金融警察合并成一个部门，即“税收海关服务局”

---

〔1〕 Revenue Service, Documents to be submitted, at https://www.rs.ge/Default.aspx? sec_id = 5413&lang = 2, Jun. 2, 2019.

〔2〕 商务部国际贸易经济合作研究院、中国驻格鲁吉亚大使馆经济商务参赞处、商务部对外投资和经济合作司：《对外投资合作国别（地区）指南·格鲁吉亚（2018年版）》。

(Revenue Service)，2010 年 3 月成为独立法人单位。[1] 税收海关服务局是格鲁吉亚财政部公法的法律实体，在格鲁吉亚全境实施国家控制。其主要任务是支持格鲁吉亚的商业发展，为新商业活动的产生和发展创造最有利的环境，形成公正、简便和可靠的税收制度。

格鲁吉亚税收海关服务局将其管理目标明确列于官方主页，其目标是建立一个公正的管理体系。由此，将格鲁吉亚转变成一个对投资最有吸引力的国家，并成为交易便利的、国际贸易当中可靠的、受尊敬、有成效的国际社会成员。这一系统的简化步骤与移除关税和非关税壁垒密切相关。

为了实现上述目标，近年来格鲁吉亚税收海关服务局采取了数项改革措施，并实施了不同类型的电子服务。作为这些措施的结果，税收海关服务局和进出口商之间的关系被极大地简化。在履行税法中的规定后，纳税人只需要花费最少的时间和资源，便可以更便捷地缴纳税费。税收海关服务局提供的简便清晰的税法体系是纳税人法律利益和权利的保证，也是纳税人履行义务的法定先决条件。除了上述提到的措施，为了给纳税人提供最大的便利，现代化的基础设施也具有极高的重要性。基于这种考虑，更大的过境场所、海关清关中心和服务中心已经建立起来，并配备有最新的科技手段。[2]

2. 海关组织结构

如前所述税收海关服务局是由海关、税务、金融警察合并产生的部门，由此该部门具有多重职责。该局设一名总干事（Director General）和四名副总干事。四名副总干事均归总干事领导，在这之中设有一名第一副总干事（Dcputy Director General）。总干事下辖多个部门，包括分析部（Analytical Department）、总干事秘书处（Secretariat To DG）、服务质量控制部（Service Quality Control Department）、税收海关措施发展部（Tax And Customs Methodology Development Department）、内部审计部（Internal Audit Department）、战略

[1] 中华人民共和国商务部驻格鲁吉亚大使馆经济商务参赞处：《格鲁吉亚海关基本情况》，载 http://ge. mofcom. gov. cn/article/ddfg/haiguan/201507/20150701058290. shtml，最后访问日期：2019 年 5 月 19 日。

[2] Revenue Service, About Us, at https://www. rs. ge/Default. aspx? sec_id = 5061&lang = 2, Jun. 2, 2019.

改革办公室（Strategy & Reform Office）、信息科技中心（Information Technology Center）。

在上述一级部门之下，还设有大量的二级部门，这包括审计部（Audit Department）、税务监管部（Tax Monitoring Department）、服务部（Service Department）、金融部（Financial Department）、职业道德监督部（Professional Ethics And Monitoring Department）、人力资源部（HR Department）、投诉部（Complaints Department）、公共关系和市场部（PR & Marketing Department）、国际关系部（International Relations Department）、法律部（Legal Department）、海关部（Customs Department）。

具体的组织结构参考下图：

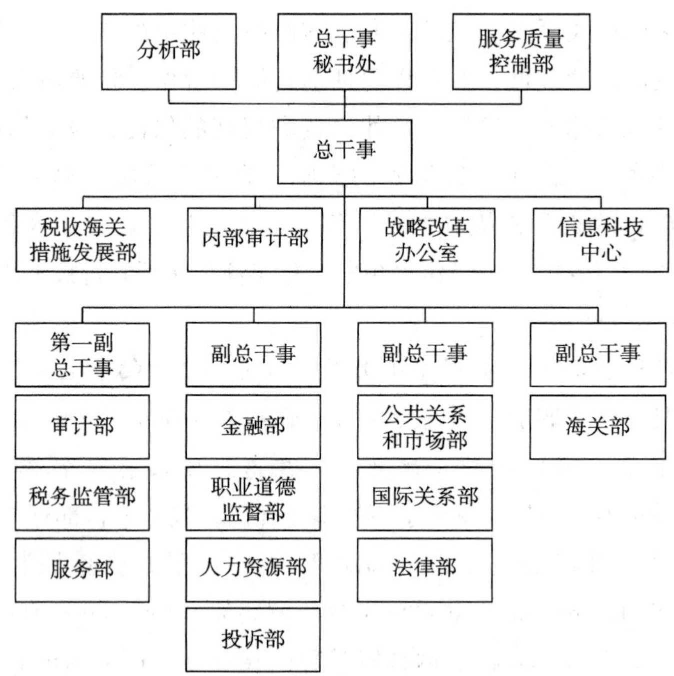

图 3-8　格鲁吉亚税收海关服务局组织结构图

资料来源：格鲁吉亚海关税收服务局〔1〕。

〔1〕 Revenue Service, Structure, at https://www.rs.ge/Default.aspx?sec_id=4520&lang=2#, Jun. 3, 2019.

3. 关税制度

格鲁吉亚采用国际协调编码制度 HS2002 对商品进行分类。根据格鲁吉亚新《海关法》及《海关税率法》，进口货物主要税收包括关税、增值税、消费税（如属消费品）和海关手续费。没有数量等配额限制，只有少数商品实行许可证管理，如武器弹药和爆炸物进口、木材出口等。该法的主要内容有：

自 2006 年 9 月 1 日起，格鲁吉亚进口关税从原来 0% ~30% 的 16 档降为 3 档，即 0%、5% 和 12%，约 90% 的商品为零关税，只有建筑材料（12%）和农产品等仍征收关税。出口货物已全部实行零关税。以下货物和产品免征进口关税，不论原产国：小麦、婴儿食品和糖尿病人食品；用于加工出口货物的原材料；过境货物；16 种格鲁吉亚的药品；价值 300 拉里以下的货物；外国政府或国际组织以无偿援助或优惠贷款提供的货物，无偿份额至少占 25%；人道主义援助物资；外交使团的物资；供国际航机的航空燃料、润滑油及其他技术物资；格鲁吉亚公民和古典学者在国外出版的文学和科学论著；消毒剂；谷物等。格鲁吉亚对进口货物与国产货物适用相同增值税率，即 18%。对乘用车（HS 编号 8703）免征增值税。对香烟、酒精饮料（前四位 HS 编号 2204 至 2209）、乘用汽车（按发动机排量和使用年限征收不等的消费税）、汽车燃油、汽车轮胎和鱼子酱等征收 5% ~100% 消费税，与格鲁吉亚国产商品消费税率相同。

格鲁吉亚海关对进出口货物征收价格 0.2% 手续费，且起点 50 拉里至最高 2000 拉里。格鲁吉亚海关税收计算不是各项税率单项相加，而是采取基数累计办法。格鲁吉亚海关对货物申报核查较严，经常开箱查验。对可疑低值申报采取海关估价办法，并课以罚款。货物申报单据（如提单、发票、装箱单和产地证等）应做到完备，货物描述应准确，申报数量应与实物保持一致。[1]

（七）中格经贸概况

2015 年 9 月，李克强总理会见来访的格鲁吉亚时任总理加里巴什维利，

---

〔1〕 中华人民共和国商务部驻格鲁吉亚大使馆经济商务参赞处：《格鲁吉亚海关法》，载 http://ge.mofcom.gov.cn/article/ddfg/haiguan/200703/20070304448321.shtml，最后访问日期：2019 年 6 月 2 日。

双方确认尽快启动中格自贸谈判。2016 年 6 月，张高丽副总理访问格鲁吉亚，与格总统马尔格韦拉什维利和总理克维里卡什维利就加快谈判达成共识。双方高层领导的高度重视极大推动了谈判进程。中格自贸协定谈判于 2015 年 12 月启动，2016 年 10 月实质性结束，虽历时不到一年，但其间经历了密集的谈判和磋商，是中国在欧亚地区完成的第一个自贸协定谈判。《中华人民共和国政府和格鲁吉亚政府自由贸易协定》涵盖货物贸易、服务贸易、原产地规则、海关程序和贸易便利化、卫生与植物卫生措施、技术性贸易壁垒、贸易救济、知识产权和合作领域等共 17 个章节。〔1〕

该协定于 2018 年 1 月 1 日生效并实施，在货物贸易方面，格鲁吉亚对我国 96.5% 的产品实施零关税，覆盖格鲁吉亚自中国进口总额的 99.6%；我国对格鲁吉亚 93.9% 的产品实施零关税，覆盖我国自格鲁吉亚进口总额的 93.8%，其中 90.9% 的产品（42.7% 的进口额）立即实施零关税，其余 3% 的产品（51.1% 的进口额）5 年内逐步降为零关税。在服务贸易方面，双方在各自世贸组织承诺基础上，进一步相互开放市场。此外，双方还在环境与贸易、竞争、知识产权、投资、电子商务等众多领域达成广泛共识。〔2〕

中国和格鲁吉亚合作的主要障碍在于 2016 年中国自格鲁吉亚进口的葡萄酒金额达 1236 万美元，占当年中国从格鲁吉亚进口总额的四分之一。协定生效后，所有从格鲁吉亚进口葡萄酒均将享受零关税，进口额预计将进一步提高。受自贸协定零关税的影响，国外进口葡萄酒的数量激增直接传导至终端价格会挤压国产葡萄酒市场份额。

三、卡塔尔

史雅文

（一）国家概况

卡塔尔国（以下简称“卡塔尔”）系君主制国家。埃米尔为国家元首和

〔1〕 中国自由贸易区服务网：《中国与格鲁吉亚正式签署自由贸易协定》，载 http://fta.mofcom.gov.cn/article/chinageorgia/chinageorgianews/201705/34958_1.html，最后访问日期：2019 年 5 月 19 日。

〔2〕 中华人民共和国商务部：《中华人民共和国政府和格鲁吉亚政府自由贸易协定解读》，载 http://images.mofcom.gov.cn/www/201712/20171229151137622.pdf，最后访问日期：2019 年 5 月 19 日。

武装部队总司令，掌握国家最高权力，由阿勒萨尼家族世袭。1970 年，卡塔尔颁布的第一部宪法规定：卡塔尔为独立的主权国家；伊斯兰教为国教；埃米尔在内阁和协商会议的协助下行使权力。宪法承认法官的独立性。1972 年，卡塔尔对临时宪法进行修宪。2003 年 4 月，卡塔尔全民公投通过“永久宪法”，并于 2005 年 6 月 7 日正式生效。1972 年，协商会议成立，其系咨询机构，职能是协助埃米尔行使统治权力，有权审议立法和向内阁提出政策建议。卡塔尔宪法规定，内阁是国家最高行政机构，负责管理宪法和法律规定其分管的所有对内对外事务，制定和实施国家总体政策。首相为内阁长官、政府首脑，由埃米尔任命；内阁各部委的组成由首相提出，埃米尔批准；内阁成员亦由埃米尔根据首相的推荐任命。[1] 卡塔尔禁止任何政党活动。

依靠数量庞大的石油和天然气资源，卡塔尔从一个捕鱼小国一跃成为全球首富。石油和天然气是卡塔尔的经济支柱。卡塔尔是世界第一大液化天然气生产和出口国。近年来，政府大力投资开发天然气，将其作为经济发展的重中之重。同时，卡塔尔还注意实施多元化的经济战略，将发展非石油、天然气工业作为实现国民经济收入多元化和摆脱对石油依赖的主要途径。此外，卡塔尔注重吸引外资和技术，建立了卡塔尔金融中心、对外开放证券市场；陆续出台多项法律法规，改善投资环境，吸引外国投资和技术；鼓励发展农业，号召植树造林，扩大耕地面积。财政部、能源工业部、经济商业部及海关总署是卡塔尔的主要经济部门。

（二）对外贸易关系

根据卡塔尔发展规划与统计部数据，2018 年，卡塔尔全年货物贸易总额为 1152.5 亿美元，同比增长 20.34%，其中出口额 837.6 亿美元，同比增长 26.2%；进口额 314.9 亿美元，同比增长 7.1%；贸易顺差 522.7 亿美元，同比增长 41.39%。[2]

卡塔尔于 1994 年加入《关税及贸易总协定》，成为第 121 个成员方，

---

〔1〕 马燕：《卡塔尔经贸文化》，社会科学文献出版社 2017 年版，第 22 页。

〔2〕 中华人民共和国驻卡塔尔国大使馆经济商务参赞处：《卡塔尔 2018 年外贸数据》，载 http://qa.mofcom.gov.cn/article/zxhz/tjsj/201904/20190402849597.shtml，最后访问日期：2019 年 5 月 27 日。

1995 年加入世界贸易组织（WTO），同时卡塔尔也是联合国、海湾合作委员会（GCC）、伊斯兰合作组织、阿拉伯国家联盟成员。

卡塔尔自 1976 年起就是国际知识产权组织的成员之一，2000 年加入《保护文学和艺术作品伯尔尼公约》，同年卡塔尔还成为《保护工业产权巴黎公约》的一员。[1]

2019 年 1 月起，卡塔尔退出石油输出国组织（OPEC），以便将该国重点放在天然气生产上。[2]

2018 年卡塔尔前三大贸易伙伴分别是：日本、韩国、中国。前四大出口目的国分别是日本、韩国、印度、中国；前两大进口来源国分别是美国与中国。

从贸易额来看，2018 年卡塔尔出口的主要商品是矿物燃料、矿物油及其产品（主要为液化天然气、液化石油气等产品）、塑料及其制品（主要为聚乙烯类产品）、肥料（矿物氮肥及化学氮肥）等；主要进口产品是飞机及飞机零部件、汽车整车及零部件、其他机电设备及产品、钢铁制品等。[3]

2018 年，我国与卡塔尔双边贸易额 116. 3 亿美元，增长 44%。其中，中方出口 24. 8 亿美元，增长 47. 6%；进口 91. 4 亿美元，增长 43%。

截至 2017 年底，我国企业对卡塔尔直接投资存量 11. 1 亿美元。2018 年，我国企业对卡塔尔全行业直接投资额 111 万美元，全部为非金融类。

2018 年，我国在卡塔尔新签工程承包合同额 2 亿美元，同比下降 54. 4%；完成营业额 7. 3 亿美元，同比下降 29. 6%。[4]

（三）贸易管理部门

经济和商业部是卡塔尔的贸易主管部门。依据 2009 年颁布的第 16 号埃米尔令第 12 条之规定，该部职能如下：监管并指导贸易活动，使之适应国家

---

〔1〕 吴茴萱：《当代卡塔尔国社会与文化》，上海外语教育出版社 2007 年版，第 83 页。

〔2〕 中华人民共和国商务部：《卡塔尔宣布退出石油输出国组织》，载 http://www. mofcom. gov. cn/article/i/jyjl/j/201812/20181202813800. shtml，最后访问日期：2019 年 5 月 27 日。

〔3〕 中华人民共和国商务部：《卡塔尔宣布退出石油输出国组织》。

〔4〕 中华人民共和国商务部西亚非洲司：《中国－卡塔尔经贸合作简况》，载 http://xyf. mofcom. gov. cn/article/tj/hz/201902/20190202838579. shtml，最后访问日期：2019 年 5 月 27 日。

发展需要；建议并执行政策，以吸引外资，支持出口发展；更新并发展支持商业及投资行业发展的手段；监管贸易活动并管理贸易、投资原产地登记；颁发从业许可证；进行市场监管；采取必要措施，保护消费者权益，打击商业欺诈；反垄断，保护竞争；监督旅游、展会、交通、通信相关的政策。

1963年，卡塔尔工商会成立。卡塔尔是海湾阿拉伯国家合作委员会中最早成立工商会的国家之一。1990年有关重组工商会的第11号埃米尔令发布，使得工商会得以重组成为一个独立的公益性机构，代表工业、商业和农业的利益，为国家的各个私营业的活动服务。1996年以前，该会一直由埃米尔任命理事会成员，并由这些成员推举出会长、副会长和名誉出纳，任期5年。1996年7月8日，卡塔尔工商会第一次实行民主尝试，即通过全体大会选举产生理事会成员，由经贸部长同其他各部部长商定各行业的成员名额，任期4年。[1]

工商会的主要职能是搜集和统计商业、工业和农业企业家们感兴趣的情报，并将这些情报分类后加以发表。同时，工商会还在与其他同行发展关系方面向政府提供公报、资料和有关商业、农业和工业问题的意见。而且工商会会对兴建证券交易所、市场和举办商业、农业和工业展览会提供参考性意见。此外，工商会还被授予从事公共事业的权力。

（四）贸易法规概况

卡塔尔政府重视贸易立法，将世界贸易组织协议和海湾阿拉伯国家合作委员会（以下简称“海合会”）国家协定作为制定贸易政策的考虑因素，其贸易法律主要注重鼓励国民从事各种商业活动，为阿拉伯资本和外国资本提供关税方便，以刺激投资。

贸易法规主要有：1988年第5号《海关法》、2000年第13号《投资法》、2002年第5号《公司法》、2002年第7号《版权保护法》、2002年第8号《商业组织法》、2002年第9号《商标、地理标示和工业设计法》等。[2]

---

〔1〕 杨言洪、杨光主编：《区域国别商务环境研究系列丛书：西亚北非卷》，对外经济贸易大学出版社2012年版，第160页。

〔2〕 商务部国际贸易经济合作研究院、中国驻卡塔尔使馆经济商务参赞处、商务部对外投资和经济合作司：《对外投资合作国别（地区）指南·卡塔尔（2018年版）》，载 http://www.mofcom.gov.cn/dl/gbdqzn/upload/kataer.pdf，最后访问日期：2019年5月27日。

（五）贸易管理的相关规定

1. 进口管理

卡塔尔对进口商品的贸易管理规定比较严格。根据卡塔尔《海关法》的规定，非卡塔尔人不得在该国从事分销活动。个人进口货物到卡塔尔销售，必须在进口商注册处注册，并获得卡塔尔工商会的批准。个体进口商必须具有卡塔尔国籍；进口商号必须是卡塔尔人拥有的全资公司。下列情况例外：①外国公司从事大型工业或农业项目，并与卡塔尔政府有直接合约，允许其进口与本项目有重要关系的货物；②进口商得到埃米尔特令，不受1990年颁布的第25号法令的制约。该法令对外国公司在卡塔尔从事商业、工业、农业及服务业活动进行了规定；③进口商为工业企业，企业资本至少51%由卡塔尔人持有，并获得特令进口货物。[1]

卡塔尔宣布禁止进口的商品包括：毒品及各种被称为毒品的商品；所有违反伊斯兰教教义和有违社会公德的商品；产自以色列的或标有以色列国旗或标志的商品；被射线和核尘污染的商品；各种赌博机和用于赌博的工具、仪器、机具等；石棉及其制品；用香烟式样做成的和保存在类似香烟盒的包装盒里的儿童糖果。限制进口的商品包括：无线电器材、烟花等。实施关税保护的商品包括有：对进口酒精饮料和烟草及其制品征收100%的关税；对进口卡塔尔钢铁厂生产的同类钢铁产品征收20%的关税。[2]

2018年5月起，卡塔尔经济部命令所有零售企业紧急下架所有来自埃及、沙特、阿联酋和巴林的商品。[3]

ATA单证册是国际海关文件，涵盖的货物主要包括参加展会的展品，为客户展示的商业样品，以及用于测试、检测、维修、拍摄、讲座、演绎、诊疗等专业活动的相关设备、仪器、道具和工具等，单证册制度适用的条件是

---

〔1〕 商务部国际贸易经济合作研究院、中国驻卡塔尔使馆经济商务参赞处、商务部对外投资和经济合作司：《对外投资合作国别（地区）指南·卡塔尔（2018年版）》。

〔2〕 中华人民共和国驻卡塔尔国大使馆经济商务参赞处：《卡塔尔海关情况介绍》，载 http://qa.mofcom.gov.cn/article/ddfg/tzzhch/200303/20030300078323.shtml，最后访问日期：2019年5月27日。

〔3〕 中华人民共和国商务部：《卡塔尔命令全面下架埃及、沙特、阿联酋和巴林等国商品》，载 http://www.mofcom.gov.cn/article/i/jyjl/k/201805/20180502749148.shtml，最后访问日期：2019年5月27日。

上述货物在海关部门同意的期限内再出口或进口。该制度实施后，ATA 单证册项目下临时进口货物可免除相关税费，享受更便捷的通关程序。获得 ATA 单证册文件的商品可在包括卡塔尔在内的 77 个国家快捷通关。

该制度自 2018 年 8 月 1 日起实施，适用于“暂时进出口货物”。卡塔尔工商会作为 ATA 单证册制度的执行部门。从事相关进口业务的业主和客户可前往卡塔尔工商会会员事务部申请 ATA 单证册，或通过工商会网站进行登记。[1]

2. 出口鼓励与管制

卡塔尔出口不征收关税。卡塔尔禁止向以色列出口货物。部分带有补贴性质的食品、古董也被禁止出口。

3. 进出口商品检验检疫

卡塔尔海关设有由卫生部和农业部派人员参加的检验检疫部门，负责进出口商品检验检疫，产品一经查出质量问题，将进行销毁处理。

（1）对食品的检验检疫。活畜类产品进口的主管部门为卡塔尔市政与环境部活禽管理司，食品进口主管部门为卡塔尔公共卫生部口岸卫生及食品管理局，具体的规范由卡塔尔标准局制定。

出口到卡塔尔的肉类及肉类制品应提供清真认证、原产地证明和食品卫生证明，清真认证由中国贸促会认证后，到卡塔尔驻华使馆办理认证。清真食品应符合中国食品卫生标准，出具原产地证明和食品卫生证明，其他无特别要求。产品到卡塔尔后，海关将例行抽样检查。

食品的外包装应译成阿拉伯文，标明品名、成分（按百分比）、净重、生产日期、保质期（必须注明失效期，否则不准进口）、保存方法和商标产地等内容。

（2）对其他商品的检验检疫。只需提供原产地证书、产品合格证和货物装箱单即可报批。但玩具类商品一定要提供商检证书，如果没有，则需将样品送卡塔尔标准局检验，合格后方可放行。[2]

---

〔1〕 中华人民共和国商务部：《卡塔尔开始执行 ATA 单证册制度》，载 http://www.mofcom.gov.cn/article/i/jyjl/k/201808/20180802772130.shtml，最后访问日期：2019 年 5 月 27 日。

〔2〕 商务部国际贸易经济合作研究院、中国驻卡塔尔使馆经济商务参赞处、商务部对外投资和经济合作司：《对外投资合作国别（地区）指南·卡塔尔（2018 年版）》。

（六）海关管理规章制度

经济和商业部联合海关总局监管国际贸易的运营、海关法的实施以及是否符合海合会所作的统一海关规定。

海关总局的主要职能：①实施有关进出口的法律法规；②商品检验和清关以及征收关税；③为特殊商品或以再生产或完工为目的的商品出具许可；④出具经纪人许可；⑤起诉走私、违反海关法律法规的行为及采取预防措施；⑥控制携带货币、可转换金融票据、贵金属或宝石越境的行为。

2003 年 1 月 1 日，海湾六国宣布正式建立海合会国家关税同盟，六国域内成为一个统一的关税地区，成员之间没有关税；对域外则实行统一的关境及关税、贸易规定。自此，各成员执行统一的海关法和实施细则。进口到卡塔尔（或其他海合会国家）和转口到其他海合会国家的商品，根据单一入境口岸原则，只在进入海合会国家的第一个入境口岸交纳海关关税。海合会成员的海关程序和需要的文件都是相同的。为方便操作，海湾各国还提出了 417 项免税清单，主要包括海合会六国大部分进口的食品，如粮食、肉、水果、蔬菜以及药品等。

卡塔尔标准进口关税一般为 5% 的从价税。对少数与卡塔尔地方工业有冲突的进口商品，征收较高的保护关税。卡塔尔对普通货物征收的进口关税不超过 5%，对音像带及音像设备征收的进口关税为 15%，对烟草征收的进口关税为 100%。

实施关税保护的商品包括：酒精饮料和烟草及其制品（征收 100% 关税）、卡塔尔钢铁厂生产的同类钢铁产品（征收 20% 关税）等。

卡塔尔是世界海关组织成员，世界贸易组织成员，遵守世界贸易组织颁布的《海关估价协议》。

如违背国家法律，进口违禁物品，则处以 1 年有期徒刑或罚款若干，货物没收。

（七）外汇管理

卡塔尔采取自由汇兑制度，不实行外汇管制。投资资金、贷款资金、个人所得可以自由汇出境外。

卡塔尔法律规定，如国外与卡塔尔股份合资公司要将其在卡塔尔的年利润全部汇往国外，该合资公司必须将相当于其年利润的10%存入一个合法的储蓄户头，直至该账户金额至少达到其投资资金的50%。这是卡塔尔对外国合资公司往国外汇款的唯一限制。

在卡塔尔，外国人和外资企业均可持担保人出具的信函在卡塔尔银行开设外汇账户。[1]

（八）投资管理

卡塔尔鼓励外国投资者在农业、工业、卫生、教育、旅游、自然资源、能源及采矿业的开发和利用等领域投资，允许外国投资者的股份超过项目资本的49%，乃至100%，但要符合本国发展规划。重点扶持那些可最有效利用本国现有原材料的项目和出口工业；或是可提供新产品、使用新技术的项目；或致力于把具有国际声誉的产业国产化的项目，以及重视人才本土化，并使用本国人才的项目。除非获得特别许可，禁止外国投资者在卡塔尔银行业、保险公司及商业代理和房地产等方面进行投资。

外国投资者在卡投资以建立合资公司或参股经营为主，一般而言，外国投资者投资比例不得超过投资总额的49%。[2]

四、沙特阿拉伯

郭嘉强

（一）国家概况

沙特阿拉伯（以下简称“沙特”），全称为沙特阿拉伯王国（Kingdom of Saudi Arabia）[3]，首都为利雅得，是沙特第一大城市和政治、文化中心及政府机关所在地。沙特位于亚洲西南部的阿拉伯半岛，东濒波斯湾，西临红海，

---

〔1〕 中华人民共和国驻卡塔尔国大使馆经济商务参赞处：《外汇管理规定》，载 http://qa.mofcom.gov.cn/article/ddfg/tzzhch/201508/20150801070915.shtml，最后访问日期：2019年5月27日。

〔2〕 中华人民共和国驻卡塔尔国大使馆经济商务参赞处：《投资管理规定》，载 http://qa.mofcom.gov.cn/article/ddfg/tzzhch/201508/20150801070908.shtml，最后访问日期：2019年5月27日。

〔3〕 中华人民共和国外交部：《沙特阿拉伯国家概况》，载 https://www.fmprc.gov.cn/web/gjhdq_676201/gj_676203/yz_676205/1206_676860/1206x0_676862/，最后访问日期：2019年6月1日。

地处亚、非、欧三大洲交汇处。

沙特人口约为3255万人，以伊斯兰教为国教，逊尼派占85%，什叶派占15%。官方语言为阿拉伯语。沙特时区属东三区，比北京时间晚5小时，不实行夏令时。沙特设13个地区，地区下设一级县和二级县，县下设一级乡和二级乡。[1]

沙特是中东最大的经济体和消费市场，2017年GDP总额为6882亿美元，是世贸组织、石油输出国组织和二十国集团成员，其在中东地区乃至世界范围内的政治、经济和宗教领域，发挥着举足轻重的作用。

沙特拥有丰富的油气资源，素有“石油王国”之称，石油储量和剩余可采量均居世界首位，其已探明原油储量为2642亿桶，占世界储量的19%，原油日产能达1250万桶。石油产业为沙特贡献了50%的GDP、70%的财政收入和90%的外贸收入。沙特天然气剩余可采储量为8.2万亿立方米，占世界储量的4.1%，居世界第四位。沙特每平方米每天接受的太阳能照射平均达到2200千瓦时，是全球接受太阳能辐射能量最多的国家。此外，沙特还有丰富的金、银、铜、铁、锡、铝、锌、磷酸盐等金属，以及其他非金属矿产资源。近年来，沙特大力发展非油经济，努力推动经济转型和去石油化。

沙特政局稳定，资金实力雄厚、金融机构发达、财政和税收政策也颇具竞争力。沙特自2016年推出“2030愿景”以来，频推经济、社会领域改革，进一步放松外资准入政策。[2]

沙特是君主制王国，禁止政党活动。该国无宪法，《古兰经》和先知穆罕默德的圣训是国家执法的依据。沙特协商会议于1993年12月29日正式成立，是国家政治咨询机构，下设13个专门委员会。由司法部和最高司法委员会负责司法事务的管理。2007年，沙特建立了新的司法体系，设立最高法院、上诉法院、普通法院三级法院，并建立刑事、民事、商业、劳工等法庭。最高

---

〔1〕 商务部国际贸易经济合作研究院，中国驻沙特阿拉伯大使馆经济商务参赞处，商务部对外投资和经济合作司：《对外投资合作国别（地区）指南·沙特阿拉伯（2018年版）》，第3页，载http://www.mofcom.gov.cn/dl/gbdqzn/upload/shatealabo.pdf，最后访问日期：2019年6月1日。

〔2〕 商务部国际贸易经济合作研究院，中国驻沙特阿拉伯大使馆经济商务参赞处，商务部对外投资和经济合作司：《对外投资合作国别（地区）指南·沙特阿拉伯（2018年版）》，“参赞的话”。

法院院长由国王任命。申诉制度规定设立直属于国王的三级行政诉讼机构，即最高行政法庭、行政上诉法庭和行政法庭。[1]

中国与沙特自1990年7月21日建立外交关系，2008年双方正式宣布建立战略性友好关系，2016年1月双方签署涉及共建“一带一路”及产能、能源、通信、环境、文化、航天、科技等领域14项合作文件。

（二）贸易主管机关

1. 与贸易相关的政府机关

沙特商工部负责贸易政策的制定和调整、企业注册、进出口商品检验检疫、进口商品许可审批等；沙特海关负责进出口商品通关管理；沙特标准局负责制定标准，进口商品认证等；沙特农业部负责农产品进口管理，进口许可审批等；沙特卫生部负责药品、化妆品等的进口许可审批等。

2. 沙特商工理事会[2]

沙特商工理事会于1980年成立，管理服务沙特私有企业，代表私营部门，扩大和发挥私营企业在国民经济中的作用。在国内层面，该理事会将私营企业发展的需求传达给政府部门并积极协调解决；在国际层面，通过各种形式，使私营企业参与国家经济政策的制定，加强沙特私营企业参与世界贸易往来，推动沙特的出口。

（三）贸易相关法律

1. 沙特的贸易法规体系

进出口管理依据《商业资料法》《关于执行商业资料法的规定》《商标法》《关于执行商标法的规定》《商标名称法》《关于执行商标名称法的规定》《版权法》《关于执行版权法的规定》《专利、集成电路设计图案、植物种类和工业模型法》《商业竞争法》《保护商标和版权知识产权的边境手续》《进口许可原则》《进口许可获取程序》《沙特动植物卫生检疫规定》《海关估价程序》和《合作保险公司管理法》。

外国人投资管理依据《沙特投资总署法令》《外国投资法》《外国投资法

[1] 中华人民共和国外交部：《沙特阿拉伯国家概况》。

[2] 沙特商工总会，https://csc.org.sa/.

实施条例》《私营实验室法》《商业注册法》《商业账簿》《反洗钱法》《仲裁法》《所得税法》《执法准则》和《沙特标准局技术指南》。

特殊领域管理依据《关于合作保险公司管理法执行规定》《关于保护商业信息机密的规定》。

2. 与贸易相关的法律规定

沙特对国际贸易管控较为严格，外国投资者在沙特开展贸易商业活动，包括进口及采购本地商品再零售，需要区分是否设立合资公司进行。

未在沙特国内设立实体的国际贸易根据沙特《商业代理规定及执行细则》[1]的规定实行，沙特实行严格的商业代理制度，该制度赋予沙特公民及沙特的全资公司在本国从事贸易活动的垄断地位。商业代理成为沙特非石油行业的支柱产业之一。在沙特没有设立股份公司，有限公司及分支机构等经营实体，但希望从事贸易活动的外国公司必须通过指定沙特代理人或经销商的方式进行贸易活动，包括进口货物的分销及采购本地商品再零售。[2]代理协议须在沙特商工部进行登记。代理人必须持有有效的允许其从事代理业务的商业登记证，方可从事代理业务。从事代理业务的主管人员或代表必须是沙特人。《商业代理规定》禁止将代理权直接或间接交由外国委托人掌控的"借壳代理"（shell agent）。

法律不禁止多重代理，但商工部通常不会为同一个外国委托人注册一个以上的代理协议。

为了保护沙特本地代理商利益，该《商业代理规定及执行细则》中还明确了终止代理协议要为代理提供补偿。依据商工部代理协议样本，在业务已经取得明显成功的情况下终止代理协议，应给予代理合理的补偿。在未与原代理解除代理关系之前，商工部不会为新代理登记注册代理协议。解除代理协议通常需要原代理出具同意解除代理关系的确认函，或在代理协议到期后，

---

〔1〕 中华人民共和国驻沙特阿拉伯王国大使馆经济商务参赞处：《沙特阿拉伯商业代理法执行条例》，载 http://sa.mofcom.gov.cn/article/ztdy/201103/20110307432184.shtml，最后访问日期：2019 年 6 月 2 日。

〔2〕 中华人民共和国驻沙特阿拉伯王国大使馆经济商务参赞处：《沙特经贸制度与重点法规介绍》，载 http://sa.mofcom.gov.cn/article/ddfg/waimao/201401/20140100457525.shtml，最后访问日期：2019 年 6 月 2 日。

由商工部来解除代理关系。

根据沙特《外国投资法》及其实施条例的有关规定，外国投资者也可以与沙特本国投资者成立合资公司，直接从事贸易活动，规定每一名外国投资者的最低投资额为2000万里亚尔（533万美元），每年最少对15%的沙特员工进行培训。

（四）特殊的贸易措施

1. *产品认证制度*

SASO[1]即沙特阿拉伯标准组织（Saudi Arabian Standards Organization），SASO负责为所有日用品及产品制定沙特的国家标准，该标准中还涉及度量标准、标识等内容。沙特要求，所有在该SASO标准要求范围内的产品，在进入沙特海关时必须具有SASO认证证书，无证书则拒绝入境。SASO认证管制范围的产品：①玩具、运动与健康器材；②电子电气产品；③各式汽车及其配件；④化妆品、化学与保健用品；⑤建筑材料和工具；⑥瓷砖和卫浴设备；⑦纺织品；⑧家具；⑨厨具用品和一般餐具；⑩纸和文具用品；⑪防护安全设备；⑫艺术品和手工艺品。不归属于SASO认证管制范围的产品：①医疗设备、药品；②食品；③与军事相关的产品；④作为展示用途且不会转售到沙特市场的样品；⑤作为大型工业项目的组成部分进口的管制产品。[2]

SABER认证是2017年沙特标准局SASO为实现沙特2030年未来计划所提出的针对非沙特本土企业（即出口至沙特的企业）进行的符合性认证评估计划，是一项关于前往沙特的产品及批次货物符合性认证的新评估项目，是SASO认证的升级版，用于产品注册、发行和获取符合性COC证书。根据SABER，产品将根据风险类别分为：高、中、低三类；根据风险类别，将采用不同的符合性检验程序，将由不同的认可机构执行。SASO已发布了各种产品

---

〔1〕 沙特的COC证书叫作SASO证书，COC证书是很多国家的要求，出口沙特、伊朗等中东地区的货物，进口国海关需要进口商提供经承认的国际认证公司对该批货物出具的符合性证书（Certificate of Conformance，COC）。COC认证是所有装运前符合性认证的总称，各个国家的COC证书名称各有不同。

〔2〕 中华人民共和国驻沙特阿拉伯王国大使馆经济商务参赞处：《沙特进口标准和进口程序》，载http://sa.mofcom.gov.cn/article/ddfg/200410/20041000298364.shtml，最后访问日期：2019年6月2日。

的技术法规清单，包括润滑油、清洁剂、建筑材料和建筑产品、油漆、升降机、汽车配件、纺织品等。技术法规涵盖的产品称为受管制产品，开始进行 SABER 认证，并逐步扩大管制产品范围。SABER 已于 2019 年 1 月份开始执行，根据沙特最新规定，2019 年 3 月 15 日后 GCC 范围内产品入口沙特，认证机构将不再颁发 COC，所有该范围内产品须在 SABER 系统注册。2019 年 4 月 1 日后，未在 SABER 系统注册的产品将不能清关。

GCC 认证是海湾阿拉伯国家合作委员会的联盟认证，其成员包括：沙特、科威特、阿联酋、卡塔尔、阿曼、巴林、也门。GCC 认证是海湾阿拉伯国家合作委员会的联盟性认证制度，主要针对汽车、玩具、家电、低压电气等产品实施的。GCC 认证产品范围较 SASO 范围小。

2. 沙特禁止进口的商品

沙特海关禁止进口的商品共 57 种，具体如下：①猪、猪肉、猪油、猪鬃、猪内脏、猪的四肢和猪身上的一切东西；②犬，不含猎犬、警犬和助残犬，但上述须有出口国有关部门出具的证明，同时须经沙特驻外使馆的认证和兽医检疫；③蛙肉；④包括各类各式麻醉品及相类似的物品；⑤所有由动物血液制成的食品；⑥酒及各类含酒精的麻醉品、制酒蒸馏设备和专门用于酒蒸馏的物质；⑦达到营业性数量的书籍；⑧有境外外国公司名称的空白发票；⑨各种烟草宣传品；⑩十字架，及印有、刻有、绘有十字架或有相关文字表述的出版物和书籍，以及其他违反伊斯兰教教义、文明和出版法的出版物、电影和磁带；⑪回收后用于重新包装，标有生产厂家的空瓶；⑫与法规和大众文化相违，达到营业销售数量的进口立体图片；⑬各种用于博彩和赌博的工具和设备；⑭旧轮胎和翻新轮胎；⑮圣诞树；⑯各种武器和军事设备及其零部件、弹药（政府有关部门采购例外）；⑰可在黑暗中看见物体、在夜间拍照和锁定目标的夜视仪；⑱所有种类爆炸物、燃烧物、冷盐和其他相关化学物质（有正式许可证的除外）；⑲各种烟花；⑳未按照药店执业法和药品和制剂经营法的规定，在药品或附带的说明书上未标有成分和各种成分含量的药品；㉑标有政府徽章，即两柄剑，中间一棵高大的有叶子的椰枣树的商品；㉒肉豆蔻的果实、种籽和磨成的粉，对于混合在其他调料的肉豆蔻粉允许进口，但其中肉豆蔻的成分不得超过 20%；㉓在正朝（觐）、副朝、捐赎和行善时宰杀牲畜的凭证（宗教术语）；㉔透视照相机；㉕在展示时与文化相悖的推拿按摩设备；㉖轮胎半径不超过50厘米，装备使用汽油、天然气或可燃物质的发动机的儿童用小汽车和自行车。以电池驱动速度每小时超过10公里的车辆；㉗用来打开门和汽车的万能钥匙；㉘报警器；㉙化装用假面具；㉚具有商标、食品或化肥说明和公司标志的进口空袋，国营公司所需的除外；㉛女性穿着的透明长黑外套，即便是个人使用；㉜以攻击为目的的各式刀具，不论是否开刃；㉝发出歇斯底里笑声的娱乐设备；㉞阿特龙（化学物质）；㉟针筒式笔；㊱在明显、突出位置印有外国国旗的商品；㊲兴奋剂；㊳带有“使者，愿真主赐福给他并赐他平安”印章模具；㊴带有公众人物名字及肖像的商品；㊵幼狮皮；㊶无线电发射设备（录像传播）；㊷可视电话；㊸装有收音机、录音机和报警设备的包（侦察设备）；㊹音乐贺卡；㊺与警车使用的相似的天线、无线电话；㊻假币；㊼含有钾等物质的面包生产添加剂；㊽双排气管，动力为450马力的汽车；㊾放置在司机身后用于提醒防止瞌睡的设备；㊿带有鹰的徽章；51改变声音的设备；52透视眼镜（使用激光）；53使用汞的发光鞋；54许多司机放在车里的人手形玩具；55电子游戏机；56天房（克尔白）立体标志；57六角星（犹太人的标志）。[1]

2018年任何含有酒精、毒品、猪肉、色情物品，政治和宗教文献及产品和以色列相关商品的货物，不得在任何沙特港口装载、卸货或转运。

3. 禁止出口的商品

沙特认为以下13种商品被认为属于特有，除了天然出生地之外都不存在的物种。包括纯正血统的阿拉伯马、跑马、小型马、牛、绵羊、山羊、骆驼，属于珍稀品种的椰枣树、鲜草和干草料，以及古董和有历史和考古价值的工艺品。[2]

4. 非自动进口许可的商品

“非自动进口许可”表示需要取得特殊进口许可后才能进口的商品，共分73类，大致包括有：非医用药物；回教以外的宗教用品；武器及与武器相关

〔1〕 中华人民共和国商务部贸易救济调查局：《出口沙特阿拉伯需注意的5大事项》，载 http://trb.mofcom.gov.cn/article/zuixindt/201710/20171002659471.shtml，最后访问日期：2019年6月3日。

〔2〕 中华人民共和国商务部贸易救济调查局：《中沙贸易指南》：载 http://sa.mofcom.gov.cn/article/ztdy/200810/20081005838766.shtml，最后访问日期：2019年6月2日。

的电子设备；农业用种子；活动物、活鱼及冻肉；书籍、期刊、电影及录影带；宗教用品；化学产品及有害物料；药用产品；无线设备；含酒精产品，包括香水；天然柏油；文物仿制品。其中的大多数具有危险性，如炸药、杀虫剂、动物用医药产品等；或者是具有民用和军用两种用途的商品。而另外的一小部分则是因为特殊原因而限制进口，如禁止进口活马是为了保证阿拉伯马的血统纯正。进口蒸馏设备需事先获得商工部的进口许可，是因为曾发生过违法分子进口蒸馏设备后在沙特国内违法酿酒的案件。

进口农业机械需申请“非自动进口许可”是出于两个目的：其一，根据沙特对入世的承诺，沙特需建立完善的管理制度对农用机械进口商进行补贴。其二，为了保证进口的农用机械不会对沙特的自然环境产生影响，沙特的农用机械产品进口商必须是经过政府授权的分销商或代理公司。沙特承诺这一规定不会成为贸易的潜在约束。

进口种子也需要申请进口许可，以防止进口腐烂种子，滋生真菌或黄曲霉毒素，或者是没有达到沙特规定的杂草含量标准。进口种子时需由专人在装船前进行检查方可出港。[1]

5. 需事先取得出口许可的商品

沙特规定有 47 种商品，需事先取得出口许可证后方可出口，主要为原油、各种能源气体、沥青、大理石和沙土。这些产品的出口要事先取得沙特石油和矿产资源部的许可。一些农产品的出口也要事先得到财政部的许可，如大麦、玉米、面粉。面粉出口前需要得到粮食储备和生产组织的许可，以证明此农产品所享受的国家补贴已经在出口前全额退回。医药产品出口也需要事先取得出口许可。[2]

（五）海关管理情况

1. 沙特海关[3]

沙特海关总署由财政部长、海关总署署长以及国家安全部、财政部、内

〔1〕 中华人民共和国商务部贸易救济调查局：《中沙贸易指南》。

〔2〕 商务部国际贸易经济合作研究院，中国驻沙特阿拉伯大使馆经济商务参赞处，商务部对外投资和经济合作司：《对外投资合作国别（地区）指南·沙特阿拉伯（2018 年版）》，第 37 页。

〔3〕 沙特海关，载 https://www.customs.gov.sa/.

政部、消费者保护贸易和投资部、经济和计划委员会理事会、规划和信息运输部、私营部门代表多人等构成的董事会执行海关总署的管理权能。

海关总署可以在各海关执法，也可在其领土、领海任何地点执法。决定设立海关关口。海关总署署长权力较大。

2. 海关适用法律

海湾阿拉伯国家合作委员会（Gulf Cooperation Council，以下简称“海合会”）于2003年1月1日正式颁布并在海湾六国启用《海合会成员国统一海关法》，沙特、科威特、阿联酋、卡塔尔、阿曼、巴林实行统一的海关法律、统一的执法和通关程序，是海合会成员国实现经济一体化进程的重要目标之一。2003年沙特通过颁布《统一海关法实施细则》来实施《海合会成员国统一海关法》。

《海合会成员国统一海关法》共有17章，179条，其中包括关税适用条款、禁止和限制条款、货物的分类、进出口管理、清关程序、关税暂停征收和退税条件、关税豁免、服务收费、报关员管理、海关关员的权利和义务、海关管辖范围、海关职责、货物变卖、海关特殊权利等内容，对相关概念、执法操作、法律适用范围等内容均有详细的规定和解释。[1]

3. 清关

（1）单证。

第一，商业发票：一般需要一式三份。所有商业长发票笺头须有公司或商号名称，而且还要写明原运输地和产地。如果产品中含有外国成分，需标明原产地及所占比例。发票还要包含以下这些信息：商标、数量、单价、分类货物总价、运输货物总价、毛重和净重，货物及组件。每一个包装及集装箱内的清单、费用及有折扣的详细项目单、货币名称、收货或发货人的姓名和地址、海运或航运公司的名称、运离时期、装卸港口、信用证号码、运费和保险费等，也须在发票中详细罗列。

第二，原产地证明：须由制造商或出口商出具原产地证明，其中要包括

---

〔1〕 中华人民共和国商务部：《阿曼的海关制度及特点》，载 http://www.mofcom.gov.cn/article/i/dxfw/gzzd/201307/20130700192495.shtml，最后访问日期：2019年6月2日。

船（航班）名、启运日期、所有商品制造商的名字、国籍、带有街道名称的地址。另外，所有商品或部件都必须详加说明。要有一段文字声明该文件真实准确，并经签字生效。如果货物不是出口国特有的产品，需要另外附上一份经公证的附加声明。原产地证明中还要包括沙特进口商的名称和地址，货物描述及船运公司的地址。

第三，提货单（或航运收据）：一份不可议付提货单需要递交到沙特使（领）馆，内容要与商业发票相符。内容包括所发运货物的描述、价值、净重、毛重、体积、尺寸、唛头、包装数量、收货人（沙特进口商）名称及地址、运输公司及（或者）运输代理的名称地址、船名、启运日期、装船港、卸货港。唛头及数量需与发票一致。

2017 年 5 月起根据沙特海关的要求，所有至沙特的货物提单，必须在收货人地址后显示：收货人进口编码（Consignee Importer Number）、收货人海关注册编码（Consignee CR Number）[1]、收货人移动电话号码（Consignee Mobile Number），如果收货人是"To Order"或"To Order of Bank"等情况，必须在通知方地址后面显示上述三个号码。另外所有至沙特的提单不接受以下情况：收货人或者通知人不是阿拉伯的公司或者个人；提单上显示货物会通过陆路转运至沙特以外的国家。本次规定主要涉及的港口是：吉达港、达曼、利雅得。[2]

第四，船（空）运单：由船运公司（或航空公司）出具的，作为提单附件使用，至少要有一份正本，而且是经认证的证书。包括如下信息：货船（飞机）名，及原名（如果有的话）；货船（飞机）国籍；货船（飞机）主；停靠港（机场）名，包括装、卸或港口（机场）。轮船证书中还要声明，除了已经提到的港口（机场）外，不停靠任何其他港口（机场），证书中的所有信息均真实、准确。标准证书格式可在沙特使领馆网站下载。

---

〔1〕 Consignee CR Number 是 Consignee Customs Registration Number 的简称，指进出口货物收货人在海关办理的注册登记编号。海关规定"All shipments should have an Importer / Exporter Customs Registration Number"．这个是进出口公司要到海关去注册的，并不是 HS Code。收货人海关注册编码需要外贸操作员跟客户索要，并向客户说明海关规定，避免客户误会。

〔2〕 中华人民共和国商务部贸易救济调查局：《中沙贸易指南》。

第五，保险单（如果出口商已经投保）：由保险公司出具，至少有一份正本，内容包括保险金额、船名、装船港、沙特的卸货港、受益人的名称和地址。另外，保险单附加说明（Appended Declaration to Insurance Policy，可在沙特使领馆网站下载）需声明该保险公司是具备资质的、制定的保险代理公司，或者是在沙特的代表，需提供名称及地址。如果在沙特的保险公司投保，出口商需用其公司文头纸说明保险公司的名称和地址。

第六，装箱单：包括发货任何收货人的名称及地址，货物描述，价值、净重和总重量、包装数量及内容、集装箱数及内容、铅封数目、信用证号码（如果有）等。

第七，特殊货物或者信用证有规定，可能还需要另外的单据。根据出口货物种类或者沙特进口商的特殊要求，需提供特殊单证。特殊单证与其他单证一样需要经过认证。具体包括：食品、肉类、种子及谷物、动物饲料添加剂、活畜、宠物、马匹、蔬菜水果、家电、设备及附属设备。

第八，出口商负责对原产地证明、商业发票及其他特殊单证进行认证。

（2）进口商品标识。所有标识需使用阿拉伯语，或同时使用阿拉伯语和英语。标识须包括以下规定内容：

①商品名称。②制造商名称或其商标。③产品经营者的名称、地址（如果与制造商不同）。④生产日期。⑤净含量（除非体积质量低于5毫升或5克）。⑥原产地。⑦化妆品的成分名称以“Ingredient”字样开头，按化妆品成分国际标准命名的降序排列。如由于切实的原因，不能提供产品说明，则需在产品标签或卡片上以缩略的信息、符号或数字进行标识，以供消费者参考。⑧以下物质不属于成分：a. 原料中的杂质；b. 原料中的辅料（制备过程中使用，在最终产品中不再出现）；c. 严格控制用量的香水或芳香剂的溶剂或载体。⑨如果产品进行了芳香处理，必须标明“PERFUME”或“AROMA”。⑩产品的使用说明、存储说明及警告；增压容器的声明；产品名称、使用说明以及警告必须使用阿拉伯语或者同时使用阿拉伯语和英语。需要特别注意的是：电器产品标签上要标明“60Hz”或者“50/60Hz”；原产地只标明“Made in P. R. C”不够明确，应该为“Made in China”或者“Made in People's Republic of China”；标识印刷必须在每件产品及包装上，通过铭刻或

不可清除的印刷（不可用纸胶贴）的方式标明。

标识不符合以上标识规定的商品可以在不事先告知的情况下，被沙特海关退回发货人，并由发货人承担相应费用。[1]

4. 关税

多数基本消费品免税，如糖、大米、茶叶、未经焙烧的咖啡、豆蔻、大麦、玉米、牲畜、肉类（鲜肉或冻肉）最高关税为20%，以此保护沙特自己的弱势产业。还有一些进口商品的海关关税是按照重量或体积，而不是按价计算，关税可能更低。

签有贸易促进协议的阿盟成员可享受优惠的关税税率，签有双边经贸协定的阿拉伯国家享有更加优惠的关税税率。[2]

（六）检验检疫

沙特对进口商品检验严格，沙特标准局制定了进口标准和进口程序，阐明了对所有进口商品、产品以及与度量、标准、商标、商品和产品的鉴定、检样方法和检验、测试标准。为促进沙特标准局标准的执行，沙特商工部于1995年9月实行国际统一证书程序（ICCP）制。沙特要求每批依沙特规定到达沙口岸的货物均需附有统一证书，无证载运到沙进口港的货物将被拒绝入港。沙特标准局在全世界各地均设立了办事处，以便在货物离港前签发统一证书。此外，沙特标准局授权地区许可证中心管理登记注册手续、签发统一证书和经批准的沙特标准局式样的许可证。某些情况下，沙特标准局办事处还可要求进行任意抽样检验和检测。2012年中国国家标准化管理局与沙特标准局签署了两国标准化技术合作协议，旨在加强两国标准化领域的交流与合作，促进双边经贸关系发展，保证进出口产品质量，消除贸易壁垒，保护消费者安全。

---

〔1〕 商务部国际贸易经济合作研究院、中国驻沙特阿拉伯大使馆经济商务参赞处、商务部对外投资和经济合作司：《对外投资合作国别（地区）指南·沙特阿拉伯（2018年版）》，第39页。

〔2〕 商务部国际贸易经济合作研究院、中国驻沙特阿拉伯大使馆经济商务参赞处、商务部对外投资和经济合作司：《对外投资合作国别（地区）指南·沙特阿拉伯（2018年版）》，第37页。

五、土耳其

杨雪琳

（一）经贸概况

土耳其共和国（以下简称“土耳其”）于1995年3月26日成为世界贸易组织（WTO）成员，1951年10月17日成为《关税及贸易总协定》（GATT）成员。1995年1月1日，土耳其加入了欧洲关税同盟，并以加入欧盟为长期目标。土耳其还是多个自由贸易协定的成员，并与多国建立了跨国伙伴关系，旨在成为全球自由化和降低贸易壁垒的永久性领导者。土耳其还致力于减少繁琐的程序，更好地以合理的价格和质量标准为世界各国提供原材料和半成品。

2016年以前，土耳其政局总体稳定，经济高速发展，投资环境良好，外资吸引力较强。迅猛的发展势头、良好的发展前景，使得土耳其成为继中国、俄罗斯、印度、巴西和南非等“金砖国家”之后又一个蓬勃发展的新兴经济体。2016—2017年，因土耳其中央政府更迭、经济增速放缓、军事政变未遂、修宪法案公投、安全形势恶化，土耳其外资吸引力大幅下降。[1]但是，土耳其的投资前景依然光明。在世界银行《2019年营商环境报告》[2]排名中，土耳其在190个经济体中位列第43位，高于2018年的第60位。根据土耳其2023年的长期愿景所示，其目标是成为世界第十大经济体之一，国内生产总值约为2万亿美元；人均国内生产总值约为25 000美元和出口总值约为5000亿美元。[3]为了实现这些目标，土耳其制定了若干短期和中期规划。

2018年以来，土耳其经济运行中高通胀、高外债、经常账户赤字问题凸显。8月中旬，土耳其里拉短短数日内大幅贬值，对美元累计跌幅超过40%，

---

〔1〕 商务部国际贸易经济合作研究院、中国驻土耳其大使馆经济商务参赞处、商务部对外投资和经济合作司：《对外投资合作国别（地区）指南·土耳其（2018年版）》，第12页，载 http://www. mofcom. gov. cn/dl/gbdqzn/upload/tuerqi. pdf，最后访问日期：2019年5月30日。

〔2〕 World Bank, World Bank Doing Business 2019, at http://www. doingbusiness. org/content/dam/doingBusiness/media/Annual – Reports/English/DB19 – Chapters/DB19 – Country – Tables. pdf, May 30, 2019.

〔3〕 Ministry of Trade, 2023 Export Strategy, at https://www. trade. gov. tr/2023 – export – strategy, May 30, 2019.

引发国际社会对土耳其经济前景的担忧。为稳定汇率、遏制通胀，土耳其央行13日将基准利率从17.75%上调至24%。[1]从2019—2021三年中期经济规划来看，土耳其旨在通过结构性改革促进包容性增长，同时继续逐步减少经常账户财政赤字，抑制通货膨胀，进一步降低失业率。[2]

（二）贸易主管部门

贸易部是土耳其的贸易主管部门，由原经济部、海关和贸易部合并而成，负责对外贸易、外资、对外经济合作、国内贸易和海关事务等，[3]现任部长为 Ruhsar Pekcan。

部长理事会负责贸易管理和制订规划，每年依照WTO规则及其所作出的减少贸易保护措施的国际承诺，颁布相关法令，同时也结合实际情况开展调查，利用贸易工具和救济手段保护国内产品市场。部长理事会有权根据第2976号《对外贸易法》制定有关决定和规定，贯彻对外贸易政策，收集整理国内其他部门、机构针对贸易问题提出的意见和建议，并提交立法部门进行审议等。

其他涉及的政府主管部门或机构包括：产品安全和检验总局、鼓励和实施外国投资总局、免税区和海外投资服务总局。此外，贸易部派驻贸易代表在110个国家，157个地点和3个国外常驻代表处任职。[4]

（三）贸易法律法规

土耳其主要通过法典、法规和公报（由贸易部作为决策机构颁布）的组合进行贸易管理，并形成了包括关税、进口管理、出口管理和贸易救济在内的贸易法律体系。大国民议会根据土耳其宪法正式批准的国际条约和协定，与国内法具有同等效力，其中许多内容对贸易也有着直接影响。

土耳其涉及贸易的法律法规众多。其中，《对外贸易法》是对外贸易管理

---

〔1〕 新华社：《土耳其发布三年中期经济规划》，载 http://www.xinhuanet.com/world/2018-09/20/c_1123462172.htm，最后访问日期：2019年5月30日。

〔2〕 Ministry of Treasury and Finance, New Economic Plan (NEP).

〔3〕 商务部国际贸易经济合作研究院、中国驻土耳其大使馆经济商务参赞处、商务部对外投资和经济合作司：《对外投资合作国别（地区）指南·土耳其（2018年版）》，第7页。

〔4〕 Republic of Turkey, Ministry of Trade, Economic outlook, at https://www.ekonomi.gov.tr, May 30, 2019.

的主要法律。第4458号《海关法》、《海关条例》和第474号《海关入境税则》是确定贸易活动和程序范围的主要法律。每年年底更新的《进口制度法令》和《出口制度法令》，以及《出口促进关税措施法》《配额及关税配额行政法》反映了土耳其关税领域内的主要框架。贸易救济方面，实施反倾销和反补贴的法律依据是1989年生效的《进口不公平竞争保护法》及相关法令和规定；2004年生效的《进口保护措施法规》和《进口保护措施实施条例》是实施保障措施调查的法律依据。[1]此外，有关税收、保护健康和安全的法律中也含有贸易因素，第3065号《增值税法》、第4760号《特别消费税法》和第5607号《打击走私法》等文件中均有体现。

（四）贸易管理规定

1. 进口制度

土耳其进口制度是基于其世贸组织成员义务、欧洲关税同盟国协定、欧洲自由经济区的自由贸易协定、普惠制原则和国家发展需要制订的。[2]其中，一般性措施、规定和程序每年在《进口制度法令》中进行更新，并根据WTO、关税同盟，以及土耳其加入的自由贸易协定中所作承诺及时调整。

土耳其贸易部根据法律规定发布公报，列出某些货物进口的具体步骤和监管程序，其监管货物进口并享有广泛的自由裁量权。该部下设50个外贸产品检测站，分布在8大区域内。这些检测站依据70种标准，对进出口农产品进行检测和证书发放。工业品的检测由土耳其标准局负责，如进口商已经取得欧盟标准（如CE标志、E标志、e标志），产品可以在欧盟国家内自由销售，则进口商可以从标准局取得免检证书。[3]

土耳其《进口加工体系法令》规定了作为出口支持制度替代制度的进口

---

〔1〕 商务部国际贸易经济合作研究院、中国驻土耳其大使馆经济商务参赞处、商务部对外投资和经济合作司：《对外投资合作国别（地区）指南·土耳其（2018年版）》，第31页。

〔2〕 商务部国际贸易经济合作研究院、中国驻土耳其大使馆经济商务参赞处、商务部对外投资和经济合作司：《对外投资合作国别（地区）指南·土耳其（2018年版）》，第29页。

〔3〕 商务部国际贸易经济合作研究院、中国驻土耳其大使馆经济商务参赞处、商务部对外投资和经济合作司：《对外投资合作国别（地区）指南·土耳其（2018年版）》，第29页。

加工体制（IPR）。土耳其生产商/出口商可以以商务政策措施为准，不付关税而获取用来生产出口产品的原材料、中间半成品。授权拥有者有权进口授权书上规定的货物，加工后再出口。该制度的基本设想是保持原料国际市场价格和土耳其出口商竞争力，包括关税暂缓制度和退税制度。[1]

关税暂缓制度，是指生产商-出口商/出口商进口时可以不付进口税和增值税，先进口原材料生产加工，再出口。进口加工制度的受益人必须提交保证函或包括所有关税和增值税的保证金。可以在授权书上注明用等同产品取代进口品，使替代品自由流通，但等同产品只针对原材料或中间半成品，不包括成品，且等同产品必须与进口产品有相同的质量和性能。[2]退税制度，是指产品进口所付税费在履行其出口诺言后可以退税。该制度下产品可以进入土耳其市场自由流通，但应先行缴纳进口税和增值税。当成品出口后，经税务部门核查无误，可以退还商品增值税和进口税。[3]

进口限制的实施主要基于公共道德、公共政策、公共安全以及保护健康、生命、环境、消费者权利等因素。出于以上种种考虑，土耳其限制进口麻醉剂、大麻、鸦片、消耗臭氧物质、蚕卵和用于农业的任何种类土壤、茎、叶、杆、自然肥料以及游戏机，违反《保护工业知识产权国际公约》的产品等11大类产品。[4]

2. 出口制度

土耳其出口制度规定了商品出口、进出口加工活动、出口支持战略、出口发展和促进活动，以及过境贸易的一般规则和原则。《出口制度法令》和出口条例，公报以及相关机构的指示，构成了规范土耳其出口立法的最重要部分。《出口制度法令》是出口制度立法的最高规范，它是在考虑到土耳其从

---

〔1〕 Republic of Turkey, Ministry of Trade, İthalat Rejimi, at https://www.ticaret.gov.tr/ithalat/ithalat-rejimi, May 30, 2019.

〔2〕 商务部国际贸易经济合作研究院、中国驻土耳其大使馆经济商务参赞处、商务部对外投资和经济合作司：《对外投资合作国别（地区）指南·土耳其（2018年版）》，第30页。

〔3〕 商务部国际贸易经济合作研究院、中国驻土耳其大使馆经济商务参赞处、商务部对外投资和经济合作司：《对外投资合作国别（地区）指南·土耳其（2018年版）》，第30页。

〔4〕 商务部国际贸易经济合作研究院、中国驻土耳其大使馆经济商务参赞处、商务部对外投资和经济合作司：《对外投资合作国别（地区）指南·土耳其（2018年版）》，第33页。

WTO 产生的权利和义务以及土耳其在欧盟和土耳其之间的关税联盟框架工作中的承诺后编写的。[1]土耳其贸易部负责出口政策的制定和实施，旨在确保出口产品的多样化，增强土耳其在世界市场中的份额，并确保可持续增长。

土耳其有两个主要的出口制度：内向加工制度和外向加工制度。进口加工制度旨在允许进口原材料和投入品，如果使用或纳入出口产品，则无需支付关税和其他税费。[2]有两种内向处理类型：暂停和退出。如果再次出口并将其纳入出口产品，进口产品可以暂停进口。关于缺点，如果货物是自由流通和出口的，那么在出口产品时，退还自由流通时征收的进口关税。[3]外向加工制度允许自由流通的货物暂时从土耳其关税区出口，以便进一步加工操作。[4]根据外向加工制度，货物可以全部或部分减免进口关税。关税是根据出口产品和经过进一步加工的进口产品的关税差异计算的。该制度还允许一种交换系统，其中进口产品可由替代产品替代，只要其具有相同的关税分类并具有相同的质量和特征。[5]

土耳其出口商必须注册成为出口商联盟及当地商会的会员，并需交纳 FOB 出口额的 0.05% 作为会员费。出口商需遵守出口规则、海关规则，将产品出口到土耳其海关监管区外或自由经济区，或贸易部可以接受其为出口的其他方式出境。除法律、法规及国际协议禁止外，所有产品都可在出口制度框架下自由出口。出口类型包括：注册出口、预先取得许可证出口、寄售出口、无利润出口、易货贸易、租赁贸易（具体名称以海关法规为准）。[6]在世贸组织规则框架内，土耳其出口限制的实施主要基于公共安全、道德、保护健康、环境、动植物群及出口产品的稀缺性、艺术、历史和考古价值等因素，产品在公告 96/31 中有所体现。

---

〔1〕 Republic of Turkey, Ministry of Trade, Export, at https://www.trade.gov.tr/legislation/export, May 30, 2019.

〔2〕 Inward Processing Regime Communiqué No. 2006 - 12, Official Gazette No. 26382 of 20 December 2006.

〔3〕 World Trade Organization, Trade Policy Review of Turkey, WT/TPR/S/331/Rev. 1, p. 80.

〔4〕 Decision 2007/11864, Official Gazette No. 26484 of 4 May 2007.

〔5〕 World Trade Organization, supra note, p. 80.

〔6〕 商务部国际贸易经济合作研究院、中国驻土耳其大使馆经济商务参赞处、商务部对外投资和经济合作司：《对外投资合作国别（地区）指南·土耳其（2018 年版）》，第 30 页。

（五）进出口商品检验检疫

1. 检验检疫制度

土耳其进出口商品检验检疫的相关立法有《卫生法》《农业检疫法》《动物卫生检验法》《食品的生产、消费和检验法令》《水产品法》和《土耳其食品药典法规》。[1]

其中，第4458号《海关法》第53条和第163条具体规定了进出口商品的检验、检疫、处置和丢弃的规则和程序。除非法律另有规定，所有货物无论类型、数量、原产地、出口国或进口国，都要接受海关检查，包括采取处置和检疫措施。此外，部长理事会可以基于公共安全、道德、健康、环境等因素，对货物贸易采取限制措施，保护具有艺术、历史或考古价值的货物。然而，在知识产权方面存有例外。土耳其《海关法》第57条允许个人及其代理人要求暂停海关的执法程序，以防止民事和刑事法院所作出的禁止令可能侵犯知识产权和艺术权利的情况。海关当局也可根据确凿的证据自行中止程序。[2]

其他法律也有规定特定条件下货物的检验和检疫。例如，第6968号《植物保护和农业检疫法》授权海关对进入土耳其的活体动物进行检疫和兽医检查。再者，土耳其规定，药品、化妆品、清洁剂、食品等进口产品，必须经卫生和健康检验方能批准进口。进口农产品和食品需提交由土耳其农业和农村事务部签发的检验证书，进口医药产品、化妆品、清洁剂需提交由卫生部签发的检验证书。

为取得上述检验证书，进口商需向相关部门提交下列文件：由生产国有关机构出具的卫生证书、分析证书、产品含量清单、动物血缘关系证书和辐射分析报告（依不同产品所需证书不同）及形式发票。上述文件必须是出口国的正本文件并附有土耳其译文。进口商需在进口前取得上述检验证书并在进口时向海关申报，证书的有效期依产品而定，一般是4～12个

---

〔1〕 商务部国际贸易经济合作研究院、中国驻土耳其大使馆经济商务参赞处、商务部对外投资和经济合作司：《对外投资合作国别（地区）指南·土耳其（2018年版）》，第31页。

〔2〕 GüMRüK KANUNU, at https://kms.kaysis.gov.tr/Home/Goster/32425, May 30, 2019.

月。土耳其政府不断调整其卫生和植物卫生的法律法规，向欧盟规定靠拢，甚至有些直接照搬欧盟的法规，如欧盟关于包装材料和特殊营养价值食品的法规。[1]

2. 技术性贸易壁垒

土耳其要求进口玩具、医疗器械、机械、低电压设备、电磁互换类等产品必须加贴欧洲标准标志（CE 认证），但是对于同样加贴该标志的产品，欧盟的产品可立即进入土耳其市场，而来自其他国家的产品还须通过额外测试，这种做法在欧盟产品和其他国家产品之间造成了不公平竞争。土耳其海关 2012 年出台新规定对中国成品鞋、箱包和玩具加大抽查力度。[2]

土耳其对瓷制餐具的进口设置了繁琐的试验和认证要求，必须通过土耳其标准协会（TSE）的强制性试验和认证，试验耗时长、费用高。进口商还必须分别提供由当地兽医办公室出具的卫生报告和由当地商会出具的产品成分清单。多重管理和繁琐试验，事实上对瓷质餐具的进口造成了不必要的损害。[3]

此外，土耳其自 2006 年起实施木质包装国际标准（ISPM15 号）。所有原木包装的货件必须经熏蒸处理和去除树皮，并提供有效熏蒸证明，否则物件将做退运或销毁处理。[4]

（六）海关管理制度

1. 海关程序

海关程序主要由海关和贸易部负责。此外，部长理事会有权颁布经济部法令，以规范对海关事务的要求和执行。第 4458 号《海关法》及其条例构成海关管理制度的基本法律框架。2019 年 1 月 25 日，土耳其对外公布了《海关法》的最新修订内容，它扩大并调整了一部分现行海关程序中有关知识产权

〔1〕 商务部国际贸易经济合作研究院、中国驻土耳其大使馆经济商务参赞处、商务部对外投资和经济合作司：《对外投资合作国别（地区）指南·土耳其（2018 年版）》，第 31 页。

〔2〕 商务部国际贸易经济合作研究院、中国驻土耳其大使馆经济商务参赞处、商务部对外投资和经济合作司：《对外投资合作国别（地区）指南·土耳其（2018 年版）》，第 32 页。

〔3〕 商务部国际贸易经济合作研究院、中国驻土耳其大使馆经济商务参赞处、商务部对外投资和经济合作司：《对外投资合作国别（地区）指南·土耳其（2018 年版）》，第 32 页。

〔4〕 商务部国际贸易经济合作研究院、中国驻土耳其大使馆经济商务参赞处、商务部对外投资和经济合作司：《对外投资合作国别（地区）指南·土耳其（2018 年版）》，第 32 页。

与工业产权保护工作的条款内容，如简易销毁程序以及海关申请系统，主要侧重于缩短和简化所有人以及海关当局的知识产权与工业产权程序。[1]

土耳其海关申报的格式与用于欧盟海关程序的单一行政文件（SAD）一致。BİLGE（计算机软件包）执行实时海关手续。BİLGE系统的使用是强制性的，它涵盖了海关手续的所有方面。此外，海关和贸易部与其他机构之间的合作将通过BİLGE系统进行。例如，单一窗口项目，使交易者能够在一个地点和/或单一实体提交监管文件，自 2014 年以来一直在实行。海关管理部门要求的文件可通过BİLGE系统以电子方式收取。目前，13 个机构通过单一窗口项目相互连接。[2]

自 2012 年 1 月 1 日起，土耳其开始实施新的入境前摘要声明。有关货物和运输工具的信息应在抵达海关前以电子方式提交，目的是应安保需求对进入关税区的货物进行风险分析。除无停靠经过土耳其海关领海或领空外的货物，所有入关税区货物都需要进口汇总声明。[3]

如果货物无法通关，海关当局可以自行销毁或处置货物，并向相关各方收取所有费用。海关程序有特殊规定，进口货物到港后 45 天，如进口商不提货，且出口商没有申请延期，货物即被海关没收，被没收货物将进入拍卖程序；如无进口商同意，海关不可应出口商申请同意将货物运回始发港。许多不法进口商借此法规漏洞恶意不提货，待海关将货物没收后以低价竞拍货物谋取超额利润。[4]

2. 进出口关税

作为世界海关组织（WCO）的成员之一，土耳其海关基于 2012 年商品名称和编码协调制度（HS），按照 G. T. I. P 编码对商品进行归类，并与 WCO 公布的 HS 代码相对应。提供不准确的 G. T. I. P 编码，将面临土耳其法律的严重

---

〔1〕 恒都律师事务所：《土耳其对本国〈海关法〉进行修订》，载 http://www.hengdulaw.com/Home/News/detail/id/8721.html，最后访问日期：2019 年 6 月 1 日。

〔2〕 World Trade Organization, supra note, p. 45.

〔3〕 World Trade Organization, supra note, p. 45.

〔4〕 商务部国际贸易经济合作研究院、中国驻土耳其大使馆经济商务参赞处、商务部对外投资和经济合作司：《对外投资合作国别（地区）指南·土耳其（2018 年版）》，第 30 页。

制裁。故意或过失提供不准确编码的，可能面临额外的税收和企图欺骗海关的行政处罚，甚至面临走私罪的刑事起诉。

目前，土耳其进出口关税包括 16 515 个关税细目。关税结构分为五种：从价税率、从量税率、混合税率、复合税率和形式税率。对所有贸易伙伴（包括非世贸组织成员）均采用最惠国税率，且不含季节性税率。[1]此外，《海关法》还规定了可以通过双边协定或由土耳其单方面给予关税优惠待遇。对土耳其有益的特定产品，因其产品特性、最终用途或加工工艺，也可享受关税优惠待遇。[2]

自 2015 年 5 月起，土耳其部长理事会陆续颁布若干规章，对来自中国等非欧盟及其他非自由贸易签订国的部分产品提高关税税率，[3]幅度为在原有基础上提高 10% ~50% 。此行为不属于任何因贸易救济调查而实施的征税行为，如反倾销、反补贴调查、保障措施等。[4]据土耳其官方公报新近发布的法令[5]，土耳其将对直接来自欧盟的物品征收 18% 的关税，对来自其他国家的产品征收 20% 的关税。进口货物的价值上限定为 500 欧元，总价值高达 150 欧元的书籍免税。政府还对从国外携带的个人行李中的电视和手机等物品实施了更严格的进口限制。人们有权每三年进口一次这种货物，之前的政策是每两年可进口一次。

（七）中土经贸概况

近年来，在两国元首的亲自关心和推动下，中土关系在各层面均取得较大发展。两国元首多次会晤和通话，一致同意推进“一带一路”倡议和“中间走廊”战略对接，中土在经济领域合作发展迅速。

2018 年，中土双边贸易额 215.5 亿美元，同比下降 1.6% ；其中，我国对

---

〔1〕 World Trade Organization, supra note, p. 50.

〔2〕 GüMRüK KANUNU, at https://kms.kaysis.gov.tr/Home/Goster/32425, May 30, 2019.

〔3〕 已知提税产品包括箱包、钢丝绳、坐具、医疗用家具、办公室用家具、寝具、照明设备、吸尘器、家用专用电器、电热水器等多个品种。

〔4〕 商务部国际贸易经济合作研究院、中国驻土耳其大使馆经济商务参赞处、商务部对外投资和经济合作司：《对外投资合作国别（地区）指南·土耳其（2018 年版）》，第 34 页。

〔5〕 土耳其自 2018 年起对国外进口货物征收高达 20% 的关税，但只有在申报价值超过 22 欧元的情况下才征收。

土耳其出口 177.9 亿美元，同比下降 1.8%，自土进口 37.6 亿美元，同比下降 0.6%。[1]根据最新海关数据统计，2018 年土耳其前十大进口国依次为：俄罗斯、中国、德国、美国、意大利、印度、英国、法国、伊朗及韩国。目前，中国为土耳其的第二大进口国，出口占据土耳其进口额的 9%，2018 年土耳其自中国进口额高达 207.19 亿美元。[2]我国出口商品结构不断优化，主要包括纺织品和服装、计算机与通信技术、机电产品、玩具、家具、鞋靴及塑料制品等。

根据土耳其《总统制下内阁的百日工作计划》，新时期出口将优先开拓中国、墨西哥、俄罗斯和印度市场。[3]中国与土耳其都是传统的纺织品大国，中国的优势在于原材料价廉和劳动力充足；土耳其的优势在于其成衣制造水平较高，有享誉世界的品牌，很早就与欧洲国家合作生产世界名牌成衣出口欧美。中国完全可以在成衣制造上与土耳其进行合作。另外，中土能源与基础设施建设领域将开展大规模的合作，到 2020 年达到 1000 亿美元，届时中国将有可能成为土耳其的第一大贸易伙伴。在能源领域，土耳其在未来 10 年内将至少投资 1200 亿美元，如火电，水电项目、石油开采、炼油、运输等。

六、阿拉伯联合酋长国

史雅文

（一）国家简介

阿拉伯联合酋长国（以下简称“阿联酋”）系由被称为“海湾七珍”的七个酋长国组成的联邦国家。这七个酋长国分别为：阿布扎比酋长国、迪拜酋长国、沙迦酋长国、阿治曼酋长国、乌姆盖万酋长国、哈伊马角酋长国和富查伊拉酋长国。首都设在阿布扎比，官方语言是阿拉伯语。总统既是阿联酋国家元首，也是国家的宗教精神领袖，现任总统为谢赫·哈利法·本·扎

---

〔1〕 中华人民共和国商务部亚洲司：《中国土耳其经贸合作简况》，载 http://yzs.mofcom.gov.cn/article/t/201902/20190202836073.shtml，最后访问日期：2019 年 5 月 30 日。

〔2〕 Viewd, at https://trademap.org/Index.aspx, May 31, 2019.

〔3〕 中国 - 土耳其经贸合作网：《土耳其〈总统制下内阁的百日工作计划〉中相关经济规划》，载 http://www.ctc.mofcom.gov.cn/article/policies/201901/407209.html，最后访问日期：2019 年 5 月 31 日。

耶德·阿勒·纳哈扬。

阿联酋自然资源丰富，最重要的资源当属石油和天然气。目前已探明的石油储量为978亿桶，位居世界第七。已探明的天然气储藏量为6.09万亿立方米，位居世界第七。[1]

阿联酋实行自由经济政策，对外贸易进出口自由，基本没有外汇管制。阿联酋政府鼓励投资，积极推动国民经济多元化发展，力求改变依靠单一石油资源的经济结构。国际金融危机和地区动荡爆发以来，阿联酋已经成为地区资金流、物流的避风港，同时也大大提升了阿联酋的地区性贸易、金融、物流枢纽的地位。丰富的自然资源、长期稳定的政局、良好的社会治安、完善的基础设施、宽松的商业环境、高度的经济开放自由使得阿联酋成为海湾和中东地区最具投资吸引力的国家之一。

（二）对外经贸关系

据阿联酋联邦海关统计，2017年阿联酋非石油贸易4392.4亿美元，同比增长1%。其中，直接非石油贸易2929.2亿美元，占比67%；自由区贸易1354.2亿美元，占比31%，海关保税仓贸易107.4亿美元。阿联酋服务贸易的类型比较单一，以旅游服务和运输服务为主。根据世贸组织发布的统计数据，2017年阿联酋服务贸易总额约为1540亿美元，服务贸易出口额约为700亿美元，同比增长7.5%，位居全球第21位；服务进口额约为840亿美元，同比增长1.9%，位居全球第17位。[2]

1994年阿联酋成为关贸总协定（GATT）成员，1996年加入世界贸易组织（WTO）。此外，阿联酋还是海湾阿拉伯国家合作委员会（GCC，简称“海合会”）、大阿拉伯自由贸易区（GAFTA）、国际货币基金组织（IMF）、石油输出国组织（OPEC）、国际原子能结构（IAEA）、亚洲基础设施投资银行（AIIB）等国际多边组织的成员。

---

〔1〕 商务部国际贸易经济合作研究院、中国驻阿联酋大使馆经济商务参赞处、商务部对外投资和经济合作司：《对外投资合作国别（地区）指南·阿联酋（2018年版）》，载 http://www.mofcom.gov.cn/dl/gbdqzn/upload/alianqiu.pdf，最后访问日期：2019年5月27日。

〔2〕 商务部国际贸易经济合作研究院、中国驻阿联酋大使馆经济商务参赞处、商务部对外投资和经济合作司：《对外投资合作国别（地区）指南·阿联酋（2018年版）》。

截至2018年6月，阿联酋已与115个国家和地区签署免双重征税协定，与78个国家和地区签署了投资保护协定。

阿联酋非石油出口前五大商品有：黄金、生铝、珠宝首饰、卷烟及雪茄、初级乙烯聚合物。非石油进口前五大商品有：生金或半加工黄金、电话设备、汽车、非复合钻石、石油及沥青矿物油。非石油再出口前五大商品有：电话设备、非复合钻石、汽车、珠宝首饰、自动数据处理设备。[1]

2016年，从全球来看，亚洲、澳大利亚及太平洋地区为阿联酋最大贸易伙伴，其次为欧洲地区，中东、北非地区紧随其后。海合会国家中，沙特为阿联酋最大贸易伙伴，其次为阿曼和科威特。阿拉伯国家是阿联酋的主要贸易伙伴和出口目的地。

（三）贸易管理部门

2014年阿联酋总统颁布总统令解散外贸部后，经济部成为阿联酋联邦政府主要负责对外贸易管理的部门。经济部的职能主要包括：制定经济贸易政策；制定规范经济贸易活动的法律法规；检测经济运行情况，保护消费者权益；管理国内投资，吸引外资；协调政府部门和企业间的关系。经济部的商业贸易办公室负责制定政策，加强国内贸易和促进阿联酋对外市场的发展。因此，在其职权范围内，经济部能够对包括对外贸易在内的条约和协议进行谈判并监督实施。

除阿联酋经济部外，阿联酋七个酋长国均设有具有半官方性质的工商会，对于酋长国境内的商业活动具有很高的管辖权。职能主要包括：贯彻执行本酋长国有关的工商业政策；管理本酋长国私人公司和企业、负责公司和企业的登记注册、发放营业执照和工商会会员证书等事宜；为本酋长国工商会会员提供有关经济贸易和市场等方面的信息，介绍客户。七个酋长国工商会联合组成阿联酋联邦商工会（FCCI），总部设在阿布扎比，主要负责协调各酋长国工商会之间的关系、组织参加酋长国间工商会活动、推动阿联酋企业家对

---

〔1〕 商务部国际贸易经济合作研究院、中国驻阿联酋大使馆经济商务参赞处、商务部对外投资和经济合作司：《对外投资合作国别（地区）指南·阿联酋（2018年版）》。

外交往与合作。[1]

（四）贸易法规概况

阿联酋经济部负责贸易政策的制定和实施。贸易相关立法程序如下：首先，由经济部协同其他相关部委、贸易团体和各酋长国相关部门起草法规草案；其次，依次向内阁、国民议会和联邦总统提交贸易法规草案进行审议；最后，经最高委员会批准和联邦总统签署后，贸易法规草案才能成为正式法律条文。

阿联酋现行有关贸易的法律法规主要有公司法、商业代理法、商标法、保险法、审计法及商业交易法等。近几年来，为适应新的经济形势需要，阿联酋经济部牵头修订包括公司法、投资法、破产法、知识产权法等在内的10部法律，其中新的联邦《商业公司法》和《破产法》已分别于2015年和2016年颁布，其余也将于近期陆续出台。[2]

（五）贸易管理的相关规定

1. 代理制度

根据阿联酋《商业公司法》的规定，除在自由区内设立公司或经相关部长与部门协商并报请内阁批准后允许作为例外处理的公司，一般来讲，外国公司不得在阿联酋境内直接从事经营活动。只有通过阿联酋公民或由阿联酋公民完全所有的企业法人作为保人或代理，外国公司方可从阿联酋经济部取得营业执照。

根据阿联酋《商业代理法》有关规定，外国公司可以在阿联酋境内委托一家代理，也可在一个或几个酋长国委托一家代理，但不得在一个酋长国委托多家代理。双方必须签订书面代理协议。外国公司在阿联酋境内以代理的名义销售产品和提供售后服务。没有合理的理由，外国公司不得任意终止代理协议。除非原代理协议到期失效或双方同意解除原代理协议或经法院判决解除原代理协议，否则，外国公司不得更换代理人。代理协议终止所造成的

---

〔1〕 王思宇：《对外投资与旅游地指南：阿联酋卷》，经济日报出版社2017年版，第170～171页。

〔2〕 商务部国际贸易经济合作研究院、中国驻阿联酋大使馆经济商务参赞处、商务部对外投资和经济合作司：《对外投资合作国别（地区）指南·阿联酋（2018年版）》。

任意一方的损失，可以要求另一方补偿。

2. 进口管制

为维护公共健康与安全以及伊斯兰宗教信仰，阿联酋对部分商品实行进口管制。进口管制所涉及商品包括禁止进口商品和限制进口商品两类。

禁止进口商品包括：药类（麻醉剂、可卡因、海洛因等），含有害物质的废料，伪造及复制的货币，象牙和犀牛角，旧轮胎，赌博产品，与宗教、道德不符且会引起社会动荡的出版物、照片、油画、卡片、书籍、杂志及雕刻等。

限制进口商品包括：一切武器及弹药，酒精及酒类，用于医疗目的的药品，化学制品、肥料、农业染色剂，种子及农业植物，出版物、视听磁带，电话交换设备，食品，活蜂及蜂王，烟花及爆炸物，一切类别的骆驼，猎鹰，马科动物（包括马、骡、驴、马驹及斑马）等。

3. 反倾销、反补贴和保障措施法

自加入WTO以来，阿联酋直至2017年联邦第1号《反倾销、反补贴和保障措施法》才正式设立与反倾销、反补贴税相关的贸易规定。

该法结合世贸组织协定，针对非海合会国家在国际贸易中的伤害行为，明确了投诉和调查程序，允许本国产业或产业代表针对国际贸易中的损害行为，直接或通过所在酋长国相关政府机构向阿联酋联邦经济部反国际贸易损害行为司进行投诉。该法允许反国际贸易损害行为司按照经济部长或部长委派者的决定，在已掌握存在损害国际贸易且导致本国产业受到伤害的充分证据的情况下，即便未收到本国产业或其代表投诉，亦可启动针对性调查措施。

该法及实施条例详细规定了提交投诉、受理研究、启动调查、调查措施、结束调查、评估结果等所有相关措施。该法规定，根据经济部长或其委派者的决定，经济部反国际贸易损害行为司将针对每一起投诉成立专门的调查委员会。调查期自启动调查之日起最多为12个月，如在此期间未能完成调查，可按经济部长或其委派者的决定，延长调查期，但总的调查期最多为18个月。[1]

---

〔1〕 中华人民共和国驻阿拉伯联合酋长国大使馆经济商务参赞处：《阿联酋颁布反倾销反补贴和保障措施法》，载 http://ae.mofcom.gov.cn/article/jmxw/201705/20170502583307.shtml，最后访问日期：2019年5月27日。

4. 臭氧层保护法

根据2014年第26号内阁决议出台的《臭氧层保护法》，阿联酋所有进口、出口、转口货物中，如含有臭氧破坏物质，均需向有关部门进行登记，得到许可后方可进行贸易行为。该法规定中涉及的产品包括：空调、冰箱、冷柜、除湿机、制冰、气雾剂等。环境与水资源部负责相关事务。[1]

5. 与阿联酋贸易应当注意的问题

（1）清真产品管理认证。2014年10月，阿联酋标准与计量署（ESMA）推出了“国家清真标识”（Halal National Mark），其知识产权归ESMA所有，并已在经济部注册。该标识是阿联酋清真产品管理认证体系的一部分，贴有该标识的产品、服务和生产系统表明其完全符合相关要求。2014年阿联酋联邦内阁第10号决议通过了阿联酋清真产品管理认证体系。认证体系包括了物品、材料、服务的性能、描述、特点、质量、规格尺寸、安全要求等，以及术语、符号、检测手段、取样、包装和贴标等各项可测量项。

清真认证书是对符合伊斯兰教法的产品、服务或相关方案的认证文件。认证范围包括清真屠宰有关的公司、农场、屠宰场及相关设施；含有肉类派生物和提取物的，含有动物气味、胶质、脂肪、油及派生物的食品原料、食品添加剂、配料等。[2]

（2）RFID电子识别贴。2015年3月，阿联酋标准计量局规定，阿联酋市场上的所有汽车轮胎均需配有RFID电子识别贴，轮胎贸易商和生产商需在7月前完成相关工作。识别贴监控体系自1月开始实施，将于7月进入强制实施阶段。届时未贴有识别贴的轮胎将禁止进口至阿联酋或在本地市场进行交易。识别贴中包括生产商、生产日期、规格等信息，可通过智能手机查询。[3]

---

〔1〕 中华人民共和国驻阿拉伯联合酋长国大使馆经济商务参赞处：《阿联酋出台臭氧层保护法》，载http://ae.mofcom.gov.cn/article/jmxw/201409/20140900720027.shtml，最后访问日期：2019年5月27日。

〔2〕 中华人民共和国驻阿拉伯联合酋长国大使馆经济商务参赞处：《阿联酋推出国家清真标识》，载http://ae.mofcom.gov.cn/article/ddfg/waimao/201410/20141000776043.shtml，最后访问日期：2019年5月27日。

〔3〕 中华人民共和国驻阿拉伯联合酋长国大使馆经济商务参赞处：《阿联酋将于7月强制实施汽车轮胎识别贴监控体系》，载http://ae.mofcom.gov.cn/article/ddfg/waimao/201503/20150300912377.shtml，最后访问日期：2019年5月27日。

图 3－9 阿联酋国家清真标识

图片来源：中华人民共和国驻阿拉伯联合酋长国大使馆经济商务参赞处网站。

（3）油漆类商品监管。根据 2016 年第 6 号关于油漆类商品监管体系的内阁决议的规定，不论是进口还是当地生产，只有获得绿色标识的油漆类商品才能进入市场流通，阿联酋标准计量局负责检测。[1]

（六）进出口商品检验检疫

阿联酋进出口商品检验检疫严格执行世界贸易组织的卫生与动植物检疫措施的规定。卫生与动植物检疫措施涵盖所有相关的法律、命令、规定、要求、程序，尤其包括最终产品标准；加工和生产方法；测试、检验、认证和批准手续；检疫措施包括有关动植物运输、运输过程中维系它们生存所必需的物资的要求；有关统计方法、抽样流程和风险评估方法的规定；以及直接关系到食品安全的包装和标签要求。

正因如此，所有植物及植物产品、动物及动物产品经由海洋、天空或者陆地进入阿联酋，均要求取得卫生与动植物检疫证书并接受检疫。

1. 食品进口检验检疫

阿联酋进口食品监管部门有：气候变化与环境部、阿联酋标准计量局、各酋长国市政厅。

在食品进口方面，阿联酋实行严格的检验检疫制度。一旦世界卫生组织宣布哪个国家有某种疫病，或海合会总秘书处宣布相关禁令，阿联酋便宣布禁止从该国进口相关产品。此外，阿联酋各酋长国政府均有权视具体情况对

〔1〕 中华人民共和国驻阿拉伯联合酋长国大使馆经济商务参赞处：《阿联酋发布油漆类商品新规》，载 http://ae.mofcom.gov.cn/article/jmxw/201603/20160301275648.shtml，最后访问日期：2019 年 5 月 27 日。

当地口岸的进口产品实施进口禁令。所有进口食品需提供相关单证，符合联邦有关法律对有效期、标签等方面的规定，在确认单证无误、标签与日期符合规定且实地检验合格后方可入关。清真食品必须符合伊斯兰教对屠夫、被宰杀动物、宰杀工具及方法等方面的要求，并获得阿联酋驻出口国使领馆或其授权机构、阿联酋有关机关认可的伊斯兰组织颁发的认证。[1]

2. 动植物进口检验检疫

阿联酋有关动植物进口检验检疫的法律法规主要有：1979 年阿联酋第 5、6 号联邦法及其修订本，2001 年阿联酋农业与水产部（现为环境与水资源部）第 109 号行政决定转发的《海湾合作委员会国家第 460 号动物检疫规定》，2005 年第 383、511 号部长决议，2009 年第 539 号部长决议等。此外，阿联酋的相关法律法规还参照了世界动物卫生组织（OIE）、联合国粮农组织（FAO）、世界卫生组织（WHO）和欧盟的相关规定。其中，《海湾合作委员会国家第 460 号动物检疫规定》对进口各类动物及动物源性产品规定了严格的检验检疫程序及通关办法，并规定进口动物及动物源性产品必须符合欧盟制定的卫生标准，需由进口商事先向气候变化与环境部申领进口许可证。[2]

（七）海关管理规章制度

1. 海关行政管理部门

依照 2003 年第 1 号联邦法律成立的阿联酋联邦海关总署（FCA），是制定海关政策、监督海关相关法律的执行、立法，以及在国内外的海关事宜方面代表阿联酋的管理主体。

2015 年第 8 号联邦修订法令取代了 2003 年第 1 号法令，重新定义了阿联酋联邦海关总署（FCA）的职责和组织架构。新的法令还统一了所有通关手续，简化了边检流程，促进了贸易便利化程度，并将有力巩固阿联酋作为商业和投资中心的地位，从而进一步提升阿联酋的全球竞争力。同时，法令还

---

〔1〕 商务部国际贸易经济合作研究院、中国驻阿联酋大使馆经济商务参赞处、商务部对外投资和经济合作司：《对外投资合作国别（地区）指南・阿联酋（2018 年版）》。

〔2〕 商务部国际贸易经济合作研究院、中国驻阿联酋大使馆经济商务参赞处、商务部对外投资和经济合作司：《对外投资合作国别（地区）指南・阿联酋（2018 年版）》。

决定设立一名部长级“海关署长”（Customs Commissioner）以主持监督和管理FCA相关事务，组织签发法令，提出立法建议以及行使法律赋予的其他权力。[1]

2. 对进出境货物的监管

阿联酋对进出境货物的管理依照《海合会成员国统一海关法》的规定，该法经2007年第85号法令《关于海湾地区阿拉伯国家共同海关法》批准。无论是进口还是出口，任何商品只要经由天空、陆地或者海洋穿越关税线，都要遵守该法律的规定。

（1）对于海运到港的进口货物。报关单载明通过海路进口到该国的货物，由船长签署的包含所有货物的报关单，包括：①船舶名称、国籍、货运注册地、货物的总重量、散装货物的重量，如有违禁货物应如实申报；②货物的包装、件数、标志、说明和编号；③托运人和收货人名称；④货物起运港口名称。船长在进入海关管辖范围应向相关部门出示原始货单。船长还应给港口方提供：原始货单、船员自用的物品清单、乘员名单、在本港卸货的清单及海关要求提供的所有相关文件、提单。船只进入港口36小时内提供相关单据、文件，公共假日不计在内。无到港代理的货船、帆船的报关清单必须签有装船港口海关的签证。所有水上运载工具不经港口海关允许不得卸载货物，货物的卸载、转运必须在海关的监管之下进行，根据海关总署署长的指示要求进行卸载、转运。货主在海关保税库提货时发现货物数量、货值出现短缺，船长、大副或其他代表人负全责。货物数量、货值出现短缺或与货单所列货物不符，船长或代理人负责解释并应提供相应的证明文件。如果未能提供相应的文件，在船主作出保证的前提下海关给予不超过6个月的宽限期。[2]

（2）对于陆路到港的进口货物。通过陆路进口的货物必须在第一个关口

---

〔1〕 中华人民共和国驻阿拉伯联合酋长国大使馆经济商务参赞处：《阿联酋修订联邦海关法律》，载 http://ae.mofcom.gov.cn/article/ddfg/waimao/201604/20160401290667.shtml，最后访问日期：2019年5月27日。

〔2〕 中华人民共和国驻沙特阿拉伯王国大使馆经济商务参赞处：《海合会成员国统一海关法》，载 http://images.mofcom.gov.cn/sa/accessory/201106/1308042202040.pdf，最后访问日期：2019年5月27日。

办理通关手续，经海关总署署长批准也可转其他关口办理；由陆路运输进口的货物报关单由承运人或承运人的代表签署，报关单应包括所有的运载工具资料、所载货物资料及海关总署署长要求的其他资料；货到后，承运人或其代表应及时向海关提供报关清单。[1]

（3）对于空运到港的货物。飞机必须按规定的航线飞越国境，在设有海关的机场降落。机长签字提交所载所有货物的报关清单。飞机到港后机长或其代表应及时向海关提供货物报关清单；除安全因素等特殊要求外，飞机在飞行过程中不许卸载货物，如有必要应及时通知海关，详情参阅其他相关法律的相关条文。[2]

3. 对进出境运输工具的管理

根据《海合会成员国统一海关法》的规定，阿联酋对于进出境运输工具的规定如下：禁止所有海上运输工具在法定港口外装卸货物，出现海上特殊状况，或不可抗力的因素除外，出现此种情况应及时向就近海关及安全中心报告；禁止吃水在200吨以下、搭载限制进口或禁止进口或海关列为高税率的商品的船只进入海上海关管辖区，出现海上特殊状况，或不可抗力的因素除外，出现此种情况应及时向就近海关及安全中心报告，境内港口转运及已办妥海关手续的除外；禁止境内所有往来飞机在没有海关的地点起降，出现特殊状况，或不可抗力的因素除外，出现此种情况驾机者应及时向就近海关及安全中心报告，并向海关提供报告，与相关法律相悖及另有规定的除外；禁止陆路运输工具在没有设海关的地点进出国境。[3]

4. 阿联酋海关征税制度

阿联酋于2003年1月1日正式实施海合会国家关税联盟规定。根据联盟规定，除53种免税商品外，其余商品统一征收5%的关税，所有进口海合会国家的货物在该货物抵达第一个海合会国家港口时征收5%的关税，而后转运至其他海合会国家时不再征收关税。

---

[1] 中华人民共和国驻沙特阿拉伯王国大使馆经济商务参赞处：《海合会成员国统一海关法》。

[2] 中华人民共和国驻沙特阿拉伯王国大使馆经济商务参赞处：《海合会成员国统一海关法》。

[3] 中华人民共和国驻沙特阿拉伯王国大使馆经济商务参赞处：《海合会成员国统一海关法》。

对于某些商品，如香烟、烟草制品和各种酒精饮料，实行特殊关税，如酒精饮料税率为50%，烟草征收100%的关税，并保留征收附加进口税的权力，且须获得进口许可。2016年，海合会就对部分商品进行选择性征税达成一致，对烟草的选择性征税将从100%提高至200%，碳酸饮料（汽水）和酒精饮料的税率也分别从目前的50%和100%提高至100%和200%。阿联酋已于2017年第四季度开始征收选择性税。

对货物样品阿联酋海关不征收进口关税；对食品、本地工业生产所需的原材料和有关设备、药品、报纸、书籍、杂志、船舶及商用飞机免征关税。

出口和再出口（转口）免征出口关税，但是再出口货物发运人须向海关提供原始发票和清关手续。另外，在特殊情况下，GCC国家还根据实际情况对某些特定产品制定相关的税收政策，如为了缓解阿联酋建筑业原材料水泥及钢材国内材料紧缺的情况，阿联酋经济部决定，从2004年8月28日起，对于承包商协会会员企业自用水泥实行零关税进口。[1]

自2018年1月1日起，阿联酋开征增值税，增值税率为5%，也适用于进口商品。免征教育、食品、医疗保健、保险、石油天然气、交通和房地产等行业的增值税，同时对于出口到海湾合作委员会之外国家或地区的商品，也免征增值税。其他所有产品和服务（包括政府和私人）以及商业物业都会被征收增值税；如果一项产品或服务是在2018年1月1日之前交易的，而付款是发生在1月1日之后，也需要征收增值税。2018年1月10日，阿联酋内阁通过了第2017（59）号决议，公布了20个指定区域（designated zones）享受免征增值税待遇。阿联酋内阁有权对名单进行增减和修改。[2]

2019年1月起，阿联酋提高螺纹钢、线材进口关税至10%（此前为5%），以保护国内钢铁行业发展。在新关税税率执行一年后，经济部将对其进行评估。[3]

---

〔1〕 商务部国际贸易经济合作研究院、中国驻阿联酋大使馆经济商务参赞处、商务部对外投资和经济合作司：《对外投资合作国别（地区）指南·阿联酋（2018年版）》。

〔2〕 中华人民共和国驻迪拜总领事馆经济商务室：《阿联酋公布20个指定区域免征增值税》，载http://dubai.mofcom.gov.cn/article/jmxw/201801/20180102699608.shtml，最后访问日期：2019年5月27日。

〔3〕 中华人民共和国商务部：《2019年起阿联酋海关将提高钢材产品进口关税》，载http://www.mofcom.gov.cn/article/i/jyjl/k/201902/20190202833279.shtml，最后访问日期：2019年5月27日。

第四章

欧洲国家通关法制

第一节　东欧国家

一、白俄罗斯

曾　涛

（一）国家概况

白俄罗斯共和国（以下简称“白俄罗斯”），地处欧洲中部，属于内陆国家。该国于1991年8月25日宣布独立，同年12月19日改称白俄罗斯共和国，现为独联体成员之一，也是欧亚经济联盟（EAEU）的成员。

白俄罗斯领土面积为20.76万平方公里。首都为明斯克市，与之相邻的国家有波兰、立陶宛、拉脱维亚、俄罗斯和乌克兰。该国的行政区划下设有6个州和118个区，6个州分别为明斯克州、布列斯特州、维捷布斯克州、戈梅利州、格罗德诺州、莫吉廖夫州。国家人口共有947.19万，其中70%以上为城市人口。官方语言为白俄语和俄语。货币为白俄罗斯卢布。

白俄罗斯农业和畜牧业较为发达。同时，该国工业基础较好，IT业、机械制造业、冶金加工业、机床及激光技术等也十分先进。当前，白俄罗斯已与俄罗斯、哈萨克斯坦共同建立关税同盟，与两国经济、军事等方面一体化趋势也在逐渐加。

在国家形式方面，白俄罗斯实行总统共和制。国家权力实行立法、行政、司法三权分立。具体来讲，总统是国家元首，是白俄罗斯共和国宪法、人权和自由的保障，其现任总统为亚历山大·卢卡申科。议会则是该国的代表机构和立法机构。行政权依法由政府内阁行使，总理是部长委员会之首。公民们通过地方代表会议、执行管理机关、地区社会自治机关、投票、会议和其他形式，实行地方管理和地方自治。白俄罗斯共和国的司法权属于法院，最高法院对国家的规范文件实行宪法监督。

目前，白俄罗斯已与世界上 166 个国家建立了外交关系，在 47 个国家设有 60 个外交机构，其中包括 45 个大使馆、2 个国际组织常设机构、7 个总领事馆和 1 个领事馆。该国的外交政策对邻国，特别是对俄罗斯具有主要优先权，独联体国家也是白俄罗斯的外交优先方向之一。白俄罗斯与所有独联体国家的商品贸易额一直处于强劲增长态势，这使得白俄罗斯能够继续贯彻实施与独联体国家的外交政策。除俄罗斯外，其主要的贸易伙伴为乌克兰、哈萨克斯坦、阿塞拜疆、摩尔多瓦、土库曼斯坦，白俄罗斯向这些国家的出口量占所有独联体国家的 91%。2010 年白俄罗斯、俄罗斯、哈萨克斯坦三国关税同盟条约正式生效，后来发展为欧亚经济联盟（EAEU），EAEU 还包括吉尔吉斯斯坦、亚美尼亚。

中国也是白俄罗斯外交特别优先发展对象之一。双方高层定期互访，往来密切，进行积极的议会间对话，迅速发展中白两国国家机构间的关系。两国建立了稳固发展的战略合作伙伴关系，并致力于在双边问题和多边问题等关键事务中合作，以促进两国关系的长期发展。目前，中国－白俄罗斯工业园区是双边合作中最大型的战略合作项目。中白两国政治和经贸关系迅猛发展，主要在于两国具有共同的内政和外政原则，在国际关系重要问题上观点一致。近几年两国高层间对话取得务实发展。

2009 年 6 月在叶卡捷琳堡召开的上海合作组织成员国元首理事会上，白俄罗斯被授予为该组织对话下合作伙伴的地位，2015 年 7 月，上海合作组织成员国元首理事会会议通过决议，决定给予白俄罗斯观察员国地位。乌法峰会期间，卢卡申科参加金砖国家同欧亚经济联盟、上海合作组织成员国、观察员国及受邀国领导人对话会，对习主席总书记提出的，金砖国家、上海合作组织、欧亚经济联盟都是国际上具有重要影响的合作机制，传递了新兴市场国家和发展中国家团结合作的积极信号的论述表示赞同和支持。[1]

中白双边关系法律基础稳固，目前有80个国际条约，包括40个国家间和政府间的条约。现行的双边条约涉及领域广泛，包括建立外交关系、经贸合作、避免双重征税、投资保护，在科技、教育、文艺、旅游、航空、卫生、军事技术领域的合作，提供民事、刑事的法律援助，保护知识产权，免签证出行等。

据白俄罗斯统计局统计，2017年白俄罗斯货物进出口额为634.462亿美元，比上年（下同）增加24%。其中，出口292.118亿美元，增加24.1%；进口342.344亿美元，增加24%；贸易逆差50.226亿美元，增长23.35%。矿产品、化学制品以及机械设备等是白俄罗斯的主要对外贸易商品。

（二）中白经贸关系

中白两国之间外交关系一直十分友好，在白俄罗斯宣布独立后不久，中国便予以承认。多年来两国高层互访不断，2015年5月10日，双方签订《中华人民共和国和白俄罗斯共和国友好合作条约》，为两国关系进一步发展奠定了坚实的法律基础，中白政治关系的高度发展促进了双边贸易关系的稳固发展。[2]

从2002年开始，双边贸易稳步上升，经济贸易往来正处于良好发展时期。白俄罗斯官方统计显示，在进出口产品方面，近几年白俄罗斯主要向中国出口钾肥等化合物，自中国进口计算机、通信设备及配件等。在国际投资方面，截至2017年底，中国对白直接投资存量5.48亿美元，主要集中在工业园区、重型车辆、汽车组装以及农业领域。

白俄罗斯是丝绸之路经济带的重要组成国，中白工业园则是中白合作共建丝绸之路经济带的标志性工程。[3]2019年5月白俄罗斯总统卢卡申科日前签发有关中白工业园发展的新版总统令，为相关企业入驻工业园提供更好的法律保障。新版总统令更加明确了中白工业园园区管委会的职权，规定白方各国家机关必须根据园区管委会需求向工业园派驻工作人员，在工业园内提

---

〔1〕 中华人民共和国商务部：《白俄罗斯正式成为上海合作组织观察员国》，载 http://world.people.com.cn/n/2015/0714/c157278-27301713.html，最后访问日期：2019年7月11日。

〔2〕 白俄罗斯驻华大使馆："Invest in Belarus Guidebook"，第49页，载 http://china.mfa.gov.by/zh/，最后访问日期：2019年7月11日。

〔3〕 白俄罗斯驻华大使馆："Invest in Belarus Guidebook"，第49页。

供一站式服务，为入园企业办理各类手续提供极大便利。新版总统令还规定要在工业园设立自由贸易区，并建立园区管委会对园区各单位的监督检查协调机制。此外，新版总统令还放宽了入园企业的注册标准，扩展了相关投资项目的基本落实方向，并降低了需短期内完成的投资许可门槛。[1]

在海关通关及农业检验检疫方面，中白两国也多有合作。例如，2015 年 5 月 10 日，在习近平主席和白俄罗斯总统卢卡申科见证下，中国海关总署署长于广洲同白俄罗斯海关委员会主席先科在白俄罗斯首都明斯克签署《中白政府关于海关事务的合作与互助协定》。该协定旨在促进两国在海关事务方面的协调与合作，助力简化海关程序，进一步提高两国通关便利化程度。

此后，在 2018 年举行的上海合作组织青岛峰会期间，中国海关总署署长倪岳峰会见了出席该次峰会的白俄罗斯海关委员会主席先科。双方对上海合作组织框架下的海关合作作出高度评价，并一致表示愿在“一带一路”倡议下开展务实合作。本次峰会中，双方就推进中欧班列等国际物流大通道建设、“经认证的经营者”互认合作、能力建设，以及推广中国海关特殊监管区管理经验，共建中白工业园区等议题深入交换意见并达成多项共识。

2019 年 4 月 24 日，倪岳峰在京再次会见先科以及白俄罗斯农业食品部部长哈契科。双方积极评价中白海关合作取得的务实成果，重点就 AEO 互认、中欧班列通关合作以及白俄罗斯牛肉、禽肉、乳品等农产品检疫准入等议题进行深入讨论并达成共识。本次会见的成果包括《中华人民共和国海关总署和白俄罗斯国家海关委员会关于加强伙伴关系以加快办理欧亚铁路集装箱运输框架下货物通关手续的谅解备忘录》《中华人民共和国海关总署和白俄罗斯国家海关委员会关于中华人民共和国企业信用管理制度与白俄罗斯共和国 AEO 制度互认的安排》以及《中华人民共和国海关总署和白俄罗斯共和国农业食品部关于白俄罗斯输华饲用乳制品检疫和卫生条件的议定书》。[2]

---

〔1〕 新华社:《白俄罗斯总统签发有关中白工业园发展新版总统令》，载 http://www.xinhuanet.com/2017-05/20/c_1121005728.htm，最后访问日期：2019 年 7 月 11 日。

〔2〕 海关总署：《倪岳峰在京会见白俄罗斯国家海关委员会主席先科和农业食品部部长哈契科》，载 http://finance.sina.com.cn/roll/2019-04-26/doc-ihvhiewr8372440.shtml，最后访问日期：2019 年 7 月 11 日。

2019年6月14日，中国－欧亚经济联盟国家海关合作对话会上，中国与俄罗斯、白俄罗斯、哈萨克斯坦、吉尔吉斯斯坦、亚美尼亚5国海关之间搭建全新合作机制。“对话会”上，与会代表以“贸易安全与通关便利”为主题，围绕各国海关通关监管业务改革、简化跨境货物通关手续、国际物流通道建设、风险管理合作等议题进行深入的交流和研讨，并达成多项共识。下一步，中国海关将与欧亚经济联盟成员国海关聚焦跨境电商、跨境贸易、中欧班列等重点，巩固合作机制，深化海关合作，倡导贸易安全，简化海关通关措施，共同推动中国与欧亚经济联盟成员国的互联互通。[1]

（三）贸易法律法规概况

白俄罗斯贸易领域的法律法规包括《关税联盟海关法》《民法典》《对外贸易国家调控法》以及《境内贸易和公共饮食国家调控法》等。其中，《境内贸易和公共饮食国家调控法》确立了在白俄罗斯境内从事贸易和公共饮食方面应遵循的主要法律框架。另外，关于外贸往来和控制命令的总统令（法令）则确定了按照外贸合同进行阶段的法律框架。

白俄罗斯关于出口控制的新法案在2016年11月生效，该法案变革了关于特定商品（工作、服务）出口控制的现行法规。这些特定商品（工作、服务）主要包括可能会被用于战争的化学品、基因材料，以及出于国家安全原因必须进行控制的服务等。

此外，白俄罗斯法律规定，对外贸易中除非相关方另有约定，否则货物贸易应适用《联合国国际货物销售合同公约》中的相关规定。

（四）贸易管控制度

1. 贸易主管部门

白俄罗斯共和国由外交部主管对外贸易政策，负责制定经贸政策，参与对外经贸领域谈判，协调国内市场保护并采取必要措施。白俄罗斯经济部主要负责制定国内经济社会发展规划和与经济发展有关的各领域政策，稳定宏观经济。该部与对外贸易有关的职能主要是：协调制定投资政策和吸引外资，

---

〔1〕 中国新闻网:《中国与欧亚经济联盟国家海关合作迈入新阶段》，载 http://www.chinanews.com/cj/2019/06－14/8864823.shtml，最后访问日期：2019年7月11日。

制定并实施与独联体国家发展经济合作的措施等。

此外，反垄断监管和贸易部主要负责国内外商品运输网络建构，协调外贸活动，负责发放进出口许可证及开展外贸过程中的具体业务。该部主要职能在于执行国内贸易政策，完善国内市场机制，执行贸易、公共饮食领域内的监督、保护消费者权利等。

白俄罗斯对其外贸活动实行管理的基本原则是：对外贸易活动的所有参加者平等且不受歧视；国家保护对外贸易活动参加者的合法权益；消除国家机构对外贸实体的无理干涉，避免对对外贸易活动参加者和国家经济造成损失；国家通过关税和非关税调节管理对外贸易活动。〔1〕

2. 进出口商品检验检疫制度

白俄罗斯对商品质量和数量的检验未作强制性规定，根据买卖双方的合同约定进行商品数量和质量的鉴定，相关具体事务由工商会负责。欧亚经济联盟境内对产品质量和安全的监查措施主要包括：登记、检验、证明、产品检验、产品安全登记、兽医检验、卫生防疫检验等。

关于特定种类的产品和服务，如药物、酒精类产品、电信服务等，特定供应商需要获得相应许可证。许可证由经授权的机构根据申请在获得或者无须获得其他国家机构的批准下颁发，签发还应缴纳相关国税。该许可证是永久性的。对于特定类型的产品，在进入白俄罗斯市场时，应对其进行合格认证（例如玻璃器皿、某些乳制品、蓄能器），并应在监管机构进行登记（例如药物）。

作为通用的规则，白俄罗斯适用自由定价政策。但在有限情况下，价格政策应服从反垄断监管和贸易部门的控制。白俄罗斯《价格法》对价格（收费）监管方法进行了规定。选择和实施特定价格（关税）的监管方式取决于政府不同的政府机构。

外贸操作应符合法令中的要求，尤其是关于进出口操作实施的期限，如出口为90天，进口为60天，销售商品价值超过3000欧元的外贸合同需要登

〔1〕 商务部国际贸易经济合作研究院、中国驻白俄罗斯大使馆经济商务参赞处、商务部对外投资和经济合作司：《对外投资合作国别（地区）指南·白俄罗斯（2018年版）》，第41页，载 http://www.mofcom.gov.cn/dl/gbdqzn/upload/baieluosi.pdf，最后访问日期：2019年7月11日。

记的要求，以及其他限制。

（五）海关管理

1. 海关组织结构

白俄罗斯是世界海关组织的成员，白俄罗斯的海关监管基于国际标准制定。[1]白俄罗斯海关总署作为独立的服务部门，于1991年9月20日成立。海关立法的基础是海关章程（1998年7月生效）和海关关税法律（1998年1月生效）。

白俄罗斯国家海关委员会的任务和职能由2008年颁布的第228号《关于海关机构的若干问题》的总统令予以规定。具体来讲，海关委员会主要负责指导、协调和控制海关的活动，其下设有10个海关办公机构，直接负责管辖领地内的海关事宜。海关办公室下设200个海关结算所，其中有51个点设在边境，负责查验商品和运输车辆通过白俄罗斯边境的相关事务。[2]

2. 海关管理制度

（1）经济同盟制度。2015年成立的欧亚经济联盟的前身为俄罗斯、白俄罗斯和哈萨克斯坦三国于2010年成立的关税同盟。不同于它的前身，欧亚经济联盟的目的是发展统一的贸易、货币和关税政策，最大程度地建立起一个经济共同体。[3]2018年1月1日，欧亚经济联盟新海关法生效，该法旨在引进数字化技术，简化成员国通关手续，刺激出口。联盟最高权力机构欧亚经济委员会表示，新海关法将成为欧亚经济联盟关键性基础法律文件之一，旨在提高成员国之间在海关调解领域规范化和一致性水平。新海关法的基础是向电子报关过渡，向“一个窗口”过渡，以改善对外经济活动条件，从而刺激出口。[4]按照新海关法规定，各成员国的国内海关立法需要与新海关法相衔接。

2018年5月17日哈萨克斯坦阿斯塔纳经济论坛期间，中国商务部国际贸

---

〔1〕 白俄罗斯共和国驻华大使馆：“Doing business in Belarus”，第52页，载 http://china.mfa.gov.by/zh/，最后访问日期：2019年7月11日。

〔2〕 吴老二：《白俄罗斯通关指南》，载《国际工程与劳务》2018年第9期。

〔3〕 白俄罗斯共和国驻华大使馆：“Invest in Belarus Guidebook”，第42页。

〔4〕 胡晓光：《欧亚经济联盟实施新海关法》，载《人民日报》2018年1月3日，第22版。

易谈判代表兼副部长傅自应与欧亚经济委员会执委会主席萨尔基相及欧亚经济联盟（以下简称“联盟”）各成员国代表共同签署了《中华人民共和国与欧亚经济联盟经贸合作协定》。

该《协定》范围涵盖海关合作和贸易便利化、知识产权、部门合作以及政府采购等13个章节，包含了电子商务和竞争等新议题。双方同意通过加强合作、信息交换、经验交流等方式，进一步简化通关手续，降低货物贸易成本。该《协定》旨在进一步减少非关税贸易壁垒，提高贸易便利化水平，为产业发展营造良好的环境，促进我国与联盟及其成员国经贸关系深入发展，为双方企业和人民带来实惠，为双边经贸合作提供制度性保障。[1]

（2）产品认证制度。根据白俄罗斯国家法律规定，部分产品必须取得强制性STB证书后，才允许在白俄罗斯境内销售或使用，如家用电器、食品、纺织品、化妆品、儿童用品、照明产品、焊接设备、消防设备、升降机、建筑产品、车辆等。[2]白俄罗斯进口家电的产品安全、技术参数执行ISO9000标准，原则上同其他欧洲国家一样。

值得注意的是，白俄罗斯进口的绝大部分电子产品属于强制认证。进口商原则上须向白俄罗斯国家标准委员会提交拟从出口国进口商品的有关资料，并作有关检测、试验后经批准方可进口。

白俄罗斯与俄罗斯、哈萨克斯坦成立关税同盟之后，对产品认证开始协调采取统一的政策。关税同盟各成员国互相承认产品证书。关税同盟内证书的格式一致，且各国间不需要转换格式或者经过其他的程序。关税同盟内证书不仅适用于同盟内产品，也适用于从其他国家输入的产品，而且不需要对外国产品进行确认。

截至2014年5月15日，白俄罗斯统一经济空间委员会共颁布了34项各种关税同盟技术准则，包括但不限于铁路安全条例、高速铁路交通工具安全条例、烟花制品安全条例、包装物安全条例等，主要涉及交通领域、特殊设

---

〔1〕 中华人民共和国商务部：《中国与欧亚经济联盟正式签署经贸合作协定》，载 http://www.mofcom.gov.cn/article/ae/ai/201805/20180502745041.shtml，最后访问日期：2019年7月11日。

〔2〕 商务部国际贸易经济合作研究院、中国驻白俄罗斯大使馆经济商务参赞处、商务部对外投资和经济合作司：《对外投资合作国别（地区）指南·白俄罗斯（2018年版）》，第42页。

备、特殊产品、农业及食品安全等。

此外，白俄罗斯主管机关针对家用及办公室设备与电视等产品要求强制申请白俄罗斯能效，此规定于 2018 年 7 月 1 日开始实施。

3. 关税制度

白俄罗斯一般对进口商品征收增值税，根据报关价格再增加海关手续费或消费税。进口货物一般需缴纳进口关税和进口增值税。某些类别的商品（如酒精、烟草和汽油）也需缴纳消费税。[1]增值税率依据进口商品的种类而定。标准税率为 18%、10% 或 0%。白俄罗斯公司进口的高科技设备作为固定资产投资可以免征增值税。

关税税率一般是货物海关价值的 0% ~80%。增值税的标准税率为 20%，根据海关估价和关税计算。进口商支付的进口增值税通常可以抵扣其产出增值税。[2]

目前的关税为书籍、某些药品、某些技术设备和其他商品设定了零关税。用于人道主义援助，修复自然灾害、事故或灾害后果以及外交货物所需的货物免征关税和增值税。某些类别的商品（例如石油和石油产品）需要承担出口关税。[3]

另外，白俄罗斯与欧亚经济共同体的其他成员国之间，基于经济共同体安排的相关规定，贸易壁垒较少，关税较低。在世界银行公布的《2018 年营商环境报告》中，白俄罗斯在参与评选的 190 个国家中位居第 37 位，较 2015 年排名有所上升。

中白工业园作为中白两国共同大力推进的经济合作区，白俄罗斯总统卢卡申科先后多次签发总统令，以国家最高立法形式赋予园区优惠政策。近期，根据白俄罗斯共和国第 490 号“关于海关监管”总统令，中白工业园被批准为白俄罗斯境内首个区域经济特区。总统令确定了中白工业园的区域性经济特区地位，该地位使园区居民企业和园区管理主体在物流运输及生产活动方面，作为享受关税优惠的对象，得以最大程度享受欧亚经济联盟（俄罗斯、

---

〔1〕 白俄罗斯共和国驻华大使馆：Doing business in Belarus，第 52 页。

〔2〕 白俄罗斯共和国驻华大使馆：Doing business in Belarus，第 52 页。

〔3〕 白俄罗斯共和国驻华大使馆：Doing business in Belarus，第 53 页。

白俄罗斯、哈萨克斯坦、亚美尼亚、吉尔吉斯斯坦五国经济联盟）的相关海关便利政策。

新的海关便利措施包括：允许货物在进入经济特区后，延迟至两个月内提交报关单，以节省生产活动时间；由欧亚经济联盟国家过境输入到中白工业园的商品，无需提前提供相关产品信息；允许在中白工业园内的餐饮设施中消费外国商品而无需报关及缴纳关税。除海关清关便利措施外，总统令还批准设立公共保税区，允许园区居民企业在受海关监管的保税区内开展保税业务活动，无需单独申请设立保税设施，该项措施在所有白俄罗斯的自由经济区中尚属首例。同时允许中白工业园保税加工区生产的产品可以在中白工业园与欧亚经济联盟国家间自由流动。[1]

二、爱沙尼亚

郭艳萍

（一）经济概况

爱沙尼亚共和国（以下简称“爱沙尼亚”），位于波罗的海东岸，芬兰湾南岸，西南濒临里加湾，属波罗的海三国之一，首都塔林。爱沙尼亚于2004年成为欧盟成员国，2007年成为申根区成员国，2011年成为欧元区成员国。

2017年国内生产总值达259.2亿欧元，国内生产总值年增长率为4.2%。2017年人均国内生产总值为18 977美元。根据欧盟门户网站数据显示，2016年爱沙尼亚的贸易与经济概况如下，爱沙尼亚经济中最重要的部门是批发和零售，贸易、运输、住宿和食品服务占比为2.7%，工业占比为20.7%以及公共行政、国防、教育、人类健康和社会工作活动占比16.4%。

欧盟内部贸易占爱沙尼亚出口量的74%，其中瑞典为18%，芬兰为16%，拉脱维亚为9%，而欧盟以外的国家对俄罗斯的出口为7%，对挪威的出口为4%。在进口方面，82%的进口额来自欧盟国家，其中芬兰占13%，德国占11%和立陶宛占9%，而欧盟以外的国家有6%来自俄罗斯，3%来自

---

〔1〕《中白工业园成为白俄罗斯境内首个区域经济特区》，载 http://www.sohu.com/a/299726626_825950，最后访问日期：2019年7月11日。

美国。

2017 年爱沙尼亚对欧盟财政的贡献与接受情况如下：欧盟在爱沙尼亚的支出总额为 6.48 亿欧元；欧盟支出总额占爱沙尼亚国民总收入的 2.87%；爱沙尼亚对欧盟预算的捐款总额为 1.54 亿欧元；爱沙尼亚对欧盟预算的贡献在其国民总收入中占比为 0.68%。[1]

2017 年爱沙尼亚贸易便利化指数（2 为最佳水平）：[2]

表 4－1　2017 年爱沙尼亚贸易便利化指数表

评价指标	平均贸易便利化绩效	信息可获取性	商界参与	预裁定	上诉程序	收费	文件要求	自动化	监管程序	国内进出境监管机构合作	国际进出境监管机构合作	管理和公正性
评价结果	1.74	1.81	1.63	1.73	1.89	1.79	1.75	1.85	1.67	1.40	1.60	2.00

（二）贸易主管部门

爱沙尼亚经济事务和通信部是爱沙尼亚主要贸易主管部门，以提高爱沙尼亚公司的竞争力，促进国家经济繁荣为宗旨。其主要工作为在职能范围内制定国家发展计划，组织其资助、实施和绩效评估，并确保其与各种跨国发展计划相协调；与其他部委共同探讨制定以经济问题为中心的发展计划；在其职权范围内制定法案并履行规定职责；与欧盟和其他国际组织合作。其职能范围涵盖经济发展、交通运输、旅游业、国际贸易、国际融资等方面，其与合作伙伴制定了“爱沙尼亚 2014—2020 年创业增长战略”，作为制定即将到来的欧盟融资期活动的基础。为了推动交通设施和交通枢纽建设，其制定

〔1〕 Estonia, at https://europa.eu/european－union/about－eu/countries/member－countries/estonia_en, May 2, 2019.

〔2〕 Trade Facilitation Indicators, at https://www.compareyourcountry.org/trade－facilitation? cr＝oecd&lg＝en, May 2, 2019.

了具有最佳环保性和可持续发展前景的“国家交通发展计划2014—2020”。爱沙尼亚对外贸易法律框架的制定主要是通过欧盟参与国际贸易组织的途径实现，对外贸易政策的制定、实施、监督主要由以下部门实现：经济事务和通信部主要参与制定工业产品贸易政策，该部官员在敏感部门、技术贸易壁垒、欧盟贸易保护等重要专家组中发挥作用，参与制定钢铁、纺织、服务和投资等经济领域以及技术规范、标准、合格评定程序等技术贸易壁垒问题的经济政策与法律规范；外交部负责协调一般的对外贸易政策，并与第三国谈判，签订与战略货物检验有关的各种合同；财政部处理海关和税务问题；农业部参与农产品贸易政策和相关的卫生与植物检疫措施的制定。[1]

（三）关于贸易的法律法规

《经济活动法案总则》主要规定了经济活动自由的一般条件和程序，包括对经济活动开始、进行、结束、恢复等状态的管理，以及维持登记、国家监管和法律责任的要求。具体规则包括经济自由的法律概念及其限制，企业及其人员和服务提供者的概念，经济行政机关的管理职权、行为依据、监督权限，登记册相关要求及程序性事项，企业享有获取经济活动信息的权利，包括爱沙尼亚信息门户网站的公示义务，企业提出解释请求等途径，企业从事经济活动应当承担的勤勉、通知、提供信息等义务等。

《破产法》是关于债务人破产的实体规则和程序规则。主要内容包括：临时受托人的委任及宣告破产，破产法律程序中的参与者，债务人的权利和义务，破产程序中的债权申报，破产财产的构成，破产财产管理，破产财产出售，破产财产清偿，破产程序的终止，自然人债务人义务的免除，破产和解等。

《商法典》主要规定了经营者参与经济活动的组织基础和经济活动领域、经济活动行为等规则，其内容主要包括总则部分，商业登记注册，独资企业，普通合伙，有限合伙，私人有限公司，上市公司，分公司，合并、分立及变更公司形式，及该法案的实施共十大部分。

---

〔1〕 Republic of Estonia Ministry of Economic Affairs and Communications, at https://www.mkm.ee/en, May 4, 2019.

（四）进出口商品的检验检疫

进入欧盟关境的商品需要经申报手续获准，在申报期间由海关监管，货物存放于第三方管理仓库。为查验货物，海关当局可随时要求卸货、打开包装、提取货样或检查运载该货物的运输工具。查验货物或者取样时，报关人或者其代理人有权在场，如海关当局认为有必要，便可要求其在场并提供必要协助。〔1〕

根据爱沙尼亚《海关法》规定，如果海关当局已通知经营者打算检查货物，未经海关当局许可，则不允许对货物进行任何业务或交易。未经海关当局许可的业务和交易无效。

为防范风险，如果海关当局不能在合理的时间内查明货物或运输工具所有人，或所有人拒绝到达现场对货物或运输工具进行检查，则其有权在所有人不在场的情况下检查货物或运输工具。

邮政托运货物进出口含有卫生、兽医、植物卫生或者其他管制的货物的，邮政经营者应当向海关提供证明上述管制的相应文件。

对出口货物，海关部门对商品出境进行监管，出口商需办理出境申报，海关确认商品在离开欧盟关境时和申报时情况相符后准许出口。出境申报在海关当局已经通知查验货物，或已认定出境申报中信息不正确，或已放行货物后不得更改。

国际贸易目的国等对出口货物有特殊认证查验需求的国家或地区，海关等主管部门应当妥善安排检验检疫程序，签发必要证明文件。

（五）海关管理

1. 概况

爱沙尼亚海关管理部门为爱沙尼亚税务与海关局（Estonian Tax and Customs Board），隶属于爱沙尼亚财政部。爱沙尼亚实施自由贸易政策，贸易管制适用范围小，实行优惠的海关税率。爱沙尼亚于2004年5月1日成为欧盟成员国后，在海关管理方面执行欧盟统一的关税制度，适用其海关手续、估

〔1〕 国家口岸管理办公室编：《欧盟海关法典》，中国海关出版社2016年版，第88、104页。

价、关税相关的法律法规，其海关管理的法律规范主要指《欧盟海关法典》及其国内相关法律法规。

在进口方面，受到监管限制的进口货物及其管理办法主要规定如下：食品、动物宠物、植物和植物产品、濒危动物和植物物种、药品和珍贵金属及其制品属于限制入境的物品，多数情况下受数量限制并需要向监管部门提供证明。自用的武器弹药、炸药经爱沙尼亚警察局和技术检验机构批准可以带入境，文物的出口须有欧盟的特许。禁止进口的物品和货物主要有：禁止民用的刀枪和电击器具、仿冒名牌的货物、侵权产品、毒品、威胁生态平衡的动物和植物物种。

在出口方面，根据欧盟法规规定，爱沙尼亚对战略物资的出口实行管制，对其他物资的进出口基本不实行贸易管制。2004 年 2 月爱沙尼亚颁布了《战略物资法》，对列入管制范围的战略物资作了详细的规定，主要包括各种常规武器弹药、火箭导弹、生化武器、放射性物质、航空飞行器、水面水下舰船、电子通信设备及其他高科技军民两用产品。根据爱沙尼亚法律，其对于战略物资的出口实行许可证管理，对其制定并公布专门的许可证申领和管理办法，规定了许可证申领资格，所有许可证必须通过国家批准的中介组织申领，爱沙尼亚外交部出口管制司负责该管理办法的具体实施。[1]

2. 重要海关管理法规

《海关法》是除《欧盟海关法典》等规则之外爱沙尼亚进行海关管理的主要国内法，内容包括基本条款，从国家数据和经济经营者处获取数据用于评估风险，关于通信的监管活动，秘密合作以及询问通信企业，数据库及数据信息处理，代理，关税和货物原产地规则，货物进出境及放行办法，申报审核，特别程序，海关优惠和简化海关手续，关于货物公路运输的特别规定，国家监督，法律责任，货物没收、转让、销毁规定，执行规定等。

根据《麻醉药品和精神药物及其前体法》规定，税务与海关局是该法及欧盟相关法律规范的执行机关之一。须向资料系统提交有关新精神活性物质

---

〔1〕《爱沙尼亚外贸法规》，载 http://ee.mofcom.gov.cn/article/zxhz/sbmy/201601/20160101229876.shtml，最后访问日期：2019 年 5 月 2 日。

的扩散、名称、使用者及价格的资料。税务和海关局应有权查阅预警信息系统中的数据，以防止非法处理货物和预防、打击和侦查海关违法行为。警察和边防局、税务与海关局应就第 15 节规定的轻罪事项进行额外司法程序。警察和边防局、税务与海关局或法院应没收第 15 节规定的直接实施轻罪的物质。

《战略物资法》第 59 条规定爱沙尼亚有关部门承担应寄售国主管部门的要求，对战略物资的进口和最终使用进行监督的责任，其第 4 项规定：战略物品的进口和最终使用由爱沙尼亚国内安全局根据《安全当局法》，警察和边防局根据《武器法》和税务与海关局根据最终用途管制文件在其职权范围内按规定的程序进行监督。执法机构应立即将与战略物资有关的犯罪和违反国际制裁的行为通知执法机构。该法第 79 条规定空运武器转移应当依法向海关当局发出通知。该法第 84 条规定税务与海关局是本法实施的监督机关之一；第 87 条规定税务与海关局根据本法对其职权范围内的战略物资转让进行监督；第 88 条规定税务与海关局可为履行监管职权依法采取特殊措施。[1]

3. 重要海关管理措施

（1）经济经营者登记识别系统（EORI）。根据爱沙尼亚税务与海关局要求，从 2009 年 7 月 1 日起，其境内所有从事货物进出口、过境运输或从事其他与海关有关活动的经济经营者都必须使用 EORI 号码，作为欧盟关境内识别经济经营者身份的标识。该识别码经申请注册，将会转发到 EORI 中央数据库，经经营者同意，其 EORI 号码、姓名和地址将在欧盟委员会主页上予以公布。[2]

（2）海关事务代理规则。实际经营者有权依法委托海关代理机构办理海关法律规定的海关业务和手续，分为直接代理（以被代理人名义）和间接代

〔1〕 Riigi Teataja, at https://www.riigiteataja.ee/en/? leht = 3&kuvaKoik = false&sorteeri = avaldamiseKp + id&kasvav = false, May 4, 2019.

〔2〕 Economic Operators Registration and Identification System (EORI), at https://www.emta.ee/eng/business - client/customs - trade - goods/economic - operators - registration - and - identification - system - eori, May 5, 2019.

理（以代理人名义）。被代理人可授权代理人办理以下海关业务：其一，递交海关报关单。爱沙尼亚税务与海关局将假定进口报关业务中的间接代理人已知其因代理行为而产生的财产责任；其二，在符合收货人真实意愿条件下使用收货人的预付账户；其三，在符合收货人真实意愿条件下使用收货人进行担保。[1]

三、俄罗斯

曾　涛

（一）国家概况

俄罗斯联邦（以下简称"俄罗斯"）国土面积1709.82万平方公里，占原苏联总面积的76.3%。横跨欧亚大陆，领土包括欧洲的东部和亚洲的北部，是世界上国土最辽阔的国家。俄罗斯濒临大西洋、北冰洋和太平洋的12个海；陆界长达14 509公里，与14个国家接壤，南部和东南部同中国、朝鲜接壤，南连哈萨克斯坦、蒙古、格鲁吉亚、阿塞拜疆，西南连接乌克兰，西部与芬兰、白俄罗斯、爱沙尼亚、拉脱维亚、立陶宛、挪威毗邻而居。加里宁格勒州与波兰、立陶宛相邻。东面与日本和美国隔海相望。

俄罗斯自然资源十分丰富，种类多，储量大，自给程度高。其拥有世界最大储量的矿产和能源资源，是最大的石油和天然气输出国，亦拥有世界最大的森林储备，拥有约世界25%的淡水的湖泊。俄罗斯是一个多民族国家，有194个民族，其中俄罗斯族占77.7%，少数民族有鞑靼、乌克兰、巴什基尔、楚瓦什、车臣、亚美尼亚、阿瓦尔、摩尔多瓦、哈萨克、阿塞拜疆、白俄罗斯等族。

俄罗斯是世界贸易组织（WTO）与欧亚经济联盟（EAEU）的成员。近年来，就经济增长率而言，随着国际油价回升以及本国经济刺激措施初见成效，俄罗斯经济摆脱衰退，从微弱增长转向低速增长。2017年，国内生产总值（按现价核算）为92.0819万亿卢布（约合1.5786万亿美元），增幅1.5%。

---

〔1〕 Customs Agencies, at https://www.emta.ee/eng/business-client/customs-trade-goods/customs-agencies-0, May 5, 2019.

据俄罗斯海关统计，2018 年俄罗斯货物进出口总额为 6871.2 亿美元，比上年（下同）增长 17.4%。其中，出口 4496.9 亿美元，增长 25.7%；进口 2374.2 亿美元，增长 4.4%。贸易顺差 2122.7 亿美元，增长 62.9%。[1]俄罗斯前五大贸易逆差来源地依次是法国、越南、泰国、西班牙和厄瓜多尔，逆差额分别为 19.4 亿美元、11.6 亿美元、11.0 亿美元、10.3 亿美元和 9.3 亿美元。俄罗斯贸易顺差主要来自荷兰、土耳其、波兰、韩国和白俄罗斯，顺差额分别为 398.2 亿美元、172.4 亿美元、111.5 亿美元、109.0 亿美元和 98.9 亿美元。

根据 2013 年实施的新《俄罗斯联邦外交政策构想》，俄罗斯外交的重要方向之一是发展同中国的友好关系，继续增进与中国平等互信的全面战略协作伙伴关系，积极发展各领域合作。近年来，两国关系保持高水平运行，政治互信不断深化，务实合作不断取得新突破，在国际和地区事务中的战略协作更加密切。

中俄两国经贸关系稳定发展，中国持续保持俄罗斯第一大贸易伙伴地位。[2]据俄罗斯海关统计，2018 年俄罗斯与中国的双边货物贸易额为 1082.8 亿美元，增长 24.5%。其中，俄罗斯对中国出口 560.8 亿美元，增长 44.1%，占其出口总额的 12.5%，提高 1.6 个百分点；俄罗斯自中国进口 522.0 亿美元，增长 8.6%，占其进口总额的 22.0%，提高 0.9 个百分点。俄罗斯对中国贸易顺差 38.7 亿美元，增长 142.4%。矿产品是俄罗斯对中国出口的主要产品。2018 年俄罗斯对中国出口矿产品 427.1 亿美元，增长 61.9%，占俄罗斯对中国出口总额的 77.9%。

俄罗斯对中国出口的矿产品主要为矿物燃料、矿物油及其产品、沥青等，2018 年出口 412.2 亿美元，占其对中国出口总额的 73.5%。俄罗斯自中国进口的主要商品为机电产品。2018 年俄罗斯自中国进口机电产品 264.5 亿美元，

---

〔1〕 对外贸易之家：《2018 年俄罗斯对外贸易/中俄双边贸易概况》，载 http://www.duiwaimaoyi.com/archives/3235.html，最后访问日期：2019 年 7 月 11 日。

〔2〕 商务部国际贸易经济合作研究院、中国驻俄罗斯大使馆经济商务参赞处、商务部对外投资和经济合作司：《对外投资合作国别（地区）指南·俄罗斯（2018 年版）》，载 http://www.mofcom.gov.cn/dl/gbdqzn/upload/eluosi.pdf，最后访问日期：2019 年 7 月 11 日。

增长3.9%，占俄罗斯自中国进口总额的50.7%。中国在俄罗斯的机电产品、贱金属及制品、纺织品及原料、家具玩具杂项制品、塑料橡胶、鞋靴伞等轻工产品以及光学钟表医疗设备七大类商品的进口市场上占据首位，分别占到俄罗斯同类商品进口总额的36.0%、23.8%、34.7%、47.9%、17.2%、53.9%和17.3%。在俄罗斯的运输设备进口中，来自中国的产品占8.6%。

（二）贸易主管部门

1. 部门体系

俄罗斯主管贸易的政府部门是经济发展部、工业和贸易部、农业部、联邦海关署等。其中，通常由海关部门监管外贸并管控货物进出口。

根据欧亚经济联盟有关法律规定，俄罗斯加入世界贸易组织后，欧亚经济联盟成员俄罗斯、白俄罗斯、哈萨克斯坦、亚美尼亚、吉尔吉斯斯坦发起反倾销、反补贴和保障措施的权力和职能已全部移交欧亚经济联盟的常设执行机构——欧亚经济委员会，由其负责该领域工作的具体执行。故对外贸易在欧亚经济联盟范围内受到欧亚经济委员会的监管，在国内则受俄罗斯政府监管。

2017年4月14日，在欧亚经济联盟国家元首峰会上，决定扩大欧亚经济委员会在海关管理方面的权限，其中包括批准从欧亚经济联盟关境出口的货物原产地确定规则，以及规定在自贸区开展对外经济活动的条件等。这些权限移交给欧亚经济委员会，旨在此后能够顺利实施《欧亚经济联盟海关法典》。该法典已于2018年1月1日起施行。

2. 部门职能

经济发展部、工业和贸易部、农业部主要职责是制定对外贸易政策和管理对外贸易，签发进出口许可证，管理进出口外汇业务，制定出口检验制度，审批有关对外贸易的协定或公约等。动植物卫生检疫局和消费者权益及公民福利监督局负责动植物检疫、卫生和流行病管理、动植物、蔬菜和食品进出口。公共卫生部负责出具医药和医用设备的进出口许可。联邦海关署执行俄罗斯政府的对外贸易管理政策，办理关税业务和报关业务等。[1]

---

〔1〕 黑河市人民政府：《俄罗斯对外投资合作指南（第八期）》，载 http://www.heihe.gov.cn/info/1186/95236.htm，最后访问日期：2019年7月11日。

（三）贸易法律法规概况

在俄罗斯，与贸易相关的主要法律有俄罗斯《对外贸易活动国家调节原则法》《对外贸易活动国家调节法》《海关法典》《海关税则法》《技术调节法》《关于针对进口商品的特殊保障、反倾销和反补贴措施联邦法》《外汇调节与监督法》《在对外贸易中保护国家经济利益措施法》及欧亚经济联盟框架内颁布的相关法律法规等。

同时，俄罗斯是世界贸易组织（WTO）与欧亚经济联盟（EAEU）的成员。EAEU 还包括哈克斯坦、吉尔吉斯斯坦、亚美尼亚和白俄罗斯。EAEU 国家在外贸、海关、产品认证和其他方面有统一的规定。EAEU 的一般成文法是 2015 年 1 月 1 日生效的协议。俄罗斯的海关法规是基于关税联盟的海关法设立的，该法律于 2017 年被新的 EAEU 海关法所替代。

（四）贸易管控制度

1. 进口管理

自 1991 年起，俄罗斯对外贸管理体制进行了彻底改革，取消了垄断性外贸管理体制，所有在俄罗斯境内注册的企业均有权从事对外经济活动，包括中介业务。除部分商品受许可证、配额等限制外，绝大部分商品已放开经营。俄罗斯进口贸易管理规定主要有：

（1）配额管理。俄罗斯对食用酒精、伏特加酒、烈性炸药、爆炸品、爆炸器材、烟火制品、原糖、肉类等实行进口配额管理。进口配额的分配主要是通过招标和拍卖进行。

（2）许可证管理。对以下两大类商品实行进口许可证制度。第一类属于特殊商品，包括化学杀虫剂、工业废料和密码破译设备。第二类属于需要按俄罗斯总统和政府规定的特殊程序进口的商品、技术和科技信息，包括武器弹药、核材料、放射性原料、贵金属、宝石、麻醉剂、镇静剂、两用材料和技术、可用于制造武器装备的个别原材料和设备等。

（3）产品标识和认证。俄罗斯境内禁止销售无俄文说明的进口商品。对酒类制品、音像制品和计算机设备等产品，禁止销售无防伪标志及统计信息条的产品。对化学生物制剂、放射性物质、生产废料以及部分初次进口到俄罗斯的产品尤其是食品需在进口前进行国家注册；用于工业、农业和民用建筑等的进口产品需具备卫生防疫鉴定。俄罗斯海关于 2005 年 1 月发布的《需强制认证的进口产品名单》，规定对动植物及其产品，食品、酒精和非酒精饮料，纺织原料及其制品，机器设备和音像器材等部分进口产品实行强制性认证，后经过数次修改。

2. 出口管理

俄罗斯出口贸易管理的规定主要有：

（1）出口配额和出口许可证。俄罗斯对国际协议规定要求限制数量的产品，部分涉及国家利益的特殊产品和国内需求较大的产品等三类产品实行出口配额和许可证管理。出口配额的分配主要是通过招标和拍卖进行。配额如有剩余，亦可根据出口实绩进行增发。需持出口许可证的商品包括：野生动物、药材、译码器件、武器装备、爆炸品、核材料、放射性材料、贵金属、贵宝石及半宝石、矿产资源及矿床信息、麻醉剂、精神心理药剂、毒性物质、某些可用于制造武器装备的原料、设备技术、信息等。

（2）对军民两用产品出口实行监督。出口军民两用产品和技术需申领出口许可证，颁发依据为出口产品是否符合俄罗斯承担的有关国际义务。对于军民两用商品，法律要求须签订专门合同，并在合同中将产品使用细则逐一说明。这一要求在较大程度上保护俄罗斯国内市场的良性运行和安全，但同时也构成了对自由贸易的限制。

此外，俄罗斯还对五万美元以上的贸易实行出口合同统计制，企业应按规定向俄罗斯对外经贸部注册备案，以免在结汇时出现问题。

（3）统一验证制度。俄罗斯对出口产品的数量、质量和价格实行统一的强制性验证制度，对部分原材料商品，甚至要求企业预先在专门机构开具“验讫证书”。[1]但自 1996 年 3 月起，这一制度不再具有强制性。目前，只对石油、成品油、天然气、煤、黑色及有色金属、木材、矿肥等产品进行验证。以上程序不适用于食品、兽医用品及壳类产品，此类货品的检疫及签证由国

〔1〕［俄］伊万科·根纳季：《俄罗斯外贸发展与外贸政策研究》，黑龙江大学 2016 年硕士研究生学位论文。

家检疫及卫生部门负责。

（五）进出口商品检验检疫制度

俄罗斯动植物卫生检疫局因安全和防疫原因对肉类、肉制品、鱼、海鲜、植物、木材等进行检验检疫。该局认证外国供应商的货物并检测进口货物。俄罗斯禁止进口未经认可的供应商货物。俄罗斯消费者权益及公民福利监督局对儿童产品、食品、用水装置、化妆品、家用化学品、衣服等货物进行卫生检验。欧亚经济委员会有该类产品的清单。一般受卫生、动植物检疫管控的产品应持有特别证书，且需通过特别跨境点进入俄罗斯。

俄罗斯对各类动植物产品实施进口检疫制度，根据2008年1月9日发布的《关于批准联邦动植物卫生监督局行使国家有关发放动物、动物源性产品、动物药剂、饲料和饲料添加剂、应检产品的进、出口和过境许可证职能的行政条例》的命令，对应检货物进出口文件进行审核，并作出发放或拒绝发放应检货物进口许可证的决定。

针对农、林、药用、观赏作物的种子、种植材料，植物和它的部分（接穗、压条、鳞茎、根茎、块茎、块根、盆栽植物、切花蘑菇等）；新鲜的蔬菜、水果和浆果；食用、饲用和工业用的谷物、其加工品（稻谷、大米、核桃、花生、面粉、米粒、粒状咖啡、可可豆、干果和干菜、烟的原料和作料、茶、半成品糖、香料、椰果肉、麦芽、油粕、油饼、棉、麻及其他植物纤维），还有动物的皮张和毛等；危害植物、植物产品的真菌、细菌、病毒、线虫、螨类、昆虫及媒介生物；昆虫标本、植物病原体标本和种子收藏蜡叶标本；邮件和旅客携带行李中的植物产品；容器、包装材料（合成材料除外）、木材及加工品（成品、半成品和零部件）、原状土样和土壤标本；饲料、藁杆综合饲料及来自应检地区的动物的铺垫材料。俄罗斯准许进口的检疫物，必须具有俄罗斯农业食品国家植物检疫机关签发的进口检疫许可证。在许可证中要注明经由俄罗斯国境进境的口岸、进口和使用这些检疫物的条件。每批检疫物均应随附输出国植物检疫和植物保护机关出具的植物检疫证书。植物卫生证书应附在该批货物的运单中。没有相应机关的国家除外，但要求检疫物的卫生状况符合进口检疫许可证中的规定。

2006年3月，俄罗斯政府颁布了《关于活体动物进入俄罗斯关境时实施动物防疫措施的决定》（第159号），规定在通过《技术调节法》之前，对部分活体动物和动物制品进入俄罗斯关境时，遵照执行俄罗斯现行动物防疫规章中不与世界动物卫生组织国际兽疫局颁布的《国际陆生动物卫生法典》相矛盾的部分规定。此外，在俄罗斯现行动物防疫规章与世界贸易组织现行动物防疫规章发生矛盾的情况下，将遵照执行上述决定第1条中提到的《国际陆生动物卫生法典》的要求。俄罗斯只能从经俄罗斯国家兽医卫生部门检查的，并列入可向俄罗斯出口的企业名单的出口国的企业进口应检货物。

根据俄罗斯“入世”承诺，俄罗斯采取的卫生、动植物检疫措施必须立足于国际标准，并符合充分的科学论证和风险评估要求。如俄罗斯规定的保护水平比国际标准规定的要求更高，则俄罗斯有权采取更严格的要求。在此情况下，俄罗斯将积极参与有关国际组织的标准与建议的研制工作。为确保程序透明：进口商可就中止、取消或者拒绝发放进口监管商品许可证提出申诉，并获得阐明采取相应决定和措施的原因的书面答复。采取暂停进口措施前，俄罗斯兽医和植物卫生监督局有义务向出口国提供采取相应整改措施的可能。该承诺不适用于对人类和动物健康造成重大风险的情况。俄罗斯将确保技术标准领域的法律符合WTO技术贸易壁垒协定的要求。俄罗斯将根据国际标准和建议，并保证必要的安全水平条件下，制定技术标准。[1]

（六）海关管理

1. 海关管理制度

俄罗斯海关管理由俄联邦海关署依据《欧亚经济联盟海关法典》《俄罗斯联邦海关调节法》《俄罗斯联邦海关税则法》以及其他有关法律法规实施。[2]

2010年1月1日起，俄罗斯、白俄罗斯、哈萨克斯坦关税同盟正式启动，三国对进入到同盟关境的商品实施统一的进口关税税率，对于出口商品，各国根据本国国情和需要自行设定出口关税。2010年7月6日，《关税同盟海关法典》在俄、白、哈三国全面生效，三国在2011年7月1日形成统一的关

---

〔1〕 中俄贸易网：《俄进出口商品检验检疫制度》，载 http://www.zemyw.roboo.com/web/511796/561403.htm，最后访问日期：2019年7月11日。

〔2〕 商务部国际贸易经济合作研究院、中国驻俄罗斯大使馆经济商务参赞处、商务部对外投资和经济合作司：《对外投资合作国别（地区）指南·俄罗斯（2018年版）》，第54页。

境。2015 年 1 月 1 日起，欧亚经济联盟正式启动。从 2018 年 1 月 1 日起，《欧亚经济联盟海关法典》正式实施，《关税同盟海关法典》同时废止。《欧亚经济联盟海关法典》统一了包括俄罗斯在内的联盟成员国海关管理，如规定实施“电子申报”“单一窗口”以及“经授权的经营者”制度等。

2. 海关组织结构

俄罗斯海关委员会于 1991 年成立，是俄罗斯对进出关境进行监督管理的统一国家机构，向总统和政府负责。与中国海关类似，俄罗斯海关实行垂直管理体制，在组织机构上分为四个层次：海关署、直属地区海关局、隶属海关、海关监管点。其主要任务在于依照俄罗斯海关法及其他法规，监管进出俄罗斯关境的货物、商品，征收关税及其他税费，缉查走私活动等。

俄罗斯政府赋予海关署的主要使命包括：提供现代化、高效率的海关服务；以高效、公正、透明的方式征收税款及各种税费。具体职责包括征收关税、保护知识产权、监督管理进出口货物、统计和发布进出口数据、预防和打击走私活动等。[1]

通常俄罗斯公司与外国公司签订供应合同，由后者作为海关登记的进口商。有时外国公司和其在俄罗斯的分公司和代表处也会作为登记进口商。登记进口商提交报关单（原则上为电子表格）为货物清关。通常完成所有必需的清关程序需一个工作日。通常进口商在官方认可的报关行（代表）的协助下完成货物清关。俄罗斯海关署存有报关行（代表）的记录。通常进口商根据“内需消费放行”的关税制度清关（例如自由流通）。关税制度要求全额支付关税、提供产品证书和其他进口许可。

3. 关税制度

俄罗斯自 1992 年 7 月 1 日开始对进口商品征收关税。此后，为了适应不断变化的市场情况，俄罗斯政府每年都对进口关税税率进行相应调整。对个别商品还实行季节性特别关税。为了避免偷逃进口关税，还实行海关估价制度。自 1993 年 2 月 1 日起，俄罗斯对进口商品征收增值税，针对不同的国别，采取两种征收办法。其一，对从独联体国家进口的商品免征增值税；其二，

---

[1] 蒙少东等：《俄罗斯经贸进口通关制度研究》，载《中国市场》2013 年第 27 期。

对从非独联体国家进口的商品征收进口环节增值税，税基为商品海关申报价值、进口关税额、消费税额三项之和，税率为20%（部分食品和儿童用品税率为10%）。增值税先由买方支付，而后由出口商上缴国家财政。进口商品在俄境内加工、销售过程中新增值部分还要缴纳增值税。

俄罗斯对进口商品征收消费税始于1993年2月1日。目前仅对酒类、香烟、汽油、首饰、小轿车等五大类进口商品征收消费税。来自独联体国家和非独联体国家的上述商品都要征收消费税。与增值税不同，进口商品只需缴纳一次消费税，进口商品在俄境内加工、销售过程中无需再次缴纳消费税。从俄罗斯入世之日起，90%以上的税率将大于或者等于关税同盟现行的统一海关关税的税率水平。过渡期结束后，大约50%的边际税率不低于现行的关税同盟统一海关关税。大约30%的从价税和综合税中的从价税率下调幅度不超过5个百分点。2015年，俄罗斯调整约4000种商品的税率，约占欧亚经济联盟海关商品名录的41%。俄罗斯政府从2015年9月1日起降低3808种商品的进口关税。取消农产品、机械制造、轻工、木材业、黑色金属和有色金属产品进口关税限制。

俄罗斯出口产品基本实现零关税，仅对少量的商品如动物皮张、原木、钢铁废碎料、铝废碎料、铅锌废碎料等征收出口关税。海关关税的承诺包括与欧盟谈判中关于出口关税取得的共识，与欧盟商定的约束性关税清单包括大约700个税目。该清单包含了自2004年5月规定出口关税所涉及的所有出口商品。议定书规定，过渡期之后1～5年内将完全取消上述商品的出口关税，以下商品除外：油籽、矿物质燃料（石油、石油制品、天然气）、未经加工的毛皮及皮革、未加工的木材以及由一些珍贵树种加工的木材、废金属，铁路机车车辆的车轴。此类商品（除燃料能源类）的关税或者维持在限制性初期水平，或者降低，但不能降至零。一些商品关税可能呈现非线性下降。规定对石油与石油制品（根据当时出口关税的时间段）采用特殊计算公式确定税率。在此前提下，石油的最高税率计算公式根据俄现行法律确定。天然气关税为30%，并没有承诺下调关税。在出口环节增值税有两种规定：一是对向非独联体国家出口的商品免征增值税；二是对向独联体国家出口的商品征收全额增值税。一般商品税率为20%，部分食品和儿童用品税率为10%。

根据不同情况，对消费税的计征办法有如下具体规定：通过易货合同的出口，需缴纳消费税；向非独联体国家的出口（石油和天然气除外），免征消费税；向波罗的海三国的出口，如以非自由兑换货币结算，免征消费税；石油和天然气的出口，均需缴纳消费税。同时，海关法规也允许使用其他关税制度：保税仓；进口加工程序、在关税区外加工、加工供内需消费；临时进口；再进口、再出口和其他。

俄罗斯加入世界贸易组织后，对进出口关税、关税配额标准做出相应调整，对不同类型国家按不同税率征收进口关税。税率表上所标税率为基本税率。凡从享有最惠国待遇的国家进口的商品按基本税率计征关税；凡从不享有最惠国待遇的国家进口的商品按基本税率2倍计征关税。与俄罗斯签有自由贸易协定的独联体国家及联合国贸发会议批准可享受普惠制的发展中国家均可在俄罗斯享受关税优惠。其中对产自与俄罗斯签有自由贸易协定的独联体国家及最不发达国家的商品免征进口关税，对产自发展中国家的商品按基本税率的75%计征关税。[1]

就关税税率而言，俄罗斯自2012年加入WTO后，其承诺进出口关税水平受WTO规则的约束。WTO最新统计数字（2013年数据）显示，俄罗斯简单平均最终税率为7.7%，其中农产品关税税率为11.1%，非农产品关税税率为7.2%。俄罗斯对WTO成员承诺的最惠国平均税率为9.7%，其中农产品关税税率为12.2%，非农产品关税税率为9.3%。俄罗斯农产品共有8.6%的税目承诺零关税，实际上只有3%的税目最终税率实现零关税；43.4%的税目最终税率小于5%。关税税率大于50%的税目占总数的2.6%。另外，22.9%的税目实行从量税。非农产品方面，14.2%的税目承诺零关税，实际上只有3.4%的税目最终实现零关税；50.1%的税目最终税率小于5%。关税税率大于50%的税目占总数的0%。另外，7%的税目实行从量税。

欧亚经济联盟国家就进口货物的关税税率使用统一税率表。EAEU规定允许成员国之间无关税壁垒的商品流动。俄罗斯根据其与相关国家间的自由贸

[1] 商务部国际贸易经济合作研究院、中国驻俄罗斯大使馆经济商务参赞处、商务部对外投资和经济合作司：《对外投资合作国别（地区）指南·俄罗斯（2018年版）》，第54页。

易协定，在与独联体成员和越南进行贸易时使用特别关税税率。俄罗斯遵照其在WTO的义务倾向于降低进口关税。除了进口关税，海关当局还征收其他海关税费：进口增值税、货物税及对特定类型货物征收反倾销税和出口税。海关税费的金额依进口货物的关税分类，如对外经济活动商品分类准则（TN VED Code）、国际商品统一分类代码（HS Code）、货物海关价值和/或数量而确定。另外还可通过享受关税优惠和适用的关税制度优化和节省海关税费。

四、乌克兰

肖钧文

（一）国家概况

乌克兰（Ukraine），位于欧洲东部，黑海、亚速海北岸，东北部与俄罗斯接壤，南部同罗马尼亚、摩尔多瓦相连，西部与波兰、斯洛伐克、匈牙利毗邻，北部与白俄罗斯相邻，位于欧盟与各独联体国家的地缘政治交汇点。国土面积为60.37万平方公里，是欧洲国土面积第二大国，仅次于俄罗斯。[1]截止到2019年1月份，全国人口总数约为4240万（不含克里米亚地区）。其中乌克兰族人数占全国人口的72%，次位为俄罗斯族，占22%。乌克兰语是官方语言，多数居民信奉东正教和天主教。[2]乌克兰自然资源十分丰富，其土质肥沃的黑土面积占世界黑土面积的40%，而且还蕴藏80多种已探明的可供开采的矿产资源，主要有煤、铁、锰、镍、钛、铀、汞、石墨等富矿，其中锰矿、铁矿石储量非常丰富。相较而言，天然气与石油资源匮乏，九成消费依赖进口。[3]

乌克兰的传统优势产业为工农业。乌克兰凭借丰富的耕地资源种植谷类作物、油料作物和糖类作物等，由乌克兰出口的葵花籽油数量位居世界首位。

---

〔1〕 商务部国际贸易经济合作研究院，中国驻乌克兰大使馆经济商务参赞处，商务部对外投资和经济合作司：《对外投资合作国别（地区）指南·乌克兰（2018年版）》，at http://www.mofcom.gov.cn/dl/gbdqzn/upload/wukelan.pdf，2019年6月2日。

〔2〕 中华人民共和国外交部：《乌克兰国家概况》，载 https://www.mfa.gov.cn/chn//pds/gjhdq/gj/oz/1206_40/，最后访问日期：2019年6月2日。

〔3〕 中华人民共和国驻乌克兰大使馆经济商务处：《自然资源》，载 http://ua.mofcom.gov.cn/article/d/201201/20120107920095.shtml，最后访问日期：2019年6月2日。

作为全球第三大谷物类出口国,[1] 2018 年乌国农产品出口额占该年度出口总额的 39.4%。[2]乌克兰的主要工业部门有航空航天、军事工业、冶金、机械制造、造船、化工等，其中钢铁生产总量位居世界前列，其产量的 80%用于出口，2018 年乌克兰贱金属及其制品出口额占该年度出口总额的 24.6%[3]。

世界银行数据库统计数据显示，2013 年乌克兰国内生产总值（GDP）达到历史最高点 1833.1 亿美元，其后受政治经济形势动荡以及东部武装冲突等因素影响，2015 年 GDP 断崖式下滑至 910.31 亿美元。乌克兰经济从 2016 年开始缓慢增长，2017 年 GDP 达到 1121.54 亿美元，同比增长 2.5%。[4]根据乌克兰国家统计局统计数据，2018 年实际 GDP 增长 3.3%，2019 年一季度 GDP 同比增长 2.2%。[5]

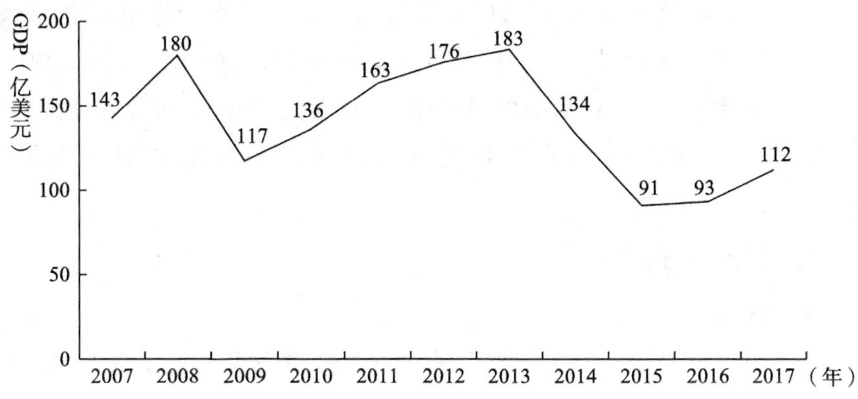

图 4-1　2007—2017 年乌克兰 GDP 总量变化图

资料来源：世界银行数据库。

乌克兰 2008 年 5 月 16 日加入世贸组织，成为第 152 个缔约方。[6]主要的

---

〔1〕 商务部国际贸易经济合作研究院、中国驻乌克兰大使馆经济商务参赞处、商务部对外投资和经济合作司：《对外投资合作国别（地区）指南·乌克兰（2018 年版）》。

〔2〕 State Statistics Service of Ukraine: Social and Economic Development of Ukraine, at http://www.ukrstat.gov.ua/operativ/infografika/2019/soes/engl/soekru012019_e.pdf, Jun. 2, 2019.

〔3〕 Ibid.

〔4〕 World Bank Open Data: Ukraine, at https://data.worldbank.org/country/ukraine, Jun. 2, 2019.

〔5〕 State Statistics Service of Ukraine, at http://www.ukrstat.gov.ua, Jun. 2, 2019.

〔6〕 WTO, at https://www.wto.org/english/thewto_e/acc_e/a1_ukraine_e.htm, Jun. 2, 2019.

贸易伙伴是俄罗斯、欧盟及中国，俄罗斯是乌克兰的最大出口市场及进口来源地。[1]2018年乌克兰对外贸易额为1200.63亿美元，同比增长11.9%，其中出口571.18亿美元，进口629.45亿美元。[2]

中国自1992年与乌克兰建交，2001年同乌方建立全面友好合作关系，2011年共同宣布建立战略伙伴关系。[3]中乌两国在经贸合作领域签署的合作协定主要有中乌政府间经贸合作协定、中乌政府间投资保护协定、中乌政府间关于避免双重征税和防止偷漏税的协定、中国人民银行和乌克兰国家银行间合作协议、中乌政府间海关合作协定、中华人民共和国国家统计局和乌克兰统计部门合作协议、中华人民共和国和乌克兰进出口商品合作评定合作协议、中乌知识产权保护协定等。[4]

据乌克兰国家统计局统计，2018年乌克兰与中国货物进出口额为98.08亿美元，增长27.6%。其中，乌克兰对中国出口22亿美元，增长7.9%，占乌克兰出口总额的3.9%；从中国进口76.0亿美元，增长34.7%，占乌克兰进口总额的12.1%。中国是乌克兰第二大进口来源地和第六大出口目的国。[5]

（二）贸易主管部门

1. 部门体系

乌克兰负责贸易活动的主管部门是乌克兰经济发展与贸易部（Ministry of Economic Development and Trade of Ukraine）和国家财政服务总局（State Fiscal Service of Ukraine）。

2. 部门职能

乌克兰经济发展与贸易部是负责制定和实施国家对外经贸政策的主要政

---

〔1〕 State Statistics Service of Ukraine: Social and Economic Development of Ukraine January 2019, at http://www.ukrstat.gov.ua/operativ/infografika/2019/soes/engl/soekru012019_e.pdf, Jun. 2, 2019.

〔2〕 State Statistics Service of Ukraine, at http://www.ukrstat.gov.ua, Jun. 2, 2019.

〔3〕 中华人民共和国外交部：《中国同乌克兰的关系》，载 https://www.mfa.gov.cn/chn//pds/gjhdq/gj/oz/1206_40/sbgx/，最后访问日期：2019年6月2日。

〔4〕 商务部国际贸易经济合作研究院、中国驻乌克兰大使馆经济商务参赞处、商务部对外投资和经济合作司：《对外投资合作国别（地区）指南·乌克兰（2018年版）》。

〔5〕 State Statistics Service of Ukraine, at http://www.ukrstat.gov.ua, Jun. 2, 2019.

府部门。下设国际经贸合作及欧洲一体化局（Department For International Trade - Economic Cooperation And European Integration）、对外经济活动局（External Economic Activity Department）、贸易保护局（Trade Protection Department）、出口发展局（Exports Development Department）、投资管理局（Investments Department）等25个司局，对经济、贸易、工业、投资、社会、知识产权等方面进行监管。[1]

乌克兰国家财政服务总局隶属于内阁，乌克兰财政部（Ministry of Finance of Ukraine）是其业务主管部门。国家财政服务总局的核心职责包括向财政部递交提案和实施有关国家税收政策、海关政策以及与税收和海关管制执法有关的国家政策。根据法律规定的权力，国家财政服务总局控制税收、费用、关税、其他公共预算和国家专业基金。还控制着国家有关乙醇、酒精饮料和烟草制品生产和销售政策的实施。国家财政服务总局的另一项任务是监督管理国家政策性的单一税制，并防范因单一税收引起的违法行为。[2]

2018年末乌克兰内阁决定将国家财税署分解为国家税务署和国家海关署两个独立中央行政机关。改革的目标是打击海关和税务机关的腐败，打击走私和违反海关规章的行为，根据国际标准调整乌克兰的税收和海关条例，通过自动化的税收和海关程序简化清关流程。

（三）贸易法律法规

乌克兰与经济贸易活动有关的法律主要有：1991年通过的《乌克兰对外经济活动法》，2003年通过的《乌克兰民法典》和《乌克兰商法典》，2010年通过的《乌克兰税法》，2012年通过的《乌克兰海关法》。此外，在乌克兰法律体系中，规范外国人经贸活动的法律还包括《乌克兰海关税率法》《乌克兰统一关税税率法》《乌克兰对外经济关系中来料加工法》《乌克兰商品和交通工具进口及清关程序法》《乌克兰各边境站货物通行统一收费标准法》《乌克兰税收体系法》《乌克兰增值税法》《乌克兰预算法》《乌克兰地籍簿法》

---

〔1〕 Ministry of Economic Development and Trade of Ukraine, at http://www.me.gov.ua, Jun. 2, 2019.

〔2〕 Ministry of Finance of Ukraine, at https://www.minfin.gov.ua/en/news/organi-v-kompetencii-mfu/derzhavna-fiskalna-sluzhba-ukraini-organi, Jun. 2, 2019.

《乌克兰土地市场法》《乌克兰租赁法》《乌克兰特别抵押法》《乌克兰特别（自由）经济区法律》等。[1]

1. 《乌克兰对外经济活动法》

乌克兰独立后，为了实行对外贸易自由化，融入世界贸易体系，1991年通过了《乌克兰对外经济活动法》，确立了开展对外经济和贸易活动的原则，对外经济活动的种类，涉及的主题，对外经济活动由国家进行监管的基本原则。该法还规定了外贸经营权的登记制度和对外经济活动的许可和配额要求。[2]

2. 《乌克兰海关法》

《乌克兰海关法》确定了进口与出口的有关规范，本法于2012年通过，最近一次修改于2019年5月。[3]本法概述了货物进口、出口、复出口、临时进入和过境货物的清关程序，关税、消费税和其他类型关税的支付，规范报关行为和海关保税仓库的经济活动行为等。[4]目前乌克兰的海关法律体系还包括：乌克兰第584－VII号法律关于关税税率的两项补充；《乌克兰税法》第五章确定了进口增值税及出口退税相关规定。[5]

3. 《乌克兰税法》

2010年通过的《乌克兰税法》规定了详细的征收税费清单和税收管理程序，纳税人的权利和义务，税收管控机构的管辖权和其行政执法人员的权力和义务，以及违法责任。[6]

（四）贸易管理

原则上，乌克兰实行自由化对外贸易。法律规定实行外贸经营权的登记

---

〔1〕 商务部国际贸易经济合作研究院、中国驻乌克兰大使馆经济商务参赞处、商务部对外投资和经济合作司：《对外投资合作国别（地区）指南·乌克兰（2018年版）》。

〔2〕 Verkhovna Rada of Ukraine: Law of Ukraine “On Foreign Economic Activities”, at https://zakon. rada. gov. ua/laws/anot/en/959－12, Jun. 2, 2019.

〔3〕 The Customs Code of Ukraine, at https://zakon. rada. gov. ua/laws/show/en/4495－17, Jun. 2, 2019.

〔4〕 Ibid.

〔5〕 Ukraine Country Commercial Guide, at https://www. export. gov/article? id＝Ukraine－Customs－Regulations, Jun. 2, 2019.

〔6〕 Tax Code of Ukraine, at https://zakon. rada. gov. ua/laws/anot/en/2755－17, Jun. 2, 2019.

制度，即乌克兰境内的所有合法注册企业，在向乌克兰经济部申请办理有关登记手续后，自动获得外贸经营权。[1]

1. 进口管理

《乌克兰对外经济活动法》（2006 年 11 月 16 日第 360 - V 号修正）为在乌克兰实施非关税措施提供了基本的法律框架。在下列特殊情况下，会禁止进口：危害人类和动植物的生命；危害环境；传播宣传战争或种族主义或其他违反乌克兰宪法的商品或服务；侵犯知识产权的商品。

根据《乌克兰对外经济活动法》第 16 条的相关规定，制定了进出口配额和许可证制度。要求在下列情况下对进出口商品实行许可证配额管理：

（1）在其他措施无效的情况下应对乌克兰国际收支平衡的急剧恶化。

（2）应对黄金和外汇储备急剧下降或储备达到最低点。

（3）出于保护人类、动植物的生命健康，保护具有艺术、历史或考古价值的国宝，保护知识产权和国家安全的原因。

（4）采取措施以防止因进口量增加对类似产品的国内生产者造成重大损害。

（5）为保护专利、商标和版权。

（6）根据乌克兰签署的国际商品协议的有关规定等。[2]

乌克兰政府每年公布一次进出口主动配额许可证商品名单，经济发展与贸易部及其下属授权部门会同政府有关部门负责发证并监督使用，海关凭有关文件对商品数量进行登记后予以放行。实行配额许可证管理的商品名单及期限还需由乌克兰内阁批准。[3]

2018 年清单包括：药品、油漆和清漆、染料、卫生用品、化妆品、修脚和修指甲产品、剃须气溶胶和除臭剂、润滑剂、蜡、鞋油、杀虫剂、溶剂、硅胶、灭火器和填充灭火器的化学品；冰箱和冷冻柜、空调、加湿器和其他

〔1〕 商务部国际贸易经济合作研究院、中国驻乌克兰大使馆经济商务参赞处、商务部对外投资和经济合作司：《对外投资合作国别（地区）指南·乌克兰（2018 年版）》。

〔2〕 WTO, Trade Policy Review (Ukraine) WT/TPR/S/334/Rev. 1, p. 42.

〔3〕 商务部国际贸易经济合作研究院、中国驻乌克兰大使馆经济商务参赞处、商务部对外投资和经济合作司：《对外投资合作国别（地区）指南·乌克兰（2018 年版）》。

选定的工业化学产品；杀真菌剂、杀虫剂、除草剂和植物生长调节剂。[1]

2. 出口管理

《乌克兰对外经济活动法》第17条规定了禁止出口的商品：①属于乌克兰国家、历史、考古或文化遗产的物品；②有限的自然资源；③侵犯知识产权的商品；④在联合国安理会决议框架内实施贸易禁运的商品。

当乌克兰国内某些原材料的价格低于国际市场价格时，为了确保国内加工业的原材料供应，乌克兰政府会就这一情况进行出口限制。2015年4月9日乌克兰政府出台法律，自2015年11月1日起，对未加工木材实施十年的出口禁令。据当局称，乌克兰正面临着橡木原木的短缺，木材的可用量不足以满足当地加工企业的需求。

出口管控同样也可采用许可证制度。例如，当国内基本商品（食品或其他重要消费品）供应严重失衡的情况下，可采用出口许可。出口许可证同样也可用于保护人类、动物或植物的生命健康，保护知识产权，保护国家珍贵文物，或出于国家安全的原因。黄金和白银的出口也需要许可证。[2]

（五）海关管理

1. 海关监管和清关

所有进出口货物和穿越乌克兰海关边境的运输工具（公路，铁路，海运或空运）均由海关当局执行管控，使其遵守乌克兰的海关规则和其他适用的规定。乌克兰边境有大约80个海关点，覆盖所有国际空港、海港、铁路和公路边境过境点。进入乌克兰境内的货物必须经过三个主要的海关程序才能通关，包括海关监管、海关手续和支付强制关税。海关清关是一套复杂的程序，旨在承认所进口的货物符合海关要求并获得其在乌境内自由流通的许可。[3]这一套程序由乌克兰海关当局执行，并受到《乌克兰海关法》《京都公约》[4]和乌克兰内阁决议的调整。

---

〔1〕 乌克兰内阁第1018号决议《关于批准2018年进出口许可产品和各自配额的产品清单》。

〔2〕 WTO, Trade Policy Review (Ukraine) WT/TPR/S/334/Rev. 1, p. 59.

〔3〕 https://www.globaltrade.net/f/business/text/Ukraine/Customs - Customs - Procedures - Customs - clearance - in - Ukraine.html.

〔4〕 乌克兰于2006年10月加入《京都公约》。

《乌克兰海关法》规定了进口货物的清关程序。货物可通过公路运输、海运、空运、铁路运输的方式进口至乌克兰，海关清关需在政府批准指定的清关地点进行，并且进口申报手续只能由乌克兰公民办理，外国企业或货方只能委托乌克兰报关行办理。[1]根据《乌克兰海关法》第335条，海关清关所需的主要文件是由进口商或受委托的报关行如实填写的海关申报单、许可证复印件（如果报关货物需要许可）、海关价值申报、商业和运输单证。进口商或受委托的报关行必须在十天内向乌克兰海关当局提供一整套报关文件。

进口货物经不同运输方式清关所需要的单证和文件如下：

经公路运输的货物：车辆文件，包括车辆的国籍登记信息；国际公路运输报关单；公路运单；所运输货物的商业文件，所需的信息包括承运人的名称和地址，出发国的名称和货物的目的地国，发货方（或卖方）和收货方的名称和地址；有关包装数量和包装类型的信息；货物的总重量（千克）或总体积（立方米），大宗货物除外。

经水路运输的货物：正本提单、原始发票、包装清单、原产地证明、合同副本（托运人与收货人之间）、海关登记证、初步海关确认书或初步海关申报单（由收货人认可的海关签发）以及乌克兰海关当局根据货物类型和海关进口程序要求提供的其他文件。这些文件最好在船舶抵达目的地港之前交付，以确保港口货运代理人及时移交和处理文件，并避免任何滞期费。

经航空运输的货物：现行国际民用航空协定所要求的标准承运人文件（一般声明）；空运单及货物信息相关文件；货物储存信息；所运输货物的商业文件；航空器的国籍及登记信息、航班号、航线、出发和抵港信息；航空公司名称、机组人员信息表（包含人员姓名和人数）；关于禁止或限制乌克兰进口的货物信息；关于危险品、武器和弹药的信息。

经铁路运输的货物：铁路运单及货物信息相关文件；所运输货物的商业文件（如合同、发票、运单、提单、装箱单、保险单、载货清单等）；国际运输（转运）文件；海关注册证；货物原产地证明文件。

---

[1] 中华人民共和国海关总署，http://www.customs.gov.cn/customs/302427/302446/302451/zymyhbhgtgjs/wkl/712199/index.html.

2. 海关估值

海关估值对确定所申报进口商品应付增值税和关税的计价基础至关重要。乌克兰的海关估值程序符合《关税及贸易总协定》第 VII 条确立的国际估价体系的基本原则。[1]根据《乌克兰海关法》第 49 条海关估值的定义为用于海关目的的货物成本，以实际支付或者将要支付的货物价格为基础，通常包括销售价格、运输成本、保险、仓储费用等。[2]《乌克兰海关法》第 57 条规定了确定进口货物海关估值的基本方法是“交易法”，即合同价格。如果没有收据，海关估值无法以交易价格的方法确定，可以适用原产国类似商品和服务的比较价格评估海关价值。[3]

3. 进口关税税率

2013 年通过的《乌克兰关税法》（第 584 – VII 号法律）确定了各种类型商品的关税税则。适用于进口货物关税税率为差别税。从商品种类来看，对于依赖进口的商品实行零税率；对于本国生产能力不足的商品征收 2% ~5% 的关税；对于本国产量较大、基本可以满足需求的商品征收 10% 以上的进口税；对于本国产量高并满足出口需要的商品征收高关税。从商品来源看，来源于与乌克兰签订海关协定和国际协议的国家和地区的商品，根据协议的具体条款实行特别优惠关税甚至免征进口关税。而对来源于尚未与乌克兰签署自由贸易协定、特惠经济贸易协议的国家和地区的商品，或不能确定具体来源国的商品，征收全额进口关税。[4]

根据《乌克兰对外经济活动法》第 7 条，乌克兰的关税表包括三种进口关税税率：

（1）全额进口税，其比最惠国税率高 2 倍 ~10 倍。

（2）最惠国 MFN（Most Favored Nation），2008 年成为世贸组织成员后，乌克兰对来自世贸组织成员的所有商品实行新的较低的最惠国税率，与 1994

---

〔1〕 WTO, Trade Policy Review (Ukraine) WT/TPR/S/334/Rev. 1, p. 49.

〔2〕 Article 49 of Customs Code of Ukraine.

〔3〕 https://www.globaltrade.net/f/business/text/Ukraine/Customs – Customs – Procedures – Customs – clearance – in – Ukraine.html.

〔4〕 中华人民共和国海关总署，http://www.customs.gov.cn/customs/302427/302446/302451/zymyhbhgtgjs/wkl/712199/index.html.

年关贸总协定第一条达成一致。

(3) 优惠税率(低于最惠国税率)适用于与乌克兰签订自由贸易协定(FTA)或其他优惠贸易协定的国家的进口商品,即主要来自独联体国家的进口商品。

如果同时符合以下三个标准,中国对乌克兰的出口商品通常会享受最惠国税率:该公司在中国注册;货物有中国原产地证书;货物直接从中国进口。

目前,乌克兰平均关税水平约为6.1%,其中农产品平均关税水平降至10.8%,非农业产品平均关税约为4.9%。[1]另外,根据签订的分类商品关税协议,部分单项产品,如化工品、木材、纺织品、药品、家具等进口关税为零。[2]

另外,所有进口货物在进口时均须缴纳20%的增值税,以下商品还需缴纳消费税,根据2015年12月24日乌克兰第909条法案,这些是:乙醇和其他馏分、酒精饮料、啤酒;烟草制品、烟草和人造烟草替代品;汽油;乘用车、车身、拖车、摩托车、设计用于运输10人或以上的车辆,载货车辆;电力。消费税按照申报的海关价值、关税和进口产品的费用之和的百分比进行评估。关税和消费税必须以乌克兰货币支付,汇率需依据乌克兰国家银行在付款当天公布的有效汇率。[3]

乌克兰对绝大多数的出口商品免征出口关税,只对活牲畜及毛皮制品、葵花籽和亚麻籽、黑色金属及其废料、液态或气态形式下的天然气征收出口关税。[4]

4. 进出口检验检疫要求[5]

根据乌克兰有关规定,国际贸易商品目录中的1~24类商品在进入乌克

[1] WTO, Trade Policy Review (Ukraine) WT/TPR/S/334/Rev. 1, p. 38.

[2] 商务部国际贸易经济合作研究院、中国驻乌克兰大使馆经济商务参赞处、商务部对外投资和经济合作司:《对外投资合作国别(地区)指南·乌克兰(2018年版)》。

[3] International Trade Administration, Ukraine – Import Tariff, at https://www.export.gov/article?id=Ukraine-Import-Tariffs, June. 2, 2019.

[4] WTO, Trade Policy Review (Ukraine) WT/TPR/S/334/Rev. 1, p. 55, Table 3.14.

[5] 中华人民共和国海关总署:《乌克兰进出口货物通关须知》,载http://www.customs.gov.cn/customs/302427/302446/302451/zymyhbhgtgjs/wkl/712199/index.html,最后访问日期:2019年6月2日。

兰关境时，均须提供乌克兰商检部门出具的商品质量合格证明和国外品质证书的认证证明。乌克兰主管进口商品检验的机构是乌克兰国家标准计量认证委员会。乌国家标准计量认证委员会和各州的25个标准认证中心负责进口商品的检验和认证工作。进口商品检验程序如下：

强制认证商品：根据乌认证标准条例规定，100多种进口商品必须获得强制认证后方可进入乌克兰境内和在乌克兰国内市场销售，如电话程控交换机、药品、玩具、农产品、食品、食品原料等。赠品、展品、人道主义援助和技术援助商品、企业法定基金项下的生产资料投入、境外来料、海关保税商品和转口商品免于强制认证。

非强制认证商品：只要出示商品生产国的商检合格证书，并在抽样检查合格后即可进口、销售，如部分日用轻工业产品和食品，部分原料性产品等。乌克兰对技术设备产品进行单独认证。

互免认证商品：根据乌克兰签订的双边合作协议，如协议国家商检部门对其生产的出口商品已经进行了检验并颁发了品质证书，则该商品在进入乌克兰关境时可免除质量认证手续。

第二节　南欧国家

一、保加利亚

郭艳萍

（一）经济概况

保加利亚共和国（以下简称“保加利亚”）2007年1月加入欧盟，在3月27日召开的欧盟司法和内政部长理事会会议上，保加利亚申请加入申根系统和欧盟签证信息系统，目前仍处于申请程序中。当前货币为保加利亚列弗，并承诺一旦满足条件将以欧元为流通货币。

保加利亚国家统计局2019年5月13日公布的数据显示：2019年1月至3月，保加利亚向欧盟和第三国共出口货物139.42亿列弗，比2018年同期增长8.9%；自欧盟和第三国进口货物152.53亿列弗，同比增长3.5%。

2016年保加利亚最重要的经济部门是工业，占比23.8%；批发和零售贸易、运输、住宿和食品服务占比22.2%；公共行政、国防、教育、人类健康和社会工作活动占比14.1%。欧盟内贸易占保加利亚出口的68%，其中德国占比14%，意大利占比9%，罗马尼亚占比9%，而欧盟以外的8%流向土耳其，2%流向中国。在进口方面，67%来自欧盟国家，其中德国占比13%，意大利占比8%，罗马尼亚占比7%，欧盟以外9%来自俄罗斯，6%来自土耳其。

2017年保加利亚与欧盟的财政细目显示欧盟在保加利亚的总支出为18.96亿欧元，欧盟支出总额占保加利亚国民总收入的百分比为3.76%；保加利亚对欧盟预算的捐款总额为37.9亿欧元，保加利亚对欧盟预算的贡献占其国民总收入的0.75%。[1]

2017年保加利亚贸易便利化指数（2为最佳水平）：[2]

表4-2 2017年保加利亚贸易便利化指数表

评价指标	平均贸易便利化绩效	信息可获取性	商界参与	预裁定	上诉程序	收费	文件要求	自动化	监管程序	国内进出境监管机构合作	国际进出境监管机构合作	管理和公正性
评价结果	1.49	1.62	1.57	1.89	1.56	1.46	1.44	1.08	1.55	0.82	1.64	1.78

（二）贸易主管部门

保加利亚的主要贸易管理部门是经济部，其以效益、透明度和企业及社会效益为原则，以为保加利亚的稳定经济增长创造必要条件为首要任务，依靠创新和先进工业政策创造投资友好型环境，提供简化、透明的程序，进行有效的经

[1] Bulgaria, at https://europa.eu/european-union/about-eu/countries/member-countries/bulgaria_en, May 10, 2019.

[2] Trade Facilitation Indicators, at https://www.compareyourcountry.org/trade-facilitation? cr=oecd&lg=en, May 10, 2019.

济管理，提高生产力和竞争力并促进对外合作，具体职能包括负责制定及执行商业环境建设、促进投资、助力中小企业发展、保护消费者权益、推动经济创新等领域战略和政策，统计经济数据，负责工业许可证授予，制定包括一般贸易政策、双边对外经济关系、海外商业服务、业务支持在内的等对外贸易政策。

保加利亚中小企业促进局（BSMEPA）是经济部的一个行政机构，负责执行促进中小企业创业、发展和国际化的国家政策，负责执行作为经济增长关键因素的出口验证领域的政府政策。为了实施一套综合性创新措施，以协助出口商、鼓励对出口活动的投资、改善国家外部财政状况，BSMEPA 的工作重点是开发一个数字化平台，为保加利亚企业与其潜在的外国合作伙伴建立互动联系提供广泛的机会。

（三）贸易法律法规概况

保加利亚实施自由贸易政策，作为欧盟成员国全面执行欧盟共同贸易政策。欧盟共同贸易政策主要具有以下特点：一是由欧盟机构制定，以法规形式颁布，对成员国及共同体机构具有强制约束力，共同体机构负责监督成员国的执行情况；二是成员国国内相关法规必须符合欧盟共同贸易政策；三是欧盟共同贸易政策对成员国贸易、竞争、环境、社会和财政政策产生较大影响。欧盟没有专门的外贸法，其外贸管理的立法主要分布在各种形式的法律中，主要包括共同税则、共同进口管理、共同出口管理、贸易救济措施、市场准入战略、贸易壁垒规则、产品质量标准等部分。[1]

保加利亚贸易管理领域的法律规则包括欧盟立法和保加利亚国内法，重要欧盟立法包括《关于酒精饮料地理标志的定义、描述、呈现、标签和保护的第（EC）110/2008 号欧盟条例》《关于设立欧共体制度以控制军民两用物品的出口、转让、代理和运输的第（EC）428/2009 号欧盟条例》《关于药物前体的第（EC）273/2004 号欧盟条例》《关于从第三国进口纺织品和钢铁的第（EEC）3030/93 号条例》等欧盟条例。

---

〔1〕 商务部国际贸易经济合作研究院、中国驻保加利亚大使馆经济商务参赞处、商务部对外投资和经济合作司编：《对外投资合作国别（地区）指南·保加利亚（2018 年版）》，第46 页，载http://www.mofcom.gov.cn/dl/gbdqzn/upload/baojialiya.pdf，最后访问日期：2019 年 5 月 12 日。

国内贸易管理法主要包括：《商法》规范经营者法律地位以及规范经营活动中形成的法律关系；《商业航行法典》规范保加利亚境内与商业航行及其管理有关的法律关系，主要调整货物贸易及旅客运输过程中的船籍、货物买卖、运输、保险等法律关系；贸易管理方面的其他立法包括《烟草、烟草制品及相关制品法》《葡萄酒和酒精饮料法》《国防产品和军民两用货物及技术的出口管制法》《麻醉药品和前体药物管理法》等。

贸易管理立法的新近发展：2019 年 3 月 21 日，保加利亚国民议会正式通过了《商业信息保护法》。该规范性法案引入了欧洲关于保护未公开技术和商业信息的条款，以防止相关信息被非法获取、使用和公开。新法案为知识产品、商业及科研信息、创新技术提供法律保护，列出了合法及非法获取商业信息的案例，并规定了法院对商业信息的保护。新法案强调企业激励，重视企业竞争力提高，并改善流动劳动力的工作、生活条件。[1]

（四）贸易管理

保加利亚贸易管理适用欧盟相关立法与实践，例如《关于防止非欧洲共同体成员国进口倾销的第（EC）1225/2009 号条例》《关于防止非欧洲共同体成员国补贴进口的第（EC）597/2009 号条例》《关于进口的通用规则的第（EU）2015/478 号条例》《关于从第三国进口的一般制度第（EU）2015/755 号条例》等规则，主要涉及对市场竞争和公平贸易的保护，具体体现为反倾销、反补贴和保障进口措施，目的在于防范本国产业在国际贸易中因他国补贴或者倾销等措施遭受不公平待遇以及因进口剧增对国内产业造成严重损害。此外，保加利亚实施欧盟致力于为其出口商消除关税、海关程序、技术规则、检验检疫规定等国际贸易壁垒而制定的相关战略与措施。欧盟进口许可制度主要有监管、配额管理和保障措施三类。此外，欧盟海关通过各种技术要求，包括标准、卫生和植物卫生标准等作为进口管理手段。[2]

---

[1] 中华人民共和国驻保加利亚共和国大使馆经济商务处：《保国民议会通过了〈商业信息保护法〉》，载 http://bg. mofcom. gov. cn/article/ddfg/qita/201903/20190302845826. shtml，最后访问日期：2019 年 5 月 12 日。

[2] 商务部国际贸易经济合作研究院、中国驻保加利亚大使馆经济商务参赞处、商务部对外投资和经济合作司编：《对外投资合作国别（地区）指南·保加利亚（2018 年版）》，第 46 页。

保加利亚适用欧盟的非关税措施主要包括：兽医和植物检疫控制、药品管理、麻醉药品和前体管制、放射性物质和废物控制、钢铁产品的许可证要求、纺织产品、潜在两用货物的出口管制、危险废物的运输、文化产品出口、武器和爆炸物及其他。

（五）进出口商品检疫检验

作为欧盟成员国，保加利亚在进出口商品检验检疫方面的法律依据包括欧盟统一规则及国内相关立法。保加利亚承担进出口商品检验检疫职能的机构主要包括农业和食品部、食品安全局和边境管制局等。

保加利亚食品安全局（BFSA）是负责和执行与植物检疫活动、植物保护产品和化肥、兽医活动、动物健康和福利有关的要求的唯一机构。BFSA 还负责对动物副产品（即非供人类食用的）、饲料、原材料和所有种类的食品、与食品接触的材料和物品，以及新鲜果蔬质量标准实施官方管制。

保加利亚食品安全局密切监测关于在共同体内贸易和转运动物、衍生产品、生材料和动物源性原材料、动物副产品及其衍生产品、饲料、饲料添加剂、混合剂及复合饲料的法律法规的执行情况。所有运输车辆也应接受边境管制。边防检查站实行边防监管，所有边境哨所、建设基金和技术设备、人员、程序和文件应获得欧盟委员会的批准。所有输入保加利亚进行繁殖的动物应进行检疫，该程序应通过农业和食品部长的命令进行确认。

除适用规定兽医边境检查和公共卫生要求等相关内容的欧盟立法和条例以外，保加利亚出台并实施了一系列法律法规为进出口商品检验检疫提供法律保障。主要包括根据欧盟兽医立法的原则，规定保加利亚边境兽医控制条款和要求的《兽医法》，规范食品管制规则的《食品法》，规范动物饲料管制规则的《动物饲料法》，规范酒精饮料管制的《葡萄酒和酒精饮料法》等。

根据保加利亚法律，其对部分食品生产和进出口实行许可制度，要求符合国家标准，涉及进口农产品许可证、有机产品控制和认证、乳制品证书等。[1]

---

[1] Bulgarian Food Safety Agency, at http://babh.government.bg/en/Page/border_controls/index/border_controls/Граничен к, May 3, 2019.

（六）海关管理

1. 概况

欧盟立法要求在欧盟进口或出口到欧盟以外的货物必须遵守一些保护消费者和地球的安全、健康和环境规则。

海关的职责是检查进出欧盟的货物是否符合所有这些规则，这些规则涵盖从产品安全、卫生规则、动物福利和环境要求到废物运输等多种政策领域。[1]

保加利亚作为欧盟成员国，在货物进出口和海关制度上适用欧盟的通关程序、关税制度和非关税措施、行业通用政策等，海关事务上适用《欧盟海关法典》及细化条例、实施授权规则。

保加利亚海关管理机构是国家海关总署，隶属于财政部，是财政部长的集中管理机构，总署署长在财政部预算中属于二级预算支出单位。国家海关总署由中央海关局和领土管理局组成,[2]其职能由《海关法》等国家立法规定。《海关法》还规定了海关犯罪的构成和对违法者的处罚。进出境管理的重要法规还包括欧盟关于从第三国进口产品的各条例。

2. 重要海关管理措施

根据原产地规则及与第三国的优惠安排，核准出口国地位的程序规定：

如果经营者定期向有优惠贸易协定的国家出口共同体原产地货物，并保证遵守有关出口货物的原产地规则，海关署将批准经认证的出口商地位。获得经批准出口商身份的经营者必须以表明授权号码的发票声明或其他商业文件的方式证明货物的优惠原产地。就优惠待遇而言，这类文件是原产地证明。该授权涵盖出口业务范围内的货物和出口贸易主体，出口商需证明其货物符合获得优惠原产地的标准。

海上货物运输的简化程序，允许经营者使用货物清单作为过境申报单。其要求经营者满足以下条件：在共同体内设立；定期使用共同体过境程序；

---

〔1〕 The role of Customs, at https://ec. europa. eu/taxation_customs/business/customs – controls/safety – health – environment – customs – controls/compliance – with – safety – health – environmental – requirements_en, May 21, 2019.

〔2〕 National Customs Agency of the Republic of Bulgaria, at https://customs. bg/wps/portal/agency – en/about – us, May 21, 2019.

海关当局必须意识到，其能够履行这一程序规定的义务；不发生严重或重复性违反海关或税务立法的行为；保存记录，允许适当的海关管制。

同时保加利亚的海关管理适用欧盟授权经济经营者规则指引（2016 年版），该规则主要内容包括：利益相关者范围，涵盖海关程序简化、预通知、低货物及文件查验率、货物优先待遇、选择监管地点、间接利益等在内的制度优势，海关部门与相关部门的合作规则，包括海关及税收法律合规性、商业管理体系、财务清偿能力、能力标准及专业资格、安全标准等规则在内的经营者认定标准，申请和认证程序，欧盟成员国之间及国内机构之间信息交流机制，监督、评价及决定修正规则，互认机制等。[1]

二、克罗地亚

李晶晶

（一）概况

克罗地亚共和国（以下简称“克罗地亚”）位于欧洲中南部，巴尔干半岛西北部，国土面积约为 56 594 平方公里。2017 年克罗地亚人口 412.5 万，每平方公里平均人口为 72.9 人，其中城市人口占近 70%。由于受侵略、经济、政治、战争等因素影响，自 15 世纪开始，克罗地亚移民浪潮不断。目前，克罗地亚海外侨民达 250 万。克罗地亚国体为共和国，政体为议会内阁制。2016 年 9 月，克罗地亚举行议会选举，以民主共同体为首的中右翼联盟执政。2016 年 10 月，克罗地亚议会批准新一届政府内阁成立。克罗地亚族是克罗地亚的主体民族，占克罗地亚总人口的 90.42%，塞尔维亚族是最大的少数民族，占克罗地亚总人口的 4.5%，其他为波斯尼亚族、意大利族、匈牙利族、阿尔巴尼亚族、捷克族等。官方语言为克罗地亚语（与塞尔维亚语、波斯尼亚语、黑山语相通），英语普及程度很高，会讲德语和意大利语的人亦较多。全国 86.28% 的居民信奉罗马天主教，少部分居民信奉东正教、伊斯兰教、基督教新教、希腊天主教或犹太教。

---

〔1〕 National Customs Agency of the Republic of Bulgaria, at https://customs.bg/wps/portal/agency-en/about-us, May 21, 2019.

克罗地亚2013年7月加入欧盟。投资合作环境具有很多优势：政局相对稳定，政党政治渐趋成熟；经济发展潜力大，前景良好；加入欧盟后，政策法律强调与欧盟的全面对接，市场范围扩大，投资风险降低；金融体系较为稳定，致力于加入欧元区；地理位置优越，是进入中欧和东南欧地区的门户；港口设施较完善，公路路网密集，公路运输快捷，铁路、水运较为便利；社会治安良好，民众对华友好。森林、水资源丰富。旅游、造船、医药等产业发达。[1]

克罗地亚是巴尔干地区经济较为发达的国家，经济基础良好。中克双边经贸关系取得重要进展。克罗地亚位于“一带一路”的交汇地区，是中国－中东欧合作机制的国家之一，也是我国需要稳定经贸关系，巩固和深化利益交融格局的欧盟成员国之一。

（二）贸易监管部门

贸易是克罗地亚经济部所监管的最重要的经济领域之一。克罗地亚外交和欧洲事务部负责对外贸易以及贸易外交。各地方以及萨格勒布市的国家行政办公室被授权颁发有关证书，用以证明贸易主体满足最低限度的技术要求以及符合允许个人从事贸易的其他条件。受限或受管制的商品或产品（如军事设备、医药产品）的交易还涉及其他的特设机构。

克罗地亚财政部监管与贸易和其他经济活动相关的税收，并监督对纳税义务和相关规章的遵守情况。

（三）贸易法律法规简介

克罗地亚是欧盟的成员国，因此在对非欧盟国家的交易关系中适用欧盟通用的商业政策。欧盟通用的商业政策适用于欧盟机构的管辖范围而不包括国家层面的政策。欧盟通用的商业政策建立在欧盟贸易关系的共同原则、共同关税、贸易自由化、共同的出口政策、保护机制和消除贸易障碍之上。通用的商业政策涵盖双边协议以及与影响欧盟与其他国家关系的多边组织之间

---

〔1〕 商务部国际贸易经济合作研究院、中国驻克罗地亚大使馆经济商务参赞处、商务部对外投资和经济合作司：《对外投资合作国别（地区）指南·克罗地亚（2018年版）》，载 http://www.mofcom.gov.cn/dl/gbdqzn/upload/keluodiya.pdf，最后访问日期：2019年6月13日。

的合作。克罗地亚是世界贸易组织（WTO）的成员。

自2013年7月1日加入欧盟以来，克罗地亚能够进入欧盟市场与其他欧盟国家进行贸易，而不受关税和其他障碍的限制。欧盟市场内的准入壁垒已明显减少。欧盟内部市场是一个基于商品、服务资本和人员自由流动的单一市场。欧盟内部市场法律规范欧盟共同市场的贸易，该领域的欧盟法规包括：针对进口，2009年2月26日颁布的欧共体理事会第260/2009号条例，规定了进口的一般规则；针对进口倾销，2009年11月30日颁布的欧共体理事会第1225/2009号条例，旨在防止非欧共体成员国向欧共体倾销进口产品；针对进口补贴，2009年6月11日颁布的欧共体理事会第597/2009号条例，旨在防止非欧盟成员的国家进行进口商品补贴。

规范克罗地亚贸易的主要法律是克罗地亚《贸易法案》（OG87/2008、96/2008、116/2008、76/2009、114/2011、68/2013、30/2014[1]），它明确了在克罗地亚市场从事贸易活动的条件和其他可适用的法律。想要进行贸易的人，无论是从事批发还是零售，其厂房和设备均须达到最低技术条件，最低技术条件取决于他们所从事贸易的方式。该法案规定了被禁止的宣传行为和不正当竞争等问题。克罗地亚经济部和财政部均对贸易进行监督和检查，并且可以对违反贸易法规的行为进行行政罚款。

外国实体所设立的分支机构可以作为他们的代表，但不会被视为独立的法人。分支机构不进行经济活动，只是作为外国主体的代表，或者进行市场调研、宣传和信息提供工作。分支机构需在克罗地亚经济部的分支机构登记册中进行登记。与消费者进行贸易时需考虑消费者权益立法所规定的法定义务，即《消费者权益保护法案》（OG41/2014、15/2015）及与消费者进行贸易时的特定义务。这部法律规定所有商品的标签应带有产品特点、生产者或进口者的信息，且必须是明确的、合法的，且使用克罗地亚语言进行文字说明。关于向消费者的直接营销及消费者和客户的个人信息的保护存在一定的局限性。法律为消费者提供了强有力的保护，任何被认为是不公平的或有偏

〔1〕 87/2008，指的是克罗地亚2008年官方公报第87修订版；96/2008指的是克罗地亚2008年官方公报第96修订版。后文此类表述同此解释。

见的条款可能被认定无效。

（四）贸易管理

来自其他欧盟成员国的货物没有海关关税，从非欧盟国家进口的货物受欧盟共同海关关税的限制。所有欧盟成员的关税是相同的，但不同产品和产地之间的税率不同。关税制度包括所有其他的对特定进口货物应缴纳关税水平有影响的共同体立法。

在欧洲共同体统一关税税率名下存在一个包含海关关税的综合数据库，还包含关税措施、农业措施、贸易防御工具、被禁止和受限制的进出口和其他相关问题。

关税配额作为在海关措施有效期间的一个例外，在限制数量内对于适用于进口货物的正常关税进行全部或部分免除，反倾销税不受这些关税配额的影响。配额是由欧洲委员会决定的。欧盟已与一些国家签订了一些减少或消除贸易壁垒的自由贸易协定。

（五）基础设施建设

1. 公路

克罗地亚公路交通系统总体比较发达，以首都萨格勒布为中心通往全国各地以及周边欧洲各国。2017 年克罗地亚公路总里程 26 754 公里，其中县道 9504 公里，地方公路 9003 公里，国道 6937 公里，高速公路 1310 公里。2017 年公路货运总量为 7234 万吨，比上年减少 0.2%。[1]

2. 铁路

克罗地亚铁路系统以萨格勒布为枢纽连接全国各主要城市和许多欧洲国家首都。2016 年，克罗地亚全国铁路营业里程为 2604 公里。其中，复线里程 254 公里，与 2015 年持平，复线率 9.75%；电气化里程 970 公里，与 2015 年持平，电气化率 37.3%。现有各类铁路站点共计 554 个。

全国铁路机车 266 台。其中，电力机车 107 台，内燃机车 159 台。客运车共有 529 辆，配备座位 32 848 个。货运车 5518 辆，核定载重 295 455 吨。另外，

---

〔1〕 商务部国际贸易经济合作研究院、中国驻克罗地亚大使馆经济商务参赞处、商务部对外投资和经济合作司：《对外投资合作国别（地区）指南·克罗地亚（2018 年版）》。

全国拥有客运列车（Passenger Rail Cars）1971 辆，配备座位 13 759 个。[1]

3. 空运

克罗地亚有萨格勒布、斯普利特、杜布罗夫尼克、扎达尔、里耶卡、普拉、奥西耶克 7 个国际机场和布拉奇、洛什尼、弗尔萨尔 3 个小型商用机场，其中主要机场是萨格勒布国际机场。克罗地亚航空公司是欧洲航空协会（AEA）的第 27 个正式成员。2016 年克罗地亚机场旅客总运量 884 万人次；货物总运量为 9459 吨。

2017 年 3 月 28 日，克罗地亚首都萨格勒布机场新航站楼启用，航站楼面积 6. 59 万平方米，共有 8 条登机栈桥，其中国际航线 5 条，国内航线 3 条，预计每年接待旅客达 500 万人次。[2]

目前，中国至克罗地亚无直达航班，但可经莫斯科、法兰克福、维也纳、布拉格、布达佩斯等地转机至其首都萨格勒布。

4. 水运

克罗地亚海洋运输比较发达。拥有里耶卡、普洛切、斯普利特、普拉等港口。2016 年克罗地亚港口旅客吞吐量为 2966 万人次，比上年增长 4%。2015 年海运货运总量为 2079. 8 万吨，同比增长 12. 1%。

根据克罗地亚海洋事务、交通与基础设施部公布的数据，目前在克罗地亚注册的船只及游艇共 12 万艘，年均从其他国家开往克罗地亚的快艇约 6 万艘。克罗地亚开设有专门的海事学院和培训中心，以培养专业的船员。克罗地亚正式船员为 2. 2 万人。克罗地亚共有 8 个主要港口，其中包括里耶卡港、扎达尔港、杜布罗夫尼克港、斯普利特港、希贝尼克港、普罗切港、普拉港和塞尼港，分别由 8 个国家级港务局归口管理，其中，里耶卡港最重要，经此港可通往克罗地亚全国及欧洲其他国家；其他所有港口由 20 个省级港务局归口管理。

5. 发展规划

克罗地亚负责基础设施建设的部门是国家海洋事务、交通与基础设施部。

---

〔1〕 商务部国际贸易经济合作研究院、中国驻克罗地亚大使馆经济商务参赞处、商务部对外投资和经济合作司：《对外投资合作国别（地区）指南·克罗地亚（2018 年版）》。

〔2〕 商务部国际贸易经济合作研究院、中国驻克罗地亚大使馆经济商务参赞处、商务部对外投资和经济合作司：《对外投资合作国别（地区）指南·克罗地亚（2018 年版）》。

克罗地亚允许外国投资者参与当地基础设施投资。

（1）铁路发展及规划。克罗地亚政府认识到，铁路交通发展滞后妨碍了区位优势发挥。海洋事务、交通与基础设施部规划重点建设三条国际铁路路线（国内称为 RH1 线、RH2 线和 RH3 线）的克罗地亚境内部分。

RH1 线。该线接驳莱茵河—多瑙河走廊（泛欧 10 号走廊），主要途经站点为：斯洛文尼亚卢布尔雅那（Ljubljana）—萨格勒布—温科夫齐（Vinkovci）—塞尔维亚贝尔格莱德（Belgrade）。温科夫齐经铁路可联接武科瓦尔（Vukovar），而武科瓦尔是克罗地亚重要国际河运港，联通多瑙河。可以实现海路、铁路、水路运输的有机结合。

RH2 线。该线被纳入地中海走廊（泛欧 5 号走廊），又被称为“5b 线”，主要途经站点为：里耶卡（Rijeka）—萨格勒布（Zagreb）—博多沃（Botovo）—匈牙利布达佩斯（Budapest）。政府计划对里耶卡至匈牙利边境铁路进行现代化升级改造，以提高列车行驶速度（目前时速仅为 60 公里/小时 ~70 公里/小时），并提升运输能力，预计年运能从 700 万吨提升至 1300 万吨。因里耶卡港及配套铁路建设被政府列为优先发展项目，克罗地亚铁路建设项目主要集中于 RH2 线，该线铁路采取分段建设方式推进。资金来源欧盟基金和克政府预算拨款。

RH3 线。该线路也是泛欧 5 号走廊的支线，又被称为“5c 线”，主要途经站点为：普洛切（Ploce）—波黑涅姆（Neum）—波黑萨拉热窝（Sarajevo）—奥西耶克（Osijek）—匈牙利栋博堡（Dombovar）—匈牙利布达佩斯。其中，栋博堡—布达佩斯与 RH2 线重合。

（2）港口发展及规划。里耶卡门户项目（Rijeka Gateway Project）是包括集装箱码头、客运码头、城市内陆铁路和公路交通等在内的大型综合基础设施项目，意在提升里耶卡港口与国际公路、铁路的联运，扩大港口辐射的市场，增加客货运量，努力将其建设成为欧洲交通运输的门户。该项目的城市用地建设规划划分为两个区域，其中北三角 A 区占地面积为 4 万平方米，计划建为城市中央公园；南三角 B 区占地面积 12 万平方米，计划建为多功能区：40% 为居住区，30% 为商业区，30% 用于酒店、文化、娱乐等其他用途。

该项目由克罗地亚政府和国际复兴开发银行（IBRD）发起，根据 2003

年、2009 年的两份贷款协议，两期建设总金额达到 1.99 亿欧元，其中 1.44 亿欧元来自国际复兴开发银行贷款，5460 万欧元由克国家预算提供。项目计划改造更新和新建 2 个集装箱码头，以达到 120 万标准箱的年储运能力。其中，里耶卡港海岸港区新建集装箱码头项目（Zagreb Pier Container Terminal），作业港区长 680 米，计划分 400 米、280 米两期建设，码头面积 22 公顷，水深最低 20 米，年吞吐能力 60 万标准箱。2012 年 4 月，三家意大利公司组成的合资财团获得设计和施工合同（Grandi Lavori Fincosit，Nuova Co Ed Mar，Maltauro），金额 7058.5 万欧元。2014 年 8 月，一期 400 米码头工程开工建设，预计 2018 年中竣工。该码头仍将采取特许经营权国际公开招投标形式。

目前，克罗地亚缺乏项目建设资金，针对欧盟委员会宣布的以少量政府资金启动 3150 亿欧元的投资计划，克罗地亚态度积极，对欧盟投资充满期待，已经向欧盟提交了 77 个申请项目清单，投资额达 220 亿欧元。希望在佩列沙茨大桥、克尔克液化天然气站、宽带网络建设、亚得里亚海天然气管道铺设等项目获得欧盟资金支持。

（六）金融环境

1. 外汇管理

根据克罗地亚《外汇法》，在克罗地亚注册的外国企业可以在克罗地亚银行开设外汇账户，用于进出口结算。外汇进出克罗地亚需要申报。外汇汇出克罗地亚无需缴纳特别税金。[1]

携带现金出入境需要申报，限定数额为 1 万欧元或等值的其他币种。在克罗地亚工作的外国人，其合法税后收入可全部转至国外。

2. 银行和保险公司

（1）银行机构。克罗地亚中央银行是克罗地亚国家银行，其首要职能是维持库纳币值稳定，具体职能包括：制定和实施货币和外汇政策，管理外汇储备；发行货币；审查和发放商业银行经营许可，监管商业银行经营活动，向商业银行发放贷款及收取准备金；制定支付政策并监管执行情况。克罗地

〔1〕 中国出口信用保险公司编著：《国家风险分析报告："一带一路"沿线国家（2015）》，时事出版社 2015 年版。

亚复兴开发银行（HBOR）是克罗地亚政府支持经济、社会发展和出口的银行，从事信贷、政策性、商业性买方信贷担保、咨询等业务。克罗地亚拥有32家商业银行，主要商业银行有：萨格勒布银行、萨格勒布商业银行、Erste & Steiermarkische银行、Raiffeisen银行、斯普利特银行、克罗地亚邮政银行等。除克罗地亚邮政银行和克罗地亚银行外，其余商业银行均为外资银行。

与中国国内银行合作较多的当地代理行是萨格勒布银行。萨格勒布银行是克罗地亚最大的商业银行之一。2001年底，克罗地亚央行批准意大利第一大银行联合信贷银行和欧洲最大的保险公司慕尼黑安联保险共同收购萨格勒布银行100%的股份。根据协议，意大利联合贷款银行拥有萨格勒布银行85%的股份，慕尼黑安联保险拥有其15%的股份。

（2）保险机构。克罗地亚保险公司（Croatia Osiguranje d. d）经营人寿、财产、汽车、交通和贷款保险等。UNIQA保险克罗地亚公司，经营各种人身、财产保险。

3. *融资条件*

在融资方面，外资企业与当地企业享受同等待遇。根据克罗地亚《商业公司法》，企业可以通过增股方式进行融资。克罗地亚基础利率为2.5%，商业融资成本一般介于4%~8%。

（七）进出口商品检验检疫

克罗地亚适用欧洲议会以及委员会于2016年5月1日制定的与海关和进出口管制有关的欧盟规则，以及于2013年10月9日制定的《欧盟海关法典》的第952/2013号规则。首次进入欧盟海关领土的货物必须通过海关办公室获得一个条目摘要声明，并且该摘要声明须包含进行风险分析所需的特定资料。

对于进入欧盟的货物而言，第一个切入点是克罗地亚海关总署（Carinska Uprava），它是办理海关手续的行政机构。海关总署有权检查海关申报书和附件，要求提供其他的文件，检查货物，并对货物进行详细的样品分析。

（八）海关管理

海关总署是财政部内部的行政组织，为海关领域政策的确定准备基础工作、组织和管理海关服务机构的工作，监管和处理出口数据，在克罗地亚和外国之间的货物和旅客运输及在海关领域的其他任务进行海关监督。

主要的海关手续是为了自由流通货物的放行。货物通过本程序即达到“欧盟货物”的地位，可以在任何欧盟成员国或成员国之间的领土内自由流通。货物在成员国目的地支付增值税和适用的消费税后即可被放行用于消费。

因特定的目的而存在一系列特殊程序：外部过境、内部运输、海关仓储、自由区、临时人场、最终用途、内部加工和对外加工。

货物可以通过使用“单一行政文件”（SAD）而进入到任何海关程序中。这些“单一行政文件”可以由进口商或其代表提交给海关管理局，或通过电子方式或直接交付到海关办公室。

三、希腊

胡亚虹

（一）国家概况

希腊共和国（以下简称“希腊”），〔1〕首都为雅典，雅典是全国的经济、政治和文化中心，也是欧盟的商业中心之一。希腊位于欧洲巴尔干半岛最南端，北同保加利亚、马其顿、阿尔巴尼亚相邻，东北与土耳其的欧洲部分接壤，西南濒爱奥尼亚海，东临爱琴海，南隔地中海与非洲大陆相望。希腊国土面积131 957平方公里，其中15%为岛屿。〔2〕

希腊2018年有人口1074万人，主要为希腊人，官方语言为希腊语，主要宗教为东正教。希腊冬季比北京时间晚6小时，每年3月至10月实行夏令时，时间比北京时间晚5小时。希腊全国分为7个大区、13个行政省和325个行政市。

希腊的政治体制为“总统议会共和制”，立法权属议会和总统，行政权属总理，司法权由法院行使。其中，总统为国家元首，由议会选举产生，在象

---

〔1〕 中华人民共和国外交部：《希腊国家概况》，载 https://www.fmprc.gov.cn/web/gjhdq_676201/gj_676203/oz_678770/1206_679834/1206x0_679836/，最后访问日期：2019年6月1日。

〔2〕 商务部国际贸易经济合作研究院、中国驻希腊大使馆经济商务参赞处、商务部对外投资和经济合作司：《对外投资合作国别（地区）指南·希腊（2018年版）》，第2页，载 http://www.mofcom.gov.cn/dl/gbdqzn/upload/xila.pdf，最后访问日期：2019年6月1日。

征性的职权之外还行使一些政府功能。希腊的议会为一院制立法机关，主要职能是进行立法和监督政府工作。希腊的政府由总理和内阁构成，总理也由议会选举产生。希腊的司法机构包括最高法院、最高行政法院及检察机构。法院分初级、上诉及最高法院三级。各级法院设有检察官，初级地方治安法院设有公诉人。[1]

希腊的主要矿产有褐煤（储藏量58亿吨）、铝矾土（储藏量约10亿吨）、镍、铬、镁、石棉、铜、铀、金、石油、大理石等。希腊褐煤产量位居欧盟第一，世界第六。希腊铝土矿储量较大，但属于中低品位的水软铝石和水硬铝石类型。爱奥尼亚海和南克里特海22万平方米的海域蕴藏着丰富的油气资源，初步估计这些区块拥有大约2.5亿桶石油。矿产品是希腊对中国出口的首位产品，其中2018年占其对华出口总额的80.3%。[2]

希腊属欧盟经济中等发达国家之一，经济基础较薄弱，工业制造业较落后。海运业发达，与旅游、侨汇并列为希腊外汇收入三大支柱。农业较发达，工业主要以食品加工和轻工业为主。2008年以前，希腊经济保持增长，增速高于欧盟平均水平，但2008年国际金融危机所引发的欧洲债务危机使希腊经济遭受重创，GDP与危机前相比衰退了25%以上。[3]希腊自2009年底以来深陷主权债务危机。从2010年接受第一轮救助计划开始，希腊共接受了欧盟、欧洲央行和国际货币基金组织等超过3000亿欧元的救助，2018年6月22日，欧元集团宣布完成对希腊的履约评估。2018年8月20日，希腊正式退出救助计划，希腊债务危机已基本结束。[4]

希腊于1981年加入欧盟，2001年加入欧元区，希腊也是WTO成员之一。

中国与希腊于1972年6月5日建交，两国友好合作关系稳步发展，两国间友好、互信关系日益增强，在联合国及其他国际组织的合作密切。2011年

---

〔1〕 中华人民共和国驻希腊共和国大使馆：《希腊概况》，载 https://www.fmprc.gov.cn/ce/cegr/chn/xlgk/t1309807.htm，最后访问日期：2019年6月1日。

〔2〕 中华人民共和国商务部：《国别贸易报告·2018年希腊货物贸易及中希双边贸易概况》，载 https://countryreport.mofcom.gov.cn/record/qikan110209.asp?id=10928，最后访问日期：2019年6月1日。

〔3〕 商务部国际贸易经济合作研究院、中国驻希腊大使馆经济商务参赞处、商务部对外投资和经济合作司：《对外投资合作国别（地区）指南·希腊（2018年版）》，第14页。

〔4〕 中华人民共和国外交部：《希腊国家概况》。

5 月，两国签署《中华人民共和国外交部和希腊共和国外交部关于简化签证手续的联合声明》。2016 年 7 月两国共同发表了《中华人民共和国和希腊共和国关于加强全面战略伙伴关系的联合声明》。2017 年 5 月两国签署了《中希重点领域 2017—2019 年合作计划》和《关于加强标准合作，助推"一带一路"建设联合倡议》。中希双方除传统海运、旅游合作领域外，将扩大和深化在能源、通讯、基础设施、文化产业和农业方面的交流与合作。[1] 2018 年 8 月 27 日中国国务委员兼外交部部长王毅与希腊外长科齐阿斯共同签署了两国政府间共建"一带一路"合作谅解备忘录。

（二）贸易主管机关

希腊现行政府于 2015 年 9 月组成，2016 年 11 月改组，2018 年 2 月再次改组，现有 18 个部委，其中贸易主管部委是经济和发展部及外交部。

希腊外交部下属国际经济关系与发展合作总司负责双边经济关系事务，内设 8 个司，其中 B5 司负责与中南美洲、次撒哈拉非洲和亚洲国家有关的双边经贸关系，B8 司负责与各国的商务发展。[2]

希腊经济和发展部负责国家工业、商业、航运、科技、投资与发展、多边经贸等方面政策的制定和实施工作，下设工业、商业、航运、科技、消费者事务、竞争力、投资与发展、多边经贸等总司。其中多边经贸总司，负责外贸方面的政府间往来，并依据欧盟法律法规对外贸进行宏观管理。[3]

（三）主要的贸易法律

希腊实行欧盟统一的关税税率和管理制度，按照欧盟《欧盟海关法典》等欧盟层面的有关规定，执行欧盟共同贸易政策。

希腊与欧盟其他成员国之间的货物服务自由流动，与欧盟外国家的贸易适用欧盟统一的贸易政策。《共同关税税则》（Common Customs Tariff，Council

---

〔1〕 商务部国际贸易经济合作研究院、中国驻希腊大使馆经济商务参赞处、商务部对外投资和经济合作司：《对外投资合作国别（地区）指南·希腊（2018 年版）》，第 7 页。

〔2〕 中华人民共和国商务部：《希腊对外国投资合作的法规与政策》，载 http://www.mofcom.gov.cn/article/i/dxfw/jlyd/201505/20150500979766.shtml，最后访问日期：2019 年 6 月 1 日。

〔3〕 商务部国际贸易经济合作研究院、中国驻希腊大使馆经济商务参赞处、商务部对外投资和经济合作司：《对外投资合作国别（地区）指南·希腊（2018 年版）》，第 8 页。

Regulation 2658/87）规定了欧盟成员国对非欧盟国家贸易适用的关税税则。《欧洲共同体综合税则》（Integrated Tariff of the European Communities，Taric）囊括欧盟正在实施的贸易措施，例如优惠税率、关税配额、反倾销反补贴措施等。除了欧盟相关法规之外，欧盟给予发展中国家单边税收减免（GSP），并与部分国家签署了双边自由贸易协定（FTAs）。欧盟与上述协议所涉国家开展贸易依据协定条款执行。[1]

（四）特殊的贸易管制

1. 进口配额

按照欧盟的有关规定，希腊现对89项农产品实施关税配额制度。进口配额主要按照以下三种方式分配：将进口商划分为传统进口商和新进口商两部分，在配额分配时，优先考虑传统进口商；按申请先后次序分配，先来先领；按比例分配。以上三种分配方式由欧盟视具体情况选用。如以上方法均不适用，欧盟还可按规定程序采取特殊的管理措施。

2. 进口许可证

按欧盟的有关规定，希腊对数量限制产品、保障措施产品和进口监控产品实行进口许可管理。如对谷物、大米、牛肉、羊肉、牛奶及其制品、糖、加工水果和蔬菜、香蕉、植物油、种子、葡萄酒等实行进口许可制度。

3. 进口登记

目前，希腊按欧盟规定对产自中国的食品制剂、氯化铵、多元醇、柠檬酸、四环素及其衍生物、氯霉素、碱性燃料及其制剂、还原燃料及其制剂、烟花、聚乙烯醇、手套、鞋类、装饰瓷器、部分玻璃制品、含量低于99.99%未熔合锌，汽车用收音机、自行车、玩具、扑克牌和刷子等实行进口登记。

4. 出口限制

希腊实行欧盟《关于实施共同出口原则的第（EEC）2603/1969号规则》《关于文化产品出口的第（EEC）3911/1992号规则》《关于文化产品出口的第（EEC）3911/1992号规则》等，对少数产品实施出口管理措施。此外，希

〔1〕 商务部国际贸易经济合作研究院、中国驻希腊大使馆经济商务参赞处、商务部对外投资和经济合作司：《对外投资合作国别（地区）指南·希腊（2018年版）》，第39页。

腊还根据欧盟对部分涉及核扩散和大规模杀伤性武器等领域的产品和技术的规定执行出口许可制度和最终用户监督制度。[1]

（五）海关管理

1. 海关管理部门

希腊海关隶属于该国财政部，由海关总署及其各执行部门、派出机构及地方海关等一系列单位构成。其职能包括：制订海关政策，在评估和收集国家和团体收入方面制定财政政策，检查进出口货物及在任何海关监管下存放的货物是否符合禁令及限制的规定，执行欧盟关税制度并与欧盟成员国的海关管理机关开展合作。[2]

2. 海关法律

希腊实行欧盟统一的关税税率和管理制度，其海关管理制度与欧盟保持统一，执行《欧盟海关法典》及其他欧盟层面的海关管理法律。主要包括欧盟国家与非欧盟国家之间贸易的规则和程序，规定了相关各方的权利与义务，囊括了进出口的基本问题，例如关税、海关估价、商品分类、原产地规则、仓储、过境、加工等。

3. 海关监管

希腊海关对进口货物的监管包括：货物检查、核实单证、安全检查、进入希腊口岸的货物全部接受检查，也有可能被管控。虽然希腊海关不强制要求检查所有通过欧盟边境而来的货物，但即使已接受过境申报的货物仍有可能被海关检查。

货物到达希腊口岸后，一般被存放于海关办公所在地或其他海关指定或批准的仓库。根据进口申报，希腊海关会签发许可证将货物卸在临时公共仓库或其他指定地点，之后再运送到海关监管仓。

从非欧盟国家运来的或经过境手续运送到希腊的货物可能被存放在临时仓库（不超过90天）或者海关管辖的临时仓库或其他地点。以上货物经仓储所在地海关检查及获得许可后才能被再次运输或转移。

---

〔1〕 中华人民共和国商务部：《希腊对外国投资合作的法规与政策》。

〔2〕 希腊海关总署，https://portal.gsis.gr/portal/page/portal/ICISnet/authority.

对可能影响其他货物、危害公共健康、社会秩序或仓库安全的货物，将被暂时存放在特别区域。如果该货物基于上述任何原因或由于货物腐烂变质等原因而无法进入通关程序，希腊海关可要求销毁或运输离境。

根据欧盟及希腊的相关法律规定，对保护人民和动植物的生命健康、自然环境、文化遗产、国有资产及国家宝藏等特定类别商品货物限制或禁止出口，具体包括：特定的医药产品、农产品和食物、军民两用物品、危险化学品、废弃物、野生动植物、文化产品、武器及军用物资、破坏臭氧层的物质、金属汞、钻石毛坯及部分建筑机械。

4. 进口单证

①商业发票：正式商业发票三份。发票须经当地商会确认并经希腊驻外使领馆认可。出口商将一份认可后的发票交与进口商，发票须有卖主签名、须标明装运货物的详细内容，包括所运货物名称、重量、价格等。②报价单：报价单须注明包括销售价在内的货价和包装费用。希腊不接受临时价格单。③提货单：提货单上应标明发货人姓名、收货人姓名和地址、目的港、商品名称、支付费用及签名等。空运时需航空提单，无须领事认证。④特别要求，希腊对某些进口商品还有一些特殊的要求：对活动物、肉类、鱼、水果和其他食品进口，须经商业部批准，动物进口要有检疫证书；对药品、麻醉品、成药、化妆品疫苗外科缝线，农药、杀虫剂等商品进口，要求提供质量证书；对旧机器设备的进口要求其损害程度不得超过20%，且须经希腊经济部批准。

5. 通关程序

依照希腊海关的有关规定，进口货物抵达目的港后，出示授权银行发放的进口许可证，货物即可报关。根据不同商品，商品可以存放在海关的时间为40～90天，货物结关时，自入境之日起8天内免收保管费。

经过希腊转运他国的货物可享受免税待遇。过境物品可以国外供应商的名义，或者以持有货运单据的当地银行的名义存放在希腊的保税仓库内。大部分物品可保存18个月，有时还可延长，但食品类一般不超过12个月。

进口货物可以存放在规定的自由贸易区内，也可以存放在希腊各地的保税仓库内。一般来说，进口物品不得存入私人仓库，但下列商品除外：酒精、糖蜜、易腐败物品、润滑油及燃料、海绵、炸药、沥青、麦芽、政府用胶纸及纸牌胶纸等。这些物品经过海关认可后可存入私人仓库，但事先须核定关税税额和其他税款金额并提供与税款金额等值的担保品。在自由贸易区内，物品存放时间不受限制。但是在海关的保存期一般不超过 18 个月，特殊情况下可以延长。超过规定的存放而货物未被提走的，海关有权视为无人认领而予拍卖。

6. 标签与包装

希腊对进口商品的标签有严格规定，商品标签应标有制造商名称、注册商标及商品原料成分等内容。罐头类食品标签名册应标明食品成份、重量、产地、制造日期、厂商名称、原产国家。进口商品的包装箱上应印制：包括收货人、港口在内的所有识别性标志，包装箱还应有编号。

7. 关税

希腊海关按照欧盟海关的统一税则，根据关税、配额、优惠措施和其他进出口规则，对进出口货物按成交价进行计税。

希腊海关征收关税办法分为从量税、从价税和优惠税三种。①从量税：只有少量产品征收从量税，即按进口商品的单位数量（如每百升或百公斤）征收固定税额。商品按重量征税时，有时是按商品的净重征收的。②从价税：大部分商品须缴纳从价税，按到岸价格（CIF）计征，从价税按照《关税及贸易总协定》（GATT）关于海关估价的第 7 条执行。③优惠税：希腊对欧盟成员国免征关税，并根据欧盟的一系列特殊贸易安排对来自第三国的国家的进口给予优惠的待遇。

（六）检验检疫

欧盟对大多数产品制定有技术法规，未涵盖在其中的商品受成员国自行制定的技术法规管辖。对于电子电气产品、能源相关产品、通信设备、机械、玩具、医疗器械等，欧盟的进口检验主要依赖供应商的“一致性声明”（Declaration of Conformity）。对于高风险产品，供应商需要在成员国授权的第三方机构进行“一致性评估”。

欧盟动植物产品检验检疫措施主要体现在《一般食品法》（第 178/2002 号法规）以及与食品卫生相关的第 852/2004 号、第 853/2004 号和第 854/2004 号法规中。欧盟成员国进口商只能从预先经过批准的国家和地区进口动植物以及相关产品。

根据欧盟要求，希腊对进口农产品包装标识和标记要求严格，进口农产品包装上须用英语或希腊语标明产地、生产商及其联络地址、电话、包装产品的详细描述及重量（或内包装数量及其单位重量）等内容。

希腊对种植类农产品卫生标准的政策制订、检查和执行部门是农业部种植类农产品加工标准化和质量控制司，希腊各海关均设有受该司管制的产品检验所，负责对进口农产品进行卫生检验和检疫。

希腊对畜产品卫生和检疫标准的政策制订、检查和执行部门是农业部动物健康标准司，该司对进口畜产品检验和检疫的程序与农产品检验近似。[1]

四、意大利

胡亚虹

（一）国家基本概况

意大利共和国（以下简称“意大利”），首都为罗马，罗马是全国的政治、经济、文化和科研中心。意大利国土位于欧洲南部，包括亚平宁半岛以及西西里岛、撒丁岛这两个地中海岛屿，国土面积 301 333 平方公里。北面与法国、瑞士、奥地利和斯洛文尼亚接壤，东、西、南三面临亚德里亚海、爱奥尼亚海和第勒尼安海。

2019 年 4 月，意大利有 6040 万人口，[2] 主要为意大利人，主要语言为意大利语，与其他国家接壤的一些边境地区也使用法语、德语和斯洛文尼亚语。意大利首都罗马与北京有 7 小时时差。每年 4—10 月执行夏令时，与北京有 6 小时时差。意大利现全国划分为 20 个行政区，101 个省，8001 个市镇。20 个行政区包括 15 个普通自治行政区以及 5 个特别自治行政区。

意大利的政治体制为议会共和制，实行行政、立法、司法三权分立。其中总统为国家元首和武装部队统帅，代表国家的统一，由参、众两院联席会

---

〔1〕 商务部国际贸易经济合作研究院、中国驻希腊大使馆经济商务参赞处、商务部对外投资和经济合作司：《对外投资合作国别（地区）指南·希腊（2018 年版）》，第 40、41 页。

〔2〕 中华人民共和国外交部：《意大利国家概况》，载 https://www.fmprc.gov.cn/web/gjhdq_676201/gj_676203/oz_678770/1206_679882/1206x0_679884/，最后访问日期：2019 年 5 月 29 日。

议选出。政府由组成内阁的总理和各部部长组成，须获得议会两院信任。总理由总统任命，对议会负责，行使管理国家职责。议会是最高立法和监督机构，由共和国参议院和众议院组成，两院权力相等，可各自通过决议，但两院决议相互关联。司法机构包括最高法院、最高司法委员会、宪法法院、法院机关及检察机关等。

意大利自然资源总体上比较匮乏，仅有水力、地热、天然气、大理石、汞、硫磺等资源，还有少量铅、铝、锌和铝矾土等。意大利近3/4的能源和主要工业原料依赖国外进口，但其沿海能源储量具有较大的潜力，特别是亚德里亚海及西西里岛附近海域。近年来意大利鼓励意大利本土及国际资本投资意境内油气资源勘探及开发，划出7个区块进行逐步开发。这些区块主要位于东部亚德里亚海沿岸、意南部地中海海域以及西西里岛周边。[1]

世界银行数据显示，2017年意大利的GDP为1.944万亿美元。[2]意大利科技水平较为发达，在机械制造、工业设计、工程机械、航空航天、纺织服装、食品加工等领域居世界先进水平。医疗水平较为发达，医疗条件较为优越。意大利实行全民医疗保险制度，由国家承担相关医疗费用。外国人一般可免费看急诊。[3]

意大利是欧洲联盟6个创始成员国之一、WTO成员、也是G7集团国家之一。意大利与中国的关系不断加深。1964年11月30日，中意两国在罗马签定互设民间商务代表处协议，1965年初双方互派商务代表。1970年11月6日两国正式建立外交关系。1985年6月两国分别在米兰、上海互设总领事馆。1998年6月，中国在佛罗伦萨设总领事馆，同年11月，意大利在广州设总领事馆。2013年12月30日，意大利驻重庆总领馆开馆。2017年1月在意大利华人人数官方数据统计为31.9万，主要集中于普拉托、米兰、罗马和佛罗伦

---

〔1〕 商务部国际贸易经济合作研究院、中国驻意大利大使馆经济商务参赞处、商务部对外投资和经济合作司：《对外投资合作国别（地区）指南·意大利（2018年版）》，第2~7页，载 http://www.mofcom.gov.cn/dl/gbdqzn/upload/yidali.pdf，最后访问日期：2019年5月29日。

〔2〕 World Bank Group, at https://data.worldbank.org.cn/indicator/NY.GDP.MKTP.CD? locations=IT, May 26, 2019.

〔3〕 商务部国际贸易经济合作研究院、中国驻意大利大使馆经济商务参赞处、商务部对外投资和经济合作司：《对外投资合作国别（地区）指南·意大利（2018年版）》，第12页。

萨等地。[1]

2019年意大利当地时间3月23日，中国国家主席习近平访问意大利期间，中意两国共同签署了中意政府间关于共同推进“一带一路”建设的谅解备忘录。意大利成为首个签署“一带一路”建设协议的G7集团国家。

（二）贸易主管部门

1. 主管部门

意大利主管贸易的政府部门是经济发展部，[2]该部门的职能包括通讯、发展、能源、企业和国际化等。经济发展部现设有15个司局。[3]

2018年8月，为了进一步加强意大利与中国的经贸关系，建立两国在政府、商业、行业协会和社会团体间的对话机制，意大利经济发展部成立了中国任务小组。该小组的主要任务是加强两国在贸易、金融、投资、研发等领域以及在第三国的合作，并确保意大利在欧盟与中国开展“一带一路”框架下的合作过程中发挥领导作用。

2. 部门职能

在意大利经济发展部现有的15个司局中，市场、竞争、消费者、监管和技术法规司，国际贸易政策司，以及国际化政策和贸易促进司等三个司的职能与国际贸易有关。其中市场、竞争、消费者、监管和技术法规司主要负责市场竞争、产品和服务质量标准及合格评定；国际贸易政策司主要负责协调和参与欧盟层面贸易政策制定，多双边贸易协定谈判，进出口许可证管理以及贸易救济措施等；国际化政策和贸易促进司主要负责协调和管理贸易促进活动，研究制订出口信贷等出口促进措施和对外投资促进措施以及贸易统计等。

3. 其他经贸促进机构

意大利对外贸易委员会（I. C. E.）[4]成立于1926年，是意大利政府官方

---

〔1〕 商务部国际贸易经济合作研究院、中国驻意大利大使馆经济商务参赞处、商务部对外投资和经济合作司：《对外投资合作国别（地区）指南·意大利（2018年版）》，第4页。

〔2〕 中华人民共和国商务部：《意大利对外贸易体制介绍》，载 http://www.mofcom.gov.cn/article/i/dxfw/jlyd/201409/20140900733108.shtml，最后访问日期：2019年5月31日。

〔3〕 中华人民共和国商务部：《意大利经济发展部将进行重大内部职能调整》，载 http://www.mofcom.gov.cn/article/i/jyjl/m/201905/20190502860669.shtml，最后访问日期：2019年5月31日。

〔4〕 Italian Trade Agency, at https://www.ice.it/it, May 26, 2019.

机构，隶属经济发展部，总部设在罗马。该机构在其境内设有 16 个办事处，在国外 80 个国家和地区设有 100 多个办事处，主要任务是促进、支持和发展意大利的国际贸易，为意大利公司提供有关国际市场、关税、金融、税务和保险等方面的信息服务，协助意大利公司和国外企业进行技术和商务交流与合作，组织意大利公司参加国外重要展览会和对国内外技术及商务人员进行培训等。[1]该委员会北京办事处成立于 1983 年。

意大利对外投资促进公司（SIMEST）[2]是意大利政府促进对外投资的最主要的金融机构，于 1991 年正式创立（立法编号 100/90），是由意大利生产活动部控股的股份公司，其股东还包括银行、大企业和行业协会等。主要负责管理政府的对外投资基金，协助企业开展对外投资。自 1999 年起，政府通过 143/98 号法令将原中期信贷银行促进企业国际化的金融职能及相应资金也划归该公司管理运作，使该公司成为唯一直接为企业提供国际化融资的公共部门。

意大利外贸保险服务公司（SACE）[3]是根据 1998 年 3 月 31 日第 143 号法令建立的，其前身为国家保险局（INA）的一个下属同名部门（根据 1977 年 5 月 24 日第 227 号法规成立），现为一家具有法人资格的公共经济机构，主要任务是为意大利企业的出口及对外投资进行保险或再保险。意企业可就如下经营活动向 SACE 投保：产品出口的买方信贷、卖方信贷，短期和中长期信贷或融资，对外劳务、工程承包，对外投资，境外存款，货物或服务出口，涉外租赁，信贷担保，跟单信用证的确认。[4]

商会组织、行业协会组织、对外贸易商会以及地区企业国际化窗口机制、国际经济合作服务信息中心等。其中，根据意大利现行《关于调整商会组织》（第 580 号法律）的规定：“商会的性质是享有法律权利的独立性公共机构，

---

[1] Global Alliance of SMEs（GASME），at http://www.globalsmes.org/news/index.php? func = detail&detailid = 799&catalog = 36&am，May 26，2019.

[2] SIMEST，at https://www.simest.it/en/homepage，May 26，2019.

[3] SACE，at https://www.sacesimest.it/en/homepage，May 26，2019.

[4] 中国国际贸易促进委员会驻意大利代表处：《意大利外贸保险服务公司（SACE）》，载 http://www.ccpit.org/Contents/Channel_4069/2018/0929/1067750/content_1067750.htm，最后访问日期：2019 年 5 月 26 日。

并规定在各省首府和主要大城市建立商会组织。意大利法律授予商会最重要的职权是负责企业的登记注册。任何企业都要到商会的企业登记处进行注册，商会发给营业执照，才能取得法人资格，即企业加入商会有法律强制性质。”[1]

（三）主要的贸易法律

1. 贸易法律

意大利现实行统一的欧盟共同贸易政策，但有关进口商品的技术安全和卫生检疫方面的标准，则是将欧盟的指令转换成本国法规后再执行。

意大利贸易法规来源较广，具体包括：欧盟法规、欧盟指令（需转化为意大利国内法）、立法法、总统令、经济发展部部令、通知、指南以及多双边协议等，内容涵盖贸易行业秩序管理、产品质量和安全标准、出口信贷和出口保险计划、产品包装和标签、两用技术和产品进出口、市场竞争以及知识产权保护等。[2]

2. 意大利对欧盟共同贸易政策的执行

意大利目前执行的欧盟共同贸易政策主要涉及关税政策、普惠制待遇、共同进口制度、农产品进口管理、贸易救济措施、出口管制、出口退税、共同农渔业政策、共同消费者保护政策等。

关税政策，自 1993 年 1 月 1 日开始，欧盟区域内部取消了海关，在欧盟区域中人员、货物、服务以及资本可以自由转移。欧盟各成员国组成一个关税同盟，实行共同的关税政策。

普惠制管理，执行欧盟针对发展中国家制定的普惠制方案。

进口配额管理，按照欧盟第 94/519 号法规，对从某些第三国进口的产品进行配额管理，发放配额以许可证的形式加以确认。

农产品进口管理，根据欧盟共同农业政策对农产品的进口数量进行监督，并在卫生检疫标准、包装和文字说明等方面制定了大量限制措施。

---

〔1〕 中国国际贸易促进委员会驻意大利代表处：《意大利商会组织简介》，载 http://www.ccpit.org/Contents/Channel_4069/2018/0929/1067751/content_1067751.htm，最后访问日期：2019 年 5 月 26 日。

〔2〕 中华人民共和国商务部：《意大利对外贸易体制介绍》，载 http://www.mofcom.gov.cn/article/i/dxfw/jlyd/201409/20140900733108.shtml，最后访问日期：2019 年 5 月 31 日。

3. 外国投资合作的主要法律

意大利未单独设立针对外国投资及合作的专门法律，在该国进行投资要遵守当地的《民法典》《公司法》《税法》《劳工法》等相关法律。外资在意大利可投资设立代表处、合资企业、独资企业以及进行并购。并购活动根据涉及的范围不同，可能需要遵守意大利竞争法或欧盟竞争政策的有关规定。意大利竞争和市场局（AGCM）负责对涉及意大利竞争法的并购活动进行审查和批准。

（1）外资并购安全审查机制。意大利并没有专门的外资并购安全审查机制。但意大利政府可通过“黄金股权”，对一些涉及公共利益以及具有战略性意义的行业、企业和资产的外资并购事项进行否决。该“黄金股权”由意大利财政部或其他行业主管部门代表意大利政府持有。并购已上市公司股权超过2%的，需向意大利证券交易委员会报告。

（2）《竞争和公平交易法》（第287/90号法律）。该法律为意大利反垄断领域核心法律。意大利反垄断监管执法机构是意大利竞争和市场管理局（Autorià Garante della Concorrenza e del Mercato）。该局为独立于政府的准司法机构，5名执行委员由意大利参众两院主席任命，任期7年。该局下设反垄断总司、消费者保护总司和利益冲突总司3个主要职能部门。根据《竞争和公平交易法》，意大利竞争和市场管理局有权对仅发生在意境内且不涉及欧盟成员国和其他国家的并购、卡特尔和滥用市场支配地位等反竞争和不公平交易行为进行调查和处理。意大利第241/90号法律及第217/98号总统令对调查程序和相关方权利、义务进行了详细规定。该局在2019年发布了《反垄断合规指引》（Linee Guida sulla compliance antitrust），引导市场主体更好地遵守竞争和公平交易方面的法律规定。[1]根据《竞争和公平交易法》，意大利竞争和市场管理局有权对仅发生在意境内的并购、卡特尔和滥用市场支配地位等反竞争和不公平交易行为进行调查和处理。

---

〔1〕 中国国际贸易促进委员会驻意大利代表处、意大利反垄断监管机构：《反垄断合规指引》，载 http://www.ccpit.org/Contents/Channel_4069/2018/1127/1093281/content_1093281.htm，最后访问日期：2019年5月27日。

4. 投资与合作纠纷解决途径

意大利投资与合作的纠纷解决途径主要包括诉讼、调解和仲裁。其中，诉讼可依据双边投资协定进行，选择订立所在国法院、合同履行或将要履行所在国法院以及被告所在国法院进行起诉；调解可选择意大利国家仲裁商会、米兰国际仲裁商会或中意商事调解中心（该中心是由中国贸促会、米兰商会仲裁院与意中商会合作设立）等调解机构进行调解；仲裁方面，外国仲裁机构的裁决一般能在意大利法院得到承认和执行。

（四）特殊的贸易管制

意大利的进口管理包括配额等数量限制、进口许可证管理两个方面。农产品进口相关限制规定依据欧盟共同农业政策实施。进口许可证由意大利经济发展部提出，由意大利财政部发放。有些进口产品需要全国对外贸易协会事先审批。烟草、烟草制品和火柴的进口由国家控制，不允许私人参与。进口彩电必须有邮电部颁发的彩电技术标准合格证书，电视接收装置的标志和标签符合意大利有关当局的规定方可进口。[1] 获准进口和销售的转基因商品或食品必须在包装上系统性标明。进口含动物产品的货物需出示原产地主管机构证明，进口水产品需出示捕捞证。

（五）海关管理

1. 海关管理部门

意大利的海关管理部门为意大利海关总署。1999 年意大利颁布第 300 号法律，将原意大利财政部中管理海关职能的海关司和间接税司分离出来，并于 2001 年 1 月 1 日正式成立独立的海关总署，统一负责管理全国海关。

意大利海关总署下辖 14 个大区级海关、102 个一级海关办公室和 47 个二级海关办公室、225 个分支机构、41 个消费税征收办公室以及 15 个化学分析实验室。

2. 海关法律

意大利海关管理遵循欧盟于 2013 年 10 月 9 日通过颁布的《欧盟海关法

〔1〕 肖诗鹰、刘铜华：《意大利口岸通关务实指南》，载《国际中医中药杂志》2006 年第 1 期，第 5 ~6 页。

典》（欧洲议会和欧委会第952/2013号规定）以及其他欧盟法规制定的统一规则，包括税则、税率、出口退税以及进出口货物监管规定。此外意大利海关总署还制定了一系列具体操作规定，包括关税和国内税征收程序、出口退税以及欧盟共同农业政策规定的农产品出口补贴申请及流程、鲜活农产品进出口管理、进出口产品质量安全、知识产权保护措施以及通关流程等。[1]

3. 监管制度

意大利海关对进口货物的监管主要包括：查看货物、核实单证、检查企业账务、检查运输工具、随身物品等，根据海关规定进行行政调查，或在必要的情况下对监管物品采取措施。在贸易过程中各项程序直接或间接涉及的人，须在海关当局规定的时间内提供所要求的文件及必要的协助。各种文件至少保存3年，以备海关当局的随时检查。

货物在等待清关期，处于海关的临时监管之下，被称为“临时监管货物”。它们只能在规定的条件下存放在海关指定的地点。海关当局可随时要求卸货或拆除包装，以检查货物或运输工具。未经海关允许不得挪动。海关当局可要求货物的拥有者出具付款担保。若在规定的时间内未办理清关手续，海关当局将视货物的情况采取必要的措施，包括拍卖，也可在货物拥有者负担费用和风险的情况下，将货物转移到其监管的特殊地点。此外，海关当局对转口、保税仓库、进境加工、临时进口等货物也给予监督和管理。[2]

4. 通关程序

（1）通关程序。《欧盟海关法典》中制定的海关制度包括：进口、转口、保税仓库、进境加工、海关监管下加工、临时进口、出境加工和出口。货物到达欧盟任何一个关口，进口商或承运商须向海关申报，同时指明货物去向：存放保税区、再转口、销毁、交付国库。申报后第一个休息日前，进口商、承运商或经纪人须填写递交统一格式的简要申报表。海运的货物须在递交申报表45天内、非海运货物在20天内办理报关手续。除转口、临时进口和海

〔1〕 商务部国际贸易经济合作研究院、中国驻意大利大使馆经济商务参赞处、商务部对外投资和经济合作司：《对外投资合作国别（地区）指南·意大利（2018年版）》，第33页。

〔2〕 中华人民共和国商务部：《意大利对外贸易体制介绍》，载 http://www.mofcom.gov.cn/article/i/dxfw/jlyd/201409/20140900733108.shtml，最后访问日期：2019年5月31日。

关核定后以特殊名义报关的货物外，其它货物的报关人须在欧盟境内有固定住所。报关分普通程序和简化程序两种。

（2）进口单证。意大利海关的进口单证包括商业发票、产地证书、提单、装箱单、保险单、卫生、植物检疫和兽医证书。

商业发票：该商业发票应准备三份，发票上端应印有发货者名称、发货地址等。发票内容包括：货物的名称和件号、包装件数和每箱内容、每箱的净重和毛重、生产国等。所有费用必须逐项列出。发票必须由得到授权的负责人用墨水笔手签。

产地证书：如果进口商或信用证有要求，则需提供产地证书。有时产地证明可以注明在发票或提单上，无须单制。产地证书应由被认可的商会颁发，一式两份，原件与其他单据一起寄给进口商，副本与商业发票副本随货物走，通常应多要一份发票的副件存档。

提单：应标明产地，允许使用指示提单。提单通常包括发货人姓名、收货人姓名和地址、目的港、货名、运费和其他费用清单、整套提单的张数、待运货物正式到达运货车船上的日期及承运人收到货物的签字。提单内容应当与发票和装箱单的内容一致。空运货物使用空运提单。

装箱单：装箱单不是必须的，但为便于海关结关，特别是当各种不同类型的商品混装时，最好制定装箱单。

保险单：保险单至少两份，如以 FOB 价格进口的商品必须在意大利投保。

卫生、植物检疫和兽医证书：意大利禁止没有原产国指定的检疫部门签发卫生及产地证书的动物进口。使用过促进生长及中和性别激素的动物、肉制品、牛奶和奶制品也禁止进口。食用鱼制品卫生及产地证书中必须申明该产品是由官方承认的机构或工厂在卫生条件下加工的，且未使用化学添加剂。罐头鱼制品卫生及产地证书应表明对需要灭菌的产品进行了适当的消毒处理。家兔、野兔及其肉制品，蜂蜡和蜂蜜要有卫生及产地证书，且应由原产国的官方机构用本国文字填写清楚。[1]

---

〔1〕 肖诗鹰、刘铜华：《意大利口岸通关务实指南》，载《国际中医中药杂志》2006 年第 1 期，第 5 ~6 页。

5. 关税

意大利海关按照欧盟海关的统一税则，根据关税、配额、优惠措施和其他进出口规则，对进出口货物按成交价进行计税。

为做好海关税金的征缴，海关当局可要求进出口商提供其履行海关义务的担保。担保金额等于或高于应交付的税金。担保可以是银行的现金存款或信用担保。公共机构不需要担保，500 欧元以下可不用担保。交付海关税金后，可申请撤回担保。

进口税金的征收范围为：应缴纳进口关税的一般商品；部分免税、临时进口的商品；合法进入欧盟境内应缴纳关税的商品；非法从免税区进入欧盟境内的商品；逃避海关检查的进口商品；在临时监管或海关监管范围内未交税的商品；免税区或仓库内消费的商品、应交纳进口税的商品；未严格执行减免税规定的商品。

出口税金的征收范围为：报关后出口到欧盟境外应交纳出口税的商品；未经报关出口到欧盟外的商品；未遵守减免出口税规定的商品。[1]

税务种类包括：①从量税：只有少量产品征收从量税，即按进口商品的单位数量（如每百升或百公斤）征收固定税额。商品按重量征税时，有时是按商品的净重征收的；②从价税：大部分商品须缴纳从价税，按到岸价格（CIF）计征，从价税按照《关税及贸易总协定》（GATT）关于海关估价的第 7 条执行；③优惠税：意大利对欧盟成员国免征关税，并根据欧盟的一系列特殊贸易安排对来自第三国的国家的进口给予优惠的待遇。

报关时错误申报进口商品或入仓商品的数量、种类或价值可能受到罚款处理。罚款额不少于商品实际价值与申报额之差额的 1/10，也可能高达相当于全部差额的数目。允许报关数量或价值与实际情况有 5% 的公差。

（六）检验检疫

1. 检验检疫机构

意大利进口商品检验检疫由意大利卫生部协调管理检验检疫的整体工作，

---

[1] 商务部国际贸易经济合作研究院、中国驻意大利大使馆经济商务参赞处、商务部对外投资和经济合作司：《对外投资合作国别（地区）指南·意大利（2018 年版）》，第 34 页。

具体执法工作由分布在各地和口岸的机构承担，意大利全国各地还分布有专业检测实验室。对于从非欧盟国家进口的农产品检验检疫程序繁琐、条件苛刻。

2. 检验检疫部门

①进口植物源性产品（含食品和其他用途产品）的卫生检验检疫由意大利港口、机场和陆路边境检验检疫处执行；②农药残留（如杀虫剂残留）的检测，由意大利港口、机场和陆路边境检验检疫处（USMA）抽样，送至意大利农业部下属的农药专业检测中心进行分析；③由欧盟成员国输入的动物源性产品（含食品和其他用途产品）和活动物的卫生检验检疫，由独立于意大利卫生部的设在欧盟各成员国的欧盟兽医卫生检疫办公室（UVAC）执行；④由非欧盟国家输入的动物源性产品（含食品和其他用途产品）和活动物的卫生检验检疫，由隶属于意大利卫生部的设在各口岸的兽医卫生检疫处（P. I. F）具体负责执行。意大利在全国各港口、机场和陆路口岸共设立了 36 个 P. I. F 机构；⑤上述各部门既有各自明确的职责和任务，又有彼此间的业务协调与联系，尤其是和意大利海关的业务联系极为密切。[1]

3. 检验检疫程序

①进口商必须按照规定提供该批货物的由出口国提供的检验检疫报告，意大利港口、机场和陆路边境检验检疫处将根据所提供的检验报告，视情况抽检一项或几项指标；②根据不同货物和来源国，一般抽检率不低于 5%（批次抽样检查），一般规定检验检疫工作在一周内完成；③对于怀疑一项或几项指标超出规定范围的批次样品，同一批次样品的抽样检测率不得低于 3%；④对于来自特定国家的特定货物，黄曲霉毒素的抽样检测率可以达到 5%，甚至 100%；⑤有时意大利卫生部还临时颁布部令，对一些商品进行重点检测和采取限制通关的措施；⑥对于经过 USMA 抽样检测并确认符合有关检验检疫规定的商品，USMA 为进口商出具进口许可证明，海关根据上述文件予以货

〔1〕 商务部国际贸易经济合作研究院、中国驻意大利大使馆经济商务参赞处、商务部对外投资和经济合作司：《对外投资合作国别（地区）指南・意大利（2018 年版）》，第 32 页。

物放行；⑦对于经过 USMA 抽样检测并确认不符合有关检验检疫规定的商品，USMA 将对货物的处理提出意见，进行退货或销毁处理。[1]

五、罗马尼亚

李晶晶

（一）概况

罗马尼亚位于东南欧巴尔干半岛东北部，国土面积 23.84 万平方公里。罗马尼亚拥有丰富的自然资源。罗马尼亚主要矿藏有石油、天然气、煤和铝土矿，还有金、银、铁、锰、锑、盐、铀、铅等。罗马尼亚政体为共和制，奉行友好与和平的外交政策，重点发展同欧盟、美国和北大西洋公约组织的关系，中国和罗马尼亚一直保持着密切的友好合作关系。罗马尼亚属典型的温带大陆性气候，年平均温度在10℃左右。2018 年罗马尼亚总人口为1959 万人。其中，罗马尼亚族占 88.6%，匈牙利族占 6.5%，罗姆族即吉卜赛人占 3.2%，日耳曼族和乌克兰族各占 0.2%，其余民族为俄罗斯、土耳其、鞑靼等。官方语言为罗马尼亚语，主要少数民族语言为匈牙利语。主要流行的外语为英语和法语。主要宗教有东正教，信仰人数占总人口数的 86.5%，信仰罗马天主教人数占比 4.6%、信仰新教人数占比 3.2%。

目前，罗马尼亚政府正积极鼓励和推动吸引外商投资工作，对于中国企业“走出去”是良好的机遇期。罗马尼亚作为欧盟成员国，是中国同中东欧国家乃至同整个欧洲合作的重要支点，也是“一带一路”倡议的重要沿线国家。[2]

（二）贸易监管部门

1. 制度框架

罗马尼亚作为欧盟、北大西洋公约组织及世界贸易组织成员，其目前也正在努力加入经济合作与发展组织，以上情况综合决定了它的贸易制度框架。

---

〔1〕 商务部国际贸易经济合作研究院、中国驻罗马尼亚大使馆经济商务参赞处、商务部对外投资和经济合作司：《对外投资合作国别（地区）指南·意大利（2018 年版）》，第 33 页。

〔2〕 商务部国际贸易经济合作研究院、中国驻罗马尼亚大使馆经济商务参赞处、商务部对外投资和经济合作司：《对外投资合作国别（地区）指南·罗马尼亚（2018 年版）》，载 http://www.mofcom.gov.cn/dl/gbdqzn/upload/luomaniya.pdf，最后访问日期：2019 年 6 月 13 日。

当地政府同议会一同作为核心监管部门，具体的监管工作往往由其下属的相关政府部门负责。罗马尼亚设有很多机构，专门负责协助境外投资者在罗马尼亚投资。

2. 二级监管机构

在罗马尼亚，还有很多其他的监管机构，例如能源部：主要监管天然气、石油和电能的分配和销售；[1]金融监管委：主要监管保险、资本市场及个人养老金等；[2]医药及医用设备国家监管部门：主要监管医药及医用设备等；[3]罗马尼亚国家银行：主要监管金融机构等；[4]罗马尼亚国家通讯监管部门：主要监管电子通讯等；[5]国家动物检疫及安全部门：主要监管食品及动物安全等；[6]反竞争委员会：主要负责监管市场竞争和消费者权益保护等；[7]国家核武器监管委员会：主要负责核武器安全、放射性垃圾治理、放射性物品的进出口和转运、核武器材料和/或核武器利益、分离放射性物质或生成放射性物质等方面的监管；[8]国家消费者权益保护部门：主要负责消费者权益保护；[9]国家矿物质监管部门：主要负责石油、天然气及矿物质的开发方面的监管。[10]

除上述罗马尼亚主要的二级监管部门外，在当地仍然有很多其他机构负责某些特定商品或服务的相应资质审批程序。根据投资者在当地开展的具体活动不同，可能还会有罗马尼亚航空委员会[11]、罗马尼亚海运委员会[12]、

---

〔1〕 Romanian Energy Regulatory Authority, at https://www. anre. ro/en/#, Jul. 28, 2019.

〔2〕 The Financial Supervisory Authority, at http://aasfromania. ro/en, Jul. 28, 2019.

〔3〕 National Agency for Medicines and Medical Devices of Romania, at https://www. anm. ro/en/, Jul. 28, 2019.

〔4〕 The National Bank of Romania, at http://www. bnr. ro, Jul. 28, 2019.

〔5〕 The National Authority for Management and Regulation in Communications, at http://www. ancom. org. ro/en, Jul. 28, 2019.

〔6〕 The National Sanitary Veterinary and Food Safety Authority, at http://www. ansvsa. ro/, Jul. 28, 2019.

〔7〕 Competition Council, at http:// www. consiliulconcurentei. ro/en, Jul. 28, 2019.

〔8〕 National Commission for the Control of Nuclear Activities, at http://www. cncan. ro, Jul. 28, 2019.

〔9〕 National Authority for Consumer Protection, at http://www. anpc. gov. ro/, Jul. 28, 2019.

〔10〕 National Agency for Mineral Resources, at http://www. namr. ro, Jul. 28, 2019.

〔11〕 Romanian Civil Aviation Authority, at http://www. caa. ro/, Jul. 28, 2019.

〔12〕 Romanian Naval Authority, at http://portal. rna. ro/english, Jul. 28, 2019.

罗马尼亚交通委员会[1]；如果从事的活动对环境有影响，可能还会涉及环境保护协会的监管[2]，当然还包括国家旅游协会[3]等其他类似机构。

3. 向境外投资者提供协助的机构

罗马尼亚专门设立了外国投资及公共私人合伙部门，[4]受总理直接管理，负责向罗马尼亚的潜在投资者提供本国法律政策、投资环境、投资领域和地理位置以及与项目有关的中央及地方机构的一系列信息和咨询服务。

（三）贸易法律法规简介

罗马尼亚属于大陆法系国家，判例不属于该国的法律渊源。实践和习惯只有在与法律条文相一致的基础上才会作为法律渊源的一部分。本国既有私人企业，也有由国家部分或全部所有的企业。在当地成立公司，包括外国公司在当地设立子公司主要依据的是《公司法》（1990 年第 31 号法令）。《公司法》规定的公司类型有四种：有限责任公司、股份公司、有限合伙及股份有限合伙。《公司法》同时包含分公司设立的程序问题，与此同时 1990 年第 122 号法令更多涉及的是外资企业在罗马尼亚设立代表处的投权及运营问题。

《民法典》（2009 年第 287 号法令）是调整贸易关系的核心法律。然而，根据贸易领域不同，国家及欧盟层面的特殊强制性法律亦有可能调整具体的贸易行为，例如消费者权益保障法或有关能源买卖合同的规定。

其他的法规还包括欧盟法以及可以直接适用于罗马尼亚的欧洲法院的一系列判例法。这些欧盟法规包括 2008 年 6 月 17 日由欧洲议会颁布的第 593 号法规（又称“罗马一号”，其中主要涉及合同义务）、涉及非合同义务的冲突法部分的 2007 年第 864 号法令（又称“罗马二号”）、2000 年 12 月 22 日颁布的涉及民商领域管辖、判决认可及执行问题的 2001 年第 44 号法令（又称“布鲁塞尔一号”）。

由于欧盟采用的绝大部分为二级法规，其成员国往往均会通过国家立法

[1] Romanian Road Authority, at http://www.arr.ro, Jul. 28, 2019.

[2] National Agency for Environmental Protection, at http://www.anpm.ro, Jul. 28, 2019.

[3] Ministry of Tourism, at http://turism.gov.ro, Jul. 28, 2019.

[4] Department for Foreign Investments and Public – Private Partnership, at http://dpiis.gov.ro/new_dpiis/en, Jul. 28, 2019.

的方式将核心内容体现在本国法中，目的是保证与其他成员国在法律规定上的统一。

（四）贸易管理

谈到贸易管理，首先应该注意的是商业活动的具体范围。当地为吸引投资者投资，在某些特定领域设置了激励政策。例如信息技术领域，信息技术公司的职员可以免缴所得税。有时对于想在特定经济领域投资的潜在投资者，政府为鼓励这种投资行为，还会针对企业再投资收益实行免税政策，或在购买有形产品或无形产品方面以及支付工资方面以政府补贴的方式给予政策支持。但上述政府支持往往有一定的前提条件，例如要求投资在罗马尼亚持续一定时间。

（五）基础设施建设

1. 公路

罗马尼亚国家统计局公布的数据显示，截至2017年底，罗马尼亚公共道路总里程86 099公里。其中，国家公路17 654公里，占20.5%，省道35 149公里，占40.8%，乡级公路33 296公里，占38.7%。从道路路面类型看，现代化公路里程34 900公里，占40.5%，其中92.1%为中度和重度铺设的沥青路面，21 074公里为轻度铺设路面，占24.5%，30 125公里为石子路和土路，占35%。从技术状况看，41.4%为养护状况较好的现代化道路，48.2%轻度铺设的公路里程超过保养期限。国家公路中，6200公里为欧洲公路，占35.1%，763公里为高速公路，占4.3%。2017年，罗马尼亚公路货运量为2.26亿吨，同比增长4.7%。[1]

泛欧洲四号走廊（公路）通过罗马尼亚境内，向西与匈牙利、斯洛伐克、奥地利、捷克和德国相连，向西南方向与保加利亚、土耳其和希腊相连。泛欧洲九号走廊（公路）通过罗马尼亚境内，向北与摩尔多瓦、乌克兰、白俄罗斯、俄罗斯、立陶宛和芬兰相连，向南与保加利亚和希腊相连。

---

〔1〕 商务部国际贸易经济合作研究院、中国驻罗马尼亚大使馆经济商务参赞处、商务部对外投资和经济合作司：《对外投资合作国别（地区）指南·罗马尼亚（2018年版）》。

2. 铁路

罗马尼亚目前使用中的铁路总长 10 774 公里，其中电气化铁路长 4030 公里，占 37.4%；标准规矩铁路长 10 635 公里，占 98.7%，宽轨铁路长 134 公里，占 1.3%。罗马尼亚每 100 平方公里国土上的铁路密度为 45.2‰。铁路最密集的地区是布加勒斯特—伊尔福夫地区占 154.7‰、西部地区占 58.9‰、东南部地区占 48.9‰、西北部地区占 48.8‰。货运列车平均时速为 28 公里，客运列车时速为 43 公里。2017 年，铁路货运量 5608 万吨。[1]

泛欧洲四号走廊（铁路）通过罗马尼亚境内，向西与匈牙利、斯洛伐克、奥地利、捷克和德国相连，向西南方向与保加利亚、土耳其和希腊相连。泛欧洲九号走廊（铁路）通过罗马尼亚境内，向北与摩尔多瓦、乌克兰、白俄罗斯、俄罗斯、立陶宛和芬兰相连，向南与保加利亚和希腊相连。

罗马尼亚目前仅首都布加勒斯特建有 4 条地铁线路（地铁 1~4 号线）和 3 条轻轨线路（32、35 和 41 号线），并计划开工建设一条连接市区和国际机场的地铁线路。罗马尼亚交通部公布的数据显示，布加勒斯特目前地铁线路总长 72.5 公里，建有 51 座车站。

3. 空运

罗马尼亚航空定位为区域性航空中心，目前已开辟连接首都和国内 17 个城市，欧洲大多数国家的航线。罗马尼亚主要航空公司有：廉价航空公司蓝色航空（Blue Air），预计 2017 年营业额 4 亿欧元，发送旅客 500 万人次，同比增长 35%；罗马尼亚航空公司（TAROM），为罗国有航空公司，目前有 25 个铺设跑道的机场、36 个未铺设跑道的机场和 2 个直升机机场。罗马尼亚有 6 个国际机场，最重要的是布加勒斯特的亨利·广达国际机场，年货物处理量占全国航空运输货物的 80%，还有康斯坦察、蒂米什瓦拉、阿拉德、锡比乌、苏恰瓦等机场。2017 年，布加勒斯特亨利·广达（奥托贝尼）国际机场旅客运输量达 128 万人次，较上年增长了 16.6%。

4. 水运

航线长 1779 公里，其中多瑙河为主要内河航线，罗马尼亚境内有 1075

---

〔1〕 商务部国际贸易经济合作研究院，中国驻罗马尼亚大使馆经济商务参赞处，商务部对外投资和经济合作司：《对外投资合作国别（地区）指南·罗马尼亚（2018 年版）》。

公里，并通过运河与康斯坦察港联通。罗马尼亚共拥有河港 35 个、海港 3 个，康斯坦察港为最主要的港口。

康斯坦察港现有 156 个泊位，是黑海第一大港，年吞吐量约为 1 亿吨。该港被认为是西欧发达国家和中东欧新兴市场间的货物中转站，运至康港的货物可通过多瑙河或公路网路运往其他国家。康港与铁路、公路、内河、航空和管道网络相连，占地面积 1313 公顷，水域面积为 2613 公顷。康港码头总长度为 29. 83 公里，水深可达 19 米，最多可停靠 22 万吨位的散装货船和 16. 5 万吨的油轮。

泛欧洲七号走廊（水路）将罗马尼亚与多瑙河沿岸的其他 13 个欧洲国家相连。位于黑海的港口与外高加索地区、中亚和东亚等地区相连。

5. 发展规划

罗马尼亚交通基础设施在欧盟内相对落后，已经成为制约罗经济发展的重要因素。为此，罗马尼亚在欧盟指导下制定了《交通总体规划》，编制过程历时 3 年，于 2015 年完成，计划总投资 436 亿欧元，内容涵盖公路、铁路、水运和航空。其中公路总投资达 262 亿欧元，包括新建 1220 公里高速公路，1910 公里快速路；铁路总投资 137 亿欧元，重点进行电气化改造和更新，提升速度和运力；水运总投资 20 亿欧元，重点在港口和河道改造；空运投资 13 亿欧元，重点在机场实施更新。[1]

由于本国财政预算有限，因此吸纳欧盟资金成为罗马尼亚发展基础实施的首要选择，但需要严格执行欧盟资金使用的有关规定。另外，罗马尼亚非常欢迎外国投资者以 PPP 方式参与投资其基础设施建设和运营，但必须参加政府组织的公开招标。

目前，罗马尼亚能源部和交通部负责管理能源和铁路、航空、水运等投资项目。

（六）金融环境

1. 外汇管理

2003 年底，罗马尼亚开始放开资本账户的外汇长期流通业务。按外汇制

[1] 商务部国际贸易经济合作研究院、中国驻罗马尼亚大使馆经济商务参赞处、商务部对外投资和经济合作司：《对外投资合作国别（地区）指南·罗马尼亚（2018 年版）》。

度规定，除国家银行有特殊规定外，居民和非居民之间经常项目和资本项目的外汇业务可自由进行。非居民有权获得、持有、使用以外汇表示的金融资产，可在罗马尼亚银行开设外汇和本币账户，所持有的列伊和外汇可以在外汇市场上兑换。在罗马尼亚工作的外国人，其合法税后收入可全部汇往国外。携带超过 1 万欧元或等值外币出入境须向海关进行申报。〔1〕

2. 银行和保险公司

罗马尼亚国家银行为中央银行，负责发行货币，并通过货币政策和汇率政策来维持物价稳定。

罗马尼亚商业银行（BCR）是最大的商业银行，于 2005 年进行了私有化重组。目前，该行最大股东为奥地利 ERSTE 银行，持有 89.1% 的股份。BCR 为综合性银行，管理资产超过 160 亿欧元，在全国有 667 个分行网点，48 家面向企业客户的商务中心。罗马尼亚另外一家比较大的商业银行为储蓄银行（CEC），该行在全国有 1400 多个网点。〔2〕

罗马尼亚的主要外资银行包括 Transilvania BANK，BRD BANK，UniCredit BANK，ALPHA BANK，RAIFFEISEN BANK，ING BANK，CITI BANK 等。

目前，罗马尼亚尚无中资商业银行，但国内银行在积极研究在罗设立分支机构的可行性。中国国家开发银行在罗马尼亚设有工作组。罗马尼亚前五大保险公司为安联 - 蒂里亚克保险公司（Allianz - Tiriac）、阿斯特拉保险公司（Astra）、奥姆尼保险集团（Omniasig）、喀尔巴提克保险公司（Carpatica Asig）和安盟保险公司（Groupama）。〔3〕其中，安联 - 蒂里亚克保险公司是欧洲最大的保险公司德国安联集团（Allianz SE）在罗马尼亚的分支机构。

3. 融资条件

在融资方面，外资企业与当地企业享受同等待遇。银行贷款一般分为短期贷款、中短期贷款和长期贷款。短期贷款期限不超过 1 年，主要满足企业营运资本需求；商业银行提供的中短期融资工具包括信用证、托收、银行担

〔1〕 中国出口信用保险公司编著：《国家风险分析报告：“一带一路”沿线国家（2015）》，时事出版社 2015 年版。

〔2〕 李永全主编：《丝路列国志》，社会科学文献出版社 2015 年版。

〔3〕 钟承、闫国庆主编：《中东欧国家投资经商千问千答》，中国商务出版社 2016 年版。

保和贷款。中短期贷款一般用于具体项目，贷款额度不超过项目投资总额的75%，贷款可以本币和外币形式发放。长期贷款主要用于支持企业购买设备等固定资产，或者开发房地产等长期项目，贷款额度一般不超过项目投资额的75%。[1]

2018年5月8日起，罗马尼亚央行将政策性基准利率年率上调至2.5%，为2018年以来的第三次调整。此外，年存款基准利率由1.25%提高至1.5%，年贷款基准利率由3.25%提高至3.5%。2018年早些时候的政策性基准利率的两次调整分别为1月8日提高至2%，一个月后再次提高至2.25%。罗马尼亚数次上调基准利率提高列伊融资成本的初衷为控制通货膨胀，目前罗马尼亚月度通胀率同比涨幅已达到4%的水平。利率上调后将减少居民的列伊贷款需求，转而申请成本更低的外汇贷款。

（七）进出口商品检验检疫

1. 一般查验

一般而言，针对商品进出口实行的包括财政、健康、安全等在内的各项查验均应同步进行，一般在海关进行。如果某些措施有助于国际货物的运输、也可能在其他地方进行部分或全部的查验。罗马尼亚有权对进出口商品进行查验的机构为海关。

2. 健康和安全查验

罗马尼亚将很多欧盟对进口至欧盟的动物、精液和胚胎、食品、种子、植物等规定的检疫规则引用到本国立法中来，例如97/78/CE国会方针及编号为882/2004欧洲议会颁布的法规。基于此，罗马尼亚当地政府同样针对类似产品的检疫设置了很多一般及特殊程序（这些程序包括政府官员在罗马尼亚的欧盟入口处对进口商品进行检疫）。[2]在该检疫过程中通常包括单据的审核，检疫员有权查看商品确保它们符合健康要求、贸易进出口要求及其他本国或欧盟法规的具体要求。

---

〔1〕 钟承、闫国庆主编：《中东欧国家投资经商千问千答》，中国商务出版社2016年版。

〔2〕 《罗马尼亚实施动物检疫边境入口清单》，载 http://www.customs.ro/UserFiles/anexa%20ans-vsa.pdf.

根据商品属性的不同以及进入欧盟是否只是作为商品的中转站，运输或储存所需的健康证往往亦可以在进入欧盟时用于查验。然而如果只是将欧盟作为商品的中转站，那么商品在欧盟停留的时间不能超过30天，同时要确保在许可的入口入境、许可的出口离境。

商品至少应当在运抵上文提到的罗马尼亚入境口前一天通过贸易控制和专家系统（TRACES）[1]如实上报，以便于政府监管这类商品在欧盟国与非欧盟国之间的流通。

同时需注意商品入境欧盟和离境适用的法律规定存在一定的差异。例如在欧盟境内出生的牛、马、猪、羊等需要登记取得相应的身份编号，如果涉及出口，政府还需要进行相应信息的备注。与运输文件相配套的往往是在动物身上加上耳标、电子识别器或印记。

3. 植物保护产品的查验

欧盟及罗马尼亚当地政府[2]在立法时提到在植物、植物产品或类似产品从他国进口到罗马尼亚时设立检疫站的重要性。这些检疫站主要负责检测植物中有无致害性的微生物。检疫工作由植物保护部门及海关植物保护委在罗马尼亚不同的入境关卡处共同完成。为有效开展检疫工作，相关人员有权使用配套的储藏或检疫设备，在必要时全部或部分处置被检疫商品。

罗马尼亚当地的法规[3]中提到，某些特定种类的植物、植物制品及其他第三国家（包括中国）种植的植物及植物制品，是不能进口到罗马尼亚的。

4. 适用于某些类型商品的规定

这些规定均来自欧盟的2011年第284号法规，该项法规专门对从中国生产或加工的尼龙、三聚氯胺塑料厨具的进口问题作出了规定。因此，进口方或者他们的代理商应当在上述商品运抵罗马尼亚前至少两个工作日通知罗马尼亚有关政府。类似的针对其他类型商品的规定，同样可以在欧盟的类似法

---

〔1〕 关于TRACES系统的更多信息可参见 http://ec.europa.eu/food/animals/traces.

〔2〕 第626/2006号规定针对的是在罗马尼亚检疫站对植物进行查验，而不是农业部规定的当植物或植物制品来自第三国家时在目的地进行的检疫。

〔3〕 编号为563/2007的政府决议第一章规定了申请方式的通过问题；编号为136/2000的政府决议规定了如何引进对罗马尼亚当地植物或植物制品有危害的微生物。

规中检索到。

5. 有关查验的其他规定

另一种常见的查验，主要是检查商品是否符合相关法律法规设定的国际或国内技术标准。

（八）海关管理

1. 海关权限

国家财政管理局内的海关权限[1]是指按照海关法律法规的规定对进出口商品进行查验。商品进入罗马尼亚时需要在海关处进行报关从而获得海关的通关许可。非欧盟的商品一般在报关后会被暂存在指定地点，通常非欧盟商品须等待90天获得通关许可。除自贸区商品外的其余商品均须进行报关。

欲从罗马尼亚出口的商品，出口方须提交书面文件，需在其中注明商品在安全方面存在风险的评估数据。获得出口许可的商品，在出口时应与出口文件中记载的商品状况相符。商品获得自由流通许可后，商品将获得一个证明，类似于在欧盟流通的商品的证明，这样一来商人可以在罗马尼亚境内销售、购买或从事与该商品有关的其他交易活动。获得商品流通许可须缴纳一定的进口税。

根据欧盟颁发的优先协议或海关联合协议中的具体条款，如果商品属于这类协议中提到的商品，则商户可以享受海关义务减免的优惠政策。为了获得商品流通许可，商户须根据罗马尼亚税法缴纳增值税，必要时还应缴纳消费税。

2. 海关中转

海关中转制度允许商品从一个海关运输至另一个海关。两种方式：一种为外部中转，一种为内部中转。外部中转允许非欧盟商品无须满足进口义务或其他贸易政策，直接从一个欧盟海关运输至另一个欧盟海关。而内部中转是指在某些特定情况下，欧盟商品途经一个第三国从一个欧盟海关运输至另一个欧盟海关。

将非欧盟商品运至自贸区，商品可以在一段时间内存放在特定地点。自

[1] 罗马尼亚海关：http://www.customs.ro.

贸区商品存放政策允许非欧盟商品存放在特定地点一段时间且无须承担相应的进口税或履行相关贸易政策或其他相关政策，只要这些商品不被欧盟境内的海关禁止存放或被强制要求进出海关。人、商品及交通工具在进出自贸区时均可能接受海关查验。

罗马尼亚目前分别在康斯坦察（Constanta）、布勒伊拉（Braila）、加拉茨（Galati）、苏里纳（Sulian）、久尔久（Giurgiu）和库尔蒂奇－阿拉德（Curtici－Arad）设有自贸区。积极改进政策允许非欧盟商品短时间在罗马尼亚境内以中转为目的的停留，且无须缴纳进口税或履行相关贸易政策或其他相关政策。若想享受该进口优惠政策，商人须向海关提交相应的申请进而获得海关签发的许可。

消极改进政策允许罗马尼亚本国商品短时间以中转为目的离境。在此种情况下，商品有可能因提交相关申请而享受全部或部分免于缴纳进口税，并能自由流通的优惠政策。只要这些商品不被欧盟境内的海关禁止存放或被强制要求进出海关。

为了享受该进口优惠政策，商人须提供给海关其与外国伙伴签订的相关协议或其他文件，用以证明他们有意向适用该政策，以获得经济方面的优惠。

3. 贸易政策

欧盟及罗马尼亚颁布的贸易政策，其中一部分专门针对特定商品的进出口问题。某些贸易政策涉及商品数量限制及因外国政治因素导致的贸易限制。这些政策中有些适用于全部商品进出口，有些只针对特殊种类的商品的进出口。

关税配额是对商品进口的绝对数额不加限制，而对在一定时间内、在规定配额以内的进口商品，给予低税、减税或免税待遇。商人如想享受该政策，须向海关总署下设的关税配额办公室提交相关文件。

关税配额仅在一段时间内有效。之后，商人不再继续享受关税减免的优惠政策。在这段时间内，无论何种原因关税配额减少，直邮商品在支付进口税后才能进口。

免进口税的商品包括：①随商品从他国进口到罗马尼亚的生产工具和其他重要的设备；种子、肥料及其他用于种植、耕种的物品。②以推广为目的的物品；以检疫、实验、分析为目的的物品。③送到有关机构用以保护知识产权或专利的文件；仅用于配载或保护货物的配套材料。

免出口税的商品包括：①在农业活动中从罗马尼亚出口至他国的本国动物；②农民在罗马尼亚境内耕种的物品；③农民出口至他国的种子；④动物出口过程中食用的饲料。

进出口罗马尼亚的商品受制于部分限制性规定，例如要求在过关时提交相关书面材料，如果未提供或提供的文件无效，商品的进出口会遭禁止。

从海关设置的查验关卡以外的地方进出口商品的构成犯罪。流通于市场的商品，如侵犯他人相同或相似的注册商标，损害商标所有人的利益，亦将构成犯罪。

六、塞尔维亚

李晶晶

（一）概况

塞尔维亚共和国（以下简称“塞尔维亚”）地处东南欧巴尔干半岛中部，国土面积 77 474 平方公里（不含科索沃地区）。塞尔维亚人口总数 704 万（不含科索沃地区，2017 年统计），其中约六成是城市人口。塞尔维亚为议会共和制国家，实行三权分立的政治体制，立法权、司法权和行政权相互独立，相互制衡。塞尔维亚是一个多民族的国家，83.3%的人口（不含科索沃地区）是塞尔维亚族，其余有匈牙利族、波斯尼亚克族、罗姆族及斯洛伐克族等。塞尔维亚族在中部地区居多，匈牙利族主要居住在北部的伏伊伏丁那自治省。官方语言为塞尔维亚语，英语较普及，会讲英语的人数约占 40%。此外，会讲德语和俄语的人也比较多。全国多数居民信奉东正教，少部分人信奉罗马天主教或伊斯兰教，个别人不信教。

近年来，中塞两国高层互访频繁，各领域合作处于最佳机遇期，双边贸易投资快速增长。根据中国海关统计，2017 年中塞双边贸易总额 7.58 亿美元，同比增长 27.2%。据塞方统计，2017 年来自中国的直接投资净流量 1.24 亿美元，同比增长 151.7%，2017 年末累计直接投资存量约 3.17 亿美元。

塞尔维亚经济自 2009 年受全球金融危机的影响出现大幅负增长以来，基本保持恢复性增长。虽然2012年、2014年受极端气候灾害影响，经济出现负增长，但并未改变塞尔维亚经济总体复苏的势头。目前，随着政府全面改革的不断深入，塞尔维亚经济重新迈入健康发展轨道。据塞尔维亚财政部统计，2017年塞尔维亚GDP同比增长1.9%，名义GDP为416亿美元，名义人均GDP为5909美元。[1]

（二）贸易监管部门

在塞尔维亚，实施贸易立法的主管部门是贸易、旅游和电信部（以下简称"贸管部"）。在贸管部的组织结构内，消费者保护部、市场检查部以及贸易、服务和竞争政策部有权监督贸易立法的实施。

从政治环境看，塞尔维亚政局基本稳定，为吸引外资奠定了基础。从法律环境看，塞尔维亚各项法律制度将随着入盟进程的深入而逐步规范，并最终与欧盟趋同。从经济环境看，战后塞尔维亚经济总体呈增长趋势，为吸引投资创造了有利条件。此外，塞尔维亚相比周边地区其他国家，具备一定相对优势。

（三）有关贸易的法律法规简介

这一领域的主要立法是《贸易法》（Zakon o trgovini, Offcial Gazette of RS, no. 53/2010 and 10/2013）。除此项法律之外，塞尔维亚还有其他几项现行有效的法律规定了贸易的各个方面，其中比较重要的包括：《电子贸易法》（Zakon o elektronskoj trgovini, Official Gazette of RS, No. 41/2009 and 95/2013）、《产品一般安全法》（Zakon o opstoj bezbednosti proizvoda, Offcial Gazette of RS, no. 41/2009）、《对外贸易法》（Zakon o spoljnotrgovinskom poslovanju, Official Gazette of RS, no. 36/2009, 36/2011 – other law, 88/2011 and 89/2015 – other law）、《消费者保护法》（Zakon o zastiti potrosaca, Official Gazette of RS, no. 62/2014 and 6/2016 – other law）、《竞争法》（Zakon o zastiti konkurencije, Official Gazette of RS, no. 51/2009 and 95/2013）、《检查监督法》（Zakon o inspekcijskom nad-

---

[1] 商务部国际贸易经济合作研究院、商务部投资促进事务局、中国驻塞尔维亚大使馆经济商务参赞处：《对外投资合作国别（地区）指南·塞尔维亚（2018年版）》，载 http://www.mofcom.gov.cn/dl/gbdqzn/upload/saierweiya.pdf，最后访问日期：2019年6月13日。

zonu, Official Gazette of RS, no. 36/2015)。此外，塞尔维亚还根据上述法律制定了许多次级法，更详细地规定了具体的贸易相关事项。

（四）贸易管理

1. 贸易的一般要求和不正当竞争

《贸易法》规定了开展贸易活动的一般要求，如最低限度的技术条件、贸易地点、价格标示要求、产品标签、销售激励，以及在不公平竞争情况下的贸易保护。

值得一提的要求之一是贸易商的住所。也就是说，外国法律实体若要在塞尔维亚市场上活动，就必须在塞尔维亚国内设立一个公司、代表处或分支机构，或者聘用塞尔维亚国内的分销商。

此外，进入塞尔维亚零售市场的所有产品都应含有塞尔维亚语的声明，例如应张贴或以其他方式附有标签，标签上至少包含关于货物名称和类型、内容和数量的信息，以及依据相关规定和货物性质需要注明的其他信息，特别是制造商、生产或进口国、生产日期、保质期、进口商、质量（等级）以及对货物的潜在危险或有害性的提示等信息。应该注意的是，在进口产品时不需要贴标签，而在产品进入零售市场的那一刻就要求有标签标识。因此，分销商或进口商（如果他们不是同一实体）而不是制造商需要负责贴这种标签。但是，制造商将负责确保进口的产品附有符合产品安全要求的文件、说明书、手册和其他要求的文件类型取决于所适用的技术标准和对其产品的相关要求。

还需要注意的是，《贸易法》为贸易商提供了一个特殊工具，即不正当竞争之诉。法律实体在其商业信誉受到损害时，例如诽谤性言论，可以提出诉讼，要求侵权人赔偿有形和无形损失，并要求将诽谤性言论定性为不公平竞争，禁止该行为，并消除影响。

2. 电子贸易和消费者保护

塞尔维亚的电子贸易由《电子贸易法》规范。然而，它仅适用于信息社会服务者，即在塞尔维亚注册的《贸易法》中所称的贸易商。他们应服务使用者的要求，通过用于处理和储存数据的电子设备，远距离地为使用者提供有偿服务。他们的服务主要包括通过互联网进行的贸易，也包括通过互联网提供信息和广告。这意味着该法律不适用于在塞尔维亚境外注册的在线贸易商。

然而，《消费者保护法》的规定是强制性的，适用于所有贸易商，不论其管辖或住所。因此，该法关于缔结远距离协议的最低法律要求、在缔结这些协议之前提供必要信息、塞尔维亚法院在消费者保护纠纷中的强制管辖权等事项的规定均适用。

塞尔维亚的电子贸易仍然没能全面运作，原因是关于电子商务和金融交易的相关规定缺乏立法解决方案的支持。例如这就是为什么 Paypal 只能部分启用，即只能向国外付款，而不能在塞尔维亚境内接收付款。

（五）基础设施建设

1. 公路

塞尔维亚公路和高速公路网总里程 45 013 公里，其中主干线标准公路 5525 公里，地区间普通公路 13 670 公里，地方普通公路 24 540 公里。已投入运行的全封闭高速公路 498 公里，半封闭高速公路 246.5 公里。截至 2017 年底，塞尔维亚共有乘用车 196.8 万辆，卡车 22.3 万辆，挂车 15.4 万辆，摩托车 4.1 万辆，巴士 9929 辆，工程车辆 9439 辆。2017 年公路年客运量 6095.2 万人次，同比下降 6.6%，年货运量 3000 万吨，同比增长 2%。[1]

2. 铁路

塞尔维亚现有铁路干线总里程 3819 公里，其中，单轨线铁路 3533 公里，双轨线铁路 276 公里。实现电气化铁路 1254 公里，非电气化铁路 2555 公里。在建或计划改建的干线铁路约 380 公里。2017 年铁路年客运量 563.9 万人次，同比下降 7.4%，年货运量 1235.2 万吨，同比增长 20%。目前塞尔维亚铁路运营质量相对较差，水平相对低下：时速 60 公里以下的火车占 52.2%，时速 61 公里～80 公里的火车占 17.9%，时速 81 公里～100 公里的火车占 26.7%，时速 101 公里～120 公里的火车仅占 3.2%，同时配套通信设备极为落后。塞尔维亚国家铁路公司负责人表示，塞尔维亚铁路现代化改造现在估算约需要 90 亿欧

〔1〕 商务部国际贸易经济合作研究院、商务部投资促进事务局、中国驻塞尔维亚大使馆经济商务参赞处：《对外投资合作国别（地区）指南·塞尔维亚（2018 年版）》。

元~100亿欧元，需10多年时间。如没有外资介入，塞尔维亚政府无力对铁路设施及运输设备进行全面改造和更新，只能进行“头痛医头，脚痛医脚”式的小补小修。[1]

3. 空运

2017年9月15日，中国海南航空公司正式开通北京—布拉格—贝尔格莱德航线，在捷克首都布拉格停留1小时50分钟，航线由空客A330-300型客机执飞，每周一、周五两班。

塞尔维亚共有2个机场，分别是贝尔格莱德尼古拉·特斯拉国际机场和尼什机场。贝尔格莱德尼古拉·特斯拉国际机场的年旅客吞吐量约500万人次，货物吞吐量2万余吨，年起降飞机3.4万余架次。

4. 水运

塞尔维亚水路运输较为发达，主要水域包括多瑙河（Dunav）、萨瓦河（Sava）、蒂萨河（Tisa）、塔米什河（Tamis）及德利纳河（Drina），可运输水路约1680公里，年运货量约1500万吨（主要是原材料和建材）。塞尔维亚最主要的水路运输是国际水路多瑙河，被称之为泛欧7号水运走廊，其在塞尔维亚境内通运里程400多公里，有较大河港5个。

5. 发展规划

塞尔维亚负责基础设施建设的政府部门为建设、交通和基础设施部。主要职能为：负责塞尔维亚的空间使用、土地的组织规划使用、城市规划；公共基础设施的建设、监督及检查；国家交通系统的规划及安全保障；涉及铁路、公路、水路和航空运输的行政事务；大型及重要交通基础设施项目的实施；制定国家交通发展战略及规划；涉及建设、交通和基础设施的许可证颁发；涉及建设、交通和基础设施领域的国际合作；鼓励在建设、交通和基础设施领域的研究与发展。[2]

---

〔1〕 商务部国际贸易经济合作研究院，商务部投资促进事务局，中国驻塞尔维亚大使馆经济商务参赞处：《对外投资合作国别（地区）指南·塞尔维亚（2018年版）》。

〔2〕 中国出口信用保险公司编著：《国家风险分析报告：“一带一路”沿线国家（2015）》，时事出版社2015年版。

（六）金融环境

1. 外汇管理

根据塞尔维亚《外汇管理法》，在塞尔维亚注册的外国企业可以在塞的外资银行和内资银行开设外汇账户，用于进出口结算、企业经营和投资。企业经营及其收益所得外汇、个人合法税后收入所得外汇通过银行账户汇出境外无限制，不纳税，但需提供相应证件、交易证明（如发票等，证明交易的合理合法）并按比例交纳手续费等。

个人携带外币现金出入境，需向边境海关申报，对本国居民和外国人的限额均为 1 万欧元。

2. 银行和保险公司

塞尔维亚的中央银行是塞尔维亚国民银行。根据塞尔维亚法律规定，国民银行属于独立的金融机构，对国家议会负责，主要负责货币政策、外汇及储备管理、维护本国市场价格和汇市稳定，对本国银行监管等。塞尔维亚在银行领域对外资开放，除塞尔维亚国民银行外，塞尔维亚现有商业银行 32 家，全部为股份制银行。其中，以外资为主的银行 23 家，以内资为主的银行 9 家。银行总资本中，外资银行占 84%，内资银行占 16%。[1]

塞尔维亚当地的主要商业银行有：Komercijalna banka（商业银行）、Banka Postanska stedionica（邮政储蓄银行）、Vojvodanska banka（伏伊伏丁那银行）。

塞尔维亚当地的外资银行主要有：Banca Intesa（意大利）、Raiffeisen bank（奥地利）、UniCredit bank（意大利）、Hypo Alpe－Adria－bank（奥地利）、Eurobank（希腊）、Societe generale bank（法国）。[2]

2017 年 1 月，中国银行（塞尔维亚）有限公司在贝尔格莱德开业，这是巴尔干地区开业的第一家中资银行，现阶段主要为中国企业在塞尔维亚开拓能源、交通等基础设施领域大型项目提供融资支持。

---

〔1〕赖小民主编：《“一带一路”沿线国家和地区法律与税收政策研究》（下册），中国金融出版社 2017 年版。

〔2〕赖小民主编：《“一带一路”沿线国家和地区法律与税收政策研究》（下册），中国金融出版社 2017 年版。

3. 融资条件

在融资条件方面，外资企业与当地企业享受同等待遇。融资主要条件包括：在当地依法注册的公司证明、企业资质和信誉证明、近5年来的经营情况、财务状况、不动资产及投资性质和规模等。企业除了可从当地银行和外资银行贷款外，还可根据吸引外资优惠政策的规定，取得塞尔维亚政府的财政资助。

塞尔维亚金融市场中外资银行占主导地位，但塞尔维亚金融市场的融资成本较高，商业银行贷款利率普遍在14%以上。

此外，塞尔维亚央行目前正在研究中方提出的签署本币互换协议的建议，中资企业尚不能使用人民币在塞尔维亚开展跨境贸易和投资合作。

（七）进出口商品检验检疫

塞尔维亚的立法没有详细规定进出口商品检验。也就是说，《海关法》只对海关当局进行一般授权：在特定情况下海关可采取他们认为必要的所有的海关管制措施，这些海关管制措施包括商品检验、抽样，核实声明中提供的信息，检查文件的真实性，检查商业实体的账目和其他记录，检查车辆、乘客的行李或人员随身携带的其他商品，以及其他类似的行为。[1]

另外，有许多次级法规定了不同类型商品的海关处理办法。例如，《关于受兽医和卫生控制的货物以及在边境口岸进行货物的兽医——卫生检查的方式的规则手册》（Pravilnik o vrstama posiljaka koje podlezu veterinarsko - sanitarnoj kontroli i o nacinu obavljanja veterinarsko - sanitarnog pregleda posiljki na granicnim prelazima, Official Gazette of RS, no. 56/10），制定了与进口的动物来源产品、动物来源食品、动物饲料、动物来源副产品和相关物品有关的海关管制办法。

（八）海关管理

1. 适用法律法规和国际协定概述

塞尔维亚当前的《海关法》，于2010年4月3日颁布，并在2012年和

[1] 赖小民主编：《“一带一路”沿线国家和地区法律与税收政策研究》（下册），中国金融出版社2017年版。

2015 年先后修改了两次。虽然海关程序规定都应遵循该法，但目前海关当局仍主要适用之前的《海关法》（Carniskizakon，Official Gazette of the Republic of Serbia，No. 73/2003，61/2005，85/2005，62/2006，63/2006，9/2010 and 18/2010）。

目前塞尔维亚适用的是于 12 月 31 日在“官方公报”上公布的海关税则，有效期为 2016 年全年，塞尔维亚海关关税税则每年与“欧盟联合命名办法”协调一致。

塞尔维亚与下列实体/国家签订了自由贸易协定：①关于贸易和贸易相关事项的临时协定，以及与欧盟成员国签订的稳定与结盟协定（SAA）；②与阿尔巴尼亚、波斯尼亚和黑塞哥维那、马其顿、摩尔多瓦、黑山、塞尔维亚和科索沃特派团签订的中欧自由贸易协定（CEFTA）；③俄罗斯、白俄罗斯、哈萨克斯坦（2010 年 10 月）；④土耳其；⑤由冰岛、列支敦士登、挪威和瑞士组成的欧洲自由贸易联盟（EFTA）。

值得注意的是，塞尔维亚与 26 个国家签订了有关海关事务的双边合作协议，其中包括中国。也就是说，前南斯拉夫社会主义联邦共和国和中华人民共和国之间缔结的双边协定于 1989 年 9 月 1 日生效，而塞尔维亚作为南斯拉夫的法律继承国，接受并承认南斯拉夫和中国在 1955 年至 1992 年期间签订的所有双边协定的效力。

2. *海关管理和程序*

进入或离开塞尔维亚关税区的所有货物必须通过海关过境点，即进口、出口和过境的货物、人员和车辆的指定海关检查点。进口货物的人必须向海关当局报告，并立即将货物运到海关或海关指定的其他地点。在交货和签发报关单前，须经海关审批，包括对货物进行检查、抽样，以确定其是否已按照海关批准的办法处理或使用相应货物。交付给海关当局的货物也必须要在交付后立即发出的汇总报关单中注明。

除了国家标准的汇总报关单，《国际公路运输公约》规定的文件、《关于货物暂准进口的 ATA 报关单证册海关公约》规定的文件、标准国际文件（唯一的海关文件）（塞尔维亚语：Jedinstvena Carinska Isprava，JCI）和海关价值申报单（DCV）也可用于海关程序中。

需要经过海关审查批准的货物必须在申报单中载明，即申报人必须在将货物投入自由流通环节前向海关提交请求，以获得其批准。塞尔维亚的海关制度规定了以下类别的海关审批程序：货物进入自由流通环节；过境；海关仓库；内向加工；海关控制下的加工；临时进口；外发加工；出口。

3. 统计数据

中国多年来一直是塞尔维亚最重要的对外贸易和金融合作伙伴之一。2015 年，在塞尔维亚出口产品的168 个市场中，中国排在第43 位，而在塞尔维亚进口产品的201 个国家中，中国排名第4 位。2015 年，中国占塞尔维亚出口总额的0.1%，占进口总额的7.3%，其价值体现为以下数额：塞尔维亚对中国的出口额为2080 万美元，塞尔维亚对中国的进口额高达16 亿美元。[1]

第三节　中欧国家

一、奥地利

于济铜

（一）国家概况

奥地利共和国（以下简称“奥地利”）是位于欧洲中部的传统发达国家，欧盟成员国之一。2018 年，奥地利的竞争力排名全球第22 位，[2]营商便利度排名全球第22 位。[3]奥地利2018 年国内生产总值约4.59 亿美元，与往年相比呈上升趋势，且增速高于欧盟平均水平；人均国内生产总值为4.5 万美元，位居欧洲前列。[4]

---

〔1〕 Serbian Chamber of Commerce, at http://pks.rs/MSaradnja.aspx? id = 73&p = 1&pp = 2&, May 29, 2019.

〔2〕 World Economic Forum, The Global Competitiveness Report 2018, at http://reports.weforum.org/global-competitiveness-report-2018/, May 20, 2019.

〔3〕 World Bank Database, at https://data.worldbank.org.cn/indicator/NY.GDP.MKTP.CD? end = 2017&locations = AT&start = 2017&view = bar, May 20, 2019.

〔4〕 Australia Government Department of Foreign Affairs and Trade, at https://dfat.gov.au/trade/resources/Documents/asta.pdf, May 20, 2019.

奥地利是连接东西欧的枢纽，经贸结构也因此具有明显的"双核心"特征。一方面，德国作为奥地利最大的贸易和投资伙伴，对奥地利的经贸有着重要的影响力；另一方面，中东欧国家与奥地利的联系也十分密切，是奥地利重要的出口市场和投资输出地。

奥地利的经济辐射力很强，遍及全球各地。[1]针对东欧，约300家跨国公司在奥地利建立了中东欧区域总部，1000余家国际公司将奥地利作为通往新东欧的跳板；针对欧盟，2017年奥地利进口的70.27%均来自欧盟；针对亚洲美洲，2017年美国是奥地利的第二大出口国，中国是第三大进口国。[2]

奥地利的产业结构以服务业为主，工业占比适中，抗风险能力较强。2017年奥地利第三产业占比70.5%，第二产业占比28.3%，第一产业占比1.2%。[3]奥地利的服务业以旅游和金融见长，2017年接待游客约4200万人次。[4]工业部门则以机械工业、化工业、食品和饮料工业、金属加工业、汽车业为主。

奥地利注重科技创新和环境保护，[5]这使得其近年来能源及环保产业也得以蓬勃发展。[6]2017年奥地利的科技研发投入为113亿欧元，在欧盟中排名第2位；[7] 2018年，奥地利向欧盟递交了《国家行动计划：可再生能源》的报告，计划到2020年使本国的可再生能源占到能源消耗的34%。[8]

---

[1] 商务部国际贸易经济合作研究院、中国驻奥地利使馆经济商务参赞处、商务部对外投资和经济合作司：《对外投资合作国别（地区）指南·奥地利（2018年版）》，第16页，载 http://www.mofcom.gov.cn/dl/gbdqzn/upload/aodili.pdf，最后访问日期：2019年5月20日。

[2] Statistik Austria, Foreign Trade, at http://www.statistik.at/web_en/statistics/Economy/foreign_trade/index.html, May 20, 2019.

[3] Ibid.

[4] Statistik Austria, Tourism, at http://www.statistik.at/web_en/statistics/Economy/tourism/index.html, May 20, 2019.

[5] Federal Ministry Republic of Austria Digital and Economic Affairs, Local and Business Policy, at https://www.en.bmdw.gv.at/BusinessLocationInnovationandInternationalPolicy/Location_Policy/Seiten/default.aspx, May 20, 2019.

[6] Australia Government Department of Foreign Affairs and Trade, at https://dfat.gov.au/trade/engage/economic-diplomacy/Documents/austria-market-insight.pdf, May 20, 2019.

[7] 商务部国际贸易经济合作研究院、中国驻奥地利使馆经济商务参赞处、商务部对外投资和经济合作司：《对外投资合作国别（地区）指南·奥地利（2018年版）》，第12页。

[8] 商务部国际贸易经济合作研究院、中国驻奥地利使馆经济商务参赞处、商务部对外投资和经济合作司：《对外投资合作国别（地区）指南·奥地利（2018年版）》，第19页。

奥地利的自然资源丰富，以森林和水力资源见长。森林覆盖率47.6%，有林场400万公顷，木材储蓄量约11.35亿立方米。[1]2015年，热水费每吨约1.1欧元，废水处理费每吨约1.1欧元。矿产资源主要为石墨、镁、褐煤、铁、石油、天然气等，2017年工业用天然气为13.8欧元/GJ（燃烧值）。[2]

奥地利的基础设施十分完善。交通方面，奥地利全国各类公路总长约12.5万公里，铁路总长5702公里，飞行3小时以内可以到达欧洲任意主要城市，2016年奥地利境内长达350公里的多瑙河的货运量达到了910万吨。与中国的交通亦十分便利，2009年初开通的欧亚大陆桥新线实现了从中国北方到奥地利中部的沟通，单程运输仅需两周；目前与中国间可以实现北京、上海、香港和深圳的直航。[3]

通信设施方面，2012年奥地利联邦交通、创新和技术部出台了《2020宽带战略计划》，计划到2020年实现100兆宽带全国覆盖的目标。目前，奥地利已实现全部企业和89%家庭的互联网接入。[4]

电力方面，奥地利与德国、捷克等周边国家实现了电网互通，2016年全国电力消费30.36万太焦耳，出口6.91万焦耳，完全可以满足工业和居民生活用电的需求。[5]

奥地利的《银行保密法》在国际上享有盛誉，与瑞士、卢森堡齐名。[6]奥地利的外国企业享有国民待遇。

奥地利曾经饱受诟病的公共债务情况正在逐渐改善，2018年奥地利负债率从2017年的78.2%下降至73.8%。2018年奥地利自1974年以来再次实现

---

〔1〕 商务部国际贸易经济合作研究院、中国驻奥地利使馆经济商务参赞处、商务部对外投资和经济合作司：《对外投资合作国别（地区）指南·奥地利（2018年版）》，第5页。

〔2〕 商务部国际贸易经济合作研究院、中国驻奥地利使馆经济商务参赞处、商务部对外投资和经济合作司：《对外投资合作国别（地区）指南·奥地利（2018年版）》，第30页。

〔3〕 商务部国际贸易经济合作研究院、中国驻奥地利使馆经济商务参赞处、商务部对外投资和经济合作司：《对外投资合作国别（地区）指南·奥地利（2018年版）》，第22页。

〔4〕 商务部国际贸易经济合作研究院，中国驻奥地利使馆经济商务参赞处，商务部对外投资和经济合作司：《对外投资合作国别（地区）指南·奥地利（2018年版）》，第23页。

〔5〕 商务部国际贸易经济合作研究院，中国驻奥地利使馆经济商务参赞处，商务部对外投资和经济合作司：《对外投资合作国别（地区）指南·奥地利（2018年版）》，第23页。

〔6〕 商务部国际贸易经济合作研究院，中国驻奥地利使馆经济商务参赞处，商务部对外投资和经济合作司：《对外投资合作国别（地区）指南·奥地利（2018年版）》，第28页。

零赤字。[1]

（二）贸易主管部门

奥地利的贸易管理体系为单核制，其贸易主管部门为奥地利联邦数字化与经济区位部（Bundesministerium für Digitalisierung und Wirtschaftsstandort）。

奥地利联邦数字化与经济区位部的职能为：加快奥地利数字化转型，完善数字创新和技术转移相关法律框架，协调推进“电子政府”建设，进一步增强奥经济区位优势，营造良好的投资营商环境，简化审批手续、开放市场准入，同时加大研发创新投入，提升企业竞争力。[2]

奥地利联邦商会（The Austrian Economic Chambers）成立于1848年，是奥地利最高一级的商会组织，所有在奥企业均是联邦商会会员。其职责是服务本国企业和促进外贸，主要包括提供外贸数据、出版制造商和进出口商名录、提供展会及商情信息等服务。在华设有北京、上海、广州和香港四个商务机构以及沈阳、西安和成都三个代表处。[3]

奥地利工业联合会（Vereinigungder Österreichischen Industrie）由位于布鲁塞尔的欧洲中央办事处和九个独立的地区组织构成。该联合会的宗旨为“性能和责任”，旨在为奥地利工业提出有针对性的和可持续的发展方式，促进奥地利的就业、经济和环境的共同发展。[4]

2017年6月27日，奥地利中资企业协会在维也纳成立。该协会致力于成为中奥企业之间的沟通桥梁、合作平台和友谊使者，广泛接触奥地利政府和其他商协会，为两国企业的经贸合作提供助力。[5]

---

〔1〕 World Bank Database, supra note.

〔2〕 中华人民共和国驻奥地利共和国大使馆经济商务处：《奥地利联邦数字化与经济区位部》，载 http://at. mofcom. gov. cn/article/jmjg/zwglbm/201807/20180702764580. shtml，最后访问日期：2019年5月20日。

〔3〕 中华人民共和国驻奥地利共和国大使馆经济商务处：《奥地利联邦商会》，载 http://at. mofcom. gov. cn/article/jmjg/zwshanghui/201505/20150500990108. shtml，最后访问日期：2019年5月20日。

〔4〕 中华人民共和国驻奥地利共和国大使馆经济商务处：《奥地利工业联合会》，载 http://at. mofcom. gov. cn/article/jmjg/zwshanghui/201412/20141200833788. shtml，最后访问日期：2019年5月20日。

〔5〕 中华人民共和国驻奥地利共和国大使馆：《在奥地利的中国企业有了自己的协会》，载 https://mp. weixin. qq. com/s/ - _VQii3qh9KbhPYK - swESA，最后访问日期：2019年5月20日。

（三）贸易法律法规

1. 法律体系

奥地利作为欧盟成员国，总体上适用欧盟的贸易法律体系。欧盟与第三国签订的国际贸易协议直接适用于奥地利。奥地利与欧盟外第三国的贸易适用欧盟对第三国共同贸易政策的所有措施与原则，包括《共同体海关法典》（Community Customs Code）、《共同海关税则》（Common Customs Tariff）等。[1]

奥地利自己制定的与贸易有关的法律主要有《对外贸易法》《电子商务法》《联邦消费者保护法》《产品责任法》等。[2]

奥地利政府享有颁发进出口许可证，和因经济以外的原因，如保护人类和动物的健康的原因，规定出口的限制的权力。[3]

2. 贸易救济

奥地利作为欧盟成员国，原则上适用欧盟的反补贴、反倾销、保障措施、数量限制和进出口禁令，由欧盟委员会负责政策执行以及进行反倾销、反补贴和保障措施调查。

但是，如果是出于保护社会公德和安全、人的健康和生命、动植物、具有艺术历史和考古价值的国家宝藏或者保护商业和知识产权的目的，奥地利也可以自行决定相关的禁令、限制和监管手段，但措施不能构成歧视或变相限制。[4]相关立法包括《联邦反不正当竞争法》等。

（四）重要法律法规

1988 年《产品责任法》明确了在奥地利流通的商品造成损害时的责任归属。当产品对人的身体健康，或在对物造成损失且满足并非承销商自己内部使用、损失超过 500 欧元的情况下，使商品进入流通领域的制造者和进口商需对商品造成的损害承担责任。当上述责任人的身份无法确定时，除非承销

---

〔1〕 商务部国际贸易经济合作研究院、中国驻奥地利使馆经济商务参赞处、商务部对外投资和经济合作司、《对外投资合作国别（地区）指南 · 奥地利（2018 年版）》，第 34 页。

〔2〕 Washington Austrian Embassy, at https://www.austria.org/export-control, May 20, 2019.

〔3〕 Ibid.

〔4〕 Ibid.

人可以在合理期限内提供制造者和进口商的身份信息，否则使商品进入流通流域的承销人将承担责任。[1]

1984 年《联邦反不正当竞争法》主要规制了攻击性的商业行为、误导性的商业行为、滥用他人的商业设计、泄露商业机密、容易导致混淆的广告竞争行为等。该法律规定，对于造成不正当竞争的相关企业，除了需要赔偿造成的损失之外，法院还可以酌情判处额外的罚金。[2]

2001 年《电子商务法》规定了电子商务中经营者权限的获得、合同的缔结、服务提供者的相关责任和与其他国家在电子商务中的合作条款等内容。法律规定，对于非特殊或独占性的电子商务服务，包括通信服务在内，不存在专门的授权机构来授权准入，可以自由开展商务活动。[3]

（五）贸易管控情况

奥地利的进出口管控总体上与欧盟保持一致，国内立法有《危险品控制法》[4]等。奥地利对于烟草和酒精的特殊规定如下：

1. 烟草

奥地利对进口烟草征收普通关税、关贸总协定关税和增值税。[5]奥地利的烟草进口由政府的烟草专卖机构奥地利 Tabak（简称 AT）控制。作为一个国有企业，AT 试图以易货贸易的方式解决烟草进口的需要。

2. 酒精饮品

通常，从非欧盟国家到奥地利运输的酒精饮品，除特定的免税数额以外，需要向海关进行申报。从欧盟成员国流入，需要证明该酒精饮品仅用于自用，否则仍需要交税，而不是遵从商品自由流通原则（Freier Warenverkehr）免

---

〔1〕 Product Liability Act, at https://www.ris.bka.gv.at/Dokumente/Erv/ERV_1988_99/ERV_1988_99.pdf, May 20, 2019.

〔2〕 Federal Act Against Unfair Competition, at https://www.ris.bka.gv.at/Dokumente/Erv/ERV_1984_448/ERV_1984_448.pdf, May 20, 2019.

〔3〕 E-Commerce Act, at https://www.ris.bka.gv.at/Dokumente/Erv/ERV_2001_1_152/ERV_2001_1_152.pdf, May 20, 2019.

〔4〕 Product Safety Act 2004, at https://www.ris.bka.gv.at/Dokumente/Erv/ERV_2005_1_16/ERV_2005_1_16.pdf, May 20, 2019.

〔5〕 Tobacco and Non-Smoker Protection Act, at https://www.ris.bka.gv.at/Dokumente/Erv/ERV_1995_431/ERV_1995_431.pdf, May 20, 2019.

税。从欧盟特殊领域（例如法罗群岛、格林兰、黑尔戈兰岛、布辛根、法国海外属地、休达和梅利利亚等）进入奥地利境内的，须遵守从非欧盟国家入境的相关规定。对从奥兰岛、法国海外属地、海峡群岛以及加纳利群岛等地进入奥地利的货物，将征收其他进口关税，例如进口增值税。[1]

若从某个欧盟国家携带酒精饮品进入奥地利，途中需要经过瑞士，只要携带的数量不超过瑞士本国规定和上述标准，无需另行办理过境手续。若携带数量超过了瑞士本国的规定，则需要进行申报。在此过程中，需要通过支付押金来获得运输通行证，这笔押金将在离开瑞士时被退还。对于跨边境地区有着更加严格的携带规定，即仅可允许携带极少量酒精饮品。[2]

（六）海关管理情况

1. 清关

所有从国外运到奥地利的货物必须向距过境地点最近的海关呈验。进口或过境货物的托运人应在托运单证或路单上填写托运人申报单。报关负责人，指有权处理货物、保管货物或呈验托运单证和其他足以证明货物所有权的人，报关负责可通过其委托的代理人向海关申请结关。[3]

根据联邦法的规定，申报单内容应包括：报关方式、托运及收货负责人姓名和地址、包装件数和种类、货物的到达国等。还有按商业习惯和税则目录中所用的品名、计税标准及必需的资料，以及其他报关所需资料。[4]

书面报单必须签名并写明日期。用信息处理设备填写的报单，可以不用签字，由海关接收。但负责人应向海关声明，所报内容由他承担责任，在报单上应有报单填写人的代码。报关负责人在报关时须呈交货物进口许可证、商业发票、成交文件、传票等结关所需的各种证件。上述单证需要时另交德文译本。若海关拒收报单，所报货物必须复运出口，或存入海关仓库。其费

---

〔1〕 陈上伟：《携带酒精饮料入境奥地利须知》，载 http://dy.163.com/v2/article/detail/DLGT91H90514BTOD.html，最后访问日期：2019 年 5 月 20 日。

〔2〕 陈上伟：《携带酒精饮料入境奥地利须知》。

〔3〕 外贸日报：《奥地利口岸通关指南》，载 https://www.waimaoribao.com/wmgl/5085.html，最后访问日期：2019 年 5 月 20 日。

〔4〕 外贸日报：《奥地利口岸通关指南》。

用及风险由报关负责人自行承担，或在负责人保证遵守海关规章的情况下，由海关继续监管。[1]

产品制造商或者该产品的欧盟进口商可以申请 CE 标志。有 CE 标志的产品可以在欧洲经济区的所有国家自由交易和销售，不需要在这些国家中对该产品另行检测。CE 标志用来证明符合欧盟针对下列货物所规定的基本安全标准：机器、建筑材料、医疗器械、体育设备、玩具、爆炸性材料。但是玩具除外，2017 年起，从中国进口的玩具除贴有 CE 标签外，还必须接受奥地利自己质量监督机构的检验。如果不符合奥地利的标准，即使贴有证明符合 EN71 标准的 CE 标签，也不允许进口。

出口货物走奥地利双清到门，客户只需提供订单和装箱单发票，如果客户有报关资料则需提供品名和海关编码。如果收货人是个人，需提供个人税号，清关委托书。如果收货人是公司需提供企业营业执照以及清关委托书。奥地利双清到门最少两方起运，货物必需具备 CE 认证。液体粉末电池货物单独确认。

2. 通关所需文件

奥地利海关需要提供的进口单证为商业发票、原产地证书和提单。[2]

商业发票的内容应包括：托运人和收货人的姓名地址，货运的详细说明，包括特别标记、包裹号码、价值、原产地和生产国以及便于办理海关提货的其他说明。对进口的纺织品，诸如织物的型号、宽度和重量的特别说明必须包括在发票内。产地证书必须由发货人签字，由得到承认的商会证明，一份留作公证用，两份退回。

原产地证书必须在货物通关时在奥地利进口商手中，必须有货物的标记、编号、重量和价值。

提单通常要求包括发货人的姓名、收货人的姓名及地址、目的港、货物名称、运费和其他费用、全套提单的份数、正式的船运方收货的日期和签名等，提单必须与发票和包裹所列说明相符。空运货物须交空运提单。

---

〔1〕 外贸日报：《奥地利口岸通关指南》。

〔2〕 外贸日报：《奥地利口岸通关指南》。

（七）进出口检验检疫要求

奥地利作为欧盟成员国，将欧盟的相关检验检疫法规作为本国的法律执行，包括《关于植物进入欧盟的相关规定》《关于动物进入欧盟的相关规定》等。根据欧洲联盟的要求，所有入境欧盟成员国的“动物源性产品”，都必须出具检疫部门的检疫证明，否则货物到达欧洲后无法进行正常的通关，货物可能会被扣留，航空公司也会被开具罚单。此外，运往欧盟成员国的活体动物也必须提供县（区）级（含）以上检疫部门的检疫证明。

“动物源性产品”包括所有源自动物的食品，无论是否经过加工。在某些情况下包括供食用的活动物（如龙虾或活的双壳类软体动物）。其中未经加工的动物源性产品包括新鲜肉、生鲜奶、新鲜水产品、蜂蜜等；加工过的产品是将动物源性原料进行诸如加热、烟熏、腌制、盐渍、熟化、烘干、浸泡等加工后得到的。这类加工必须对原料有实质性改变。例如火腿、意大利腊肠、干酪、酸乳酪、水果酸奶、调味浸泡和烟熏肉等等。

2005年4月，中奥两国政府签订了《关于动物检疫及动物卫生合作协定》。2015年3月，中国质检总局与奥地利联邦卫生部签署了《关于中国从奥地利输入冷冻猪肉的检验检疫和卫生条件议定书》。[1]

（八）关税

奥地利适用欧盟共同体海关税制，[2]在欧洲的内部市场范围内没有关税。欧盟以关税同盟的形式对外执行统一的关税。税率表包括协议税率，适用于世界贸易组织成员和与共同体签订最惠国协议的国家。[3]

部分产品（主要是食品）在税率表中采用自主关税，不受最惠国待遇和WTO义务约束。每年10月底在欧盟官方公报上公布下一年度共同体关税税则。具体税率可以在TARIC输入商品的海关编码查询有关关税税率以及其他相关信息，如关税配额、数量限制、关税中止、反倾销税、反补贴税、农业

---

〔1〕 中华人民共和国外交部：《中国同奥地利的关系》，载 https://www.fmprc.gov.cn/web/gjhdq_676201/gj_676203/oz_678770/1206_678868/sbgx_678872/t7192.shtml，最后访问日期：2019年5月20日。

〔2〕 Export Gov., Austria Country Commercial Guide, at https://www.export.gov/article? id = Austria - Customs - Regulations, May 20, 2019.

〔3〕 AIOExpress Help Centre, at http://www.aioexpress.com/news4759, May 20, 2019.

税、监管条件等针对该产品的外贸政策措施。[1]

奥地利关税的缴纳可以采用以下方式：现款押金、由有信誉的奥地利银行以保证书形式提供担保。[2]

（九）便利政策

奥地利适用欧盟成员国给予发展中国家单项的关税优惠政策，包括对非洲、加勒比海和太平洋国家的协议关税和普惠制（GSP），以及在自由贸易区协议框架下的互惠安排。必须呈交原产地证明，才能够享受优惠关税。[3]

进口没有商业价值的样品可以免征关税，但需要打上相应的标志或者贬值标志。临时进口到奥地利的货物可以使用临时进口证 Carnet ATA。[4]

近来，奥地利和中国之间实现了“经认证的经营者”（AEO）互认，两国的 AEO 企业的进口货物在通关环节享有较低查验率、简化单证审核、优先通关等便利措施，通关效率较其他进口货物具有显著优势。AEO 制度由世界海关组织倡导，旨在通过海关对守法程度、信用状况和安全水平较高的企业进行认证，给予企业通关便利。实现后，中国 AEO 企业货物出口到奥地利时，查验率降低了 60% ~80%，通关时间和通关成本降低了 50% 以上。[5]

（十）其他重要规定

1. 对再出口商品的特别监管

奥地利允许海关保税手续后再出口的商品暂时入境。这些商品可从国外直接入境，也可按海关过境程序或从海关仓库、自由区直接入境。外国货物在结关后 3 年内由奥地利海关区域内再出口到供货者那里，已付进出口税的，有权需要退回，但进口商必须提出退税申请。奥地利海关给予进口商特别便利，如准许免税进口原料经加工后再出口，对这类企业实行特别监管。执行

---

〔1〕 中华人民共和国驻奥地利共和国大使馆经济商务处：《海关管理规章制度》，载 http://at.mofcom.gov.cn/article/ddfg/haiguan/201505/20150500988138.shtml，最后访问日期：2019 年 5 月 20 日。

〔2〕 外贸日报：《奥地利口岸通关指南》。

〔3〕 商务部国际贸易经济合作研究院、中国驻奥地利使馆经济商务参赞处、商务部对外投资和经济合作司：《对外投资合作国别（地区）指南·奥地利（2018 年版）》，第 35 页。

〔4〕 AIOExpress Help Centre, supra note.

〔5〕 中华人民共和国海关总署：《我国与 36 个国家和地区实现海关 AEO 互认》，载 http://www.customs.gov.cn/customs/302249/mtjj35/2172056/index.html，最后访问日期：2019 年 5 月 20 日。

特别监管的海关关员有以下权力：有权要求受惠商行作出适当安排，使海关能切实管理受惠货物及其制成品的购入、加工、出售及储存；在工作时间内可以无须出示特别证件进入库房和车间留驻察看，或检查根据总关指令所立的账册及特别营业记录表。[1]

2. 外汇

奥地利通用货币为欧元，人民币不能被用于在奥地利开展贸易和投资合作，中国主要银行发行的国际信用卡均可在奥地利使用。外资企业在奥地利注册之后可以在当地开立银行账户。

奥地利执行与欧元区国家相同的外汇管理政策，奉行外汇自由兑换制，近年来开始要求汇款人提交资金用途和合法来源证明。旅客在奥地利机场若携带相当于 1 万欧元或以上现金出入境有申报义务。海关有权根据相关法规对自然人、行李和交通工具进行监控，并没收未报关的现金。企业汇出利润时需要预扣 25% 的所得税，扣除可以根据两国政府的征税协议申请退税的 18%，实际缴纳额为 7%。[2]

二、捷克

李晶晶

（一）概况

捷克共和国（以下简称“捷克”）位于欧洲中部，首都布拉格。1993 年 1 月 1 日起，捷克成为独立主权国家，成功实现转轨，经济保持增长，社会和谐稳定。2004 年 5 月捷克加入欧盟，2005 年被世界银行列为高收入国家。

捷克是中东欧地区吸引外资最成功的国家之一。1993—2012 年，在中东欧地区 10 个新入盟成员中，捷克人均吸引外商直接投资排名第二，外资盈利排名第一。虽然捷克本国市场容量有限，但作为欧盟成员国，在捷克投资可以进入 5 亿人口的欧盟统一大市场。捷克地理位置优越，属于申根国家，与

---

〔1〕 外贸日报：《奥地利口岸通关指南》。

〔2〕 商务部国际贸易经济合作研究院、中国驻奥地利使馆经济商务参赞处、商务部对外投资和经济合作司：《对外投资合作国别（地区）指南 · 奥地利（2018 年版）》，第 28 页。

周边国家交通便捷，拥有良好的基础设施。捷克教育水平高、科技大学较多、拥有训练有素的技术工人，综合成本具有竞争力。此外，捷克法律健全、政策制定和执行较透明、政府办事效率较高，加之利率较低，对外资很有吸引力。捷克利用外资已从初级生产和组装向先进制造业及高附加值高科技发展，其鼓励投资的领域包括高技术制造业、服务业及研发中心等。[1]

中国与捷克金融合作不断加深，中国银行和中国工商银行相继在布拉格设立分行，中国交通银行也正在申请在捷克开设分行。互联互通顺利推进，目前已开通了北京、上海、成都、西安至布拉格的四条直达航线。两条"中欧班列"分别通达捷克首都布拉格和帕尔杜比采。[2]

（二）贸易监管的部门

在捷克，统一监管贸易的是工业和贸易部。该部门是目前捷克国内依据《职权法案》（Act No. 2/1969 Coll.）设立的 14 个部门之一。部长由总理提名，且同时是执政政府的成员。该部门负责监管国内的工业和贸易政策、管理自然资源和能源储备，以及协调和各州相关的国际贸易制度和外国贸易政策。该部门是国家管理自然资源开采、能源开发，以及原油、固体燃料、矿石及核燃料的精炼、冶金机械制造、电子制造、化工产业和塑料、玻璃、陶瓷、建材的制造、建筑工程、纸品、测谎仪以及木加工的制造，以及医疗生产和非金属加工的中央权力机关。

应注意，该部门对于上述领域的控制权在范围和程度上受到很大的限制。该部门在其职权范围内并不直接组织或命令个体企业的行为，而是仅仅监督法律和规范的实施并监管相关行业的合规性。该部门还负责对国际双边或多边贸易和经济协定的谈判，以及管理捷克和欧盟、欧洲自由贸易联盟、世界贸易组织和其他国际贸易组织的经济合作。

至于国际货物贸易，该部门在监管"许可货物"（包括军用和非军用的武器、弹药、爆炸物、两用技术和欧盟规则中限制交易的其他材料）的贸易中

---

〔1〕 徐绍史主编：《"一带一路"与国际产能合作：国别合作指南》，机械工业出版社 2017 年版。

〔2〕 商务部国际贸易经济合作研究院、中国驻捷克大使馆经济商务参赞处、商务部对外投资和经济合作司：《对外投资合作国别（地区）指南·捷克（2018 年版）》，载 http://www.mofcom.gov.cn/dl/gbdqzn/upload/jieke.pdf，最后访问日期：2019 年 6 月 13 日。

发挥着重要的作用。该部门对上述货物的交易发放许可证并监管其合规性。

该部门还负责对被认为从不合理的补贴中获益的进口货物实施反倾销措施。该部门在实施该政策时和欧盟紧密合作，且欧盟是欧洲共同市场的最终决策者。

此外，该部门是下列机构的主管部门：捷克贸易检查机构，负责国内货物和服务贸易的监管；国家能源检查机构，负责监管生产、分销、销售电力、天然气和热能的行为的合规；捷克支持商业和投资机构，负责促进捷克的创业活动和境外对内投资；捷克支持贸易机构，负责促进出口，推广捷克的产品和服务；技术标准化、计量和检测办公室，负责技术标准、官方检测和计量及其他若干事项。

（三）贸易法律法规

本部分主要关注两个话题：专业企业间商业行为的规则和向消费者提供货物和服务的规则。

对于前者，捷克之前有在普通民法外的商业法管理企业间的交易，且和普通民法相比对特定的合同部分（如形式、保证和时效）有特殊规定。但该方法已于 2014 年通过新《民法典》（Act No. 89/2012 Coll.）后被废止，新《民法典》统一了所有的私人间交易，不论参与者的身份。贸易法中大部分和合同相关的内容被认为已包含于该法典中。

唯一的区别在于不正当竞争的规则。该等规则规定于新《民法典》第 2976 ~ 2990 条。上述规则禁止任何和正当商业交易道德相违背且损害其他竞争者或消费者的行为，并提供了该等行为的主要范例：虚假广告、虚假的货物或服务标识、不合法的比较性广告、仿冒其他产品、对他人名誉的搭便车、贿赂、诋毁竞争对手的商誉、违反商业保密义务、垃圾邮件和违反环境和安全标准而获得的不合理优势。

与此相关的法规是关于保护市场竞争、避免垄断的。保护市场竞争、禁止企业间任何意图限制市场竞争的协议、滥用市场支配地位等事项规定在《竞争保护法》（Act No. 143/2001 Coll.）中。监管部门是保护竞争办公室。

消费者相关法律和上述法律的主要区别在于在消费者和专业企业的交易中，消费者具有特殊地位：新《民法典》第 1810 ~ 1867 条中的一系列规定向消费者提供了很多“特权”，旨在保护消费者不受不道德的商业行为之害，且在不公平的领域，在一定程度上给予被认为较弱、欠缺专业知识的一方相应的照顾。上述规则特别关注消费者应当获得关于交易本身及交易对方身份的、合适的、清楚的、非误导性的信息，且禁止在合同中出现对消费者而言不可预期的或非常不合理、义务过重的条款。特别是有一条是关于和消费者签订的远距离合同，根据该条款，消费者有权无条件在 14 天内解除合同。

消费者保护在公法（如行政法，和私法、合同法相对）中也有额外规定，上述公法规则包括调整货物的销售、储存、运输及其法定成分、安全标准和认证。如前所述，因为欧洲市场的统一运作一般允许合法进入欧盟成员国的货物在整个欧盟销售，货物的标准也由欧盟立法统一协调。不同的机构根据产品的具体领域和类别负责监督货物的合规性，例如，公共健康机构监管儿童产品的安全性，食品和农业检查机构监管食品安全和餐馆条件，捷克贸易检查机构负责非食品类消费者产品的销售、合规和标记。

（四）贸易管理

作为一个基于自由行使和处置私人所有权的开放市场经济，捷克并没有设立专门负责指导生产、销售产品和服务的政府部门。

此外，作为一个被陆地包围的、全部属于申根地区（货物自由贸易）的国家，捷克并不对国际贸易行使广泛的、直接的、单个的控制，但通过国际机场进入捷克的货物除外。

因此，贸易并不是被严格“管理”的。国家政策主要通过间接方式执行，包括税收、补贴、法规和其他通过积极或消极的激励影响经济活动的方式。打个比方，在贸易领域，捷克不像是个园丁，决定在哪里、在什么时间种植什么以及什么需要被除掉，捷克更像是个公园管理员，保证和谐、不受指导的自然生长的理想条件。

该等自由主义的例外是被合法贸易和持有排除的特定货物（例如非法药物）、凭许可证才能销售的货物（如武器或特定的医疗产品或器械）、特定监管领域的货物或服务（如电力或其他公用设施）。

限制上述货物贸易的动机往往是出于公共或国家安全、遵守国际义务或健康考虑，例如理由往往是关注于安保利益或消费者/终端用户利益。负责各领域的监管部门主要根据各自的职权划分。例如电力贸易由能源监管办公室监管，该办公室主要负责在市场上保证稳定、可靠的能源供应。在向特定用户销售时，则适用特定规则。该等规则主要用于保护消费者不受切断、停电之害。作为欧盟的成员国和共同市场的参与者，捷克国内合法引进的货物被自动地认为可以在欧洲其他经济区成员国销售。因此，进入市场的所有货物应当遵守关于化学成分、可燃性、认证和其他事项的统一欧盟的指令和规则。

最后，金融法规对贸易的方式也有些直接的影响：任何超过 1 万欧元的现金交易或转让是被禁止的。这个在全欧洲适用的规则旨在防止洗钱和贿赂，并明确任何超过上述金额的支付必须通过银行账号并登记。

（五）基础设施建设

1. 公路

捷克地处中欧，与周边国家均有高速公路连接。捷克统计局数据显示，截至 2016 年底，捷克公路通车总里程 5.58 万公里，其中：高速公路 1223 公里，其他公路 5.5 万公里。另有欧洲公路网 2628 公里。2017 年，捷克公路客运量为 3.3 亿人次，货运量为 4.59 亿吨。〔1〕

2. 铁路

捷克的铁路与欧洲各国联网，乘火车可抵达欧洲各主要城市。截至 2016 年底，捷克有实际运营铁路 9564 公里。其中，电气化铁路 3236 公里，非电气化铁路 6328 公里。铁路密度为每百平方公里 12 公里。2017 年，捷克铁路客运量为 1.83 亿人次，货运量为 9564 万吨。〔2〕

另外，捷克有城市电力牵引公共交通运营线路总长 818.8 公里，其中，无轨电车道 402.4 公里，有轨电车道 351.3 公里，地铁 65.1 公里。

3. 空运

捷克目前共有 91 个民用机场，其中 6 个是国际机场，分别位于布拉格、布尔诺、俄斯特拉发、布杰约维采、卡罗维发利和帕尔杜比采，其余均为国

---

〔1〕 商务部国际贸易经济合作研究院、中国驻捷克大使馆经济商务参赞处、商务部对外投资和经济合作司：《对外投资合作国别（地区）指南·捷克（2018 年版）》。

〔2〕 商务部国际贸易经济合作研究院、中国驻捷克大使馆经济商务参赞处、商务部对外投资和经济合作司：《对外投资合作国别（地区）指南·捷克（2018 年版）》。

内和私人小机场，主要国际机场为布拉格瓦茨拉夫·哈维尔机场。此外，还有恰斯拉夫等4个军用机场。2017年，捷克航空客运量为1629万人次，货运量为8.9万吨。[1]

4. 水运

捷克是中欧内陆国家，有几十个小型内河港口和码头，主要分布在拉贝河（德国境内为易北河）、伏尔塔瓦河和贝龙卡河沿岸，主要通航城市是杰钦、乌斯季、梅尔尼克、布拉格、洛沃西采和科林等，进出口货物可通过拉贝河-易北河航道到达鹿特丹等欧洲港口。截至2016年底，通航水运航道总长720.2公里（含运河和湖泊），其中运河航段38.6公里。2017年，捷克水运货运量为156.8万吨。[2]

5. 发展规划

捷克基础设施建设的基础虽然相对完善，但较西欧国家仍落后，发展潜力巨大。2014年以来，随着宏观经济转好，捷克的投资环境日趋改善。中长期内，在政府实行积极的财政政策拉动、加大公共基础设施投资的利好影响下，捷克的基建市场前景较为乐观。

在交通基础设施方面，捷克所处欧洲中心的地理位置使其成为欧洲过境走廊的天然枢纽。中长期内，捷克将加快D1高速公路的建设；斥巨资升级改造铁路网、加速高铁布局；着手欧盟“九大走廊”建设计划中“波罗的海-亚得里亚海走廊、东欧-地中海走廊”的捷克境内项目建设；推动廉价航空机场建设及“多瑙河-奥得河-易北河三河跨国运河项目”的磋商。其中，在高铁建设方面，根据捷克交通部发布的消息，由捷克铁路基础设施管理局（SZDC）筹划的这一高铁网建设将分两阶段施工，高铁时速将达300公里左右。根据计划，第一阶段的建设将主要集中在捷克与周边国家的高铁连接。截止到2030年左右，高铁将连接布拉格与德国、布尔诺与斯洛伐克及布尔诺与奥地利。第二阶段的高铁将连接布拉格与布尔诺，预计在2050年施工建设。

---

〔1〕 商务部国际贸易经济合作研究院、中国驻捷克大使馆经济商务参赞处、商务部对外投资和经济合作司：《对外投资合作国别（地区）指南·捷克（2018年版）》。

〔2〕 汪应洛等主编：《“一带一路”国家国情手册》，科学出版社2016年版。

在能源与公共事业基础设施方面，中长期内，在欧盟力推减排目标的背景下，捷克将加大新能源项目的建设力度。2015 年捷克政府通过能源战略方案，该战略将促使捷克政府于 2016 年底启动现有的两个核电站（杜科瓦尼和特梅林）新反应堆的项目招标。但由于种种原因，目前新项目的招标工作尚未启动。另外，在俄罗斯－乌克兰危机之下，捷克还将加快油气管道等战略性能源项目的建设，以降低对俄能源的依赖度。

在旅游基础设施方面，随着中国居民收入的增加，赴捷克旅游签证的简化及内地至捷克直航线路的开通，到捷克旅游的中国游客数量正在不断增加。2017 年，到捷克的中国大陆游客数量已接近 50 万人次。2016 年 3 月习近平主席访捷期间，中国商务部与捷克地方发展部签署了《关于加强旅游基础设施投资合作的备忘录》。中长期内，布拉格有望成为中国游客出境游的重要目的地和进入中东欧的中转地，中捷两国在酒店开发、机场建设及相关旅游基础设施的建设方面将有很大的合作空间。

在住宅及非住宅基础设施方面，随着捷克老龄化加剧及科研创新活动的增加，中长期内，捷克将加速发展医疗及科研类的基础设施建设项目。另外，外籍人士购买公寓类房产的投资保值行为也将带动相关项目的建设。

（六）金融环境

1. 外汇管理

捷克外汇管理政策相对宽松。在捷克注册企业和拥有长期居留许可的个人均可开立外汇账户，来源合法的外汇资金可自由进出。外资企业在捷克投资收益只要来源合法，其汇出不受限制。

但是，捷克政府对外汇资金流动实行严格监控。捷克银行对外汇流动有一套完整监管制度，外汇汇到国外要写明具体用途；个人出入捷克边境携带超过 1 万欧元现金，须向捷克海关申报。[1]

2. 银行和保险公司

捷克国家银行（CNB）是捷克的中央银行。捷克储蓄银行（ČS）、捷克

〔1〕 徐绍史主编：《一带一路国外投资指南》（下），机械工业出版社 2016 年版。

商业银行（KB）和捷克斯洛伐克商业银行（ČSOB）是捷克传统的三大银行品牌，但目前大股东也均是外资金融集团。外资品牌银行主要有奥合银行（Raiffeisen）、裕信银行（Unicredit）、花旗银行和汇丰银行等。

2015年8月，中国银行在捷克设立布拉格分行。中国银行在捷克分行成立前就已在捷克开展业务，帮助中国和捷克的多家公司提供并购贷款服务。未来中国银行布拉格分行将主要参与捷克的基础建设和科技研发项目，承销人民币债券。此外，还将为两国中小企业提供资金支持和风险防范。

2017年4月，中国工商银行获准在布拉格设立分行。在中东欧地区，工商银行以“一带一路”倡议为契机积极推动当地企业与中国企业开展合作，在基础设施升级、可再生能源开发、工业园区建设、制造业、物流和研发等领域提供项目投融资支持，并配套存款、结算、账户监管等本地化服务。

此外，中国进出口银行与捷克出口银行签署了《促进中捷企业双向投资银行间合作协议》。根据协议，两行拟合作对中捷两国基础设施建设项目及中捷投资及贸易往来提供融资支持及政策建议。

捷克的主要保险公司包括：VZP、Slavia、Maxima、Victoria 和 Volkbank 等，能提供各类个人及商业保险。另外，捷克出口担保和保险公司（EGAP）是官方保险机构，主要侧重于一般商业保险所不予承保的政治和商业风险，为捷克出口企业提供融资。

捷克法律对外国自然人和法律实体开设银行账户没有限制，但不同银行所要求提交的材料可能不尽相同，处理材料的时限也可能不同，详情可向相关银行咨询。

3. 融资条件

在融资服务方面，外资企业与捷克本地企业享受同等待遇，融资形式取决于该企业资信情况。捷克银行对企业信用要求较高，对中国在捷克投资企业一般以抵押贷款为主。在捷克开展基础设施建设行业，可能涉及的融资方式主要包括出口信贷、银行贷款、项目融资、信用保险项下融资、内保外贷等，此外，可以应用到的资金还包括欧盟基金等。[1]

---

〔1〕 徐绍史主编：《“一带一路”与国际产能合作：国别合作指南》，机械工业出版社2017年版。

由于不同银行对开具保函所要求提交的材料可能不尽相同，处理材料的时限也可能不同，企业须向相关银行咨询。

（七）进出口商品检验检疫

如前所述，捷克是内陆国家，被欧盟的共同市场地区环绕。进出口的所有事项在欧盟层面进行，且市场进入是在边境线上被管理的，捷克官方几乎只在国际机场行使货物进出口的传统权力。

同样，进出口的核心规则是在欧盟内统一协调的，基本遵循了适用于其他成员国的规则。另外，除了极少数的例外（例如受《濒危野生动植物种国际贸易公约》保护的濒危物种），海关规则和检验仅适用于和第三方国家的贸易（非欧盟、非欧洲经济区）。

海关检验规则规定于《海关法案》（Act No. 242/2016 Coll.）中，并由海关部门负责执行。海关部门负责处理正确标记、对进口货物征收税费和关税及相关知识产权事务，如禁止假冒产品进入市场，及以此为目的检验进口货物等事项。

在公共安全和公共利益方面，如防止疾病或害虫，海关部门和其他专门的政府机构紧密合作。这涉及进口活畜、动物制品、植物和粮食。

国家植物检疫局也开展类似的合作，主要是根据《植物检疫保护法》（Act No. 326/2004 Coll.），针对植物和种植物料的进口；捷克农业和食品检查机构，主要是根据欧洲议会和理事会规则第 882/2004 号针对非动物饲料和粮食的进口。

出口的海关规则也由欧盟主要根据理事会第 2913/92 号规则（《海关法典》）和委员会第 2594/93 号规则（一个具体执行的法规）统一协调。该等规则要求离开统一市场的货物应当向海关申报其性质、出口商、运输方式等。申报程序目前是全电子化的，可以全部以电子形式操作。

根据《关于检验军民两用货物和技术的出口规定》（Act No. 594/2004 Coll.）关于检验军民两用货物和技术的出口规定，对货物和服务出口的更高监管只针对武器和两用的货物和系统，包括转让软件，以及针对贸易禁运的实施。两用技术的出口由工业和贸易部的许可部门管理。

（八）海关管理

关于捷克的清关，作为欧盟成员国，捷克是共同海关区域的部分，故清关程序应当遵守下列规则，该等规则对所有欧盟成员国都适用：欧盟颁布的统一海关规则是有效的，特别是第 952/2013 号法规是《欧盟海关法典》；第 2015/2446 号委员会授权法规补充了该海关法典的特定条款；第 2015/2447 号委员会执行法规规定了该海关法典的执行细则；进出口以类别划分，进口税确定，使用统一的关税；所有欧盟成员国都遵守相同的对第三方国家适用的海关政策；在欧盟成员国之间交易的具有欧洲共同市场身份的货物不需要清关。

清关的某些方面，如确认关税责任的方式、违反海关法规由欧盟成员国管辖，适用修订后的《海关法案》（Act No. 242/2016 Coll.）。

1. 海关政策

欧盟的一般海关政策确保在特定情况下对从缔约国或组织进口适用特惠关税。适用特惠关税的产品、应当出具原产地证明，其格式由各自的协议确定。欧盟成员国不得对第三方国家适用非欧盟规则规定的其他限制或禁止。

进口货物的完税价格根据世界海关组织（WCO）的原则确定，该等价格等于将该等货物向欧盟海关区出口已经支付或将会支付的兑换成捷克克朗的价格。如果附加费用（如运费、保险或许可费）没有包含在上述价格中，则附加费用应当被计入为该等货物支付的价格中。

如果完税价格无法根据上述原则确定，那么应当根据同时间或差不多时间内，相同或类似货物向欧洲共同市场出口的价格确定。

关税根据下列方式分类：按价收取，即按照完税价格的特定比例确定；特定方式，即按照一定数量（如每件、每千克）的货物配以固定金额确定；结合方式，即将上述两种方式结合适用。

被征收关税的应当被担保或支付。若其被担保，则应当在征税决定送达后 10 日内支付。

增值税在货物进口时不需要被征收，但纳税人在相关的退税表中申报此税的，纳税人能够同时享有退还增值税的权利，但仍需要满足一些法定条件。

2. 海关系统

海关系统决定了货物在海关监管下的状态。基本的海关系统是：同意进入自由流通、运输和出口。除此之外，在特定条件下且在取得海关部门事前书面许可的情况下，可以有下列经济性的海关系统：海关仓库、出料加工、海关监督加工、临时进口和来料加工。为确保物流稳定和降低行政成本，可以要求相关海关部门进行简易清关，或在确认原产地时进行简易清关。

如需货物进入欧洲共同市场区流通，则电子海关申报是必需的。此外，在出口清关时，使用的是出口控制系统（ECS），目的是增进和欧盟成员之间的电子信息交换。其他海关系统也将会逐步通过电子交流项目被实施。任何人可以在清关流程中安排代理。代理可以是：直接代理，代理人以被代理人之名义和利益行使代理权；间接代理，代理人以自己的名义但以被代理人之利益行使代理权。代理人必须向海关部门出具相应的授权书。

三、匈牙利

李晶晶

（一）概况

匈牙利地处欧洲中部，东邻乌克兰、罗马尼亚，南接塞尔维亚、克罗地亚、斯洛文尼亚，西靠奥地利，北连斯洛伐克，国土面积 9.3 万平方公里，边境线长 2246 公里，多瑙河及其支流蒂萨河纵贯全境。截至 2017 年 12 月，匈牙利人口总数为 977.1 万，人口密度 105 人/平方公里。匈牙利还是中东欧地区个体华商最为集中的国家之一，约三万华人在匈牙利从事商业批发零售、餐饮及房地产等业务。匈牙利主要民族为马扎尔族（即匈牙利族），约占 90%。少数民族有茨冈、德意志、斯洛伐克、克罗地亚、罗马尼亚、乌克兰、塞尔维亚等民族。官方语言为匈牙利语，英语、德语亦很普及。匈牙利居民主要信奉天主教和基督教，分别占比 66.2% 和 17.9%。

匈牙利地处东西方交汇处，也是我国推进“一带一路”建设的必经之地。匈牙利属中等发达国家，2017 年人均 GDP 超过 1.4 万美元，经济发展水平在中东欧地区位居前列。2017 年经济增长 4%，外贸进出口额为约 2176.9 亿美元，创历史新高。在经济稳步增长的同时，成功抑制了通货膨胀，2017 年通货膨胀率为2.4%。2017年末匈牙利失业率仅为3.8%，全年平均失业率4.2%。匈牙利地理位置优越，区位优势突出，基础设施完善，劳动力性价比高，投资环境较好，这些因素决定了其在欧洲的生产基地和物流集散中心的地位。奔驰、奥迪、宝马、意昂、通用电气、西门子、三星、博世、宝洁、特易购、欧尚等众多世界500强企业均在当地入驻，或投资设厂，或设立物流配送中心、研发中心和服务中心，形成了汽车、电子、制药、信息、可再生能源及物流等支柱产业。〔1〕

2017年5月，中匈两国发布建立全面战略伙伴关系的联合声明，中匈两国视彼此为长期稳定的战略伙伴、视彼此发展为互利共赢的重要机遇，两国人民对双方经贸合作前景充满信心。匈牙利政府欢迎更多的中国企业和个人到匈投资，中国驻匈牙利使馆经商参处将一如既往地为两国企业的务实合作和两国人员的友好往来牵线搭桥，做好各项服务工作。〔2〕

（二）贸易主管部门

1. 匈牙利贸易许可办公室

贸易政策的主要原则在欧盟层面规定，而国家主管部门负责其具体适用。匈牙利贸易许可办公室是匈牙利负责协调、控制和特许进出口及国内贸易的部门。在匈牙利贸易许可办公室组织内，贸易部负责全国进出口交易和贸易项目许可证的签发。每次商品从非欧盟成员国跨越匈牙利边境时，都需要获得该部门的许可。

作为原则，根据不同的欧盟法规，产品可以自由地进出欧盟，然而一些限制性措施可以规范国际贸易活动。

根据匈牙利法律，《关于跨越国境和海关的货物、服务和权益的第52/2012号政府法令》规定了需要进口、出口、再出口许可的完整的货物清单。该法令规定了许可条件和程序规则，以及申请许可证的官方表格。该法令中的例外情形都是基于保护公共安全的理由。例如，以下货物需要贸易许可办

〔1〕 高潮：《“一带一路”建设中匈牙利的投资机遇》，载《中国对外贸易》2016年第1期。

〔2〕 商务部国际贸易经济合作研究院、中国驻匈牙利大使馆经济商务参赞处、商务部对外投资和经济合作司：《对外投资合作国别（地区）指南·匈牙利（2018年版）》，载 http://www.mofcom.gov.cn/dl/gbdqzn/upload/xiongyali.pdf，最后访问日期：2019年6月13日。

公室的特别许可证：用于民用目的的爆炸物和烟火物品、安全防护用品、武器装备、放射性物质、可回收或有害废物、濒危动物和植物物种的部分或衍生品、监视设施、军事工程防御技术和受保护动物物种的活标本。

至于农产品，匈牙利许可程序与欧盟共同农业政策（CAP）一致。因此，某些农产品的进口需要俗称“AGRIM”的进口证书。欧洲议会和理事会第1308/2013号法规规定了需要进口证的商品，如谷物和大米、橄榄油、牛肉和小牛肉、糖、酒。匈牙利贸易许可办公室的一个重要任务是发放上述货物的进口许可证。

此许可证不影响报关义务，当货物跨越边境时必须支付关税。但是，出口或进口许可证的申请必须先于海关报关程序。

2. 国家运输部

国家运输部是唯一的管理和监督运输有关活动的部门。作为运输管理的中央部门，该部门监督和管理所有市场参与者的运作。该部门的主要职责是批准、控制和规范公路运输、民用航空、国有航空、铁路运输和水运运输。该部门同时负责签发上述商品的出口和进口许可证。

（三）贸易法律法规概况

1. 2005年第164号有关贸易的法案

该法规定了贸易活动的主要规则及其规范制度。该法适用于零售和批发活动。最近的修正案取消了此前成本昂贵且耗时的授权程序，采用了一步到位通知制度，大大减少了在匈牙利开办企业的行政负担。因此，任何人希望在匈牙利境内从事贸易活动，只需事先通知相关商贸主管部门即可。因此，作为一般规则，没有必要领取贸易活动的营业执照。该法指定地方行政部门作为该通知制度的主管部门，负责维护该区域内的活跃贸易商的官方数据。

虽然通知为一般规则，但也有一些例外领域需要贸易许可办公室的许可。第210/2009号政府法令从公共安全、公共卫生和保护环境的角度，规范了此类贸易项目。此类贸易项目有销售烟草、武器、染料和杀虫剂。

根据贸易法案，贸易商有权在现有法律框架内选择其商业形式。虽然可以根据个人业务类型选择不同商业形式，但贸易法案就可能的商业形式提供了非强制性示范清单，如店内交易、购物中心、直销、街头销售、邮件零售、通过运输提供货物。

该法还设置了条款保护贸易活动中应受到尊重的消费者权益。贸易许可办公室负责监督这些规则的适用，如该规则未被遵守，贸易许可办公室有权处以罚款、暂停或责令关闭。《消费者保护法》的实施由匈牙利消费者保护部门负责。

2. 1990 年第 87 号有关价格的法案

在匈牙利，价格由市场决定，因此贸易商有权自由设定其产品和服务的价格。根据该法，匈牙利政府仍有权设定一些特殊产品的价格。受政府价格管制的货物和服务包括烟草、电力、邮政服务和公共交通。

（四）贸易管理

1. 匈牙利工商会

匈牙利工商会是促进商业和企业活动的主要部门。除政府立法外，贸易活动由工商会发布自治监管管理条例，如建议和意见类“软法”文件。这类软法文件虽对企业没有约束力，但却被强烈建议适用以遵守现行有效的商业法律。

此外，工商会为贸易商提供有效的帮助，其中包括维护在线实时更新的业务运营注册系统、出具合同模板、提供税务和公共采购问题咨询、定期举行会议，以及展览和职业培训。必须强调的是，企业和企业家有义务在开始业务之初注册为工商会的会员。

2. 匈中经贸商会

匈中经贸商会是促进两国贸易的非政府组织，会员有中国和匈牙利的私人公司以及匈牙利的中小型企业。匈中经贸商会的目的是加强两国之间的贸易、经济和文化联系，促进会员的商业利益。它为公司企业建立或发展对外贸易提供咨询帮助，尤其是为会员企业提供两国间潜在商业和投资机会的信息。

匈中经贸商会服务包括市场分析和市场调研，组织会议、研讨会和培训，目的是提高企业的创新性，促进匈牙利和中国乃至其他第三国之间的商品交流。商会备受重视的工作包括：监测两国的经济和金融环境，并向政治、专业和媒体决策者通报双边关系中的经济问题。

（五）基础设施建设

1. 公路

近年来，匈牙利大力推进高速公路建设。2016 年，匈牙利高速公路里程总长 1924 千米，高速公路质量评分 4.22，均位居中东欧国家榜首，是欧洲地区高速公路密度高的国家之一。

截至 2016 年末，匈牙利公路总里程为 3.2 万公里，路网密度在欧洲仅次于比利时、荷兰，几乎每一个城镇之间都有柏油公路连通。公路运输在匈牙利交通运输中占据主导地位，约占货物运输总量的 66.5%，城际旅客运输总量的 77.6%。[1]

2. 铁路

首都布达佩斯为匈牙利全国铁路枢纽，可乘坐火车通达匈牙利主要城市及周边多个国家。布达佩斯有三座火车站，分别为东站（Keleti）、西站（Nyugati）和南站（Deli）。

匈牙利铁路发展历史悠久，早在 1846 年就修建开通了第一条铁路。2016 年，匈牙利铁路里程达 11 424 千米，其中电气化铁路里程达 5421 千米，占比 47.5%。路网密度在欧盟成员国中居第五位。匈牙利铁路货运量约占货运总量的 18.55%，城际旅客运输量的 22.38%。

匈牙利国家铁路公司（MÁV）负责匈牙利全国铁路路网建设及维护，其子公司铁路客运公司（MÁV－START）专门负责旅客运输。匈牙利铁路货运公司（Rail Cargo Hungaria）是匈牙利最大的铁路货运企业，其前身为匈牙利国家铁路公司专门负责货运业务的子公司，由于债务包袱沉重，匈牙利政府对其实施私有化，于 2008 年被奥地利铁路货运公司收购。布达佩斯第一条地铁从 1896 年便开始运营，目前整个地铁系统由黄、红、蓝、绿四条线构成，总长 39.1 公里，每年运送旅客近百万人。[2]

---

〔1〕 商务部国际贸易经济合作研究院、中国驻匈牙利大使馆经济商务参赞处、商务部对外投资和经济合作司：《对外投资合作国别（地区）指南·匈牙利（2018 年版）》。

〔2〕 商务部国际贸易经济合作研究院，中国驻匈牙利大使馆经济商务参赞处，商务部对外投资和经济合作司：《对外投资合作国别（地区）指南·匈牙利（2018 年版）》。

3. 空运

匈牙利现有机场43个，其中国际机场5个。匈牙利最大的机场为布达佩斯李斯特·费伦茨国际机场（Budapest Liszt Ferenc International Airport），绝大部分国际航班在此起降。该机场位于布达佩斯东南，距市中心约16公里，拥有T1和T2两座航站楼。其中，T1航站楼主要服务廉价航空公司，涉及年客流量250万人次，于2012年5月暂停使用；T2航站楼涉及年客流量1050万人次，拥有2A、2B和SKYCOURT三个候机厅。

法国航空、意大利航空、汉莎航空、芬兰航空等欧洲主要航空公司均有通往布达佩斯的航线。另外，还有Easyjet、Wizz、Ryan等廉价航空公司。其中匈牙利Wizz航空公司为中东欧地区最大的廉价航空公司，共355条航线，航点遍布37个欧洲国家的106余座城市。

从北京可以乘坐中国国际航空公司班机经停明斯克后飞抵布达佩斯，飞行时长11小时，也可乘坐汉莎航空、荷兰航空、法国航空、俄罗斯航空、芬兰航空、瑞士航空、土耳其航空等多家航空公司的航班抵达布达佩斯，但需要通过其他国家中转，主要中转城市有法兰克福、巴黎、维也纳、阿姆斯特丹、莫斯科、赫尔辛基、伊斯坦布尔、多哈等，飞行时长约10～15个小时。

4. 水运

匈牙利水运航道里程约1864公里，航道主要在多瑙河和蒂萨河上。水运在匈牙利交通运输中起辅助作用，仅占货运总量的3.26%。

主要河港有布达佩斯、多瑙新城（Dunaujvaros）、久尔－贡裕（Gyor－Gonyu）、包姚（Baja）和莫哈奇（Mohacs）。位于布达佩斯南部切佩尔岛上的切佩尔港（Port of Csepel）是匈牙利最大的进出口口岸，通过多瑙河与海外连接，可到达阿姆斯特丹、鹿特丹、安特卫普，以及黑海重要港口康斯坦萨，多瑙河在匈牙利水路交通运输中起着举足轻重的作用。

匈牙利没有海港，但可通过多瑙河直接抵达黑海港口。1992年开通的莱茵－美因－多瑙运河将多瑙河与莱茵河连接起来，使匈牙利货物可以通过水路进出荷兰鹿特丹港，并可抵达多瑙河与莱茵河流经的德国、奥地利、塞尔维亚、罗马尼亚、保加利亚等国家。

5. 发展规划

匈牙利基础设施建设的主管部门是国家发展部。匈牙利根据欧盟要求，制订 2014—2020 年基础设施发展规划，主要涉及铁路新建和升级改造、高速公路建设等领域。[1]

匈牙利 2015—2020 年交通发展政策的三个突出特点：重视发展国内落后的通往欧盟的基础设施、完全采纳欧盟交通标准、建立环保的交通系统。

能源基础设施方面，匈牙利政府制定了相关的能源政策，其主要目标是：能源输入渠道多元化，减少对苏联国家能源进口的依赖程度；促进环境保护；提高能源使用效率，改善供应结构和改进电力消费市场管理；吸引国外资本对资本密集型能源项目的投资，以发展能源设施、扩大天然气产能。

近年来，匈牙利获得的基础设施建设资金有欧盟团结基金（EU Cohesion Fund）、结构基金（Structural Fund）、欧洲投资银行（EIB）贷款、欧盟发展援助基金及欧洲复兴开发银行等相关金融机构，但金额不大。

（六）金融环境

1. 外汇管理

根据匈牙利《外汇自由化及相关法修订法案》（Act XCIII of 2001），匈牙利福林自 2001 年起在所有交易中都可以自由兑换。同时，政府公布法令废除所有外汇管制，与欧盟法规一致，并允许资本自由流动。公司及个人可以自由拥有外汇。[2]

在当地注册的外资企业开立外汇账户没有特别限制。此外，下述行为也不受限制或无需申报：短期组合投资交易、对冲、短期或长期信贷交易、金融证券交易、债务委托和重组等。虽然匈牙利法定货币是福林，但交易各方可以外汇结算债务。

匈牙利法律允许利润汇回及利润再投资。此外，匈牙利对下述资金的进出没有设限：利润、还本付息、资本金、资本利得及知识产权补偿金等。

---

〔1〕 中国对外承包工程商会：《捷克、波兰和匈牙利基础设施领域投资机遇及风险》，载《建筑》2017 年第 9 期。

〔2〕 国家开发银行编著：《“一带一路”国家法律风险报告》（下），法律出版社 2016 年版。

2. 银行和保险公司

自1990年推行私有化以来，匈牙利2/3以上的银行由外资控股，银行部门总资产的80%、市场份额的85%均集中在10家最大的商业银行手中。这些银行主要有：国民储蓄银行（OTP）、K&H商业信贷银行、CIB、RAIFFEISEN、Erste、HVB、花旗和Union Crdied等。银行对外国企业开立账户并无特别限制，但格外重视反洗钱业务。

匈牙利国家银行（MNB）是匈牙利中央银行。根据国家银行法，其主要目标是保持价格稳定。基础利率则由货币政策理事会（Monetary Council）每月确定一次。

中国银行在匈牙利设有子行和分行，主要客户为：中东欧地区和匈本土企业、在匈华人公司等。主要业务为公司贷款和融资，有少量存汇兑业务。

3. 融资条件

匈牙利资本市场资金相对充足，75%的融资来自银行。除某些特定的政府特许信贷，如小微型企业贷款外，外国投资者在当地市场融资借贷与当地投资者没有差别。近几年匈经济逐步恢复，政府债务规模有所下降，融资成本大幅降低，市场流动性增强，为企业发展提供了良好的融资环境。2016年4月匈央行基础利率为1.05%，央行隔夜存款利率为-0.05%，隔夜贷款利率为1.45%。[1]

（七）进出口商品检验检疫

进口报关：所有跨越匈牙利海关边界的进出口货物应以所谓的“海关货物申报单”（以下简称“海关申报单”）的形式，由官方海关代表以电子方式通知进口商所在区域主管海关部门。因此，进口商必须委托海关边境且有权执行海关程序的官方海关代表办理报关手续。货物到达海关时，进口商应提供进口特定货物所必需的全套正式文件，如许可证等。在货物预计到达海关之前30天内，可提交海关申报单。申报的货物到达海关时，海关申报单与货物一致的，海关会即时接受该批申报货物。

海关检查：随机检查或逐一检查所需的全部工作，如取样或检查运输工

---

〔1〕 中国银行股份有限公司、社会科学文献出版社编：《“一带一路”国别文化手册：匈牙利》，社会科学文献出版社2016年版。

具，在海关部门的监督下皆由海关代表协助处理。海关检查通常只需要几个小时。货物离开海关边境后，可能会进行后清关检查程序，但此程序启动通常以事先书面通知为准。

如果第三国货物不符合海关规定，例如进口商不能提供所需文件，该货物从到达海关时起会被安放在临时储存库中。

确定进口和出口税额：进口或出口应付具体税额通常主要由受任的海关代表根据通用关税税率提出，海关部门可以接受或者更改海关代表所提出的税额。特定产品享受减免进口税或关税优惠待遇。请注意，匈牙利禁止以处置为目的的污染物废物运输。

罚款：违反与抽检程序、清关程序、保管程序或免税申报等相关规定，海关部门可处罚款。

应付税款：根据通用的海关税率确定征收的进口或出口税，进口商应不迟于自申报日起6~7日内以现金、电汇或提供所谓的保函形式支付。除关税外，还需要支付进口增值税、消费税（进口矿物油、葡萄酒、啤酒）和其他特殊税（环保产品费）。如果延迟关税支付，应支付逾期利息。海关债务主要以保函支付。如未提供保函，海关部门将向进口商签发收款单。

自由流通放行程序：根据进口商提交的海关申报单上的申请，拟在匈牙利和欧盟市场上销售的第三国货物可以适用自由流通放行程序。该程序的海关关税也由普通关税决定。自由流通放行将使第三国货物享受欧盟货物的关税地位。

（八）海关管理

欧盟是一个单一的贸易区，货物在欧盟内自由流通。欧盟内部的关税和配额壁垒已被废除，因此欧盟成员国之间不适用关税。

2013年10月9日欧洲议会和理事会制定了第952/2013号法规《联盟关税法》作为关于整个欧盟关税规则和程序的新框架法规。它规定了必须适用于进口或出口欧盟货物的一般规则和程序。

欧盟合并名目是关税同盟内部的关税和统计名目。欧盟共同关税是适用于进口到欧盟内产品的关税。欧盟一体化关税被称为关税。它包括所有欧盟关税以及进出口欧盟货物所适用的农业或贸易措施，均可以在线获得。欧盟委员会负责其系统管理和日常更新。它每年颁布一部条例，该条例含有一份完整的欧盟合并名目和欧盟共同关税的税率。该条例于每年 10 月 31 日之前在官方公报上公布，自次年 1 月 1 日始适用。

根据欧盟第 952/2013 号条例，匈牙利通过了《关于欧洲关税法实施的 2016 年第 13 号法令》。详细规定可参考主管部门第 12016 号法令（IV. 29）。国家法律法规旨在支持欧盟法规所要求的数字化管理程序。这些新的关税法规引入了各种简化措施，进口商公司既可借此节省成本，也能够以电子方式与海关当局沟通。根据目前的计划，这些新的电子平台将于 2020 年逐步建立。

国家税务和海关管理局及区域办公室（NAV）是匈牙利主管海关和税收的部门，NAV 负责整个海关，即核查清关文件的数据以及负责报关和统计为目的的清关程序，包括更正这类文件。此外，NAV 的职责还包括海关、税法及其他法规规定的通关后检查和后续审计。

四、波兰

郭艳萍

（一）经济概况

波兰共和国（以下简称“波兰”）于 2007 年 12 月 21 日起成为申根区成员，货币为兹罗提，正准备将欧元作为通用货币。根据世界银行统计信息，波兰自 20 世纪 90 年代初经济持续健康增长，并成为 2009 年欧盟唯一克服全球金融危机的负面影响并保持经济正常增长的国家。[1] 2017 年 GDP 达到 5264.66 亿美元，年增长率为 4.8%，人均 GDP 为 15 751 美元；2018 年波兰 GDP 增长 5.1%，与先前预测一致。2018 年第四季度波兰经济增长 4.9%。修正后的投资增长率为 8.7%，高于之前的 7.3%。2019 年 2 月进口贸易额为 196.51 亿欧元，出口额为 183.24 亿欧元。截至 2017 年，外国直接投资达到 1990.53 亿欧元。

产业结构方面，2016 年波兰经济中最重要的部门是工业，占比 26.5%，

---

〔1〕《一带一路沿线国家法律风险防范指引》系列丛书编委会编：《一带一路沿线国家法律风险防范指引（波兰）》，经济科学出版社 2017 年版，第 10 页。

批发和零售贸易、运输、住宿和食品服务，占比 26.2%，以及公共行政、国防、教育、人类健康和社会工作活动，占比 14.7%。2017 年农业增加值占 GDP 的 2.8%，工业增加值占 GDP 的 28.9%。

波兰进出口贸易概况为欧盟内部贸易占波兰出口的 80%，其中德国占 27%，英国和捷克希亚占 7%，而在欧盟以外，3% 来自俄罗斯，2% 来自美国。在进口方面，72% 来自欧盟国家，其中德国占 28%，荷兰占 6%，意大利占 5%，而欧盟以外 8% 来自中国，6% 来自俄罗斯。

波兰就业情况方面，2018 年平均小时劳动力成本为 10.1 欧元，比 2017 年上升 6.8%，约为欧盟平均水平的三分之一。截至 2019 年 4 月，波兰失业率为 5.9%，企业部门工资同比增长率为 5.7%。2019 年部长会议通过关于最低工资和最低小时工资的条例，要求提高最低工资水平。根据规定，2019 年最低工资将达到 2250 兹罗提，这意味着比 2018 年增加 7.1%，最低小时报酬定为 14.7 兹罗提。

2017 年波兰在欧盟财政中贡献与接受情况：欧盟在波兰的总支出为 119.21 亿欧元；欧盟支出总额占波兰国民总收入的百分比为 2.67%；波兰对欧盟预算的捐款总额为 30.48 亿欧元；波兰对欧盟预算的捐款占其国民总收入的百分比为 0.68%。[1]

2017 年波兰贸易便利化指数（2 为最佳水平）：[2]

表 4-3　2017 年波兰贸易便利化指数表

评价指标	平均贸易便利化绩效	信息可获取性	商界参与	预裁定	上诉程序	收费	文件要求	自动化	监管程序	国内进出境监管机构合作	国际进出境监管机构合作	管理和公正性
评价结果	1.66	1.52	1.63	1.90	1.56	1.93	1.75	1.58	1.71	1.40	1.46	1.78

〔1〕 Poland, at https://europa.eu/european-union/about-eu/countries/member-countries/poland_en, May 20, 2019.

〔2〕 Trade Facilitation Indicators, at https://www.compareyourcountry.org/trade-facilitation?cr=oecd&lg=en, May 20, 2019.

（二）贸易监管部门

2018 年 1 月 19 日，波兰原副总理兼经济发展部、财政部部长莫拉维茨基将原经济发展部更名为投资与发展部，任命原经济发展部国务秘书耶日·克维钦斯基（Jerzy Kwieciński）为部长，并将原经济发展部的部分职能划分到新设立的企业与技术部，任命原经济发展部副国务秘书亚德维加·艾米莱维奇（Jadwiga Emilewicz）为部长。投资与发展部主要负责国家全面发展政策的制定和执行，[1]投资与发展部内设经营计划部、审计委员会、控制部、监察部、欧洲基金资助项目等职责部门，其主要职责包括负责发展战略和发展行动计划、促进波兰经济发展、管理进出口事宜、促进欧洲基金项目运营、支持公司发展、促进国际合作、建设创新型企业发展环境等。

（三）有关贸易的法律法规

波兰国内贸易管理领域最重要的法律是《海关法》和《对外贸易管理法》。[2]波兰旨在促进经济贸易发展、管理经济贸易活动的法律主要包括：

波兰《商业宪法》由 5 项法案组成，这些法案的出台改变了波兰的商业现状，是波兰近 30 年来最大的经济立法改革。

《经济活动自由法案》（2004 年 6 月 2 日）提供了在波兰进行经济活动的基本规则。该法律规定了商业活动自由的基本原则，这意味着任何人都有平等的权利从事自己选择的商业活动。然而，这一原则并不提供业务活动的绝对自由，主要涉及对主体和特定商业活动条件的限制。此外该法案规定了法无禁止即自由，按照公平原则开展业务，促进信任、均衡、公正和平等原则。

《商业公司法》（2000 年 9 月 25 日）为波兰商业公司的设立、组织和运作提供法律依据和保障。可选择的商业公司形式包括合伙和公司，前者包括注册合伙、专业合伙、有限合伙和有限股份合伙，后者包括有限责任公司和股份公司。

---

〔1〕 中华人民共和国商务部：《波兰原经济发展部名称及职能变更》，载 http://www.mofcom.gov.cn/article/i/jyjl/m/201801/20180102701493.shtml，最后访问日期：2019 年 5 月 12 日。

〔2〕 商务部国际贸易经济合作研究院，中国驻波兰大使馆经济商务参赞处，商务部对外投资和经济合作司：《对外投资合作国别（地区）指南·波兰（2018 年版）》，第 47 页，载 http://www.mofcom.gov.cn/dl/gbdqzn/upload/bolan.pdf，最后访问日期：2019 年 5 月 12 日。

《破产法》（2003 年 2 月 28 日）适用于企业、非企业的商业公司、注册合伙企业的合伙人和有限合伙企业和有限股份合伙企业的普通合伙人，其规定了破产债务人偿还原则、自然人破产效力以及破产债务免除等规则。

《重组法》（2015 年 5 月 15 日）规定了法定重组事由、申请权利人范围、重组计划和初步安排建议的重要作用、程序启动及过程、达成协议的原则、救济途径等内容。

2019 年波兰对《个人所得税法》《公司所得税法》和某些其他法案进行修正，规定对小型纳税人实施 9% 的减税税率。

波兰法律体系中旨在维护市场秩序、保护公平竞争的法律规范主要包括《竞争和消费者保护法》《公平交易法》《建立自由法》；旨在规范金融机构活动，维护金融秩序的法律规范主要包括《银行法》《保险与再保险法案》《保障债券与抵押银行法》；旨在规范法人组织形式、成立要求、资本构成、管理与监督、活动方式、法律责任等内容的法律规范主要包括《国有企业法》《商业化与私有化法》《合作法》《协会法》等。

（四）贸易管理

波兰承担贸易管理职能的主要机构包括投资与发展部监督的贸易和服务司、国际合作司、出口政策司。贸易和服务司主要负责促进及管理商业贸易发展、管理外国公司分支机构或者代表处等。国际合作司主要负责推动国际经济合作，促进双边经济合作协定及投资保护协定发展，支持波兰企业从事出口贸易和进行国际投资，参与国际贸易规则的制定和实施，管理与国际经济组织合作相关事务。出口政策司负责编制、实施和监督波兰出口政策，并规划、协调和执行促进出口措施。

其他中央部门或其监督或管辖的承担贸易管理职能的行政机构主要包括工业发展署、基础设施投资基金、波兰信息和外国投资局、波兰专利局、技术检验办公室、波兰认证中心等。

（五）进出口商品检验检疫

欧盟通过关境检查避免不安全产品流入欧盟关境，对进出口贸易进行全面审查的职责主要由海关承担，同时依赖于其与市场监督当局等机关的有效合作。欧盟指导方针规定了产品安全及合规的进口管制措施，由成员国适用，产品安全及合格审查依据主要是《一般产品安全法则》及针对特定产品的法律规范。波兰对进出口商品进行检验检疫，主要依据是欧盟相关法规和波兰国内立法。

在卫生和植物卫生方面，欧盟通过立法规定了一套详细规则，以减少或消除非欧盟国家的货物可能带来的动植物健康威胁以及动植物疾病风险，相关规则主要通过各国海关予以执行，并强调国家间机构合作。《欧盟（EC）第882/2004号法规》规定了官方控制的主要规则，以确保符合饲料和食物法、动物健康和动物福利规则。该条例第五章第14~25条特别涉及从第三国引进的食品和饲料管制。欧盟成员国家通过海关管制确保动物和动物产品在进入欧盟关境之前接受符合欧盟立法要求的兽医检查。

此外，欧盟要求成员国根据《欧盟（EC）第669/2009号法规》附件的规定加强对某些非动物来源饲料和食品的进口管制。海关通过执行第2000/29/EC号指令的相关规定，落实防止有害于植物或植物产品的有机体进入欧盟并防止其在欧盟境内蔓延的保护措施。[1]

进出口商品检验检疫领域的波兰国内法主要包括《植物保护法》《兽医边境管制法》《食品和营养安全法》等。履行进出口商品检验检疫职能的部门主要包括海关管理机构、贸易检察署、卫生部、农业市场署、兽医检疫总局、国家植物卫生与种子检疫总局等。

（六）海关管理

1. 海关法律体系

波兰海关管理适用法律主要是《欧盟海关法典》及作为其细化的规则的《海关法》等国内立法。其关税征收以《共同体海关税则》为主要依据，规范内容包括商品分类、优惠关税措施、减免税收优惠措施、特定货物关税优惠待遇等规则。

---

〔1〕 Sanitary and phytosanitary requirements, at https://ec.europa.eu/taxation_customs/business/customs-controls/safety-health-environment-customs-controls/sanitary-phytosanitary-requirements_en, May 20, 2019.

《海关法》将《欧盟海关法典》规定进行整合消化，共9章103条，对货物进出关境规则、纳税义务、海关管理部门、海关监管程序、海关规则与共同农业政策关系、海关数据统计等内容进行系统性规范。

波兰海关《2014—2020年发展战略》以有效征收关税、积极支持商务活动、打击海关欺诈、保护市场和社会为主要目标，强调现代化管理能力建设，主要以电子海关管理计划的实施依托。[1]

波兰货物进出口方面的条例主要包括规定欧盟统一关税制度的《欧共体第1186/2009号条例》，及规范外国人进出口火器、弹药，波兰居民进出口火器、弹药，从欧盟进出口外汇或本国货币，进出口包含动物源性产品的个人包裹，进出口濒危动植物、出口古迹及文化产品，运送医药产品过境供个人使用等方面的国内法。[2]

2. 海关管理机构

波兰国内海关管理机构隶属于财政部，海关关长由财政部一位副国秘担任，海关委员会主任由财政部部长任命。根据2016年《财政部长条例》关于海关组织机构调整的规定，波兰海关下辖海关管制、税务稽查及赌博管制司，海关司及海关服务司三个司局，全国设有16个海关监督机构、45个海关办公室。以海关办公室为例，海关事务争议解决及救济途径为对其决定不服应当向海关总署署长提出投诉，由其对争议事项作出最终决定，对该决定仍不服者须向行政法院提起诉讼。

3. 重要海关管理措施

从1996年7月1日起，根据欧盟和欧洲自由贸易联盟的惯例，波兰海关使用联合海关程序，即欧盟境内货物周转适用单一报关单，加快了清关速度。[3]

波兰海关《2014—2020年发展战略》将通过以下项目实现其支持企业进出口贸易、降低通关成本、提升海关服务水平和关税征收效率、保护市场安全等

---

〔1〕 中华人民共和国商务部：《波兰海关及其相关规划简介》，载 http://pl. mofcom. gov. cn/article/ddfg/haiguan/201408/20140800711275. shtml，最后访问日期：2019年5月20日。

〔2〕 Regulations Concerning Import and Export of Goods, https://granica. gov. pl/przepisy. php? v = en, May 20, 2019.

〔3〕 波兰永居网：《波兰外贸政策及体制》，载 http://www. comepoland. com/cjwt/82. html，最后访问日期：2019年5月26日。

海关监管目标：其一，建设海关服务关系项目，创建经营者交易信息和联系方式数据库，公布并实施相关数据管理规则。其二，建设电子边境项目，提高海关管理效率，开发综合性解决方案，以信息技术为依托创建集成化的边境监管与服务环境。其三，电子海关项目，该项目通过提升远程服务技术，实现优化传统海关管理模式、开发综合性系统系问题解决机制的管理与服务目标。[1]

五、斯洛伐克

肖钧文

（一）国家概况

斯洛伐克共和国（以下简称“斯洛伐克”），是欧洲中部内陆国，东部与乌克兰相邻，南部与匈牙利接壤，西部与捷克、奥地利毗邻，北部与波兰相邻。国土面积为49 037平方公里，同瑞士、荷兰和丹麦面积相当。[2]截止到2018年，全国人口总数约为543.3万人。[3]其中斯洛伐克族人数占全国人口的81.3%，次位为匈牙利族占8.3%。官方语言是斯洛伐克语，多数居民信奉天主教。[4]斯洛伐克水资源十分丰富，全国水资源总量为501亿立方米。多瑙河是斯洛伐克境内的主要河流，河网稠密，共计175个湖泊，并且拥有1200多个天然矿泉水源，同时也拥有享誉欧洲的温泉疗养胜地。[5]

根据欧盟统计局统计数据显示，近十年斯洛伐克国内生产总值（GDP）呈现连年增长态势，2009年受国际金融危机影响经济下滑，2010年开始经济实现恢复性增长，2015年GDP为791.38亿欧元，同比增长4.2%。2016年GDP为

---

〔1〕中华人民共和国商务部：《波兰海关及其相关规划简介》，载 http://pl.mofcom.gov.cn/article/ddfg/haiguan/201408/20140800711275.shtml，最后访问日期：2019年5月20日。

〔2〕商务部国际贸易经济合作研究院、中国驻斯洛伐克大使馆经济商务参赞处、商务部对外投资和经济合作司：《对外投资合作国别（地区）指南·斯洛伐克（2018年版）》，载 http://www.mofcom.gov.cn/dl/gbdqzn/upload/siluofake.pdf，最后访问日期：2019年6月2日。

〔3〕Official Website of European Union：Statistical Profile of Slovakia，at https://ec.europa.eu/eurostat/guip/themeAction.do；jsessionid = IKYo9crinfjXTee0vPd5ZNRV4lrCsY3CQ2vC0UFsrOJV6IqJOugd!296403800，Jun. 2，2019.

〔4〕中华人民共和国外交部：《斯洛伐克国家概况》，载 https://www.mfa.gov.cn/chn//pds/gjhdq/gj/oz/1206_36/，最后访问日期：2019年6月2日。

〔5〕商务部国际贸易经济合作研究院，中国驻斯洛伐克大使馆经济商务参赞处，商务部对外投资和经济合作司：《对外投资合作国别（地区）指南·斯洛伐克（2018年版）》。

812.26 亿欧元，同比增长 3.1%。2017 年 GDP 达到 848.51 亿欧元，同比增长 3.2%。[1] 根据欧盟统计数据显示，2018 年实际 GDP 增长 4.1%。[2]

斯洛伐克市场越来越多地由汽车工业、电子工业、冶金和机械制造业、旅游业所主导。斯洛伐克的重点支柱产业是汽车工业，2017 年汽车制造业占全国工业生产总值的 44%，约 90 亿欧元。电子工业也是斯洛伐克的重要产业之一，由汽车工业带动了汽车相关电子产品的发展。据欧盟统计局统计，2016 年斯洛伐克冶金工业产值约为 3.2 亿欧元，机械设备制造业产值约为 13.1 亿欧元。[3]

斯洛伐克是欧盟（EU）、世界贸易组织（WTO）、北大西洋公约组织（NATO）、经济合作与发展组织（OECD）、国际货币基金组织（IMF）、世界银行（WB）等贸易组织成员。斯洛伐克 2004 年加入欧盟后，2007 年加入欧盟申根区，2009 年加入欧元区。

根据欧盟统计局数据显示，2018 年斯洛伐克外贸总额达 1595.28 亿欧元，其中进口 797.18 亿欧元，出口 798.1 亿欧元。欧盟成员国间的贸易占斯洛伐克出口总量的 85.7%，主要出口市场是德国、捷克和波兰，而欧盟以外的约 2% 则分别出口到美国、俄罗斯和中国；在进口方面，80% 来自欧盟国家，前三位的进口来源国是德国、捷克和奥地利。

中国同原斯洛伐克于 1949 年建交，1993 年斯洛伐克共和国独立后中国予以承认并与之建立大使级外交关系。[4] 在经贸领域，两国间签署的双边协定主要有《中华人民共和国政府和捷克斯洛伐克社会主义共和国政府关于避免双重征税和防止偷漏税的协定》（1987）、《中华人民共和国政府与捷克和斯洛伐克联邦共和国政府关于促进和相互保护投资协定》（1991）、《中华人民

---

〔1〕 Official website of European Union: Statistical profile of Slovakia, at https://ec.europa.eu/eurostat/guip/themeAction.do; jsessionid = IKYo9crinfjXTee0vPd5ZNRV4lrCsY3CQ2vC0UFsrOJV6IqJOugd!296403800., Jun. 2, 2019.

〔2〕 Ibid.

〔3〕 商务部国际贸易经济合作研究院，中国驻斯洛伐克大使馆经济商务参赞处，商务部对外投资和经济合作司，《对外投资合作国别（地区）指南·斯洛伐克（2018 年版）》。

〔4〕 中华人民共和国外交部：《中国同斯洛伐克的关系》，载 https://www.mfa.gov.cn/chn//pds/gjhdq/gj/oz/1206_36/sbgx/，最后访问日期：2019 年 6 月 2 日。

共和国政府和斯洛伐克共和国政府关于动物检疫和动物卫生的合作协定》(2001)、《中华人民共和国政府和斯洛伐克共和国政府关于植物检疫及植物保护的合作协定》(2001)、《中华人民共和国和斯洛伐克共和国政府经济合作协定》(2005)。

据中国海关总署统计数据，2017 年，中国与斯洛伐克货物进出口总额为 53.2 亿美元，增长 0.84%。其中，从中国进口 27.3 亿美元，同比下降 4.6%；斯洛伐克对中国出口 25.9 亿美元，增长 7.3%。斯洛伐克从中国进口的商品中机电产品占 85% 以上。[1]

表 4-4 中国与斯洛伐克间进口商品结构图

中国对斯洛伐克出口商品主要类别	中国自斯洛伐克进口商品主要类别
(1) 船舶及浮动结构体。 (2) 皮革制品。 (3) 旅行箱包。 (4) 动物肠线制品。 (5) 机械器具及零件。 (6) 电机、电气、音像设备及其零附件。 (7) 钢铁制品。 (8) 针织或钩编。	(1) 车辆及其零附件，但铁道车辆除外。 (2) 机械器具及零件。 (3) 木及木制品。 (4) 木炭。 (5) 鞋靴、护腿和类似品及其零件。 (6) 塑料及其制品。 (7) 贱金属杂项制品。 (8) 电机、电气、音像设备及其零附件。 (9) 光学、照相、医疗等设备及零附件。 (10) 钟表及其零件。 (11) 家具；寝具等；灯具；活动房。

(二) 贸易主管部门

斯洛伐克经济部是斯洛伐克的国家行政机构，是其贸易主管部门，除了负责对外经济关系及进出口贸易管理外，还负责国内市场管理和消费者保护，协调欧盟内部市场政策等，并下设市场检查部门，代管国家技术标准部门等。[2]

---

〔1〕 商务部国际贸易经济合作研究院、中国驻斯洛伐克大使馆经济商务参赞处、商务部对外投资和经济合作司：《对外投资合作国别（地区）指南·斯洛伐克（2018 年版）》。

〔2〕 Ministry of Economy of the Slovak Republic, About Ministry, at https://www.economy.gov.sk/en/ministry/about-ministry, Jun. 4, 2019.

2004年5月，斯洛伐克加入欧盟，开始执行欧盟的对外经济政策，欧盟委员会是监督国际贸易的专职部门，斯洛伐克已无权就与第三国（包括中国）的贸易关系作出自主决定。

在实践中，这意味着与进出口关税（包括海关税）和非关税限制相关的基本规则在欧盟层面制定，一般不应在具体欧盟成员国（包括斯洛伐克）层面有所不同。这同样适用于特定的贸易保护工具，如反倾销、反补贴等。因此，监督国际贸易的专职部门是欧洲委员会。当地政府机构仅作为具体政策的执行和咨询机构。

在斯洛伐克，国际贸易属经济部职权范围，税务和关税的执行由斯洛伐克财政部管理，相关政策实际上通过斯洛伐克财政主管部门执行。特定产品的边境检查由斯洛伐克国家兽医和食品管理局管理。

在斯洛伐克境内获得直接开展业务的资格并通过分支机构或当地实体开展业务活动，必须取得相关贸易许可证和受监管活动的特别许可证。

斯洛伐克贸易许可证办公室负责签发一般贸易许可证，并监督商业行为。除贸易许可证办公室外一些其他政府机构还颁发实施特定行为的许可证。这些特定行为受监管的部门包括：保险、银行、能源、广播、转播以及药品。

（三）贸易法律法规概况

加入欧盟后，斯洛伐克开始执行欧盟的对外关系战略，配合欧盟的国别和地区政策发展对外经济关系，执行欧盟新的普惠制国别政策及援助政策。

斯洛伐克与贸易相关的法规主要有：欧盟在1994年12月颁布的《欧盟（EC）第3286/94号法规》、1995年2月公布的《欧盟（EC）第356/95号法规》，以及斯洛伐克《商业法》（Act No. 513/1991 Coll.）、《保护竞争法》（Act No. 136/2001 Coll.）、《海关法》（Act No. 13/1993 Coll.）等。

（四）贸易管理

斯洛伐克的贸易管理涵盖了进出口和国内整个商品流通环节。贸易管理已涉及关税、进出口配额、许可证和其他限制、动植物检疫、国内市场规范、商品标准、检验和进入市场认证、卫生检验、环保、以及知识产权保护和消费者保护等。

斯洛伐克的贸易管理大体可分为鼓励性政策和限制性政策两大类。鼓励性政策主要涉及出口鼓励政策，其中包括提供出口贷款和担保，建立信息服务系统，资助国内企业到国外参展等。

限制性政策主要包括对部分商品实行进出口配额和许可证、反补贴、反倾销和超量进口保护措施等，也包括实行产品技术安全标准、卫生标准及卫生检验检疫制度，对武器、危险化工品等实行特许经营等。在一般情况下，根据进口方面的普遍规则，第三国原产商品可以自由进口到欧盟领土，且在不影响特定保障措施的情况下，数量不受限制。在实践中，这意味着进口商不需要履行对海关程序的任何附加信息义务。然而，为使保护当地生产者的措施合法化，在进口特定商品时，可能会实施监控措施。监控措施一旦实施，只有在取得监控文件后，进口商才能在欧盟境内自由流通特定商品。此类文件经进口商书面申请，由斯洛伐克经济部免费签发。此外，如果某种商品的进口数量大大增加，对欧盟生产商已造成或将造成严重损害，欧盟委员会根据欧盟成员国的请求或其自发决定是否在该类措施生效后，缩短将要签发的监控文件的有效期、通过发布进口授权商品的自由流通条件，改变问题产品的进口规则。

（五）基础设施建设

1. 公路

2017 年，斯洛伐克公路总里程为 18 057 公里，其中高速公路 483 公里。2016 年客运量总计 2. 59 亿人次，货运量总计 1. 56 亿吨。[1]

2. 铁路

2017 年，斯洛伐克铁路总里程为 3626 公里，其中复线 1017 公里，电气化铁路 1588 公里。2016 年客运量总计 6952. 9 万人次，货运量总计 5072. 7 万吨。[2]

2017 年 6 月，停运一年多的由中国营口始发过境斯洛伐克的中欧班列复

---

〔1〕 商务部国际贸易经济合作研究院、中国驻斯洛伐克大使馆经济商务参赞处、商务部对外投资和经济合作司：《对外投资合作国别（地区）指南·斯洛伐克（2018 年版）》，第 21 页。

〔2〕 商务部国际贸易经济合作研究院、中国驻斯洛伐克大使馆经济商务参赞处、商务部对外投资和经济合作司：《对外投资合作国别（地区）指南·斯洛伐克（2018 年版）》，第 22 页。

运，此次班列由中国长沙开出经乌克兰驶入斯洛伐克，并在乌克兰与斯洛伐克边境小镇多布拉进行换轨，开往布达佩斯。同年 11 月，中国大连至斯洛伐克首都布拉迪斯拉发的首趟货运班列开通。

3. 空运

斯洛伐克机场分布在布拉迪斯拉发、科希策、皮耶什佳尼等地。由于最大的布拉迪斯拉发机场距离维也纳只有 65 公里，运输客源受到很大影响，首都布拉迪斯拉发机场 2016 年机场客运量达 176 万人次，比 2015 年增加 19 万人次，同比增长 12.3%；货运量同比提高 24%。[1]

4. 水运

欧洲第二大河流多瑙河流经斯洛伐克，在斯境内全长 172 公里，与匈牙利、奥地利界河长 149.5 公里。布拉迪斯拉发和科马尔诺是主要的水运港口，年货运量约 150 万吨。另外，随着莱茵 – 美因 – 多瑙河运河的通航以及斯洛伐克境内盖巴斯科夫湖调蓄能力的扩大，斯洛伐克航段运载能力大幅提升。2016 年客运量总计 13.6 万人次，货运量总计 176.9 万吨。[2]

（六）金融环境[3]

1. 外汇管理

通常情况下，斯洛伐克没有外汇管制措施。斯洛伐克《外汇法》（Act No. 202/1995 Coll.）规定，在斯洛伐克注册的外国企业可在斯洛伐克银行开设外汇账户，用于进出口结算。外汇进出需要申报。外汇汇出斯洛伐克无需缴纳特别税金。携带现金 1 万欧元以上出入欧盟外国家需要申报。在斯洛伐克工作的外国人的合法税后收入可全部转出至国外。

2. 银行和保险机构

斯洛伐克银行系统由《银行法》调整。斯洛伐克国家银行的主要职责是

---

[1] 商务部国际贸易经济合作研究院、中国驻斯洛伐克大使馆经济商务参赞处、商务部对外投资和经济合作司：《对外投资合作国别（地区）指南·斯洛伐克（2018 年版）》，第 22 页。

[2] 商务部国际贸易经济合作研究院、中国驻斯洛伐克大使馆经济商务参赞处、商务部对外投资和经济合作司：《对外投资合作国别（地区）指南·斯洛伐克（2018 年版）》，第 26 页。

[3] 商务部国际贸易经济合作研究院、中国驻斯洛伐克大使馆经济商务参赞处、商务部对外投资和经济合作司：《对外投资合作国别（地区）指南·斯洛伐克（2018 年版）》，第 26 页。

保持价格稳定，制定货币政策，发行货币；控制、协调和保证货币流通及银行支付系统的正常运转；保持金融市场稳定、金融市场监督等。商业银行可以从事投资银行和经纪活动，以及传统的商业交易和贷款。但是这些活动需要得到斯洛伐克国家银行（NBS）的许可和监督。[1]资产规模最大的三家商业银行为斯洛伐克储蓄银行（Slovenska Sporitelna）、综合信贷银行（VUB）和塔特拉银行（Tatra Banka）。

斯洛伐克主要保险公司包括AEGON保险公司、Allianz保险公司、MetLife欧洲公司等，能提供各类个人及商业保险。[2]

3. 融资条件

在融资方面，外资企业与当地企业享受同等待遇。根据斯洛伐克《商业法》，在斯洛伐克境内注册并经营的法人均可向斯洛伐克银行申请融资。[3]

（七）进出口商品的检查和检疫

边界检查规则旨在通过一项在欧盟范围内统一的指令，但最低标准的设置权转移给欧盟成员国。在斯洛伐克，这些规则由议会法案和斯洛伐克政府实施条例规定。斯洛伐克对各类动植物产品的进口有检疫要求，要求对进口产品的特征及进口商等相关信息进行检查。为方便起见，动物和货物可在欧盟批准的机构内直接检查。这些机构的名单可在斯洛伐克国家兽医和食品管理局的网站查阅。[4]动物及动物制品、植物和蔬菜进口到斯洛伐克，进口商需向海关提供斯洛伐克检验机构出具的检验检疫证明。

（八）海关管理

斯洛伐克同其他欧盟成员国一样采用欧盟统一关税税率。斯洛伐克与欧

---

〔1〕 Slovakia - Banking Systems, at https://www.export.gov/article? id = Slovakia - Banking - Systems, Jun. 4, 2019.

〔2〕 商务部国际贸易经济合作研究院、中国驻斯洛伐克大使馆经济商务参赞处、商务部对外投资和经济合作司：《对外投资合作国别（地区）指南·斯洛伐克（2018年版）》，第28页。

〔3〕 商务部国际贸易经济合作研究院、中国驻斯洛伐克大使馆经济商务参赞处、商务部对外投资和经济合作司：《对外投资合作国别（地区）指南·斯洛伐克（2018年版）》，第28页。

〔4〕 斯洛伐克政府条例 No. 301/2003 Coll.，关于对从第三国进入斯洛伐克的动物进行兽医检查的组织原则；以及，斯洛伐克政府条例 No. 534/2004 Coll.，关于对从第三国进入斯洛伐克的产品进行兽医检查的组织原则。

盟成员国之间的进出口产品享受零关税，但出口商应提供交货核对证明；非欧盟成员国出口货物到斯洛伐克，根据商品价值按欧盟共同关税税率（CCT）征收。一般而言，制成品平均关税为 4.2%，纺织服装和食品关税平均为 17.3%，仍较高，而且受配额和其他限制措施的制约。[1]

根据《欧盟海关法典》和《欧盟（EC）第 2454/93 号法规》，在欧盟所有成员国，均应使用“欧盟统一报关单”（SAD）进行报关。

第四节　西欧国家

卢森堡

于济铜

（一）国家概况

卢森堡大公国（以下简称“卢森堡”）是位于欧洲西北部的发达国家，欧盟成员之一。卢森堡人均 GDP 连续多年排名世界第一，2017 年人均 GDP 高达 10.32 万美元。[2]2018 年，卢森堡的世界综合竞争力排名第 19 位。[3]卢森堡是欧洲最大、世界第二大基金管理中心，欧洲最大的债券市场。全球最大的多边贷款方发行的债券就在卢森堡证交所上市。[4]欧盟委员会服务机构、欧洲审计院、欧洲法院、欧洲投资银行、欧洲投资基金、欧洲议会秘书处均位于卢森堡。[5]首都卢森堡市被誉为“金融之都”，是欧洲仅次于伦敦和巴黎

---

〔1〕 商务部国际贸易经济合作研究院，中国驻斯洛伐克大使馆经济商务参赞处，商务部对外投资和经济合作司，《对外投资合作国别（地区）指南·斯洛伐克（2018 年版）》。

〔2〕 World Bank Database, at https://data.worldbank.org.cn/indicator/NY.GDP.MKTP.CD? end = 2017&locations = LU&start = 2017&view = bar, May 22, 2019.

〔3〕 World Economic Forum, The Global Competitiveness Report 2018, at http://reports.weforum.org/global－competitiveness－report－2018/, May 22, 2019.

〔4〕 商务部国际贸易经济合作研究院、中国驻卢森堡大使馆经济商务参赞处、商务部对外投资和经济合作司：《对外投资合作国别（地区）指南·卢森堡（2018 年版）》，第 2 页，载 https://www.yidaiyilu.gov.cn/zchj/zcfg/84264.htm，最后访问日期：2019 年 5 月 22 日。

〔5〕 The Official Portal of the Grand Duchy of Luxembourg, The Economy and key sectors, at http://luxembourg.public.lu/en/le－grand－duche－se－presente/luxembourg－tour－horizon/economie－et－secteurs－cles/index.html, May 22, 2019.

的金融投资中心，位居世界第 8 位，人均银行数世界第一。[1]

卢森堡的经济辐射力很强。卢森堡位于西欧的"十字路口"，西部和北部和比利时接壤，东部和北部和德国接壤，南部与法国接壤，因此跨境贸易、投资和就业活跃，是辐射欧洲乃至全球的重要金融市场。[2]

卢森堡自然资源较为贫乏，森林面积近 9 万公顷（900 平方公里），约占国土面积的 1/3。卢 98% 的能源靠进口，主要是天然气和石油产品。[3]

卢森堡的税收政策十分优越。2018 年，卢森堡在缴税便利度方面全球排名第 21 位；总税率 20.2%，全球排名第 20 位，欧盟内税率最低；税务处理时间每年 55 小时，全球排名第 5 位，欧盟内用时最短。2019 年，卢森堡的营商环境位于全球第 66 位。[4]

卢森堡的产业结构中第三产业占比最高，以金融业为主。2017 年卢森堡第一产业占 GDP 的 0.3%，第二产业占比 11.6%，第三产业占比 88.1%。[5]金融业、钢铁业、广播电视业是卢森堡经济的三大支柱产业。[6]大部分位居世界 500 强的银行在卢森堡都设有分支机构，包括法国巴黎银行（2018 年位列世界 500 强第 44 位）、西班牙国家银行（2018 年位列世界 500 强第 77 位）、中国银行（2018 年位列世界 500 强第 46 位）、汇丰银行（2018 年位列世界 500 强第 90 位）、中国工商银行（2018 年位列世界 500 强第 26 位）等。[7]近年来，卢森堡也致力于吸引互联网产业，目前 Skype 和亚马逊等互联网公司

---

[1] 中华人民共和国驻卢森堡大公国大使馆：《卢森堡国家概况》，载 http://lu.china-embassy.org/chn/lsbgk/t955407.htm，最后访问日期：2019 年 5 月 22 日。

[2] 商务部国际贸易经济合作研究院、中国驻卢森堡大使馆经济商务参赞处、商务部对外投资和经济合作司：《对外投资合作国别（地区）指南·卢森堡（2018 年版）》，第 12 页。

[3] 商务部国际贸易经济合作研究院、中国驻卢森堡大使馆经济商务参赞处、商务部对外投资和经济合作司：《对外投资合作国别（地区）指南·卢森堡（2018 年版）》，第 3 页。

[4] World Bank, Doing Business Luxembourg, at http://chinese.doingbusiness.org/zh/data/exploreeconomies/luxembourg, May 22, 2019.

[5] 世界银行：《2019 营商环境报告：强化培训，促进改革》，第 185 页，载 http://chinese.doingbusiness.org/content/dam/doingBusiness/media/Annual-Reports/English/DB2019-report_web-version.pdf，最后访问日期：2019 年 5 月 22 日。

[6] 商务部国际贸易经济合作研究院、中国驻卢森堡大使馆经济商务参赞处、商务部对外投资和经济合作司：《对外投资合作国别（地区）指南·卢森堡（2018 年版）》，第 14 页。

[7] 商务部国际贸易经济合作研究院、中国驻卢森堡大使馆经济商务参赞处、商务部对外投资和经济合作司：《对外投资合作国别（地区）指南·卢森堡（2018 年版）》，第 15 页。

已经将总部迁至卢森堡。[1]

由于国土面积所限，卢森堡的交通基础设施数量较为稀少，但总体仍较为便利。卢森堡运行铁路总长 275 公里，与周边的国家均已经互通高速公路和铁路。2015 年，卢森堡铁路年客运周转量 3.85 亿人公里，货运周转量 2.17 亿吨公里。2006 年开始，卢森堡和巴黎之间开通了高速铁路，与周边的比利时、德国、荷兰也有相应的铁路客运、货运相连。卢森堡唯一的机场为卢森堡机场，目前与中国尚未开通客运直达航线，可经由巴黎、苏黎世、伦敦等转机至卢森堡。重庆、上海、郑州与卢森堡目前开通了直达货运航线，其中每周 2 班直飞重庆，6 班直飞上海，1 班串飞北京和厦门。2014 年，“郑州—卢森堡”国际货运航线正式开通。卢森堡境内唯一的航运河流为摩泽尔河，唯一的港口为梅尔特尔港，通过水运可以与德国、法国联通。[2]

（二）贸易主管部门

卢森堡的贸易主管部门为为经济部（Ministry of the Economy）。[3] 卢森堡经济部的主要职责是制定经济发展、科技创新、企业管理、投资、能源领域的相关政策；管理对外贸易、市场竞争秩序、质量监督、消费者权益保护、知识产权、投资促进、海事等。[4]

驻比利时卢森堡中资企业协会成立于 2004 年 5 月 1 日，是中资企业在卢森堡的大型商业协会，目前拥有正式会员 27 家，均为中国在比利时、卢森堡投资的企业。会员涉及的行业主要有国际贸易、交通运输、码头运营、仓储、银行金融、工程技术服务、酒店业、技术研发、制造业等。该协会致力于为会员搭建与卢森堡政商界沟通交流的平台；发挥代言工商作用，代表中资企业向卢森堡政府反映企业诉求；为会员组织各类研讨会、座谈会、讲座，帮助会员及时了解卢森堡及欧盟法律的最新变化，如欧盟一般数据保护条例等

---

〔1〕 商务部国际贸易经济合作研究院、中国驻卢森堡大使馆经济商务参赞处、商务部对外投资和经济合作司：《对外投资合作国别（地区）指南·卢森堡（2018 年版）》，第 16 页。

〔2〕 商务部国际贸易经济合作研究院、中国驻卢森堡大使馆经济商务参赞处、商务部对外投资和经济合作司：《对外投资合作国别（地区）指南·卢森堡（2018 年版）》，第 17 页。

〔3〕 Innovation public of Luxembourg, Ministry of the Economy, at http://www.innovation.public.lu/en/decouvrir/acteurs/gouvernance/ministere－economie/index.html, May 22, 2019.

〔4〕 Ibid.

等，引导中资企业合规经营。[1]

（三）贸易法律法规

作为欧盟和WTO成员国，卢森堡适用两者的贸易法律体系。卢森堡本国与贸易相关的主要法律法规包括《商法》[2]《竞争法》《商业活动法》《商品安全法》《消费信贷法》[3]《专利法》。在投资并购方面的主要法律规定为《欧盟并购指令2004/25/EC》（2004年4月21日通过）和卢森堡《并购法》（2006年5月22日通过）。其他有关的法律包括：《商业公司法及修正案》（1915年8月10日通过）以及《劳工法》[4]《证券交易规定》《交易透明法》等。

中卢签定的主要双边协议有：商标注册互惠协议（1975年4月）、定期货运航班协议（1979年9月）、经济工业和技术合作协定（1979年11月）、投资保护协定（1984年6月，2005年6月续签）、避免双重征税协定（1994年3月）、中卢民用航空运输协定（2002年11月）和中国国际贸易促进委员会与卢森堡商会合作协议（2006年9月）。中国人民银行与卢森堡中央银行签署了在卢森堡建立人民币清算安排的合作备忘录（2014年6月28日）。[5]

在反垄断方面，卢森堡重要的法律主要为2012年2月1日实行的《竞争法》，竞争局（le Conseil de Concurrence）负责监察《竞争法》的遵行情况，欧盟委员会对反竞争行为具有管辖权。新法中将市场调查职能由经济和对外贸易部转到竞争委员会之下，竞争委员会是一个专门负责调查竞争法的违法行为的独立机构。[6]

---

〔1〕 比利时卢森堡中资企业协会，https://www.aecbl.org.

〔2〕 Code De Commerce, at http://data.legilux.public.lu/file/eli－etat－leg－code－commerce－2016－01－01－fr－pdf.pdf, May 22, 2019.

〔3〕 Code De La Consommation, at http://data.legilux.public.lu/file/eli－etat－leg－code－consommation－20180701－fr－pdf.pdf, May 22, 2019.

〔4〕 Code De Travail, at http://data.legilux.public.lu/file/eli－etat－leg－code－travail－20190428－fr－pdf.pdf, May 22, 2019.

〔5〕 中国条约数据库：《卢森堡》，载 http://treaty.mfa.gov.cn/Treaty/web/list.jsp，最后访问日期：2019年5月22日。

〔6〕 商务部国际贸易经济合作研究院、中国驻卢森堡大使馆经济商务参赞处、商务部对外投资和经济合作司：《对外投资合作国别（地区）指南·卢森堡（2018年版）》，第37页。

（四）贸易管控情况

卢森堡的贸易管理适用欧盟的贸易管控。进口管理主要体现在进口许可制度，包括监管、配合管理和保障措施三类。采取监管措施的产品主要来自部分钢铁产品、农产品和来自中国及越南的纺织品和鞋类。欧盟实施配额措施的税目有 89 个，农产品 38% 受配额保护。[1]

欧盟进口管理法规为 1994 年制定的《关于对进口实施共同规则的（EC）第 3285/94 号法规》和《关于对某些第三国实施共同进口规则的（EC）第 519/94 号法规》，后者适用于欧盟定义的“国有贸易国家”。鉴于纺织品和农产品在多边贸易框架中的特殊安排，欧盟分别制定了纺织品和农产品的进口管理法规。适用于纺织品的进口贸易立法主要包括《关于对某些纺织品进口实施共同规则的（EC）第 3030/93 号法规》和《关于对某些第三国纺织品实施共同进口规则的（EC）第 517/94 号法规》，后者随着 2005 年 1 月 1 日世界纺织品贸易实现一体化而终止。农产品进口贸易立法主要包括《关于实施乌拉圭回合农业协议所需采取措施的（EC）第 974/95 号法规》《关于农产品共同关税术语调整程序的（EEC）第 234/79 号法规》《关于某些农产品加工产品的贸易安排的（EC）第 3448/93 号法规》等。[2]

欧盟一般产品均可自由出口，仅对少数产品实施出口管理措施，但欧盟理事会第 1334/2000 号法规附有一份禁止出口清单。[3] 欧盟对短缺物资、敏感技术、初级产品出口采取出口监控和数量控制，还对两用产品和技术实行出口管制。[4] 出口管理法规主要包括《关于实施共同出口规则的（EEC）第 2603/69 号法规》《关于文化产品出口的（EEC）第 3911/92 号法规》《关于危险化学品进出口的（EEC）第 2455/92 号法规》《关于出口信贷保险、信贷

---

〔1〕 商务部国际贸易经济合作研究院、中国驻卢森堡大使馆经济商务参赞处、商务部对外投资和经济合作司：《对外投资合作国别（地区）指南・卢森堡（2018 年版）》，第 33 页。

〔2〕 商务部国际贸易经济合作研究院、中国驻卢森堡大使馆经济商务参赞处、商务部对外投资和经济合作司：《对外投资合作国别（地区）指南・卢森堡（2018 年版）》，第 34 页。

〔3〕 商务部国际贸易经济合作研究院、中国驻卢森堡大使馆经济商务参赞处、商务部对外投资和经济合作司：《对外投资合作国别（地区）指南・卢森堡（2018 年版）》，第 33 页。

〔4〕 商务部国际贸易经济合作研究院、中国驻卢森堡大使馆经济商务参赞处、商务部对外投资和经济合作司：《对外投资合作国别（地区）指南・卢森堡（2018 年版）》，第 34 页。

担保和融资信贷的咨询与信息程序的（EEC）第 2455/92 号法规》《关于在官方支持的出口信贷领域适用项目融资框架协议原则的（EC）第 77/2001 号法规》《关于设定农产品出口退税术语的（EC）第 3846/87 号法规》以及《关于建立两用产品及技术出口控制体系的（EC）第 1183/2007 号法规》等。

根据欧盟出口管理法规，当短缺物资、敏感技术、初级产品出口将导致共同体产业损害时，成员国须马上通报欧委会及其他成员国。欧委会和成员国代表组成咨询委员会启动磋商，采取出口数量限制等措施减小损害。保护措施可针对某些第三国或针对某些欧盟成员国的出口。原则上讲，此类措施应由理事会以有效多数作出，欧委会在紧急情况下也可直接采取措施。欧盟法规还规定，出于公共道德、公共政策、人类和动植物健康保护、国家文化遗产等需要，或为防止某些重要产品供应出现严重短缺，欧委会和成员国政府有权对出口产品实行限制。[1]

（五）海关管理情况

1. 管理模式

卢森堡对进出口商品有非关税控制，对来自部分国家和地区的某些产品实行进口许可证的制度，但对大多数商品来说，取得进口许可证是比较容易的。卢森堡对来自欧共体成员国以外的纺织品均规定了不同的进口限额。此外，比卢经济同盟还对进口的钢铁产品实行最低限价制度。比卢管理委员会有权颁发贸易许可证，决定进口政策，现在已经把颁发进口许可证的权力移交给比卢两国的进出口管理部门。[2]

进口物品必须在到达后 24 小时内由承运人向海关做第一次申报。第一次申报后 14 小时内由收货人或代理人第二次申报。货物卸下后 5 天内允许按常规向海关申报，但是在运输单据到达前不能结关。如果需要的话，报关时应向海关提供进出口许可证。比利时和卢森堡对准备再出口的商品免收关税和其他税。但是再出口商品所进行的全部或部分加工（包括装配、修理），除在

---

〔1〕 欧洲法规标准平台：《欧盟贸易管理规定》，载 http://eustandards.net/?page_id=1272，最后访问日期：2019 年 5 月 22 日。

〔2〕 Portail des dounaes et accises, commerce international, at https://douanes.public.lu/fr.html, May 22, 2019.

共同体销售外，免收关税和其他税。关于再出口商品进口的申请，可以向比利时财政部管理中心和卢森堡海关提出。

2. 通关所需文件

商业发票应为一式三份，内容包括装运日期及装运地点；卖方和买方的姓名及地址；运输方式；编号；对物品的确切描述，例如根据物品种类、质量、数量、等级、重量（以公制表示的毛重和净重）要特别强调与物品增值或降值有关的因素；双方协定的价格，包括物品单价和总费用（FOB 价格加上运输、保险和其他费用等）；交货和支付条件以及运输企业负责人的签字。

原产地证书一般情况下不需要产地证书。但是办理进口许可证或信用证时进口商需提供产地证书。有关证书的形式和内容并无特殊规定，但内容应当由进口商提出要求。产地证明应该由商会确认，并存留一份备案。

提单通常应标明运输企业的名称、收货人的姓名及地址、目的港、对物品的描述、运费及其他费用、整套的提单号码、承运人收到货物的日期和签字。提单内容必须与发票及包装相符合。并标明提货联系人的姓名。空运货物应用空运提单。[1]

（六）税务

卢森堡作为欧盟成员国，执行的是欧盟共同海关税则，包括商品分类目录、关税税率、普惠制、原产地规则以及海关估价都有统一规定。1992 年欧盟理事会制定了《关于建立欧盟海关法典的（EEC）第 2913/92 号法规》，对共同海关税则（包括商品分类目录、一般关税率、优惠关税措施以及普惠制等方面）、原产地规则（包括一般规则和特殊规则）以及海关估价等作出统一规定。欧盟以委员会指令形式每年对外发布一次更新后税率表。

我国商人和代理机构根据进口物品的关税类别进行预报或咨询，内容应包括物品描述，如果有物品的说明书更好，必要时还应向海关提供样品。预报表格应寄往海关的有关部门，若海关当局认为货物价值申报不足，进口商有权选择专家对货物估价；如果所估价值比申报价值不高于 5%，则按申报价

〔1〕 Portail des dounaes et accises, commerce international, at https://douanes.public.lu/fr.html, May 22, 2019.

征税；如果估价比申报价高出5%，则按专家估价征税；如果专家估价超过中报价的10%，则要处以50%的额外罚款。进口商如果对海关处罚不服，可直接向海关主管部门审述。[1]

（七）仓储管理

在卢森堡的港口和机场，有为过境商品和再出口商品设立的仓库。这些仓库根据进口商品的性质，海关的分类和存储时间长短等分为三种类型：

海关保税仓库受海关当局管理，货品可在此无限期存放且存放期间不用付关税。存放在该仓库的物品在经过当地海关批准后，可以进行重新包装，分类等加工。

私人仓库存放海关已检查但未征税商品，存放期间也受海关管理，且须缴纳进口税保证金。

自由过境仓库是专为进口免税而待转运之物品，即为过境商品所设的仓库。海关以临时检查方式对所存物品进行管理。[2]

（八）进出口检验检疫规定

卢森堡适用欧盟的检验检疫标准。欧盟关于食品和饲料的管理主要依据的法规为：《欧盟理事会关于食品卫生的第852/2004号条例》《关于动物源性食品特殊卫生规则的第853/2004号条例》《关于人类消费用动物源性食品官方控制组织的特殊规则的第854/2004号条例》《欧委会关于食品微生物标准的第2073/2005号条例》《关于饲料卫生的第183/2005号条例》以及《关于食品与饲料、动物健康与福利等法规监督实施的第882/2004号条例》等。[3]

欧盟对于动物及其产品的检验、检疫、安全监管的主要方式包括：食品兽医办公室（FVO）定期对成员国或者第三国的食品安全管理体系进行检查；边境口岸逐批检验检疫；抽查检验检疫；市场监督抽查等。[4]检验内容主要

〔1〕 商务部国际贸易经济合作研究院、中国驻卢森堡大使馆经济商务参赞处、商务部对外投资和经济合作司：《对外投资合作国别（地区）指南·卢森堡（2018年版）》，第34页。

〔2〕 Portail des dounaes et accises, supra note.

〔3〕 欧洲法规标准平台：《欧盟进出口商品检验检疫》，载 http://eustandards.net/? page_id = 1274，最后访问日期：2019年5月22日。

〔4〕 欧洲法规标准平台：《欧盟进出口商品检验检疫》。

包括：化学污染物、激素残留、微生物学指标、饲料添加剂检测和 DNA 检测。检验程序主要包括：例行检验检疫（主要是感官判断和有关文件审查）、实验室微生物和化学检验、系统强化性检验检疫。[1]

欧盟对于植物的检验检疫措施主要包括：在适当的时候检查植物的种植和生长；对生产者进行登记。从第三国进口的某些植物及植物产品必须带有第三国国家级植物保护机构签发的植物检疫证书，以证明这些植物或植物产品已经经过严格检疫。[2] 检验内容包括：杀虫剂、亚硝酸盐、重金属和霉菌毒素等各种污染物的最大允许含量，放射性化学污染物的最大允许含量，微生物学指标，深加工产品所使用的食品添加剂和香料与调味料的检测与分析，还有有关产品运输、保藏过程中使用的有关材料、包装材料、抗氧化剂的检测。检验程序与动物源性产品检验程序类似。[3]

此外，欧盟还对植物保护产品或农药的销售与使用进行监督，并专门制定了标准对农药残留进行监控，对种子及繁殖材料的质量、植物新品种的知识产权保护和遗传资源保护等进行管理。

（九）便利措施

卢森堡作为欧盟成员，适用欧盟成员国给予发展中国家单项的关税优惠政策，包括对非洲、加勒比海和太平洋国家的协议关税和普惠制（GSP）。

近来，卢森堡和中国之间实现了“经认证的经营者”（AEO）互认，两国的 AEO 企业的进口货物在通关环节享有较低查验率、简化单证审核、优先通关等便利措施，通关效率较其他进口货物具有显著优势。AEO 制度由世界海关组织倡导，旨在通过海关对守法程度、信用状况和安全水平较高的企业进行认证，给予企业通关便利。[4]

---

〔1〕 商务部国际贸易经济合作研究院、中国驻卢森堡大使馆经济商务参赞处、商务部对外投资和经济合作司：《对外投资合作国别（地区）指南·卢森堡（2018 年版）》，第 33 页。

〔2〕 欧洲法规标准平台：《欧盟进出口商品检验检疫》。

〔3〕 商务部国际贸易经济合作研究院、中国驻卢森堡大使馆经济商务参赞处、商务部对外投资和经济合作司：《对外投资合作国别（地区）指南·卢森堡（2018 年版）》，第 34 页。

〔4〕 中华人民共和国海关总署：《我国与 36 个国家和地区实现海关 AEO 互认》，载 http://www.customs.gov.cn/customs/302249/mtjj35/2172056/index.html，最后访问日期：2019 年 5 月 20 日。

（十）其他重要规定

1. 外汇

卢森堡实行外汇兑换与资本流动的自由政策，也是欧盟第一个通过国家立法支持发展离岸基金业务的成员国，其投资基金享受低费率和低税收等优惠政策。卢森堡没有外汇管制，但有较完善的金融监管体系和反洗钱体系。在卢森堡注册的外国企业可在卢森堡银行自由开设外汇账户，自由将合法税后利润汇出；在卢森堡工作的外国人，其合法税后收入可全部转出。卢森堡规定携带 1 万欧元以上的现金出境需要申报。卢森堡政府对于包括分红、资本汇回、利息、外债偿还、租赁费用、特许经营费用以及管理费用等资本项目没有任何管制。资金汇出通常在 24 小时内完成。[1]

2. 自由港与自由区

在比利时和卢森堡经济区内没有自由港或自由区。但比、卢海关在主要机场和港口都有一些设施可供进口商对商品进行存储、分装和其他加工，并可以对那些经过进一步加工后再出口的商品临时免税放行。基本可以提供与自由港类似的海关优惠条件。

---

〔1〕 商务部国际贸易经济合作研究院、中国驻卢森堡大使馆经济商务参赞处、商务部对外投资和经济合作司：《对外投资合作国别（地区）指南·卢森堡（2018 年版）》，第 46 页。

第五章

非洲国家通关法制

一、安哥拉

杨雪琳

（一）经贸概况

安哥拉共和国（以下简称“安哥拉”）自 1996 年 11 月 23 日成为世界贸易组织（WTO）成员，自 1994 年 4 月 8 日起成为《关税及贸易总协定》（GATT）的成员。目前已加入联合国及其下属全部 15 个国际组织。

自 2002 年内战结束以来，安哥拉始终奉行和平共处和不结盟的对外政策，政府把经济外交作为工作重点，努力寻求更多的外国投资，提高在国际和地区事务中的影响力。现为不结盟运动、非洲联盟（AU）、南部非洲发展共同体（SADC）、中部非洲国家经济共同体（ECCAS）、葡萄牙语国家共同体、石油输出国组织、七十七国集团等国际和地区组织成员。

目前，安哥拉是撒哈拉以南非洲第三大经济体和最大吸收外资的国家之一。据国际货币基金组织统计，2001—2010 年安哥拉经济年均增长率为 11.1%，居全球第一。2016 年安哥拉经济增长率为 0.1%，财政收入为 210 亿美元，财政支出为 270 亿美元，出口 287 亿美元，进口 121 亿美元。[1]

---

〔1〕 中国驻安哥拉使馆经济商务参赞处：《安哥拉营商环境指南（2018）》，第 16 页，载 http://images.mofcom.gov.cn/ao/201808/20180820181142658.pdf，最后访问日期：2019 年 5 月 30 日。

但近两年来，由于国际市场石油价格下降以及安哥拉石油产量减少，安外汇储备减少，公共债务负担加重，货币持续贬值。惠誉将安哥拉主权信用评级维持在“B”不变，即非投资级。[1]根据《经济学人》智库（EIU）有关安哥拉的报告，安哥拉经过2018年经济收缩0.9%，EIU预期2019年收缩4.5%，至2020年将进一步收缩30基点，至负4.8%。报告预测今年经济将录得4.2%正增长率、明后两年平均为负3.45%，至2021年方恢复正增长。[2]

（二）贸易主管部门

安哥拉贸易部（MINCO）是对外贸易主管部门，负责对外贸易政策的制定和行使行政管理职能，[3]旨在规范贸易活动的开展，确保贸易商之间自由公平的竞争，维护消费者权益。现任部长为维克多·费尔南德斯（Victor Francisco dos Santos Fernandes）。

贸易政策由贸易部在经济、金融、农业和渔业、工业、石油、运输、建筑和旅游部协助下确定。自主运作或在这些部委下运作的各种机构也有助于贸易政策的制定和应用，包括：安哥拉国家银行（BNA）、国家统计局、一般税务管理局（Agencia Geral Tributaria，成立于2014年12月，由国家海关总署和国税局合并，作为“行政税改革项目”的一部分）、国家私人投资局（ANIP）、商贸研究所（IFE）、国家付货人委员会（CNC）、安哥拉工业产权协会（IAPI）等。[4]

（三）贸易法律法规

安哥拉贸易政策通过法律、法令和条约等法律文书制定和实施。《贸易法》是对外贸易管理的基本法。据此，安哥拉贸易部颁布2000年第75号

---

〔1〕中国驻安哥拉使馆经济商务参赞处：《惠誉将安哥拉主权信用评级维持在非投资级》，载 http://ao.mofcom.gov.cn/article/sqfb/201903/20190302839310.shtml，最后访问日期：2019年5月30日

〔2〕安哥拉华人报：《EIU：今明两年安哥拉经济收缩后2021年将复苏》，载 https://mp.weixin.qq.com/s/NMOAZ3zwzwYdzyb0Mad0dw，最后访问日期：2019年5月30日。

〔3〕商务部国际贸易经济合作研究院、中国驻安哥拉大使馆经济商务参赞处、商务部对外投资和经济合作司：《对外投资合作国别（地区）指南·安哥拉（2018年版）》，第31页，载 http://www.mofcom.gov.cn/dl/gbdqzn/upload/angela.pdf，最后访问日期：2019年5月30日。

〔4〕World Trade Organization, Trade Policy Review of Angola, WT/TPR/S/321/Rev.1, p.17.

《进出口商品管理办法》和2000年第76号《对外贸易管理条例》。[1]除此之外，由相关部委编写，部长理事会批准提交国民议会通过后30天由总统颁布的法律、总统发布的立法法令、临时总统立法法令、普通总统法令和总统令，以及部委发布的行政法令构成了安哥拉的贸易法律框架。

值得注意，2019年4月24日，安哥拉颁布了第7/19号法令，正式颁布《增值税法》，该法律自2019年7月1日起生效。根据《增值税法》第2条，增值税生效后，取消消费税（3 - A/14，21/10法令）和印花税（3/14，21/10）的征收。新税法将适用单一税率14%，该法一旦实施，所有进口货品将须缴纳相当于货值14%的增值税。进口石油及燃气相关物资及进口至免税区的商品等除外。

（四）贸易管理规定

1. 进出口许可证

所有为商业目的经营的进出口商必须在由贸易部管理的综合外贸计划（SICOEX）的出口商和进口商登记册（REI）中登记，并支付年费100澳元。提交的文件包括：经营许可证副本（商业、工业或公共工程）；公司章程和高级管理人员的指定；法定代表人的身份证明文件。在登记册中自动登记，每年都有权获得授权外贸活动的证书。[2]

自2011年以来，为打击欺诈和非正规外贸，任何除了在REI中登记外，超过5000美元的货物的进出口商在发货之前还必须从贸易部获得进出口许可证。[3]许可申请需附有形式发票和适用的原产地证书、卫生/植物检疫和质量证书及排他性证书（符合关税豁免条件的产品）或任何其他理事机构/主管部门的授权。[4]自2012年3月起，通过SICOEX以电子方式管理进出口和再出口许可证。申请进口许可证的费用为AOA 1000；出口许可证免

---

〔1〕 商务部国际贸易经济合作研究院、中国驻安哥拉大使馆经济商务参赞处、商务部对外投资和经济合作司：《对外投资合作国别（地区）指南·安哥拉（2018年版）》，第31页。

〔2〕 World Trade Organization, Supra note, p. 47.

〔3〕 Banco Central de Angola, Notice No. 5/18 of 2 July 2018, at https://www.bna.ao/anexos/saberimportar.pdf, May 31, 2019.

〔4〕 World Trade Organization, supra note, p. 33.

费，钻石出口除外。获得贸易部许可后，安哥拉国家银行（BNA）需授权支付发票。[1]

进口许可证要填写进口商、供货商的姓名、中间人、根据布鲁塞尔关税分类法划分的种类、数量、单价、运输和保险公司、成本、支付方式和支付货币。一旦进口得到批准，国家银行就发出保函，并附有进口商品的许可证；同时通知出口商，货物发运前要经国际机构检验其是否符合国际商品交易的规定。进口商品许可证的有效期为 180 天，并可申请延期。如果在这一时间内，一笔进口交易没有全部完成，则最初被认为的商品交易就改为资本交易。进口商品要征收 0.1% 的许可证费。即使不申请外汇，出于统计需要，进口也必须有许可证。资本货物的进口必须有部分中期外国信贷资助。根据安哥拉 2000 年第 55 号法令有关条款，进口商需填写商品进口登记表，并在货物发运前将形式发票副本传至安哥拉贸易部留存。[2]

适用于商业进口货物的登记手续也适用于出口。[3] 自 2013 年以来，经安哥拉海港出口的货物（石油除外）需要货物跟踪单。所有出口都需要详细的声明；使用经批准的清关代理的条件与进口的相同。

2. 进出口禁令和限制

出于安全或道德，保护公共健康及环境或战略原因，安哥拉对进口自由施加禁止和限制措施。2015 年 1 月 23 日通过的第 22/15 号联合执行法令规定[4]，当国内生产占国内消费量的 60% 以上时，对某些产品的进口实行配额限制。配额应该通过进口许可证来管理，许可证应当符合以下若干标准：安哥拉人拥有的公司注册资本的百分比；进口的历史份额；生产和财政能力，以增加国内生产和减少进口和分销链。根据该法令，受配额限制的货物只能在非常具体的条件下（目的地强制检验和散装包装）和明确标识的入口点进口；价格管制制度也适用于其营销。[5]

---

〔1〕 在获得贸易部许可前，国家银行有权访问 SICOEX 以咨询贸易部的决定，但尚不能付款授权。

〔2〕 商务部国际贸易经济合作研究院、中国驻安哥拉大使馆经济商务参赞处、商务部对外投资和经济合作司：《对外投资合作国别（地区）指南·安哥拉（2018 年版）》，第 31 页。

〔3〕 Joint Executive Decree No. 264/12 of 23 August 2012.

〔4〕 Joint Decree No. 22/15 of 23 January 2015.

〔5〕 World Trade Organization, Supra note, p. 43.

禁止进口到安哥拉的物品包括：来自受流行病或受附生病影响地区的动植物，违反公共道德的产品如涉及色情、赌博，生产超过6年的家用车及生产超过10年的运输车辆，含生物技术产品如转基因谷物或种子，模仿国家特许经营公式、自制或手工制药，不符合法规规定条件或保护状况不佳的食品，废旧电池和蓄电池，翻新或旧轮胎，以及假冒商品。[1]

过境禁令常与进口禁令相同，武器、弹药或任何其他军事用途的过境需国家海关总署事先批准。陆路运输货物必须护送。根据财政风险，某些货物通过陆路运输需要存款金额为进口关税和税款应付金额的100%。[2]

（五）进出口商品检验检疫

安哥拉实施“全面进口监管计划”（CISS）。根据安哥拉进口法规规定，进入安哥拉的货物必须由通标标准技术服务有限公司（SGS）在出口供货国进行装船前检验，以协助安哥拉政府对海关和（或）外汇管理系统进行管理。SGS检验可按下列程序办理[3]：

1. 出口成交

出口商按正常贸易程序与进口商达成出口交易，进口商将有关情况通知安哥拉的SGS联络办公室，同时通知出口商需请SGS－CSTC验货。SGS－CSTC收到进口国SGS联络办公室通知的检验编号后，传真或邮寄给出口商一份注明SGS检验编号和SGS－CSTC的ICN编号的空白验货申请表（RFI），通知出口商提交单据，安排验货。

2. 申请检验

出口商填写验货申请表，连同下列单据一起传真或邮寄给离验货地点最近的SGS－CSTC分公司，包括形式发票、形式装箱单及零备件清单、产品技术规格资料、样本、信用证、制造商测试报告（机器/设备）、制造商分析报告（化工/医药/石油/染料产品）、卫生证书（食品）、植物检疫证书（全部

---

〔1〕 International Trade Administration, Angola Country Commercial Guide, at https://www.export.gov/article? id = Angola – Prohibited – Restricted – Imports, May 31, 2019.

〔2〕 World Trade Organization, Supra note, p. 47.

〔3〕 商务部国际贸易经济合作研究院、中国驻安哥拉大使馆经济商务参赞处、商务部对外投资和经济合作司：《对外投资合作国别（地区）指南·安哥拉（2018年版）》，第32~33页。

农产品)、厂检分析单(全部钢铁材料及其初级产品)。所有单据均要注明SGS检验编号(见验货申请表)。在验货申请表上应列明供货商的详细资料,如联系人及联系电话、验货时间、验货地点等,以便SGS-CSTC与之联系,安排检验。出口商须在检验日期3个工作日前,把RFI和上述单据交给SGS-CSTC分公司。

3. SGS-CSTC检验

由CISS国家法规要求的装船前检验,SGS-CSTC不向出口商收取任何费用。出口商有义务把货物备妥并提供必要的搬运劳力和设备,以便检验顺利完成。出口商如委托供货商或代理安排验货时,有义务告知供货商或代理检验要求。如货物未按要求准备好或不具备检验条件,SGS-CSTC保留中止检验的权利。每一批"全面进口监管计划"下的货物都由SGS-CSTC进行实物检验。SGS-CSTC检验员将对照出口商的形式文件,检验货物的规格、名称、数量、外观质量,必要时要抽取样品。

4. SGS-CSTC最终文件

检验完成后,出口商按国别把最终文件分别传真或邮寄给SGS-CSTC上海经济事务部(EAD)。所有提交给SGS-CSTC的文件都应注明SGS检验编号。如果SGS-CSTC检验结果同出口商的最终文件有差异或文件不齐全,SGS会同出口商联系,要求修改文件、补充文件或通知进口国SGS联络办公室,以取得进口商的确认。

5. SGS安全标签

如果出口商收到的信用证上要求"在出口商的发票上贴SGS安全标签",出口商可提交一份最终出口发票给最近的SGS-CSTC分公司,并去领取安全标签,或要求SGS-CSTC将安全标签邮寄给出口商。但只有在完成以上1~4程序后,SGS-CSTC才会签发安全标签。

6. 葡萄牙语标注

自2007年1月1日起,安哥拉政府要求用葡萄牙语标注在该国进口的所有产品,同时要求在实施PSI检验时增加此项内容。标签必须包括:成分清单,有效期,数量,生产批次,制造商或销售商的名称和地址以及原产国。只有在产品剩余至少6个月的保质期时才允许进口。未标记的产品或非葡萄牙语标签的产品可能会被没收。[1]

根据2013年6月11日第63/13号总统令，安哥拉进出口货物装运前检查成为可选择项。在此之前，不论其价值如何，对某些商品是强制性的。[2]如今，货物抵达安哥拉海关时，或信用证协议要求进行装运前检验，贸易商可以从私人检验机构获得装运前检验服务。[3]检验费由进口商或出口商支付，进口商可以在财政部批准的三家检验公司（BIVAC，Cotecna，SGS）之间进行选择。但对于大多数进口食品工业产品，目的地检验仍然是强制性的。[4]

（六）海关管理制度

1. 清关流程

外国商品进口至安哥拉的商品需要按以下流程办理清关手续[5][6]：

（1）选择一家清关代理商，谈妥服务代理费的收取比率（以商检证书的CIF为基数）。

（2）把准备发运货物的英文、葡文或法文版本形式发票传给当地进口商以申请商检号。申请费用按形式发票FOB价的0.75%分两次向BIVAC（法国商检公司，简称BV）罗安达办事处支付。第一次取商检号时支付50%；第二次取商检证书时再支付50%。形式发票的内容：①进口商品名称；②原产国；③供货商名称；④产品说明及技术特点；⑤数量单位或重量；⑥单价（标明币种）；⑦预计发运日期及抵达日期；⑧总价（分别列出离岸价格、运费、保险费）；⑨支付情况；⑩起运港/目的港及包装。将形式发票递交给清关代理。形式发票一式两份，英文和葡萄牙文各一份。第一次申请商检号的，还需向

---

〔1〕 International Trade Administration, Angola Country Commercial Guide, at https://www.export.gov/article?id=Angola-Labeling-Marking-Requirements, May 31, 2019.

〔2〕 Presidential Decree No. 63/13 of 11 June 2013.

〔3〕 International Trade Administration, Angola Country Commercial Guide, at https://www.export.gov/article?id=Angola-Import-Requirements-and-Documentation, May 31, 2019.

〔4〕 World Trade Organization, Supra note, p. 33.

〔5〕 商务部国际贸易经济合作研究院、中国驻安哥拉大使馆经济商务参赞处、商务部对外投资和经济合作司：《对外投资合作国别（地区）指南・安哥拉（2018年版）》，第33~34页。

〔6〕 Ministério das Finanças Serviço Nacional das Alfandegas, Procedimentos Aduaneiros deImportação de Mercadorias, at http://www.bna.ao/uploads/%7B0ba30615-5d96-4925-a57d-1bb52024b975%7D.pdf, May 31, 2019.

清关代理提供当地进口商，即收货人的纳税代码。以中国为例：取得商检号后，将商检号和形式发票传给中国国内出口商或出口货代；货物代理人依据形式发票准备商业发票。货物的名称、数量、单价、总价、出口商（发货人）的名称、进口商（收货人）名称、离岸港、到岸港等都必须保持不变；罗安达 BV 会将形式发票的全部内容传到离岸港附近的上海 BV 管理中心，上海 BV 会根据电话、传真号码信息，与发货人取得联系并进行装箱前的商检。商检完成后，将该商检号的提单、商业发票、装箱单等传真给上海 BV，并联系上海 BV 将其全部信息输入到该商检号项下并放行。

（3）待提单出来后，货代需根据提单向中国香港三联船运公司申请 CNCA（船运协会）证书，并向其支付费用；货代准备船运文件并以 DHL 寄给收货人；收货人在罗安达 BV 取得商检证书原件。

（4）取得商检证书后，与国内 DHL 寄来的船运文件组成完整的清关文件。

（5）办理提单生效/船代手续；集装箱船在到达罗安达港 2 日内办理，散船可以提前 10 天办理。集装箱船对集装箱的宽限期只有 15 天，超时需缴滞纳金。船代手续也可委托清关代理人员办理。

（6）船代手续办完后，将附有船代签字和签章的提单连同 CNCA 原件、商检证书原件、商业发票原件、装箱单原件、原产地证书原件，交给清关代理清关；停靠的船都有用于查询船只停靠日期的编号，只有取得编号的船只才能开始办理报关；海关受理报关后，首先根据报关文件签发关税付款通知书原件，根据该通知和报关单去海关大楼一层的银行进行支付，完毕后银行会出具完税凭证。

（7）关税支付完毕，海关还要进行复核，并签发“货物清关（放行单）通知书”。核对该通知书信息，待全部信息正确后，复印数份，到货物所在码头盖章，交给罗安达港口计费处用于计算货物的港口费用。

（8）港口费用支付完毕后，到货物所在码头支付码头费用。码头/仓储费用与货物到港时间关系密切，清关取货及时，可能少付或不付，延误时间越长，支付越多。

（9）码头费用支付完毕后，可以办理取货出关手续。

2. 海关关税

总的来说，国家财政收入（不包括补助金）中关税和税收（不包括内部税）的份额仍然不大。[1]然而，它们在非石油收入中的份额要大得多。2009—2014 年期间，进口关税的名义收入增加，而出口关税的收入则下降。[2]

进入安哥拉的产品的进口税和费用按产品的 CIF 价值计算。[3]安哥拉出口的某些商品需要缴纳出口关税，不论其目的地国家。出口关税基于离岸价值，平均税率近 4%。[4]

自 2018 年 8 月 9 日起，安哥拉新海关税则正式生效。新税制符合世界海关组织《商品名称与编码协调制度》（HS），内容涵盖清关流程和商品税率两个部分，与旧版相比区别主要在于它将适用于目前正运往安国途中的货品，在清关流程中引入提前申报机制，扩大了免税商品的范围，同时调整了若干商品的进口和出口关税税率。

具体说来，海关对 2475 种产品免征进口税和消费税，126 种商品的进口税率有所上调，635 种商品的进口税率有所下调。[5]免交关税的货品只需支付 2% 的服务费及 1% 的印花税。[6]安哥拉主要商品货物均依赖进口，因此，对于目前无法生产的基本商品，征收最低程度的进口关税，以消除饥饿和贫困；而对于已经能够生产的基本食品，如蔬菜、酒精饮料、冷饮、矿泉水、牛肉、羊肉等，将提高进口关税，以扩大国内生产。[7]

另外，国产商品的出口将享受零关税，且出口服务费从 1% 下调至 0.5%。

---

〔1〕 World Trade Organization, Supra note, p. 34.

〔2〕 Ibid.

〔3〕 International Trade Administration, Angola Country Commercial Guide, at https://www.export.gov/article? id = Angola - Import - Tariffs, May 31, 2019.

〔4〕 商务部国际贸易经济合作研究院、中国驻安哥拉大使馆经济商务参赞处、商务部对外投资和经济合作司：《对外投资合作国别（地区）指南·安哥拉（2018 年版）》，第 31 页。

〔5〕 商务部国际贸易经济合作研究院、中国驻安哥拉大使馆经济商务参赞处、商务部对外投资和经济合作司：《对外投资合作国别（地区）指南·安哥拉（2018 年版）》，第 34 页。

〔6〕 中华人民共和国驻安哥拉共和国大使馆经济商务参赞处：《安哥拉新海关税则生效》，载 http://ao.mofcom.gov.cn/article/sqfb/201808/20180802774567.shtml，最后访问日期：2019 年 6 月 1 日。

〔7〕 中华人民共和国驻安哥拉共和国大使馆经济商务参赞处：《安哥拉国民议会通过新版海关税则草案》，载 http://ao.mofcom.gov.cn/article/sqfb/201711/20171102673081.shtml，最后访问日期：2019 年 6 月 1 日。

而对于非国产商品，需缴纳20%的关税。这一措施旨在防止用于国内最终消费的进口商品被再出口，从而损耗外汇储备。还需注意，特殊的出口货物如水泥只能在负责部门授权下进口，同时禁止出口没有加工过的原木、千岁兰和大黑羚羊。[1]

3. 未取货物的处理

未取的货物由海关管理。未取货物的仓储期为12个月，露天存放的货物，如铁和水泥只有30天，危险品货物15天，逾期则对货物进行拍卖。第一次拍卖中货物的标价为货物价值加关税和仓储费，第二次拍卖中货物的价格视拍卖情况而定。拍卖所得满足国家应得后归还货主，但是货物必须在第一次拍卖中卖出。第二次和第三次拍卖时，买主购买货物同时支付关税和其他费用，货主才可能得到拍卖余额。[2]

海关管理未取货物收取仓储费。但货物卸船后，根据货物种类不同有一定的免费仓储期，在10～45天之间不定，必要时免费仓储期可延长至6个月。但活牲畜必须在48小时后计收仓储费。某些货物只享受15天免费仓储，以便复出口、转运或倒仓。费用视仓储形式（露天/仓内）和货物重量而定。另外，仓储费率每15天为一档，逐档递增。[3]

（七）中安经贸

中安两国于1983年1月12日建交，1984年6月签订双边贸易协定，1988年10月签订成立了经贸联委会协定。2014年12月，政府签署了关于中国政府给予安哥拉97%输华产品免关税的换文。根据该换文，自2015年起，原产于安哥拉97%的输华产品将享受零关税待遇。[4]

目前，安哥拉是中国在非洲仅次于南非的第二大贸易伙伴，中国是安哥

[1] 中华人民共和国驻安哥拉共和国大使馆经济商务参赞处：《安哥拉国民议会通过新版海关税则草案》。

[2] 商务部国际贸易经济合作研究院、中国驻安哥拉大使馆经济商务参赞处、商务部对外投资和经济合作司：《对外投资合作国别（地区）指南·安哥拉（2018年版）》，第35页。

[3] 商务部国际贸易经济合作研究院、中国驻安哥拉大使馆经济商务参赞处、商务部对外投资和经济合作司：《对外投资合作国别（地区）指南·安哥拉（2018年版）》，第35页。

[4] 商务部国际贸易经济合作研究院、中国驻安哥拉大使馆经济商务参赞处、商务部对外投资和经济合作司：《对外投资合作国别（地区）指南·安哥拉（2018年版）》，第22页。

拉第一大贸易伙伴国。据国家统计局（INE）在罗安达发布的《对外贸易统计年鉴》，中国是2018年安哥拉出口主要目的地，占60.28%，印度排名第二，占9.27%，其次是美国占3.35%、西班牙占3.04%、南非占2.82%。中国也是安哥拉最大的供应国，占该国进口的14.56%，其次是葡萄牙占13.67%、新加坡占9.64%、比利时占6.54%、多哥占5.95%。〔1〕

2018年，中安贸易额280.5亿美元，同比增长25.5%，其中中方出口额22.5亿美元，同比下降2.2%，进口额258.0亿美元，同比增长28.7%。中国主要从安哥拉进口原油、天然气，向安哥拉出口机电、钢材、汽车及高新技术产品等。中国从安哥拉进口商品主要为原油，其他类别包括：矿物燃料、矿物油及其产品、沥青等；盐、硫磺、土及石料、石灰及水泥等；木及木制品、木炭；矿物材料的制品；电机、电气、音像设备及其零附件。〔2〕

随着中非全面战略合作伙伴关系迈上新台阶，中安双方有望在经贸、交通、电力、金融等领域拓宽和深化合作。〔3〕

二、埃及

郭嘉强

（一）国家概况

埃及的全称为"阿拉伯埃及共和国"（The Arab Republic of Egypt）〔4〕。首都为开罗，是埃及的政治、经济和商业中心。埃及的国土大部分位于非洲东北部，其中苏伊士运河以东的西奈半岛位于亚洲西南部，地跨亚、非两洲，隔地中海与欧洲相望。国土面积100.145万平方公里，94%为沙漠。

截至2018年2月，埃及有人口1.045亿，伊斯兰教为国教，信徒主要是

---

〔1〕安哥拉华人报：《安哥拉国家统计局：中国是安2018年主要贸易伙伴》，载https://mp.weixin.qq.com/s/K-EyAAkXo2S8cm_GxgOYqQ，最后访问日期：2019年6月1日。

〔2〕商务部国际贸易经济合作研究院、中国驻安哥拉大使馆经济商务参赞处、商务部对外投资和经济合作司：《对外投资合作国别（地区）指南·安哥拉（2018年版）》，第22页。

〔3〕中国民生银行智库：《安哥拉国家概况、投资机遇及风险分析》（民银智库国别报告之二十九），载https://mp.weixin.qq.com/s/-pU3RUj_ehr-5PeueTIWyA，最后访问日期：2019年6月1日。

〔4〕中华人民共和国外交部：《埃及国家情况》，载https://www.fmprc.gov.cn/web/gjhdq_676201/gj_676203/fz_677316/1206_677342/1206x0_677344/，最后访问日期：2019年5月31日。

逊尼派。官方语言为阿拉伯语。埃及首都开罗的时区是东二区，比北京时间晚6小时。埃及全国划分为27个省、8个经济区，每个区包括一个或数个省。埃及已开放塞得港、亚历山大港、苏伊士港为自由港。埃及的国家级自由贸易区有：苏伊士城、塞得港城、亚历山大（阿尔阿迈苏尔区）、伊斯梅利亚城、内赛尔城和正在建设中的迪来亚特自由港。〔1〕

埃及自2011年起政局发生动荡，埃及宪法、总统、政府等发生多次更迭，当前实行的宪法是2014年1月经全民公投通过，2019年4月该宪法又通过修正案进行修订。埃及人民议会是埃及最高立法机关，主要职能是提名总统候选人；主持制定和修改宪法；决定国家总政策；批准经济和社会发展计划及国家预算、决算，并对政府工作进行监督。法院包括最高法院、上诉法院、中央法院和初级法院以及行政法院，开罗还设有最高宪法法院。检察机构包括总检察院和地方检察分院。〔2〕

埃及的自然资源丰富，根据英国石油公司报告，截至2016年末，埃及已探明石油储量4.6亿吨，天然气1.8万亿立方米，未包含埃及新发现祖哈尔气田约0.85万亿立方米储量。另外，已探明磷酸盐约70亿吨，铁矿6000万吨。此外还有锰、煤、金、锌、铬、银、钼、铜和滑石等。〔3〕

2017年埃及GDP为2354亿美元〔4〕，2019年全球营商便利度排名第120位〔5〕。属开放型市场经济，拥有相对完整的工业、农业和服务业体系。服务业约占国内生产总值50%。工业以纺织、食品加工等轻工业为主。农村人口占总人口55%，农业占国内生产总值14%。石油天然气、旅游、侨汇和苏伊

---

〔1〕 中华人民共和国海关总署：《埃及进口货物通关须知》，载 http://www.customs.gov.cn/customs/302427/302446/302451/zymyhbhgtgjs/aj/712139/index.html，最后访问日期：2019年6月4日。

〔2〕 商务部国际贸易经济合作研究院、中国驻埃及大使馆经济商务参赞处、商务部对外投资和经济合作司：《对外投资合作国别（地区）指南·埃及（2018年版）》，第7~8页，载 http://www.mofcom.gov.cn/dl/gbdqzn/upload/aiji.pdf，最后访问日期：2019年6月1日。

〔3〕 商务部国际贸易经济合作研究院、中国驻埃及大使馆经济商务参赞处、商务部对外投资和经济合作司：《对外投资合作国别（地区）指南·埃及（2018年版）》，第6页。

〔4〕 世界银行：《埃及国民生产总值 GDP》，载 https://data.worldbank.org.cn/country/egypt-arab-rep?view=chart，最后访问日期：2019年6月1日。

〔5〕 世界银行：《营商环境2019排名——埃及》，载 http://chinese.doingbusiness.org/zh/data/exploreeconomies/egypt，最后访问日期：2019年6月1日。

士运河是四大外汇收入来源。2011 年以来埃及政局动荡对其国民经济造成严重的冲击，2014 年新政府成立以来，经济逐步回升，2017 年埃及颁布了新《投资法》，显著改善了投资环境，政府集中致力于发展国民经济，南非兰德商业银行发布报告称，埃及首次超越南非，成为非洲最佳投资目的国。[1]

1956 年 5 月，埃及与中国建交，成为第一个承认新中国的阿拉伯国家和非洲国家。1999 年，两国建立面向 21 世纪的战略合作关系。在埃及华人总数约 1 万多人，主要集中于开罗、亚历山大、塞德港和艾因苏赫纳。[2]

2016 年 1 月，中国与埃及签订了《中华人民共和国和阿拉伯埃及共和国关于加强两国全面战略伙伴关系的五年实施纲要》《中华人民共和国政府和阿拉伯埃及共和国政府关于共同推进丝绸之路经济带和 21 世纪海上丝绸之路建设的谅解备忘录》。

（二）贸易主管机关

1. 贸易与工业部

埃及的对外贸易主管机关为贸易与工业部（以下简称“贸工部”），该部下设进出口控制总局（GOEIC）、工业发展局、展览和会议总局、标准和质量总局、商务服务署（ECS）、出口发展局（EDA）、贸易协定局以及出口促进银行、外贸培训中心等机构。

GOEIC 是埃及进出口贸易的重要机关，其根据埃及 1999 年第 378 号总统令的规定直属于贸工部部长，其与外贸部门密切合作，旨在促进对外贸易流通、支持埃及工业发展，推动各种出口产品。主要执行的活动为：具体的进出口管制；各种注册管制，包括进口商注册、出口商注册、进口产品注册、进口产品生产商注册等；对源产地为埃及的产品签发原产地证书；对农业作物进行分类。

贸易协定局负责 WTO 事务以及反倾销、反补贴和保障措施事务；商务服务署负责向各国派遣贸易代表；展览和会议总局管理埃及境内举办的展览；

---

〔1〕 商务部国际贸易经济合作研究院、中国驻希腊大使馆经济商务参赞处、商务部对外投资和经济合作司：《对外投资合作国别（地区）指南・埃及（2018 年版）》，“参赞的话”。

〔2〕 商务部国际贸易经济合作研究院、中国驻埃及大使馆经济商务参赞处、商务部对外投资和经济合作司：《对外投资合作国别（地区）指南・埃及（2018 年版）》，第 7 页。

出口发展局负责代表埃及在国外办展。

2. 与对外贸易有关的民间组织

埃及参与经贸政策法规的研究咨询和贸易投资促进的民间机构主要有埃及商会联合会、埃及工业联合会和埃及企业家协会等。埃及还设立了埃及出口信贷担保公司、出口发展银行等官方机构。

埃及商会联合会主要由埃及中小商人组成，代表政府协调管理全国各省市的25个地方商会。该组织负责提供国家进出口和对外贸易统计信息及国家对外贸易规定，制造商名录，出口商进口商名录，指导全国对外贸易杂志编辑，帮助国内客户同国外建立联系。提供国际博览会和展览会信息、贸易报价、贸易机会。帮助公司寻找合资企业伙伴，提供市场技巧及贸易实践经验。[1]

埃及工业联合会[2]负责促进产业界的合作，协调与其他部门的关系，为会员及各界提供各类信息。该会共包括13个行业分会。

埃及企业家协会（EBA）成立于1975年，并于1979年根据埃及第32/1964号法律批准设立。EBA是一个非官方的非营利组织，旨在统一埃及私人企业的发展，为埃及的生产力提升和有效的国家经济发展和社会发展做出贡献。[3]

埃及还设立了埃及出口信贷担保公司、出口发展银行[4]等官方机构，服务和支持埃及经贸发展。

（三）主要贸易法律

埃及对外贸易管理方面的主要法律有1975年颁布、2005年修订的《进出口法》及2005年颁布的《进出口法实施条例》；1963年颁布、2005年修订的《海关法》及2005年颁布的《海关法实施条例》；1999年颁布的《贸易法》；2002年制定《出口促进法》；2017年颁布的《投资法》及《投资法实施条

---

〔1〕 中国国际贸易促进委员会：《埃及商会联合会》，载 http://www.ccpit.org/Contents/Channel_3559/2014/0917/418657/content_418657.htm，最后访问日期：2019年6月1日。

〔2〕 埃及工业联合会，http://www.fei.org.eg/.

〔3〕 埃及企业家协会，http://www.eba.org.eg/Main/OtherPages.aspx? id=35.

〔4〕 埃及出口发展银行，http://www.edbebank.com/.

例》。埃及于 1995 年成为 WTO 成员。

（四）特殊的贸易监管措施

1. 清单进口商品生产商/商标所有者注册制度

埃及贸工部于 2015 年 12 月发布第 991/2015 号、第 992/2015 号部长令，埃及对进口清关程序进行了重大改变，并扩展了管制产品清单。对清单中的管制产品的生产厂商或商标所有者必须向埃及贸工部的进出口控制总局（GOEIC）登记注册，获得注册通过后，才可继续向埃及出口其产品。[1]2016 年 1 月该贸工部又发布了第 43/2016 号部长令，对 2015 年 12 月 30 日发布的第 992 号令做了修改，增加了对出口商提供的注册文件进行审核的条款，并于 2016 年 3 月 17 日正式实施该注册制度。[2]2019 年 2 月该贸工部又发布了第 44/2019 号部长令，将四类产品加入 2016 年第 43/2016 号部长令中规定的出口商注册制商品清单。

生产商或商标所有人进行注册的要求。①注册人要求：注册须由生产厂商的法定代表人、品牌所有者或前两者的法定委托人完成。②注册所需资料如下：生产商营业执照复印件；法人实体及经营范围证件；生产商自有品牌及其代理或授权的品牌信息；工厂申请并获得的质量监管认证、符合环境标准和国际劳工组织公约的证明以及国际实验室认可合作组织（ILAC）的认证；同意接受埃方技术团组对工厂安全生产和环境标准进行核查。[3]③注册文件审核：生产商或商标所有者提供正确且合法的文件后，将予以注册。如果需要，在埃及贸工部的批准下，埃及有关机构将对一些公司提供的文件真伪进行审核。④注册流程及费用：在完成文件提交后，将会收到一份确认邮件和一个注册号码，需凭注册号缴纳注册费（约 300 埃镑）后完成注册。另

---

〔1〕 深圳市标准技术研究院：《埃及电子信息产品相关的认证制度》，载 http://www.tbtmap.cn/mbsc_106/zdsc/aj1/201811/t20181120_2213374.html，最后访问日期：2019 年 6 月 1 日。

〔2〕 中华人民共和国驻阿拉伯埃及共和国大使馆经济商务参赞处：《埃及贸工部就国外出口商注册事发布第 43 号部长令》，载 http://eg.mofcom.gov.cn/article/ddfg/201601/20160101244550.shtml，最后访问日期：2019 年 6 月 1 日。

〔3〕 中华人民共和国驻阿拉伯埃及共和国大使馆经济商务参赞处：《埃贸工部新规要求对埃出口厂商需注册》，载 http://eg.mofcom.gov.cn/article/ddfg/201601/20160101231089.shtml，最后访问日期：2019 年 6 月 1 日。

生产商或商标所有人亦可授权埃及当地进口商到进出口控制总局交费。⑤例外：埃及进出口控制总局称该新规不适用于一些在埃的跨国公司（比如华为等）的进出口贸易。[1]

需注册的商品清单：①2015 年第 991/2015 号、第 992/2015 号部长令中需注册的商品清单：零售奶制品，零售水果罐头及果干，零售食用油及油脂，零售的巧克力及其他含可可类食品，糖类，面食，零售果汁，纯净水、矿泉水及汽水，化妆品、护肤品、牙齿护理品、除臭剂、洗浴用品、香水，零售肥皂、香皂类清洁用品，地面覆盖产品，餐具和厨具，浴缸、洗手台、马桶，卫生纸、化妆纸、尿不湿，瓷砖，玻璃材质的桌子，军工铁具，炉具、炸锅、空调、风扇、洗衣机、搅拌器、热水器等家电，家具及办公家具，自行车、摩托车及电动车，钟表，家用照明设备，儿童玩具。[2] ②2019 年第 44/2019 号部长令增加商品清单：箱包、包装盒包装袋、剃须及护发器具、手机电话。[3]

2. 进口商品 COI 证书制度

根据埃及贸工部第 991/2015 号、第 992/2015 号、第 43/2016 号及第 44/2019 号部长令，对属于商品清单中的商品，必须获得埃及政府授权的第三方检验机构签发的检验证书（COI 证书）才可以进行清关。埃及的 COI 认证可在出口国进行申请，并由授权机构签发检验证书。

（1）COI 认证流程。COI 认证分为“有埃及标准检测报告”及“没有符合要求的检测报告”的两类流程，其中有埃及标准检测报告的流程为：提交申请资料、资料审核、安排验货、验货报告评估、签发 COI 证书，并在最终的发票上盖章，以示确认、出证机构上传 COI 证书到 GOEIC 网站。没有符合要求的检测报告的流程：提交申请资料、资料审核、安排验货、抽样测试、实验室出具测试报告、测试报告和验货报告评估、签发 COI 证书，并在最终

[1] 中华人民共和国驻阿拉伯埃及共和国大使馆经济商务参赞处：《埃及贸工部就国外出口商注册事发布第 43 号部长令》，载 http://eg. mofcom. gov. cn/article/ddfg/201601/20160101244550. shtml，最后访问日期：2019 年 6 月 1 日。

[2] 中华人民共和国驻阿拉伯埃及共和国大使馆经济商务参赞处：《埃贸工部新规要求对埃出口厂商需注册》。

[3] 中国国际贸易促进委员会：《注意：出口印度、埃及有新规（2）》，载 http://www. ccpit. org/Contents/Channel_3386/2019/0401/1152349/content_1152349. htm，最后访问日期：2019 年 6 月 1 日。

的发票上盖章，以示确认、出证机构上传 COI 证书到 GOEIC 网站。

（2）COI 认证材料及程序。认证提交材料：产品的检测报告、形式发票（Proforma Invoice）、装箱单（Packing List）、申请表（空白申请表由出证机构提供）。COI 证书程序：出证机构收到以上申请资料将审核，审核通过安排验货；如验货没有问题，出口商在装完柜后提交最终发票箱单等最终文件申请出证；出证后，出口商拿到的证书正本就是 COI 证书，出口商再把该证书提供给进口商清关用。

3. 出口的监管

（1）出口商品监管。从事本地产品或商用进口商品出口的企业必须进行出口商登记。埃及商品出口无需批准。生产企业在获得从事相关业务的批准后可自营其产品的出口业务。石油产品包括煤气、汽油、煤油、燃料、柴油、航空油、柏油、重油、沥青等出口须经埃及石油总局批准。出口商或其代表应为每种商品填写统计表，在装运前提交进出口控制总局分理处，填写内容应符合货物实际情况和报关单，如有变化，出口商应通知该处，海关在确认表格送达该处后将允许装箱。进出口控制总局负责发放产地证的部门应在发证前将确认分理处是否收到表格及处理情况。

出口商应向进出口控制总局提供发放产地证所需的内容和信息，以便在出口国要求核查产地真实性时进行调查。自产地证发放起 5 年内应保存产地证明记录和资料。埃及贸易商会根据其职责向埃及商品发放产地证。

（2）出口商应具备的条件。个体出口商条件：①在贸易记录中注册；②贸易注册资本：生产企业不少于 1 万埃镑，其他企业不少于 2.5 万埃镑；③无刑事犯罪记录，没有因犯下有损名誉、诚信的罪行、违反进出口法、中央银行法中有关货币的规定或有关海关、税务、供应、贸易法规而被判罚剥夺自由，或尚未恢复法人资格；④没有因破产致使尚未恢复法人资格；⑤非政府或国有部门员工；⑥注册申请人或出口负责人应取得贸工部外贸培训中心或其他中心颁发的出口从业证书，或取得能证明从业资历的高等学历；⑦如注册申请人或出口负责人从记录中被注销或除名，3 年内不再受理。

公司出口商条件：①合伙公司的合伙人以及有管理权的人员应符合“个体出口商条件”中的②③④⑥条款；②公司在贸易记录中注册；③公司以出口为

目的；④资金：生产企业不少于2万埃镑，其他企业不少于5万埃镑；⑤出口负责人应符合“个体出口商条件”中的第⑤⑥条要求。

（3）外国分公司出口商条件：①分公司应在贸易记录中注册；②公司以出口为目的；③分公司经理或出口负责人应符合“个体出口商条件”中的第⑤⑥条要求。

（4）国有法人出口商条件：①从事出口活动；②出口负责人应符合“个体出口商条件”中的第⑤⑥条要求。

4. 进口商的监管

根据埃及《进口商登记法》（1982年第121号法），进口商在进口商品之前必须获得进口执照。埃及进口商，无论是个人或是公司，必须在进口商登记处向埃及进出口控制总局（GOEIC）注册。

（1）埃及个人进口商登记条件。个人在进口商登记处注册，需满足以下条件：①在商业登记处注册，并拥有税收证明；②拥有埃及国籍，或自获得埃及国籍后至少满10年；③至少连续2年从事商业活动（此条有例外）；④无刑事犯罪记录；⑤并无破产，若曾经破产，现已恢复正常经营；⑥除特别规定外，注册资本不少于1万埃镑；⑦若该进口商曾是公务员，且工作与进口商贸有关，需离职至少2年；⑧除非在其就职前就已从事进口商贸活动，否则不得成为议会、咨询委员会、当地市政府的成员，或成为全职参与政治工作。

（2）埃及公司进口商登记条件。公司在进口商登记处注册，需满足以下条件：①在商业登记处注册；②该公司的总公司必须在埃及；③该公司的经营范围需包括进口贸易；④该公司所有经理必须拥有埃及国籍，或获得埃及国籍至少满10年。因公司运营所需（非贸易目的），进口制造原料或如机器设备、运输设备等固定资产的，可由相关企业完成，不必经过注册的进口商。上述企业必须向相关海关部门提交文件，证实其活动，同时需在申报单上列明进口产品的生产要素。

（3）《进口商登记法》。根据埃及颁布的2017年第7号法（修订法），对《进口商登记法》部分条款进行修订。此次修订主要为针对进口直接在市场进行销售的消费商品进口企业，不包括生产用品，目的是对消费品进口企业进行重组，限制劣质商品进入埃及市场。[1]主要变动条款如下，放宽对境内外籍股东的限制：修订前能够进行进口商登记的进口公司股东必须为埃及本国人，且必须为100%持股。修订后则对此放宽了限制，将持股比例由100%降低至51%。换言之，如果外籍股东持股49%以下，有限责任公司或股份公司均可申请进行进口商登记。调高最低资本限制：次修订将进口公司的最低资本大幅度提高，有限责任公司的最低资本提高至200万埃镑、股份公司的最低资本则提高至500万埃镑。此外，在营业额、进入埃及市场的年限方面也予以限制。进口公司须在申请前满足前一年营业额高于500万埃镑的条件，并且至少在埃及市场营业一年。加重对违反进口规定的惩罚：如有违反埃及进口法规的行为，违法者可能面临高达100万埃镑的罚款、长达一年的监禁。进口公司的高级主管人员故意违反规定的，也将面临同样的惩罚。[2]

（五）海关管理情况

1. 埃及海关[3]

埃及海关建于1789年，是中东地区最早建立海关的国家。埃及海关总署是隶属于财政部的副部级机构，总署办公地设在开罗。埃及海关总署共设8个总司，总司下根据业务门类分设42个分司。

总署下属的开罗关、亚历山大关、塞得港关及苏伊士关等4个大区海关内都有以下主要部门：关税管理处（负责所辖省内的一般海关事务）、自由区管理处（负责所辖省内自由区的海关事务）、裁决处、税则处、估价处。一般在各港口、机场和关界内都还设有海关办公室，各办公室也分设上述机构。此外，总署设有关税高级理事会，由财政部领导下的部级成员参加，主要任务是根据本国政治和经济发展的需要，讨论并制定相应的关税税率及执行方案。

埃及海关实行全国统一的海关政策。各司司长和大区海关关长经署长提

---

〔1〕 商务部国际贸易经济合作研究院、中国驻埃及大使馆经济商务参赞处、商务部对外投资和经济合作司：《对外投资合作国别（地区）指南·埃及（2018年版）》，第71~72页。

〔2〕 一带一路中非智库：《埃及修订进口商登记法规》，载 http://news.afrindex.com/zixun/article8773.html，最后访问日期：2019年6月1日。

〔3〕 埃及海关，http://www.customs.gov.eg/.

名，并经财政部部长批准后任命。海关关员晋升前需经过培训。埃及海关总署和各大区海关均设有培训中心，培训对象不仅包括海关关员，也包括进出口商和报关企业。埃及海关是 WCO 成员，已经与许多国家签署了双边海关协议。

埃及海关实行以口岸监管为主的管理模式，将主要的人力、物力集中在进出口通道，通过在口岸对进出口货物的直接检查实施监管。在关税政策方面，埃及海关采用国际海关通用的"协调制度"，并通过调节进出口税率保护和发展本国新兴产业。〔1〕

2. 适用法律

1963 年颁布、2005 年修订的《海关法》是埃及海关管理的主要法律。2005 年修订的《海关法》是埃及关税制度的基本法律，同年又颁布了《海关法实施条例》，这是《海关法》的第一部配套实施条例。埃及财政部是埃及关税政策的制定机构，其下属的埃及海关是关税政策的执行机构。

2008 年 4 月，埃及正式加入《京都公约》，促进通关手续与世界海关组织的标准相一致。埃及于 1995 年 6 月 30 日加入世界贸易组织。

埃及还加入了《东南非共同市场（COMESA）关税同盟协议》、《埃及 - 欧盟伙伴国协议》、《合格工业区协定》（美国、埃及和以色列等 3 国）、《大阿拉伯自由贸易区协定》、《埃及 - 土耳其自由贸易协定》、《阿加迪尔协定》（埃及、突尼斯、摩洛哥和约旦等 4 国）。

2009 年 11 月，埃及与中国两国海关签署《海关行政互助协定》。

3. 清关

（1）清关条件。根据埃及法律规定，进口商品清关应满足以下条件。进口商品原产地证书：2007 年 4 月 29 日，埃及财政部颁布第 256 号部长令，修订了 2006 年第 10 号部长令第 12 条，规定凡对埃及出口的产品原产地证书、文件及附件应由驻出口国的埃及使馆或领事馆予以认证。如果埃及在出口国尚未设立使馆或领事馆，则应由驻出口国的其他阿拉伯贸易代表机构予以认证。〔2〕

---

〔1〕 中华人民共和国海关总署：《埃及海关简介》，载 http://www.customs.gov.cn/customs/302427/302446/302451/zymyhbhgtgjs/aj/712151/index.html，最后访问日期：2019 年 6 月 1 日。

〔2〕 中华人民共和国驻阿拉伯埃及共和国大使馆经济商务参赞处：《埃及进出口商品检验检疫》，载 http://eg.mofcom.gov.cn/article/ddfg/201108/20110807701556.shtml，最后访问日期：2019 年 6 月 3 日。

一般进口商品清关条件：①未经使用的商品、规定目录的二手商品、主管外贸的部长批准的二手商品；②根据主管外贸的部长指令，商品应配有国际编码；③进行清关的进口商品应附有写明生产商名称、商标（如有）、地址、电话、传真号码和电子邮件的发票；④除了特殊说明的情况，对于价值超过5000美元的进口商品，应通过在埃及境内运营的银行以正规方式支付；⑤商业进口商品清关时需提供进口商注册卡，进口商品应在该卡注明的商品之列；⑥进口商品清关须配有经主管部门认证的产地证明。未配有产地证明的商品，在商品所有者提供根据海关定价填写的无条件保单后可予以放行。产地证明须在6个月内提供，否则将根据1975年第118号法第15条从保单中扣除补偿费用，保单在提供产地证明后返还。生产型或服务型项目进口生产、运营及服务用必需品，无需进行进口商登记。

特殊进口商品清关条件：①展览和会议总局主席可批准市场和被许可在埃及办展的参展商在展览会或市场主办方指定的地点出售展品，出售应在总局或海关管理下进行，不应超过展厅当地消费，无论是商用、生产用、特殊用途或个人使用的商品都应符合进口标准，但不必出具产地证和产地装运证。②埃及卫生部规定禁止进口成品状态的原材料、维生素和食品添加剂，这些产品必须由当地取得许可的制造商进行销售，或者把成分及预混原料送到当地的制药企业，根据埃及卫生部的规范进行处理和包装。只有当地企业才允许生产食品添加剂，进口生产用原材料。③埃及规定，新的、二手的以及翻新的医疗器械，均须经卫生部许可后方可进口，并须在原产国通过安全检验，以及美国食品及卫生管制局或欧盟标准署的批准。进口商须向卫生部提交以下文件：进口医疗器械的申请书、该医疗器械原产国官方卫生部门签发的安全证书和生产商提供的证书原件等。进口商还须证明其在埃及设有服务中心，可为进口医疗器械提供售后服务。④埃及规定，乘用车须在生产后一年内进口，外国投资者进口自用车，在获得投资和自由区总局签发的批准文件后，可不受制造年份的限制。⑤埃及营养研究所和卫生部药物规划和政策中心负责登记和批准所有营养添加剂和膳食食品的进口。埃及膳食食品的进口商必须申请许可证，申请过程4个月至1年。根据产品的不同，该许可证的有效期从1年至5年不等。许可证期满后，进口商必须提交更新许可证的申请，费用约为500美元，如果在市场上有当地生产的同类产品，该申请将得不到批准。[1]

（2）进口申报程序。进口货物入关时货主必须亲自到海关履行货物申报手续或委托代理人交换票据（海关管理局的进口许可证必须按时递交）办理，总的船货（包括茶叶和烟草）允许免费保存8天，超过8天应交纳滞期费，滞期费用自然增长。在3个月后无人认领的货物由海关公开拍卖。在免费保存的8天期间内，可以将货物存入国营或私营的尚未完税的仓库或者运入简易冷藏库，货物在这些仓库可以保存6个月。[2]

（3）进口单证。装运单据（提单、发票、产地证等）必须由出口商银行直接交给进口商银行，不可交给进口商或通过出口商递交给进口商银行，否则将被拒收。[3]

单证内容：①商业发票：必须具备原始发票并得到埃及领事馆法律上的认可，若有信用证明则不需要法律上的认可。②估价单：进口商提交进口申请许可证（如果需要进口许可证）时，进口商需要呈进口商品的估价单，还要注明货物的生产国。③提货单：应写明发货人的姓名、收货人的姓名和地址、指定的卸货港口和商品说明书、货物的一览表，提货单的编码一定要全部登记。④放射证书：许多农副产品的进口，在到达港口时都要接受不定期的检查，同时还需要该产品的说明书，说明书应证明该产品没有受到放射性污染。[4]⑤进口商注册卡。⑥经主管部门认证的产地证明。

4. 进口管制

埃及对外经济贸易部有一份禁止进口的商品清单，只要不在此清单的商品都可以自由进口。清单中包括：纺织品、成衣和家禽。埃及对外经济贸易部还负责制定长期的外贸政策和准备每年的具体进口商品的计划。私营部门

---

〔1〕 商务部国际贸易经济合作研究院、中国驻埃及大使馆经济商务参赞处、商务部对外投资和经济合作司：《对外投资合作国别（地区）指南·埃及（2018年版）》，第69页。

〔2〕 中华人民共和国驻阿拉伯埃及共和国大使馆经济商务参赞处：《埃及口岸通关实务指南》，载http://eg.mofcom.gov.cn/article/slfw/200311/20031100149502.shtml，最后访问日期：2019年6月1日。

〔3〕 中华人民共和国驻阿拉伯埃及共和国大使馆经济商务参赞处：《埃贸工部新规要求对埃出口厂商需注册》。

〔4〕 中华人民共和国驻阿拉伯埃及共和国大使馆经济商务参赞处：《埃及口岸通关实务指南》。

进口商品的外汇支付是通过商业银行的许可和进口商自己的外汇来源。另外，对非出售的货物样品或价值广告品，如目录、商品价目表和幻灯片可免税入关。[1]

5. 进口包装

商品的包装必须经受得住粗暴的装卸、太阳的暴晒，高湿度包装箱应该是里外都防水的包装箱，并用双铁皮捆住。要制的包装箱运输到埃及港口，必须进行事先处理，并在箱内有杀菌的产品，木制包装箱进行熏蒸和烟熏杀虫。若木制包装箱被发现木材害虫，埃及海关将予以扣留。[2]

6. 检验检疫

埃及的进出口检验检疫比较分散，主要由进出口控制总局对进出口商品进行检验，某些商品需要相关机构的检验。

对食品工业，能源及电力部的防辐射部门、卫生部、农业部（兽医办公室）、供应部（进出口控制）有权对任何进口船只抽取样品进行检验。每个部门抽取各自样本进行独立测试。埃及要求进口食品标签上必须标示下列信息：配料及其所占比例、制备方式、保存方法和条件、添加剂和防腐剂等。[3]

植物和植物产品检验检疫：2007 年 4 月 18 日，埃及植物检疫总局发布了《植物和植物产品进口许可条件》，规定植物、块茎、鳞茎、繁殖用种子、水果、蔬菜、鲜切花、树枝、谷物、消费或加工用植物产品原料以及生长介质的进口必须提供植物检疫证书。

检验合格证书（COI 证书）：2015 年埃及贸工部发布第 991/2015 号部长令，列明部分产品的进口需要提供第三方认证机构的检验合格证书（COI 证书）或装运前检验证书，在埃及进出口控制总局注册的“白名单”中的公司除外。

埃及对中国进口商品检验检疫情况：

2009 年埃及贸工部下进出口控制总局与中国质检总局签订出口埃及工业品装运前检验谅解备忘录（CIQ）。后中埃双方于 2014 年 12 月签署协议将出

---

〔1〕 中华人民共和国海关总署：《埃及进口货物通关须知》。

〔2〕 中华人民共和国海关总署：《埃及进口货物通关须知》。

〔3〕 中华人民共和国驻阿拉伯埃及共和国大使馆经济商务参赞处：《埃及进出口商品检验检疫》。

口埃及工业品装运前检验谅解备忘录续签5年。根据该备忘录要求，对出口埃及的中国商品，如有埃及强制性标准的产品按照埃及标准进行检验。由于CIQ检验造成大量的时间和财务成本且对改善市场状况的效果不佳。埃及贸工部长于2015年6月颁布第444号令，自2015年6月3日起停止执行有关中埃两国有关中国输埃商品装运前检验的谅解备忘录（CIQ），中国商品进入埃及无需再提供CIQ证书。

2014年11月23日，埃及官方单方面宣布对中国出口埃及的工业产品出台新措施，要求中国出口埃及产品必须符合埃及标准，不符合埃及标准的产品将禁止入境或被退运，没有注明埃及标准号的检验证书将不能通关。经中国相关政府机关交涉，埃及同意将该政策延迟至2015年4月1日起生效，此后埃及又再次宣布延迟至2015年9月30日执行。但埃及贸工部于2015年6月3日又发布2015年第444号部长令，单方面取消了该部2010年第257号部长令，中止了中埃政府之间签署的装运前检验协议。

7. 进口关税

根据2005年修订的《海关法》，埃及关税基本为从价税原则，按到岸价格依率计征。埃及海关从1994年2月开始实行国际通用的海关协调制度。自1991年埃及执行由世界货币基金组织和世界银行协助制定的经济改革计划，将其对绝大多数进口商品的税率保持在目前的5%～40%之间。[1]对公用部门进口的机械与设备、进入免税区的货物、按投资法批准的项目所需货物，以及外交人员用品等的进口均予免征关税。[2]

2016年埃及大规模调整关税：2016年埃及为鼓励国内生产，同时抑制不断升高的贸易逆差，埃及政府在当年二度提高关税。2016年1月，埃及政府临时将非必需品和奢侈消费品的进口关税提高至20%～40%。2016年12月，埃及贸工部宣布提高320种进口商品关税税率，主要包括两大类商品，一为国内可生产商品，如家具、餐具、陶瓷产品、地毯、皮革、肥皂、洗涤剂、

〔1〕商务部国际贸易经济合作研究院、中国驻埃及大使馆经济商务参赞处、商务部对外投资和经济合作司：《对外投资合作国别（地区）指南·埃及（2018年版）》，第73页。

〔2〕中华人民共和国驻阿拉伯埃及共和国大使馆经济商务参赞处：《海关管理规章制度》，载 http://eg.mofcom.gov.cn/article/ddfg/201701/20170102499012.shtml，最后访问日期：2019年6月1日。

化妆品、笔、卫星接收器和解码器、电器等；二为日常消费品，包括新鲜水果、香水、洗发水、可可、饼干、面包、蛋糕、糖浆、冰淇淋、水晶等。调整后税率大体比原税率增加50%。空调、冰箱、风扇等家用电器税率由40%增至60%。饮料税率由5%增至20%，彩色玻璃和水晶税率由10%增至20%。门窗、锁以及卫生产品税率由20%增至40%~60%不等[1]

2018年埃及调整关税：为鼓励本地制造业的发展，并且促使民众减少购买非必需品，大规模调整关税。2018年9月12日，埃及又颁布了新的关税调整法令，该修正案旨在清单共涉及5791项商品：①维持不变：3495项原材料、资本和战略物资维持不变；工业过程中使用的994项中间产品维持不变。②新增部分：新增了275个条目，包含鱼类产品、水果、农业杀虫剂和杀虫剂消毒剂等新项目，其中：进口水果关税为10%~60%；增加LED灯产品；新增木材和餐具与筷子等制成品，关税为40%。③上调部分：对旅游机构进口的机器和设备（除客车外）征收20%的关税；对临时进口、维修后再出口的货物征收10%关税；婴儿配方奶粉进口征收2%关税；塑料制淋浴喷头从40%提高至60%；果汁从20%提高至60%。④下调部分：个人护理和卫生用品（如牙膏、剃须膏、医用肥皂）从60%降至40%；婴儿车从30%降至20%；免除电动汽车的关税，只需缴纳增值税；降低了油电混合车辆的关税（1600毫升以内的天然气驱动车辆，关税从40%调降到26%）；为鼓励埃及本地加工业的发展，降低了组装商品的本地公司进口生产材料的关税。

三、南非

于济铜

（一）国家概况

南非共和国（以下简称“南非”）位于非洲大陆的最南端，金砖五国之一，被誉为“彩虹之国”。南非是非洲第二大经济体，综合实力非洲第一的中

[1] 商务部国际贸易经济合作研究院、中国驻埃及大使馆经济商务参赞处、商务部对外投资和经济合作司：《对外投资合作国别（地区）指南·埃及（2018年版）》，第73页。

等收入发展中国家。[1]2017 年南非 GDP 为 3488 亿美元,[2] 2019 年全球营商便利度排名第 82 位。[3]

南非的矿石资源极为丰富，铂族金属、锰矿石、铬矿石、铝硅酸盐、黄金、钻石、氟石、钒、蛭石、锆族矿石、钛族矿石等多种矿产的储量、产量和出口量均居世界前列，甚至在世界总量中所占比重超过了 50%。但因油气资源缺乏，南非能源主要依靠煤炭资源，石油、天然气主要依赖进口，部分采用生物能源、煤变油技术、核能、太阳能和风能。[4]

南非工业四大核心部门是制造业、建筑业、能源业和矿业。南非制造业门类齐全，技术先进。主要产品有钢铁、金属制品、化工、运输设备、机器制造、食品加工、纺织、服装等。钢铁工业是南非制造业的支柱，拥有六大钢铁联合公司、130 多家钢铁企业。近年来，纺织、服装等缺乏竞争力的行业萎缩，汽车制造等新兴出口产业发展较快。[5]

南非有着非洲最完善的交通运输系统，对本国以及邻国的经济发挥着重要作用。以铁路、公路为主，空运发展迅速。近年来加强了城镇及经济开发区交通基础设施建设。南非铁路总长约 3.41 万公里，年度货运量约 1.75 亿吨；公路总里程（含各级公路和街道）约 75.5 万公里；海运的主要港口有开普敦、德班、东伦敦、伊丽莎白港、理查兹湾、萨尔达尼亚和莫瑟尔湾，南非约 98% 的出口要靠海运完成；空运方面南非现约有 27 个民航机场，其中 11 个是国际机场。每周有 600 多个国内航班和 70 多个国际航班；南非的管道运输网络总长 3000 公里，输送全国 85% 的石油加工产品。[6]

---

〔1〕 商务部国际贸易经济合作研究院、中国驻南非大使馆经济商务参赞处、商务部对外投资和经济合作司：《对外投资合作国别（地区）指南 · 南非（2018 年版）》，“参赞的话”，载 http://www.mofcom.gov.cn/dl/gbdqzn/upload/nanfei.pdf，最后访问日期：2019 年 5 月 26 日。

〔2〕 World Bank Database, South Africa, at https://data.worldbank.org.cn/indicator/NY.GDP.MKTP.CD? end = 2017&locations = ZA&start = 2017&view = bar, May 26, 2019.

〔3〕 World Bank, Doing Business South Africa, at http://chinese.doingbusiness.org/zh/data/exploreeconomies/south - africa, May 26, 2019.

〔4〕 商务部国际贸易经济合作研究院，中国驻南非大使馆经济商务参赞处，商务部对外投资和经济合作司，《对外投资合作国别（地区）指南 · 南非（2018 年版）》，第 3 页。

〔5〕 中华人民共和国驻南非共和国大使馆：《南非国家概况》，载 http://za.china - embassy.org/chn/nfgk/gjgk/，最后访问日期：2019 年 5 月 26 日。

〔6〕 中华人民共和国驻南非共和国大使馆：《南非国家概况》。

南非实行自由贸易制度，是世界贸易组织（WTO）的创始会员。欧盟与美国等是南非传统的贸易伙伴，但近年与亚洲、中东等地区的贸易也在不断增长。〔1〕

中国与南非的关系甚密。中国与南非之间签署的协定主要有《中华人民共和国政府和南非共和国政府关于成立经济和贸易联合委员会的协定》（1999年2月2日）、《中华人民共和国政府和南非共和国政府科学和技术合作协定》（1999年3月30日）、《中华人民共和国政府和南非共和国政府关于动物检疫及动物卫生的合作协定》（2000年4月）、《中华人民共和国政府和南非共和国政府关于互免持外交护照人员签证的协定》、《中华人民共和国政府与南非共和国政府关于共同推进“丝绸之路经济带”和“21世纪海上丝绸之路”建设的谅解备忘录》等。〔2〕

（二）贸易主管部门

南非负责贸易的主管部门是南非贸易工业部（DTI）、南非国际贸易管理委员会（ITAC）、南非税务总署（SARS）和南非标准局（SABS）。

南非贸易工业部（DTI）负责制定国家贸易发展规划，制定国内市场竞争规则；了解消费者兴趣，引导国内贸易发展方向；制定工业发展规划和投资鼓励政策，支持制造业投资；汇总出口信息，制定出口鼓励政策，制定出口信贷和再保险计划；制定吸引外资的优惠政策，同时制定对外投资计划；对外进行经贸谈判，签订双边和多边贸易协定；联络各省的经济发展机构，协调各省之间的贸易和投资关系。〔3〕

南非国际贸易管理委员会（ITAC）负责南部非洲关税同盟地区的贸易救济措施调查，并对进出口管理、许可证管理、关税体制改革、产业优惠政策进行管理和监督。〔4〕

---

〔1〕 商务部国际贸易经济合作研究院，中国驻南非大使馆经济商务参赞处，商务部对外投资和经济合作司，《对外投资合作国别（地区）指南·南非（2018年版）》，第32页。

〔2〕 商务部国际贸易经济合作研究院，中国驻南非大使馆经济商务参赞处，商务部对外投资和经济合作司，《对外投资合作国别（地区）指南·南非（2018年版）》，第33页。

〔3〕 The Trade and Industry of South Africa, at http://www.dti.gov.za/default.jsp, May 26, 2019.

〔4〕 The International Trade Administration Commission of South Africa, An Overview of ITAC, at http://www.itac.org.za/pages/about-itac/an-overview-of, May 26, 2019.

南非税务总署（SARS）主要负责征收关税。[1]

南非标准局（SABS）是南非中立的第三方认证机构，负责南非的体系认证及产品认证，只要管制产品出口到南非，就必须出示 SABS 证书。[2]

（三）重要贸易组织

1. 南非工商业协会[3]

南非工商业协会是南非官方主导的核心工商业协会，包括 50 多个下属商会，拥有近两万名企业成员，大型企业作为直接成员，中小企业则是下属商会的主要成员。该协会旨在分享最新商情经验，沟通各个企业，协力共同应对经营风险和挑战。该工商业协会会定期发布商业信心指数、消费者信心指数等重要指标，这些指数是判断南非商业状态的重要指标之一。

2. 南非 · 中国经贸会[4]

南非 · 中国经贸协会依法注册成立于南非约翰内斯堡市的非营利性社团组织。会员包括在南非依法设立、合法经营的中资机构和当地有实力的华商商会。协会的宗旨是研究中南两国经贸政策，分享经营经验，协调经营事宜；督促会员企业依法经营，积极履行社会责任；维护会员企业合法权益，共同应对经营风险和挑战；服务会员企业，增进联谊，合力推动中南经贸关系发展。协会已吸纳 120 余家中资、华资机构作为会员，行业涉及装备制造、矿产资源、交通物流、通信服务、文化传媒、农业养殖、地产能源和金融贸易等。

（四）贸易法律法规概况

南非规范进出口贸易的主要法律是 2002 年《国际贸易管理法》，其他相关法律包括《海关与税收法》《消费者事务法》《进出口控制法》《标准法》和《销售和服务事务法》等。[5]

---

〔1〕 The South African Revenue Service, About Us, at https://www.sars.gov.za/About/Pages/default.aspx, May 26, 2019.

〔2〕 The South African Bureau of Standards, About the SABS, at https://www.sabs.co.za/About-SABS/index.asp, May 26, 2019.

〔3〕 South African Chamber of Business, at http://www.sacci.org.za, May 26, 2019.

〔4〕 南非 · 中国经贸会，http://saceta.people.cn/index.html.

〔5〕 商务部国际贸易经济合作研究院、中国驻南非大使馆经济商务参赞处、商务部对外投资和经济合作司：《对外投资合作国别（地区）指南：南非（2018 年版）》，第 46 页。

南非与贸易救济相关的法律主要为：1998 年《竞争法》、2000 年《维护和促进竞争法》、2002 年《国际贸易管理法》、2005 年修订的 1964 年《海关与税收法》、2003 年《反倾销条例》和《一般保障措施条例》等。[1]其中最为基础性的两部法律是 1998 年《竞争法》和 2000 年《维护和促进竞争法》。

南非贸易救济的主管机构是南非国际贸易管理委员会，其负责接受反倾销调查申请的。南非关税同盟的关税委员会负责审查南非国际贸易管理委员会提交的调查结果和相关反倾销措施，并向部长理事会提出建议，最终由部长理事会作出反倾销措施决定。[2]

1998 年《竞争法》[3]从根本上革新了南非在竞争领域的立法，加强了竞争管理部门的权力，并依据此法成立了南非竞争委员会，竞争特等法庭和竞争上诉法庭。该法令严厉禁止反竞争行为，滥用市场支配地位的行为，以及如固定价格、掠夺性定价和共谋性竞标等限制性的行为。同时也规定了兼并和收购的审批程序，对违反规定的行为的惩治措施等，其适用范围不仅局限于南非境内，对一切影响南非经济的行为都具有约束力。

2000 年《维护和促进竞争法》[4]自制定以来经历了 9 次修订，其目的就是要维护和促进南非市场的公平竞争，防止和控制商业中的限制性行为和做法，收购和垄断行为以及一切与之相关的事宜。

（五）贸易管控情况

1. 进口管理

原则上，南非实行自由贸易，根据 2002 年《国际贸易管理法》的规定，任何公司只要在南非税务总署进行登记注册，就可以自由经营进口贸易。[5]

---

〔1〕 魏利伟等：《新兴国家贸易国质量安全信息研究：南非、巴西分册》，中国质检出版社、中国标准出版社 2014 年版，第 6 页。

〔2〕 魏利伟等：《新兴国家贸易国质量安全信息研究：南非、巴西分册》，中国质检出版社、中国标准出版社 2014 年版，第 6 页。

〔3〕 商务部国际贸易经济合作研究院、中国驻南非大使馆经济商务参赞处、商务部对外投资和经济合作司：《对外投资合作国别（地区）指南·南非（2018 年版）》，第 72 页。

〔4〕 商务部国际贸易经济合作研究院、中国驻南非大使馆经济商务参赞处、商务部对外投资和经济合作司：《对外投资合作国别（地区）指南·南非（2018 年版）》，第 72 页。

〔5〕 魏利伟等：《新兴国家贸易国质量安全信息研究：南非、巴西分册》，中国质检出版社、中国标准出版社 2014 年版，第 3 页。

南非的进口管制主要包括进口限制和统一管理单证制两种方式。

实施进口限制的主要是以下四类货物：原产地并非南非的二手货物；废物、废料和残渣等；有毒有害物质；对质量有特殊要求的货物。[1]

实施统一管理单证制的是某些特殊货物。这些货物主要包括：鞋、废旧产品、水果、鱼类、某些蔬菜和农产品、餐酒和276个海关HS8位税号商品，例如放射性物质、充气轮胎、化石燃料、武器弹药、博彩器具等。[2]进口商须向南非国际贸易管理委员会（ITAC）申请进口许可证，此项申请无需缴纳任何费用。申请表格可在ITAC官方网站下载。有些商品还需提供矿产资源、农林渔业等政府部门的授权文件。进口许可证申请至少须在货物起运前2周提交，一般需3~5个工作日办结。[3]许可证的有效期为发放日至当年的12月31日。[4]

在中国向南非重点出口的产品中，仅有黄金饰品、茶叶和鲤鱼需要进口许可，进口许可分别由南非储备银行和农业部负责发放。[5]

南非国家药品管理政策规定所有药品在进口货销售之前必须在南非注册，并且所有药品必须每5年重新申请许可。[6]

南非存在原产地保护。2011年12月7日起南非正式实施《优先本地采购政策框架法案》，旨在确保政府和国有企业采购75%来自本土。被此框架法案保护的产品包括：皮革、鞋类、大型客车、输电线塔、铁道车辆、药品、机顶盒、服装、纺织品、食品、罐头、办公家具和学校用品等。[7]

---

〔1〕 魏利伟等：《新兴国家贸易国质量安全信息研究：南非、巴西分册》，中国质检出版社、中国标准出版社2014年版，第32页。

〔2〕 魏利伟等：《新兴国家贸易国质量安全信息研究：南非、巴西分册》，中国质检出版社、中国标准出版社2014年版，第5页。

〔3〕 商务部国际贸易经济合作研究院、中国驻南非大使馆经济商务参赞处、商务部对外投资和经济合作司：《对外投资合作国别（地区）指南：南非（2018年版）》，第46页。

〔4〕 魏利伟等：《新兴国家贸易国质量安全信息研究：南非、巴西分册》，中国质检出版社、中国标准出版社2014年版，第4页。

〔5〕 魏利伟等：《新兴国家贸易国质量安全信息研究：南非、巴西分册》，中国质检出版社、中国标准出版社2014年版，第32页。

〔6〕 魏利伟等：《新兴国家贸易国质量安全信息研究：南非、巴西分册》，中国质检出版社、中国标准出版社2014年版，第32页。

〔7〕 魏利伟等：《新兴国家贸易国质量安全信息研究：南非、巴西分册》，中国质检出版社、中国标准出版社2014年版，第5页。

南非的进口管理条例由2012年《进口管理条例》[1]及其2013年《进口管理条例修正案》、[2]2015年《进口管理条例修正案》、[3]2016年《进口管理条例修正案》[4]组成。此外，还包括《捐赠物品进口指南》[5]《二手轮胎壳进口指南》[6]《石油产品进口指南》[7]《二手车辆进口指南》[8]等针对具体货品的进口指南。

2. 出口管理

南非对出口管制产品也采用许可证管理，由贸易工业部下属的进出口管制局发放出口许可证。南非规定出口限制产品清单中177个4位海关税则编码产品需要申请出口许可证，其中包括战略物资（不可再生资源）、农产品和废旧金属等。[9]

南非贸易工业部部长负责确定许可证管理产品目录，并在政府公报上发布。废旧金属须先以出口价的折扣价向下游产业提供，如果下游产业制造商没有答复或不需要，政府才可以发放出口许可证。南非亦禁止鸵鸟及其种蛋

---

〔1〕 International Trade Administration Commission of South Africa, at http://www.itac.org.za/upload/gg35007_nn91 – Import – Control – 10 – Feb – 2012%5B1%5D.pdf, May 26, 2019.

〔2〕 The Amendment of International Trade Administration Commission of South Africa 2013, at http://www.itac.org.za/upload/gg36372_nn292 – Import – Control – 19 – April – 2013%5B1%5D.pdf, May 26, 2019.

〔3〕 The Amendment of International Trade Administration Commission of South Africa 2015, at http://www.itac.org.za/upload/Import%20Control%20Amended%20Regulations%5B1%5D.pdf, May 26, 2019.

〔4〕 The Amendment of International Trade Administration Commission of South Africa 2015, at http://www.itac.org.za/upload/Gazette%2022%20December%202016.pdf, May 26, 2019.

〔5〕 Import Control Guideline Pertaining to the Importation of Donated Goods That are Subject to Import Control Measures, at http://www.itac.org.za/upload/IMPORT – CONTROL – GUIDELINES—DONATED – GOODS.pdf, May. 26, 2019.

〔6〕 Import Control Guideline: Importation of Used or Second – hand Tyre Casings, at http://www.itac.org.za/upload/IMPORT – CONTROL – GUIDELINES—SECOND – HAND – TYRE – CASINGS.pdf, May 26, 2019.

〔7〕 Import Control Guideline Pertaining to the Importation of Petroleum Products, at http://www.itac.org.za/upload/IMPORT – CONTROL – GUIDELINES – ON – PETROLEUM – PRODUCTS.pdf, May 26, 2019.

〔8〕 IE Guide Importation of Used or Second – hand Vehicles, at http://www.itac.org.za/pages/services/import—export – control/import – control/guidelines, May 26, 2019.

〔9〕 魏利伟等：《新兴国家贸易国质量安全信息研究：南非、巴西分册》，中国质检出版社，中国标准出版社2014年版，第5～6页。

的出口。钻石出口企业须在南非钻石委员会注册。[1]

南非的出口管理条例由2012年《出口管理条例》、[2]2015年《出口管理条例修正案》[3]和2015年《废旧电池出口管理条例》[4]组成。

（六）海关管理情况

1. 清关

2006年10月1日起，南非税务总署（SARS）采用了欧洲海关的申报形式，即统一管理单证。进出口商须在南非税务总署（海关归其管辖）登记（一般需2～3周），取得海关编号。所有进口货物报关时，须向海关提供统一管理单证及其他单据。外国人还必须指定当地的注册代理机构代表其进行进出口活动。多数海关可以办理电子通关手续。电子通关数据须符合海关分类要求，并附有打印的文件文本。进口商须对有关通关文件保留至少5年。为加快清关速度，海关与港口当局合作，在一些地区对集装箱货物也实施了电子通关。进口商或其代理应在货物抵达后7天内（海运、空运或铁路运输的散装货物申报期限为14天，集装箱货栈的货物申报期限为28天）进行进口申报。未申报或未在规定期限内申报的货物可能被移至国有仓库进行扣押。[5]

2. 进口检验检疫要求

南非标准局负责制定有关安全、卫生、技术等标准，对相关产品进行认证和检测，[6]认证和培训服务，执行WTO/TBT协定，参与制定南部非洲发展

---

〔1〕 商务部国际贸易经济合作研究院、中国驻南非大使馆经济商务参赞处、商务部对外投资和经济合作司：《对外投资合作国别（地区）指南·南非（2018年版）》，第46页。

〔2〕 International Trade Administration Commission of South Africa, Export Control NO. R. 92, at http://www.itac.org.za/upload/gg35007_nn92－Export－control－10－Feb－2012.pdf, May 26, 2019.

〔3〕 International Trade Administration Commission of South Africa, Export Control NO. R. 1291, at http://www.itac.org.za/upload/Export%20Control%20Amended%20Regulations.pdf, May 26, 2019.

〔4〕 International Trade Administration Commission of South Africa, Export Control NO. R. 1043, at http://www.itac.org.za/upload/gg39348_nn1043.pdf, May 26, 2019.

〔5〕 商务部国际贸易经济合作研究院、中国驻南非大使馆经济商务参赞处、商务部对外投资和经济合作司：《对外投资合作国别（地区）指南·南非（2018年版）》，第47页。

〔6〕 商务部国际贸易经济合作研究院、中国驻南非大使馆经济商务参赞处、商务部对外投资和经济合作司：《对外投资合作国别（地区）指南·南非（2018年版）》，第47页。

共同体的检验标准。[1]目前，南非标准局对36大类产品及领域提供认证和检测服务，主要包括照明、机械、计量、医药、无障碍性、人身与财产安全等。[2]

南非规定，进口肉类必须要获得许可证，肉类进口至南非港口后的检验检疫及通关程序会因为该批肉类的原产地不同而发生变化。检验检疫人员也可以以“公共利益”为由暂停或者撤销已经颁发的许可证，或者给申请许可证增加新的要求。需要特殊注意的是，南非禁止进口经过辐射处理的肉类，而辐射处理是处理食品时的一种正常灭菌技术。[3]

2007年2月，中国国家质量监督检验检疫总局与南非农业部签署了《中国苹果出口南非检验检疫要求议定书》和《中国梨出口南非检验检疫要求议定书》，陕西、山东、河北、辽宁、山西、安徽、河南、甘肃、江苏、北京、天津、新疆、吉林出产的苹果和梨，在包装箱上应用英文标明产地，包装厂和果园的名称或注册代码，以及“输往南非共和国”等信息的情况下，出入境检验检疫机构将会按照有关规定和议定书要求，对出口南非的苹果、梨实施检验检疫，合格的签发植物检疫证书。[4]

3. 关税

南非的关税实施的是关税同盟的关税政策。2002年南非与博茨瓦纳、莱索托、纳米比亚和斯威士兰签订了《2002年南部非洲关税同盟协定》，该协定于2004年7月15日起生效。同盟内各国互免关税，并实施共同的对同盟外关税政策。[5]2000年1月1日，南非与欧盟《贸易发展合作协定》（TDCA）正式生效，南非对欧盟86%的进口产品免关税，欧盟对南非95%的进口产品免关税。2008年，南部非洲发展共同体（SADC）签订自由贸易协定，包括

---

〔1〕 魏利伟等：《新兴国家贸易国质量安全信息研究：南非、巴西分册》，中国质检出版社，中国标准出版社2014年版，第6页。

〔2〕 商务部国际贸易经济合作研究院、中国驻南非大使馆经济商务参赞处、商务部对外投资和经济合作司：《对外投资合作国别（地区）指南·南非（2018年版）》，第47页。

〔3〕 魏利伟等：《新兴国家贸易国质量安全信息研究：南非、巴西分册》，中国质检出版社、中国标准出版社2014年版，第34页。

〔4〕 中华人民共和国商务部：《关于中国苹果、梨出口南非的公告》，载 http://www.mofcom.gov.cn/aarticle/b/g/200803/20080305419435.html，最后访问日期：2019年5月26日。

〔5〕 中国－南非经贸合作网：《南非贸易投资环境报告2007（一）》，载 http://www.csc.mofcom.gov.cn/article/economicandtrade/201710/12332.html，最后访问日期：2019年5月26日。

15 个 SADC 国家中的 12 个（纳米比亚、博茨瓦纳、津巴布韦、莱索托、马拉维、莫桑比克、斯威士兰、坦桑尼亚、赞比亚、南非、毛里求斯和马达加斯加），规定签署国互免 85% 的进口产品关税。2016 年 10 月，欧盟与南部非洲关税同盟（SACU）签署的《经济伙伴关系协定》（EPA）正式生效，南非对欧盟 98.1% 的税目、99.3% 的贸易额实行充分或部分自由化。[1]

南非关税制度的基础性法律是 2005 年修订的 1964 年《海关与税收法》和 1997 年修订的 1986 年《税贸局法案》。南非国际贸易管理委员会负责根据进出口商的申请，对关税进行评审，最终决定调整关税的升降。[2] 南非的关税由南非税务总署征收。南非国际贸易管理委员会负责研究和提出调整南非关税同盟地区关税水平的建议。[3]

除食品以外，包括米、蔬菜、水果、奶类、棕色小麦面粉、蛋和豆类、肉类、鱼类、白面包等，所有进口产品都需要缴纳 14% 的增值税。进口含酒精及不含酒精饮品、烟草产品、矿泉水、某些石油产品、汽车、家居休闲产品及电动自行车、办公设备、胶卷及化妆品等奢侈消费品还需要缴纳消费税。[4]

南非国际贸易管理委员会会在其官网每周更新出口优惠项目的清单。[5]

---

〔1〕 商务部国际贸易经济合作研究院、中国驻南非大使馆经济商务参赞处、商务部对外投资和经济合作司：《对外投资合作国别（地区）指南·南非（2018 年版）》，第 32 页。

〔2〕 The International Trade Administration Commission of South Africa, FAQs, at http://www.itac.org.za/pages/services/import—export - control/import - control/faqs, May 26, 2019.

〔3〕 魏利伟等：《新兴国家贸易国质量安全信息研究：南非、巴西分册》，中国质检出版社，中国标准出版社 2014 年版，第 4 页。

〔4〕 魏利伟等：《新兴国家贸易国质量安全信息研究：南非、巴西分册》，中国质检出版社，中国标准出版社 2014 年版，第 32 页。

〔5〕 The International Trade Administration Commission of South Africa, Export Control Preference System, at http://www.itac.org.za/pages/services/import export - control/export - control/price - preference - system, May 26, 2019.